産業集積地域の
構造変化と立地政策

松原 宏 編

東京大学出版会

Structural Change and Location Policy
for Industrial Agglomeration Regions
Hiroshi Matsubara, Editor
University of Tokyo Press, 2018
ISBN978-4-13-046122-1

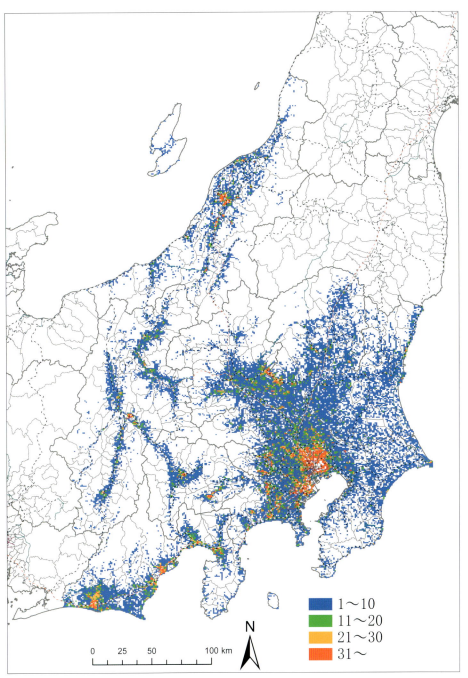

図4-2a　広域関東圏における工場密度のメッシュ地図（2008年）

出所）「工業統計メッシュデータ」より鎌倉作成．

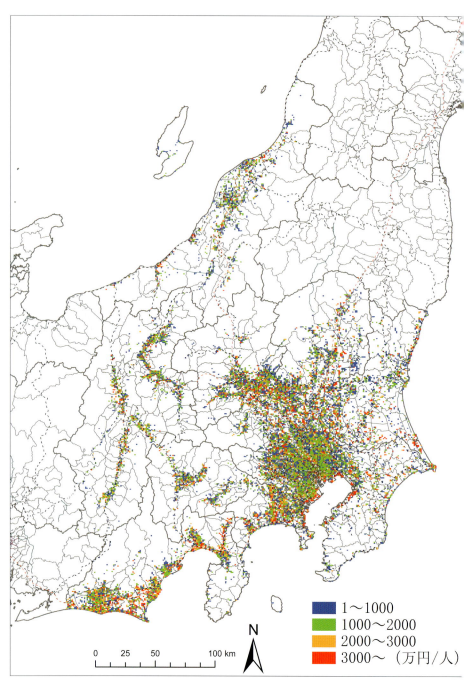

図**4 – 2b** 広域関東圏における従業者1人当たりの製造品出荷額等の
メッシュ地図 (2008 年)

出所)「工業統計メッシュデータ」より鎌倉作成.

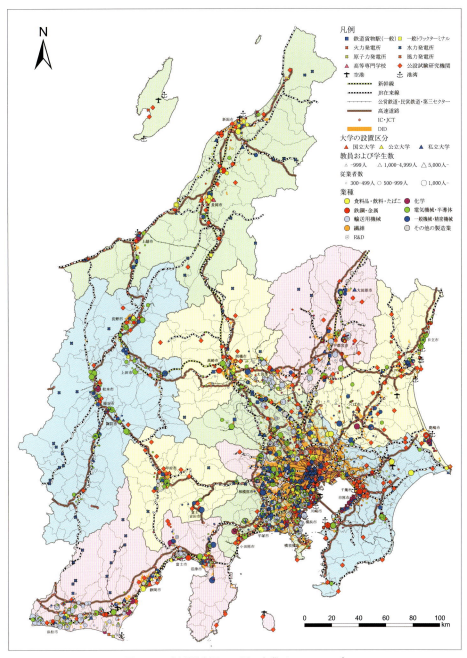

図4-6 広域関東圏の工場・産業インフラマップ

注)工場(東京都区部を除く)は,従業者数300人以上(一部100〜499人記載のものを含む)の工場を掲載対象としている.
出所)『工場ガイド』(データフォーラム,2007〜2010年発行),『大学ランキング2015』(朝日新聞出版),国土数値情報および各種ホームページ等をもとに,東京大学松原宏研究室にて作製.

a. 1970年

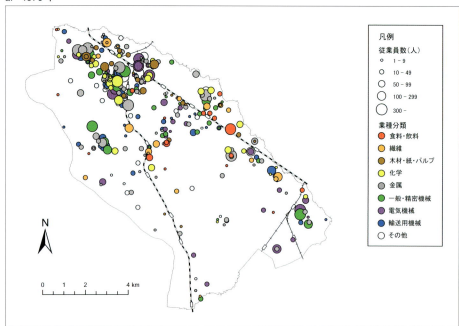

b. 1990年

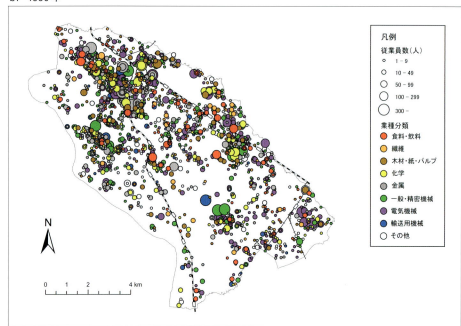

図5-2 相模原市における工場の分布

出所) a, b は相模原市工場名簿, c は商工会議所工業部会名簿により鎌倉作成.

c. 2016年

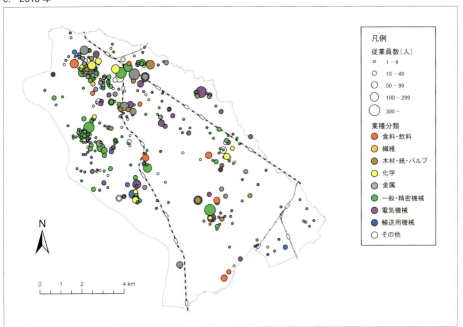

d. 相模原市の工場群（三菱重工業とキャタピラージャパン）

ⓒFUSAO ONO/SEBUN PHOTO /amanaimages

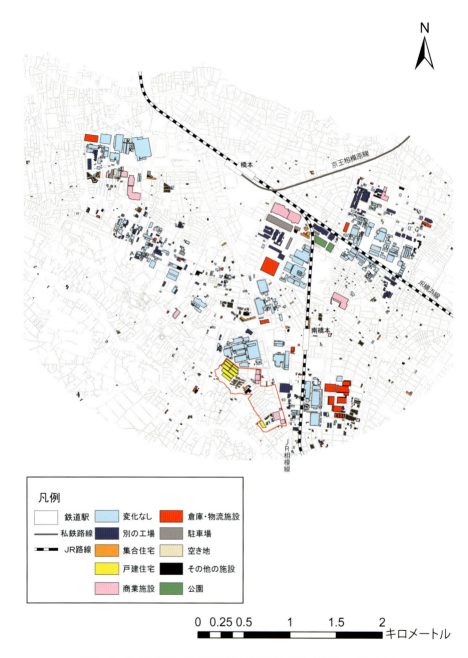

図5-3 橋本駅周辺における工場土地利用の変化（1970〜2016年）

出所）「相模原市工場名簿」および「住宅地図」より古河佳子作成．

はしがき

　今から20年前，1997年に日本で初めて産業集積地域に焦点を当てた法律，「地域産業集積活性化法」が制定された．10年後の2007年に「企業立地促進法」へと名称は変えられたものの，この間の産業立地政策は，産業集積地域を中心に繰り広げられてきた．さらに10年が経ち，「企業立地促進法」の改正論議を経て，2017年7月末に「地域未来投資促進法」が施行されることになった．この法律では，産業集積の業種や地域の枠を外して，より多様な地域で，非製造業を含む，多様で数多くの地域経済牽引事業を支援しようとしている．今まさに，日本の産業立地政策は，大きな転換点を迎えている．

　こうした政策転換の背景には，産業集積が地域の競争力を支えてきた状況に変化が生じてきたことがある．もっとも，産業集積地域と一言で言っても，随分と特徴は異なっており，変化の内容にも違いがみられる．本書の目的は，日本および広域関東圏スケールで，産業集積地域の俯瞰的分析を行い，類型化を行うとともに，それぞれの類型に対応した産業集積地域を選定し，構造変容の実態を詳細に明らかにし，今後の産業集積地域のあり方を考えることにある．

　2014年度から3年間にわたり，一般財団法人日本立地センター関東地域政策研究センターでは，政策研究として，「広域関東圏における主要産業集積地域の構造変化と将来の発展報告に関する調査研究」を進めてきた．調査研究は，筆者を中心に，東京大学大学院総合文化研究科松原研究室の博士課程修了者が担当したが，本書はそうした3年間にわたる調査研究の成果を中心とし，産業集積の理論と政策に関する章を前後に配して，一書にしたものである．

　本書は，理論篇，マクロ分析篇，地域分析篇，政策篇の4部，14章から成っている．第Ⅰ部理論篇では，まず第1章で，欧米における古典的な集積論から1980年代以降の「新産業集積論」を経て，新たな理論的アプローチ

にいたる主要な理論を検討するとともに，集積論の系譜を明らかにする．その上で，理論，実証，政策の3分野に分けて，これまでの日本の産業集積研究の成果と課題を整理する（第2章）．とりわけ，実証研究については，集積の類型にあわせ，地域別にどのような研究成果が蓄積されてきたかが，わかるように配慮した．

第Ⅱ部のマクロ分析篇では，まず第3章で，「工業統計表工業地区編」などの統計資料の分析とGISを使った地図化を組み合わせ，日本における産業集積地域の概観を行っている．続く第4章では，「工業統計メッシュデータ」の分析と地図化を通じて，広域関東圏における産業集積地域を俯瞰的に把握し，集積地域の拡がりと集積密度の変化を検討している．

後半の地域分析篇では，産業集積の類型や広域関東圏での位置を考慮して，内陸工業集積・相模原市（第5章），近郊工業都市・東葛・川口（第6章），企業城下町・日立地域（第7章），成熟産業都市・富士市（第8章），複合工業地域・浜松地域（第9章），北関東産業集積・太田市と桐生市（第10章），機械工業集積・長岡地域（第11章），多核型集積地域・上田・坂城地域（第12章）が取り上げられている．各章では，対象地域の特徴や歴史，産業集積地域の構造変容が，統計資料の分析と詳細な現地調査を通じて明らかにされている．

最後の第Ⅳ部政策篇では，冒頭に述べた日本の産業集積政策の転換にいたる過程を明らかにするとともに，産業集積地域の今後の課題が論じられている．第13章では，「スマートスペシャリゼーション」に代表されるEUにおける産業集積政策を取り上げ，新たな政策の特徴と課題を明らかにする．第14章では，そうした海外の政策を踏まえて，日本における新しい立地政策に向けた動きを紹介するとともに，産業集積地域の今後の課題を検討している．

本書の地域分析篇では，100以上の工場訪問によるインタビュー結果をもとにしているが，調査にご協力いただいた工場の関係者の皆様にお礼を申し上げたい．また，現地調査をはじめ，研究成果の報告会においては，関東経済産業局の皆様，調査対象地域の市役所，商工会議所など関係諸機関の皆様にご協力いただいた．本書の刊行にあたっては，一般財団法人日本立地セン

ター関東地域政策研究センターの皆様に，企画の段階から刊行に至るまで，大変お世話になった．関係者の皆様に厚く感謝申し上げたい．前書『日本のクラスター政策と地域イノベーション』に引き続き，東京大学出版会編集部の大矢宗樹氏には，何度も駒場の研究室に足を運んでいただいた．辛抱強い作業に，改めてお礼を申し上げたい．

2018年2月

紅梅が咲き始めた駒場キャンパスにて

松原　宏

目　次

はしがき　i

図表一覧　xi

第 I 部　理論篇

第 1 章　集積論の系譜と新産業集積　　　松原　宏　3

1. 産業集積の理論的系譜 …………………………………………………… 3
2. 集積論の軌跡 ……………………………………………………………… 6
   2.1　古典的集積論　6
   2.2　マーシャル・ウェーバー以降の集積論　9
3. 集積論の系譜と新産業集積論 …………………………………………… 13
   3.1　「柔軟な専門化」と「新産業地域」論　13
   3.2　企業間関係からの集積論　16
   3.3　クルーグマンの地理的集中モデル　19
   3.4　ポーターの産業クラスター論　20
4. クラスター理論の新展開 ………………………………………………… 22
5. 集積論の新たな課題 ……………………………………………………… 25

第 2 章　日本の産業集積研究の成果と課題　　　松原　宏　29

1. 産業集積研究の隆盛 ……………………………………………………… 29
2. 産業集積の理論 …………………………………………………………… 30
3. 日本の産業集積に関する実証研究 ……………………………………… 33
   3.1　日本の産業集積地域の類型化　33
   3.2　産地型集積に関する研究　34
   3.3　企業城下町型集積に関する研究　37

3.4　都市型集積に関する研究　39
　3.5　進出工場型集積　44
　3.6　その他の集積類型に関する研究　45
4. 産業集積政策に関する研究 …………………………… 46
5. 産業集積研究の課題 …………………………………… 48

第II部　マクロ分析篇

第3章　日本における産業集積地域の概観　　　松原　宏 53
1. 産業集積地域のマクロ的把握 ………………………… 53
2. 工業地区データによる産業集積地域分析 …………… 58
3. 特定地域産業集積活性化法に基づくA集積地域の比較 ……… 65

第4章　広域関東圏における産業集積地域
　　　　　　　　　　　　　　　　　鎌倉夏来・松原　宏 71
1. 産業集積地域に関わる立地政策の変化 ……………… 71
2. 広域関東圏における産業集積の俯瞰的把握 ………… 73
　2.1　分析対象メッシュの度数分布の変化　73
　2.2　広域関東圏におけるメッシュ分布図　75
　2.3　基盤的技術産業集積地域のメッシュ特性分析　76
　2.4　個別メッシュ分析からみた集積地域の変化　80
3. 広域関東圏における産業立地環境の変化 …………… 82

第 III 部　地域分析篇

第 5 章　内陸工業集積：神奈川県相模原市
　　　　　——都市化の進展と産業集積の縮小　　鎌倉夏来・松原　宏　87

1. 相模原市の概要 …………………………………………………………… 87
2. 相模原市における産業集積の変化 ……………………………………… 89
3. 相模原市における中核工場の実態 ……………………………………… 91
　3.1　電気機械　93
　3.2　輸送用機械　95
　3.3　一般機械　98
　3.4　素材工業　102
4. 今後の政策的課題 ………………………………………………………… 107
　4.1　産業集積促進条例　107
　4.2　さがみはら産業創造センターの強化　108
　4.3　ロボット産業の活性化　110

第 6 章　近郊工業都市：東葛・川口地域
　　　　　——県境を越えた集積間連携の試み　　鎌倉夏来・松原　宏　113

1. 東葛・川口地域の概要 …………………………………………………… 113
2. 川口市における産業集積の構造変化 …………………………………… 116
　2.1　川口市の概要　116
　2.2　川口市における産業集積の特徴　117
　2.3　川口市における中核企業の実態　121
　2.4　川口市における産業集積政策の展開　128
3. 柏市における産業集積の構造変化 ……………………………………… 131
　3.1　柏市の概要と工業化　131
　3.2　柏市における産業集積の変化　133
　3.3　柏市における調査対象企業の実態　136
　3.4　柏市産業集積の近年の動向　144
4. 今後の東葛・川口地域の政策的課題 …………………………………… 145
　4.1　地域産業集積活性化法から産業クラスター計画へ　145

4.2 産業クラスターから企業立地促進法へ　146
4.3 東葛・川口地域を対象とした産業集積政策の今日的評価　147

第7章　企業城下町型集積：茨城県日立地域　　森嶋俊行 149
　　　　　——中核企業の機能変化と企業間関係の再編

1. 日立地域の概要 ……………………………………………… 149
2. 集積形成の歴史的経緯と地域産業の変遷 ………………… 155
    2.1 機械工業の発展　155
    2.2 中核企業の経営戦略と地域産業集積構造変化　156
3. 中核企業の機能変化と企業間連携構造の変化 …………… 157
    3.1 中核企業の立地調整と企業間関係の変容　157
    3.2 取引相手の新規開拓と地理的広域化　162
    3.3 企業の海外進出　164
4. 新事業・製品開発と産学官連携 …………………………… 164
    4.1 個別の取組と支援機関の役割　164
    4.2 新たな地域ベースの連携の模索——ひたち立志塾の活動　166
5. 日立の機械工業集積の変容と地域的課題 ………………… 168

第8章　成熟産業都市：静岡県富士市　　佐藤正志 173
　　　　　——製紙業および関連産業における構造転換とロックイン

1. 製紙業をめぐる既往研究と地域の概況 …………………… 173
2. 富士市における産業活動の現況と製紙業の動向 ………… 174
3. 富士市における産業集積の構造変化 ……………………… 181
    3.1 調査企業の概要と製品の動向　184
    3.2 研究開発の取組　188
    3.3 取引関係の変化　190
4. 製紙業における富士市の立地評価 ………………………… 193
5. 成熟産業都市の政策的課題 ………………………………… 196

第9章　複合工業地域：静岡県浜松地域　　　　　　佐藤正志 203
　　　　──集積構造の転換と地域イノベーション

1. 浜松地域の産業集積の特徴と既往研究の動向 …………………… 203
2. 浜松地域の産業活動の変遷と現況 ……………………………… 205
    2.1　浜松地域の産業活動の歴史的変遷　205
    2.2　浜松地域の産業活動の現況──統計による実態把握　208
3. 浜松地域における産業集積の構造変化 ………………………… 211
    3.1　製品の変化　211
    3.2　取引関係の変化　216
    3.3　研究開発・イノベーションへの取組　218
4. 浜松地域における産業政策の支援とその成果 ………………… 223
    4.1　国による産業政策を通じた支援体制　223
    4.2　自治体と産業支援機関による産業政策と支援体制　226
5. 複合工業地域における産業集積構造の変化と政策的課題 …… 229
    5.1　浜松地域の産業集積構造の変化　229
    5.2　浜松地域の抱える課題と政策的インプリケーション　231

第10章　北関東産業集積：群馬県太田市・桐生市
　　　　──ものづくりネットワークの構築　　　　　　岡部遊志 233

1. 地域の概要 ………………………………………………………… 233
2. 太田市と桐生市における工業の変化 …………………………… 234
3. 調査対象事業所の概要 …………………………………………… 239
    3.1　太田市周辺における大企業　239
    3.2　太田市のその他の企業　243
    3.3　桐生市を中心とした企業　244
4. 太田・桐生地域における集積構造の変化 ……………………… 246
    4.1　グローバル化の影響　246
    4.2　集積の変容と中核企業の果たしてきた役割　247
    4.3　イノベーションとネットワーク　249
5. 太田・桐生地域の課題 …………………………………………… 251

第11章　機械工業集積：新潟県長岡地域　　　　　　　古川智史 257
　　　　　　──グローバル化の進展と生産連関の「離陸」
1. 日本の機械工業における長岡地域の位置づけ ………………… 257
2. 長岡地域における機械工業の展開 ……………………………… 258
　2.1　機械工業の成長と再編　258
　2.2　機械工業集積の量的縮小と質的転換　261
3. 調査対象事業所の事業構造の変化と分業構造の変化 ………… 265
　3.1　調査対象事業所の概要と海外連関の強化　265
　3.2　分業構造における域内連関の弱まり　271
4. 新事業・新製品の創出に向けた取組 …………………………… 274
　4.1　個別の取組と自治体の役割　274
　4.2　産学・産産連携の展開　275
5. 長岡地域の機械工業集積の変容と地域的課題 ………………… 276

第12章　多核型集積地域：長野県上田・坂城地域
　　　　　　──立地分散と取引連関の広域化　　　　　古川智史 279
1. 上田・坂城地域の位置づけ ……………………………………… 279
2. 上田・坂城地域の産業集積の展開 ……………………………… 280
　2.1　上田・坂城地域の工業の歴史的展開　280
　2.2　上田・坂城地域の製造業の動向　284
3. 上田・坂城地域の産業集積の構造変化 ………………………… 292
　3.1　海外生産拠点の展開と国内拠点の位置づけ　292
　3.2　取引連関の変容　300
4. 上田・坂城地域における産学・産産連携の展開 ……………… 304
5. 上田・坂城地域の産業集積の今後の発展に向けた
　　地域的課題 ……………………………………………………… 306

第Ⅲ部　地域分析篇　小括　　　　　　　　　　　　　　松原　宏 309

第 IV 部　政策篇

第 13 章　EU における産業集積政策　　松原　宏・鎌倉夏来 317

1. 産業集積政策の流れ …………………………………………… 317
2. クラスターの規模と範囲の関係 ……………………………… 319
3. 関連多様性と集積の発展 ……………………………………… 321
4. スマート・スペシャリゼーション政策 ……………………… 325

第 14 章　日本における新しい立地政策と産業集積
　　　　　　　　　　　　　　　　　　　　　　　　松原　宏 331

1. 産業立地政策の転換 …………………………………………… 331
2. これまでの産業立地政策の変遷 ……………………………… 333
   - 2.1　国全体の産業立地政策の変遷　333
   - 2.2　関東経済産業局による産業集積政策の変遷　336
3. 主要産業集積地域における政策展開と今後の課題 ………… 339
   - 3.1　大都市圏内部の産業集積地域（東京都大田区，川口市など）　339
   - 3.2　大都市圏郊外の産業集積地域（柏市，相模原市など）　340
   - 3.3　地方都市の産業集積地域（浜松市，長岡市，上田市など）　340
4. 今後の産業立地政策の課題 …………………………………… 341

参考文献　347
索　　引　373
編者・執筆者紹介　378

図表一覧

第1章
図1-1　集積論の系譜と集積要因……………………………………………………4
図1-2　理論的学派における地域の競争力の概念…………………………………23
図1-3　デンマーク北ユトランドにおけるジェイコブズ型クラスターと
　　　　関連多様性………………………………………………………………24
図1-4　クラスター適応サイクルモデル……………………………………………25

第3章
表3-1　日本における「工場密度」上位メッシュ一覧……………………………55
表3-2　日本における主要産業集積地域と従業者数の変化………………………57
表3-3　工業地区のクラスター分析結果……………………………………………63
図3-1　主要な産業集積地域の分布…………………………………………………56
図3-2　工業地区別にみた従業者数の増減率（2009〜2014年）………………59
図3-3　工業地区別にみた出荷額の増減率（2009〜2014年）…………………61
図3-4　工業地区別にみた付加価値生産性（2014年）……………………………62
図3-5　クラスター分析による工業地区の類型化（2014年）……………………64
図3-6　基盤的技術製造業の地域別出荷額指数……………………………………67

第4章
図4-1a　広域関東圏における工場密度の度数分布（2003, 2008年）……………74
図4-1b　広域関東圏における従業者密度の度数分布（2003, 2008年）…………74
図4-2a　広域関東圏における工場密度のメッシュ地図（2008年）……………口絵
図4-2b　広域関東圏における従業者1人当たりの製造品出荷額等の
　　　　 メッシュ地図（2008年）…………………………………………………口絵
図4-3a　基盤的技術産業集積地域別メッシュ数と構成比
　　　　（工場密度・2008年）…………………………………………………77
図4-3b　基盤的技術産業集積地域別メッシュ数と構成比
　　　　（従業者密度・2008年）………………………………………………77
図4-3c　基盤的技術産業集積地域別メッシュ数と構成比
　　　　（従業者1人当たり製造品出荷額等・2008年）……………………79
図4-3d　基盤的技術産業集積地域別メッシュ数と構成比
　　　　（製造品出荷額等増減率・2003〜2008年）…………………………79
図4-4　広域関東圏全メッシュの工場密度の変化（2003〜2008年）……………81

第5章

表 5-1　調査対象企業の概要···92
表 5-2　相模原インキュベーションセンター（SIC）入居企業の入居前住所·········109
表 5-3　相模原インキュベーションセンター（SIC）退去企業の移転先············109
図 5-1　相模原市における製造業業種別出荷額の変化····························90
図 5-2　相模原市における工場の分布···口絵
図 5-3　橋本駅周辺における工場土地利用の変化（1970〜2016年）···············口絵

第6章

表 6-1　聞き取り企業の概要··122
表 6-2　柏市における工業団地の変化（2001〜2012年）························135
表 6-3　調査対象企業の概要··137-138
図 6-1　東葛・川口地域の概要··114
図 6-2　川口市と柏市における業種別製造品出荷額等の変化····················115
図 6-3　鋳物，金属，機械の全工場の分布····································118
図 6-4　川口鋳物工業協同組合事業所数と生産量の推移························120
図 6-5　川口鋳物の用途別生産量構成比の変化································120
図 6-6　柏市の概要··132
図 6-7　東葛テクノプラザを中心とした産学官連携に関する
　　　　社会ネットワーク分析··134

第7章

表 7-1　茨城県北地域の日立製作所グループ主要大規模工場····················150
表 7-2　対象企業一覧··160-161
図 7-1　日立地域における工場の分布··151
図 7-2　日立市における製造業業種別構成の変化······························152
図 7-3　ひたちなか市における製造業業種別構成の変化························153
図 7-4　日立地域における職業別製造業従業者数の推移························154
図 7-5　日立地域における地域主体間関係の変化······························169

第8章

表 8-1　調査企業一覧と集積との関わり··································182-183
図 8-1　富士市における製造業業種別事業所数・従業者数・出荷額の変化
　　　　（従業者4人以上）··175

図8-2　富士市のパルプ・製紙および関連産業の
　　　　事業所数・製造品出荷額等の推移･････････････････････････････････177
図8-3　富士市における紙・パルプの生産量および全国シェア･･･････････････177
図8-4　富士市内の製紙・製紙用機械の立地と月生産量の変化･･･････････････180
図8-5　N社の部門別売上高の推移･･･187
図8-6　岳南排水路の路線別排水量および使用工場数の推移･････････････････195
図8-7　富士市における製紙の産業集積構造と地理的範囲の現況･････････････197
図8-8　富士市における工業振興費歳出額の推移･･･････････････････････････199

第9章
表9-1　調査企業の概要と結果･････････････････････････････････････212-213
表9-2　浜松市の工業振興における現行の補助金制度･･･････････････････････227
図9-1　浜松地域における地域産業成長の動き･････････････････････････････206
図9-2　浜松市における製造業業種別事業所数・従業者数・出荷額の変化
　　　　（従業者4人以上）･･209
図9-3　浜松地域の各都市における職業別製造業従業者数の推移･････････････210
図9-4　浜松地域新産業創出会議各研究部会の参加企業の分布と従業者数･････221
図9-5　浜松地域における主要な省庁の工業政策指定状況（2000年以降）････224
図9-6　浜松地域の産業集積構造変化の模式図･････････････････････････････230

第10章
表10-1　調査対象企業の概要･････････････････････････････････････240-241
表10-2　MRO賛助会員，WING，両毛ものづくりネットワークの
　　　　 自治体別参加企業数･･･250
図10-1　両毛地域における業種別・従業員規模別の工場分布図･･･････････････235
図10-2　太田市における製造業業種別事業所数・従業者数・出荷額の変化･････237
図10-3　桐生市における製造業業種別事業所数・従業者数・出荷額の変化･････238
図10-4　両毛地域における職業別製造業従事者数の推移･････････････････････239
図10-5　両毛地域におけるものづくりネットワーク参加企業の分布･･･････････252

第11章
表11-1　長岡市における職業別製造業就業者数の推移･･･････････････････････265
表11-2　対象企業の概要･･･266-267
図11-1　長岡市における業種別従業者数・製造品出荷額等の変化･････････････262
図11-2　旧長岡市域における機械工業の立地変化･･･････････････････････････263

第12章
表12-1　上田・更埴地区における製造品出荷額等の上位10業種（細分類）･･･288
表12-2　調査対象事業所の概要･････････････････････････････････････294-299

図12-1　上田・坂城地域における製造業の動向……………………………285-288
図12-2　上田市，坂城町における職業別製造業就業者数の推移………………289
図12-3　旧上田市域における機械金属工業の立地変化…………………………291

小括
表補-1　広域関東圏における産業集積8地域の比較………………………310-311

第13章
表13-1　政策の戦略・クラスターの進化・地域発展………………………………320
図13-1　関連多様性・非関連多様性の概念図……………………………………323
図13-2　関連多様性と非関連多様性：生産性とイノベーションとの関係…………324
図13-3　地域の発展経路の分析枠組み……………………………………………328

第14章
表14-1　産業立地政策の変遷………………………………………………………334
表14-2　産業集積政策の比較………………………………………………………335
図14-1　地域経済牽引事業計画の承認スキーム…………………………………343

第Ⅰ部　理論篇

第 1 章　集積論の系譜と新産業集積

松原　宏

1. 産業集積の理論的系譜

　1980年代後半以降，欧米では「新しい産業集積」に関する研究成果が次々と登場してきた．クルーグマン（Krugman 1991a）やポーター（Porter 1998）といった著名な経済学者・経営学者が集積に関心を示し，「経済地理学」の意義を強調したことも，議論に拡がりを与えることになった．これを受けて日本でも，次章で紹介するように，産業集積に関する著作や論文の数は非常に多くなっている．また世界各地で，クラスター政策など，産業集積に関わる政策が打ち出されてきた[1]．

　しかしながら，いかなるメカニズムで集積が発生し，拡大し，変容していくのか，あるいは昨今話題となっている集積が，既存の集積に比していかなる点で新しいのか，こうした厳密な理論的な検討を欠いたままで，典型事例の特徴紹介が中心になされている．集積の理論に関しては，立地論における蓄積があるにもかかわらず，それらにふれた研究成果は非常に少ない．呼称や視角を微妙に変えた「新しい議論」が乱立し，産業集積研究は混沌状態に陥っているように思われる[2]．そこで最初に，図1-1をもとに，主要な集積論を整理し，位置づける枠組みを提示することにしたい．

---

1)　世界各国のクラスター政策については，OECD（2007）が整理を行っている．日本のクラスター政策については，石倉洋子ほか（2003），松原（2013）などを参照．
2)　欧米では，著書，論文が膨大な量になり，概念のカオスが起きている点をMartin and Sunley（2003）は批判している．

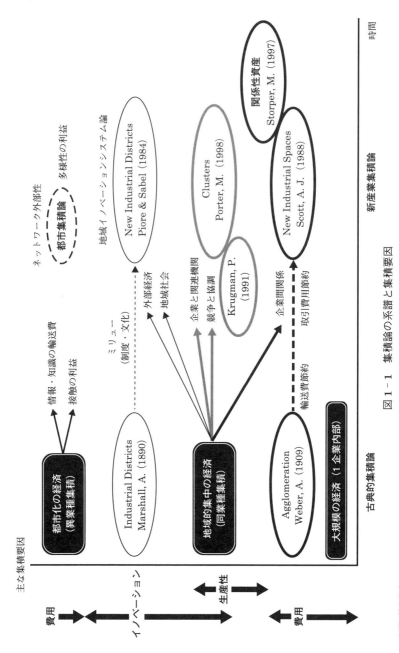

図1-1 集積論の系譜と集積要因

出所：筆者作成．

集積とは，集まり積み重なることを意味するが，後述するように，集積の範囲や区分については諸説ある．この図では，フーバー（Hoover 1937）による集積区分に基づき，工場の拡張などの一企業による規模拡大を「大規模の経済」として，集積論に含めている．一般的に，産業集積という用語が意味するところは，地場産業の産地や自動車工業都市など，特定産業が比較的狭い地理的範囲に集まっている状態を指すことが多く，こうした同業種集積を「地域的集中の経済」もしくは「地域的特化の経済」と呼んでいる．

　図1-1の縦軸では，主な集積要因を示しているが，内部経済として知られる生産規模の拡大による平均生産費用の低下，組立工場の近くに部品工場が集まっていることによる輸送費の節約など，費用の節約から集積を説明する理論の系譜をみていくことができる．これに対し最近では，生産性やイノベーションの観点から集積に着目する研究が増えてきている．とりわけ，イノベーションに関係するとされる「暗黙知」の伝達において，地理的近接性が重要であり，集積がいかなるイノベーションを生み出すか，これが地域経済の競争優位を左右するといっても過言ではない[3]．

　ところで，図1-1の左上には，異業種の集積として「都市化の経済」が置かれている．これについても，「情報・知識の輸送費」の節約と地代とのトレード・オフに注目したヘイグ（Haig 1926）の議論，ニューヨーク大都市圏における外部経済型製造業，とりわけ対面接触を重視するコミュニケーション志向型製造業の役割に注目したヴァーノン（Vernon 1960）の議論などが展開されてきたが，近年では，「グローバル・シティ・リージョンズ」（Scott 2001）や「メガリージョン」（Florida 2008）に代表されるように，競争優位の地理的単位として，特定産業の集積よりもむしろ，多様な産業・人口が集積する「都市集積」に注目する動きがみられる[4]．

　このように，集積の区分や集積を説明する要因も複雑化しているが，集積

---

[3] 暗黙知と形式知，知識ベースなど，知識の区分と知識フローとの関係，地域イノベーションとの関係についての議論は，與倉（2017）を参照．
[4] 都市集積においては，イノベーションのみならず創造性との関係も重視されている．今後の検討課題も含めて，都市集積論に関する研究成果については松原（2006, 252-268頁）を参照．

を捉える上で「地理的近接性」が重要な概念である点は変わりがない[5]．しかも，距離だけではなく，集積が成り立っている地域の歴史や自然，文化，社会など，さまざまな地域特性について，あるいはまた産業だけではなく，集積を担う企業や関係機関の主体間関係の特性について考慮することによって，集積の議論は多様さを増してきている．図1-1の横軸に時間軸を置き，そうした集積論の系譜を整理する試みを筆者が最初に提示したのが1999年であるが（松原1999），その前年にポーターが，産業クラスター論を打ち出して以降（Porter 1998），世界中で研究成果の爆発的な増加がみられ，個人ですべての研究成果を把握することはきわめて困難な状況になっている[6]．本章では，産業集積に関する重要な理論的研究成果を選択し，それらの要点を整理することを通じて，集積論の軌跡と現代における産業集積研究の課題を明らかにしておくことにしたい．

2. 集積論の軌跡

2.1 古典的集積論

2.1.1 マーシャルの集積論

集積論の系譜は，今から100年以上前に遡る．イギリスの経済学者でケンブリッジ学派の開祖マーシャルは，主著『経済学原理』「第4編　生産要因　土地・労働・資本および組織」「第10章　産業上の組織続論　特定地域への特定産業の集積」で，「ある特定の地区に同種の小企業が多数集積する」同業種集積を取り上げ，外部経済の重要なテーマとして扱っている[7]

---

[5] 近接性についても，地理的近接性のみならず，組織的近接性や文化的近接性，認知的近接性など，多様な視点が提示されている（Boschma 2005）．
[6] Karlsson（2008a, 2008b）などのように各種のハンドブックが刊行されるに至っている．
[7] 山本健児（2005a）は，マーシャルの産業集積論が『経済学原理』の第4編のなかに配置されている理由について，「マーシャルは，生産を増大させる力を，いわゆる三大生産要素，すなわち土地，資本，労働だけでなく，組織にも求めたのであり，組織の

(Marshall 1890, 訳書250-263頁).

そこでは,「ある特定の地区に同種の小企業が多数集積する」同業種集積が主たる対象として取り上げられ,それが外部経済の重要なテーマとして扱われている.これに対し,内部経済にあたる個別企業による規模拡大は,集積として考えられていない点に,まず注意する必要がある.

マーシャルが,歴史的な事実を記述し,まとめるといった帰納的な方法をとっている点にも留意すべきである.集積の起源や歴史について,自然的条件,宮廷の庇護,職人の移住,自由な産業と企業の展開,国民性などの諸点が指摘されており,偶然性に左右される多様な経路が描かれている.集積の利点としては,スムーズな技術伝播や技術革新の可能性,補助産業の発達,高価な機械の経済的利用,特殊技能をもった労働者の労働市場の存在などが指摘されている.一方,不利な点としては,特定労働力のみの過大な需要や地代の上昇,需要の低下や原料の減少による抵抗力の弱さが挙げられている.

マーシャルはまた,別書『産業と商業』の中で,豊富な事例をもとに,現代の産業集積研究に通じる多くの指摘を行っている (Marshall 1919/23, 訳書134-140頁).なかでも重要と思われるのは,独特な産業的な「雰囲気」についての記述である.簡潔な記述ではあるが,マーシャルは,「雰囲気というものは移転することができない」と述べており,集積地域の比較優位が崩れにくいことを示唆している.あるいはまた,「顧客と商人と生産者の間の個人的な接触から得られる利益」によって,首都での高級で多様な産業の集積を説明している.

このようにマーシャルの集積論は,自由な解釈の余地を多分に含んだ表現を中心に展開されており,必ずしも体系的に述べられているわけではない.しかしながら,それゆえに質的で計量化が困難な,多様な集積因子を導出することが可能になっている.また,「新しいアイディアを生みだす素地」についての指摘からは,技術革新を柱とした動態的視点を見出すことができる.マーシャルの集積論が,近年の産業集積の議論で比較的多く言及される理由

一つの形態として産業集積を取り上げたということが理解されねばならない」と述べている.大企業組織のゆきづまりが指摘される昨今,産業集積が注目されるのは,こうした組織としての産業集積の生産を増大させる力によるものといえよう.

は，こうした点によるものと考えられる．

2.1.2 アルフレッド・ウェーバーの集積論

アルフレッド・ウェーバーは，工業立地論の古典『諸工業の立地について　第Ⅰ部　立地の純粋理論』の第5章「集積」で，集積論を展開している (Weber 1909, 訳書113-152頁)．ここでウェーバーは，集積因子を「生産を或る場所において或る特定の集団として統合して行うことによって生ずるところの，生産または販売の低廉化」と定義している．具体的には，補助工業や機械修理などの技術的設備の拡充，補助作業や部分作業などの労働組織の拡大，大量取引の利点，水道や道路施設などの一般費の低下が挙げられている．これに対し，集積に伴って発生する地代の騰貴などの費用の増加は，分散因子として把握されている．このように，費用の最小化という観点から，集積が捉えられている点にまず注目する必要がある．そこでは輸送費や労働費と比較可能な立地因子として集積が扱われており，最小費用を目指す工場立地の一帰結として，集積が位置づけられている点にも留意すべきである．

ウェーバーはまた，集積の傾向を量る指標として，加工係数を提案している．加工係数とは，加工価値（労働費と機械費）÷立地重量で表わされるが，これは，総輸送費を考慮しつつ，産業の技術的特性による集積度合いの強弱を示す指標となっている．この加工係数の現実的な取り扱いは資料的に難しい面もあるが，産業別の集積傾向や技術変化に伴う集積の変容を把握する上で，現在でも重要な意味をもっていると思われる．

集積に関わる各種の区分も，ウェーバー集積論の特徴となっている．集積の段階区分においては，経営の規模拡大は「低次の段階」，数個の経営の近接は「高次の段階」とされている．これは個別企業の規模拡大（内部経済）をも集積に含めるもので，マーシャルよりも広く集積を捉えたものといえる．また集積が生じるメカニズムと関連して，「集積の原因の必然的な結果としての集積」である「純粋（技術的）集積」と，集積以外の立地因子（輸送費，労働費）の働きによって生じた「偶然的集積」との区別もなされている．

さらにウェーバーは，現実における集積の発展傾向に関して，人口密度の上昇と運賃率の低下が集積をますます増大させること，これに対して加工係

数の作用は，労働力の投入や機械化の進展などの集積を増進する方向と，運搬される重量の増大といった対抗力が相互に絡み合い複雑となっていることを指摘している．また，「純粋の経済に関連する集積の理由に由来」せず，「特別な社会的構造に内在する要因に由来」する「社会的集積」にも言及しており，これは「人口の集中という固有の大規模な現象をともなう」ものとされている．

このようにウェーバーの集積論は演繹的で，量的で計量可能な集積因子を取り上げ，厳密な議論を組み立てている．しかも，輸送費や労働費といった他の立地因子と関係づけて集積を検討しており，総合的・体系的な立地把握となっている．しかしながら，主として一定の技術体系を前提に，同一業種の工場の規模拡大もしくは複数工場の統合について議論が展開されており，イノベーションなどの動態的な視点や，異なる業種・企業の集積に関する視点は十分とはいえない．

2.2　マーシャル・ウェーバー以降の集積論[8]

2.2.1　集積論の範囲と内部経済・外部経済

まず集積論の範囲に関しては，規模の拡大を集積の一過程とみるウェーバーと，規模の拡大と集積とを区別するマーシャルとでは違いがあった．江澤（1954, 2頁）や青木外志夫（1960, 281-285頁）は，規模の拡大をも集積に含める立場に立っており，青木は，「規模集積」と「経営数集積」という用語で両者を区別している．「経営数集積」のみを集積の本質とする見解は，リッチェルや伊藤久秋によって，両者とも集積として広く解する見解は，オリーン，フーバー，アイザードなどによって，それぞれ支持されている（西岡 1963, 261-264頁）．

このように，規模の拡大を集積に含める見解の方が多いが，規模の拡大の

---

[8]　立地論における集積論の研究蓄積には膨大なものがある．本章でふれたもの以外の主な研究成果としては，春日（1964），船橋（1967, 1969），伊藤久秋（1970），Smith（1971），Estall and Buchanan（1961），石川利治（1976），柳井（1988），山﨑朗（1999），柳井（2004），川端基夫（2008）などがある．ウェーバーとマーシャルを集積論の2つの流れとしたのは隅谷（1971）であり，山名（1972）は両者の比較を行っている．

意味をどう捉えるかについては，再び意見が分かれてくる．江澤（1954, 3頁）は，規模の拡大を「接触の利益」に起因するものに限定しているように読みとれるのに対して，フーバーやアイザード（Isard 1956, 訳書 183-199頁）は生産量の拡大にともなう規模の経済一般に拡大しているように思われる．

このほか，内部経済については，バラッサ（Balassa 1961, 訳書 161-190頁）が「工場内の経済」と「工場間の経済」とを分け，同一企業の複数工場の問題を扱っている点が注目される．「工場内の経済」では，設備利用や大量取引などの面での大規模化の利点とともに，それとは相反する「分業化」の利点も指摘されている．「工場間の経済」では水平的結合と垂直的結合のケースや，経営管理費用の逓増といった「工場間の不経済」についての指摘もみられる．

これに対し外部経済に関しては，より多様な捉え方が指摘されている．ウェーバーは，数個の経営の近接による費用の節約を指摘したが，こうした「工場や企業が，他の工場や企業と結びつくことから得られる節約」は，「規模の外部経済」と呼ばれている（Dicken and Lloyd 1972/79, 訳書 235頁）．ナース（Nourse 1968, 訳書 91-99頁）は，これを「企業にかんする規模の外部経済＝産業にかんする内部経済」と「産業にかんする規模の外部経済」とに分けている．またスティグラー（Stigler 1949）は，「規模の外部経済」が企業の特化を通じて総平均費用の低下をもたらしていくことを説明している．

いかなる産業・企業・工場の近接を扱うかもさまざまで，マーシャルは同一産業の局地的集中を，ウェーバーは同一産業の複数工場の結合をもっぱら扱っていた．これに対し，フーバー（Hoover 1937, 訳書 80-101頁）は，前述のように，一企業内部では「大規模の経済」，同一業種では「地域的集中の経済」，全産業では「都市化の経済」というように，扱う業種の範囲に応じて用語を使い分けている．またレッシュ（Lösch 1940）は，『経済立地論』「第6章　都市形成の位置と理由」で都市集積を位置づけている．

彼はまず，どこでも起こりうる立地の自由な集積と，ある特定地点に限定される集積とを区分し，前者について，①大規模な個別企業（たとえば，ベルリンのジーメンスシュタット），②同種企業の集積，③異種企業の集積，④純

消費者の集積（行政および教育の中心地，軍隊の駐屯地など）の4つに細分している．さらに，同種企業の集積を，大量（Masse）と混合（Mischung）の利益（需要増加と原価節約），供給地と位置の利益（原料の生産と消費者の立地に拘束），内部的競争（特定地点の需要の分割と同一市場への供給）等に分けている．また，異種企業の集積については，結合による集積と偶然的集積（中心都市への指向，交通結節点など）とに分け，前者をさらに，大量の利益（交通，電気，水，大労働市場），混合の利益，近接の利益，その他（補助的産業など）に細分している．なかでも，混合の利益に関して，消費者の選好を満たすことによる需要の増大，季節的変動などの経済変動への抵抗力，発明の才能や適応性，均衡のとれた文化の発達，居住地を自由に選択できる有能な人々の共生といった諸点を指摘しており，こうした点は，今日的意味合いからも注目される点である．

このほかロビンソン（Robinson 1931, pp. 141-144）が，「移動不可能な」外部経済と「移動可能な」外部経済とを区別している点が注目される．前者は，立地論で扱われてきた同業種集積に相当するが，後者は産業の世界的生産量が増加することに起因する，非空間的な経済内容を意味している．ロビンソンは，「移動可能な」外部経済が相対的な重要性を増す中で，大小の集積地間の関係がいかに変化するかについても重要な指摘を行っている．すなわち，大規模な地域的集積の優位性が低下・縮小傾向をたどる中で，そうした主たる集積地に技術や基礎研究の発展などの面で依存していた副次的な集積地が影響を受けざるをえないこと，またこうした影響度は，依存性の大きさや市場支配力の移転可能性に左右されることが指摘されている．

2.2.2 理論化の方法

ところで，マーシャルが帰納的に集積を論じたのに対し，ウェーバーは演繹的な方法をとったが，こうしたウェーバーの理論化の方法に関しては，さまざまな批判が出されている．たとえば，パランダー（Palander 1935, 訳書 213-215 頁）は，集積形成のプロセスを取り上げ，「集積形成が可能となるためには，すべての企業者が合意の上で行動するという前提が必要」であると述べている．この点に関しアイザード（Isard 1956, 訳書 190-192 頁）は，「ゲ

ームの理論」の適用を試みている．パランダー（Palander 1935, 訳書 217-219 頁）はまた，「既存の生産が新施設を牽引する場合には，われわれは集積を一つの地域的要因として理解しなければならない」とも述べている．

このように，ウェーバーをベースに集積理論の発展を目指してきた研究に対し，近年ではマーシャルの議論をもとに，集積理論の発展を図る動きが顕著である．クルーグマン（Krugman 1991a, 訳書 47-85 頁）は，マーシャルの外部経済のモデル化を図るとともに，収穫逓増と不確実性，企業や産業の連関を通じた規模の経済性，集積の初期条件とそのロックイン効果など，新たな概念を導入しながら集積の発生と推移を論じている．マッカン（McCann 2001）においても，集積の経済の源泉をマーシャルに求め，空間的な産業集積を，①純粋集積，②産業複合体，③社会的ネットワークの3つの類型に分けている（McCann 2001, 訳書 72 頁）．①はマーシャル，フーバー，ポーターなど，②はウェーバー，モーゼス，アイザードなど，③はグラノヴェター，ウィリアムソン，ポーター，スコットなどの議論に対応するとされている．

空間経済学からの集積論の代表的な著作は，藤田とティスによる『集積の経済学』である（Fujita and Thisse 2002）．2013 年に刊行された第2版「第8章　独占的競争下の産業集積」では，空間的発展の逆 U 字型曲線や川上および川下産業の共集積，「第9章　市場規模と産業クラスター」では，中間財部門と最終財部門の共集積，「第 11 章　グローバル化，成長，およびサプライチェーンのフラグメンテーション」では，知識のスピルオーバー，コミュニケーション費用の作用など，興味深い論点が多く取り上げられている．

収穫逓増に基づいた内生的成長モデルや「複雑系」経済学，「進化経済学」といった新たな経済理論の展開を受けて，動態的な集積論を発展させようとする動きも近年活発になっている．もっともその端緒的な成果は，ペルー（Perroux 1955/70）の「成長の極」理論に既にみられていた．そこでは，成長率の高い「推進力工業」が，他の産業に「外部経済」をもたらす誘導効果が働き，「工業複合体」が形成され，こうした「極」が国民経済をリードしていく過程が論じられていたのである．一方，ヴァーノン（Vernon 1960）のプロダクトサイクル論も，製品のライフサイクルに対応した生産の海外移転のみならず，先進国における集積の解体過程を示したものとみることがで

きる．

　以上，マーシャルとウェーバーの比較を軸に，集積理論の論点を整理してきた．マーシャルは同一産業の地域的集中の利点や地域の特色について，またウェーバーは同種工場の規模拡大や工場の統合について，それぞれ異なる方法で説明をしてきた．その後の集積理論の展開は，集積論の対象範囲を広げるとともに，規模集積に関しては最適規模の問題や分散可能性の問題を，また経営数集積に関しては複数企業の意思決定の問題や接触の利益の内容把握の問題をそれぞれ扱ってきた．また，動態的な集積論を発展させようとする動きもみられた．こうした従来の集積理論の議論に対し，欧米における「新しい産業集積」論は，どのような新たな観点を提示しているのであろうか．次節ではこの点を検討することにしたい．

3. 集積論の系譜と新産業集積論

3.1 「柔軟な専門化」と「新産業地域」論

　20世紀における大量生産体制の隆盛の中で，マーシャルが取り上げた「産業地域」(Industrial Districts) の多くは衰退，消滅の道をたどってきた．しかしながら1980年代に大量生産体制の危機が進行する中で，「第三のイタリア」や「シリコンバレー」などにおける地域経済の活況が注目され，再び「産業地域」に関心が寄せられてきている．ILOやOECDによる研究報告 (Pyke and Sengenberger 1992, OECD 1996) をはじめ，「産業地域」の実態に関する研究蓄積は膨大な量にのぼり，これらの「産業地域」については多様なアプローチによる研究が行われてきている[9]．

　こうした新しい「産業地域」研究が活発化する重要な契機となったのが，

---

9) 「産業地域」に関する主要な著作としては，Paniccia (2002), Becattini *et al.* (2003), Belussi, Gottardi, and Rullani (2003), Brenner (2004), Karlsson, Johansson, and Stough (2005), Lagendijk and Oinas (2005), Alberti *et al.* (2008), Belussi and Sammarra (2010), Belussi and Hervas-Oliver (2017) が挙げられる．また，「産業地域」研究に関するハンドブックも刊行されている (Becattini, Bellandi, and Propis 2009)．

1984 年に出版されたピオリ・セーブルの著書 *The Second Industrial Divide* である．彼らは，「技術的発展がいかなる経路をとるかを決定する短い瞬間」を，産業分水嶺（industrial divide）と呼び，産業革命によって大量生産体制が支配的となった第一の分水嶺に対して，「今日我々は第二の産業分水嶺を通過しつつある」と述べている．そしてこうした状況下で，先進国では2つの相反する戦略が潜在的にとられているとしている．一つは大量生産方式をとってきた産業の低開発国への移動であり，もう一つは「クラフト的生産技術にいま一度たち返ろうとする」もので，「柔軟な専門化（flexible specialization）」と呼ばれている．

後者は，多品種少量生産に適したコンピュータ制御の汎用機を技術的基盤とし，それを使いこなす熟練技術の伝承を保証する地域産業コミュニティ，すなわち「産業地域」の再出現をもたらすと考えられているのである．

彼らは，マーシャルの「産業地域」の議論にふれながら，リヨンの絹工業やシェフィールドの刃物産業など，19 世紀の「産業地域」の特徴を回顧し，成功を収めた「産業地域」の3つの性質として，①市場に対する柔軟な対応，②広い適応力をもつ技術の柔軟な利用，③企業間の協力と競争を調整する地域協力組織の創造と永続的な革新を挙げている．そして，大量生産体制が危機を迎えている今日的状況下での例外的な成功例として，「第三のイタリア」を取り上げ，プラート（Prato）の織物地帯を詳しく紹介している．そこでは成功の要因として，伸縮性に富む市場への転換，一貫生産の大工場の解体と小工場のネットワークへの再編，調整役としてのインパナトーレの役割，コミュニティ的な結びつき，地方自治体の役割などが指摘されている．

なお 1990 年代以降，中国企業との競争が激化する中で，「第三のイタリア」の産地では，分業による「柔軟な専門化」ではなく，中核企業による一貫生産化によって生き残りを図る動きが出てきている[10]．

ところで，「新産業地域」の優位性を，経済的側面だけではなく，社会・文化・制度面などに注目して，より広く捉えていこうとする傾向が強くなっている．マルムベルイ（Malmberg 1996）は，集積の利益は，単純な経済的特

---

[10] プラートにおける現地企業と中国企業との関係の変化については，Lazzeretti and Capone（2017）を参照．

徴ではなく，微妙で社会文化的で制度的であると述べている．そうした集積の利益の変化をよく示す用語の一つが，特定の物的（企業，インフラ），非物的（知識，ノウハウ），制度的（機関，法的枠組み）要素のセットとしてのミリュー（milieu）である[11]．

ミリューは，イノベーションと結びつけられて，「技術革新の風土」と表現され，こうした風土づくりが地域政策の目標となることも多い．なかでも，1984年に設立された「革新の風土に関するヨーロッパ研究グループ」（Groupe de Recherche Europeen sur les Milieux Innovateurs: GREMI）は，ミリューの観点から「産業地域」に関する実態把握や政策提言を行っている[12]．

グループの一人カマーニ（Camagni 1991）は，ローカル・ミリューという用語を用いている．カマーニは，ローカル・ミリューを，「一般に，生産システム，さまざまな経済的社会的アクター，特定の文化，そして表象システムを包含し，ダイナミックな集合的学習過程を生み出すところの領域的諸関係の集合」とし，その役割を2点挙げている．一つは集合的学習過程で，もう一つは不確実性を生みだす諸要素の削減過程で，カマーニは，創造性と連続的なイノベーションは集合的な学習過程の結果だとし，空間的近接性を重視している．それによって，情報交換が容易となり，文化的・心理的態度の類似性，個人間コンタクトと協力の頻度，諸要素の可動性の密度が高まるからである．

こうしたヨーロッパでの議論に対し，アメリカではハリソン（Harrison 1992）が，「産業地域」に関する議論が，より質的なものを重視する傾向にある点を指摘し，新古典派の集積理論と「新産業集積」の理論との違いを理解する鍵は，グラノヴェッター（Granovetter 1985）の「埋め込み」（embeddedness）概念にあると述べている．

論文「経済行為と社会構造——埋め込みの問題」の中で，グラノヴェッターは，「現代の産業社会で経済行為がどの程度社会関係の構造に埋め込まれ

---

[11] ミリュー概念の産業地域論での使われ方も研究者により違いがある．外部経済と対比して地域特有の経済的メリットを数量化して使うケースもあれば，「風土」のように自然条件や位置条件をも考慮して定性的に扱うケースもある．

[12] GREMIの研究活動については，Ratti, Bramanti and Gordon（1997）や山本健兒（2004）に詳しい紹介がある．

ているのか」を検討している．もともと「埋め込み」は，カール・ポランニー（Polanyi 1957）の「一般に経済システムは社会システムのうちに埋没していた」との表現によるもので，それは「われわれの時代以前」という限定が付けられていた．これに対し，グラノヴェッターは，経済が社会に埋め込まれている点を強調し，近代の市場社会も社会的・政治的・文化的制約との関わりで考えられるとしている．彼は，限定合理性と機会主義に関するウィリアムソン（Williamson 1975）の市場と組織のアプローチを批判し，組織形態のあり方を問題にするよりも，企業間および企業内部の個人的関係を重視した見解を提示する．

こうしたグラノヴェッターの「埋め込み」の議論は，地域経済のみならず地域社会のあり方に重きが置かれ，地域内での独特な信頼関係に基づく個人的な関係に焦点が絞られ，「産業地域」についての説明がなされる傾向が強い[13]．これに関係して，社会関係資本（social capital）の概念を用いて，「新産業地域」の経済的発展に果たす地域社会の役割に着目する議論も，最近では活発になされてきている[14]．

3.2　企業間関係からの集積論

3.2.1　スコットの新産業空間論

カリフォルニア大学ロサンゼルス校の地理学者アレン・スコットは，企業組織論と企業立地とに焦点を合わせた理論研究と，ロサンゼルス大都市圏に

---

[13] embeddedness 概念が「新産業地域」論でどのような意味で使われているかについては，論者により違いがみられる．地域社会全体の特徴に注目するものもあれば，企業間関係，企業内の組織，企業と各種機関との関係など組織内外の関係に注目するもの，経営者間の関係や経営者と労働者との関係などの人間関係に注目するものなどがある．

[14] アメリカの社会学者コールマン（Coleman 1988）や政治学者パットナム（Putnam et al. 1993）などによって提起された概念で，「人々の協調行動を活発にすることによって，社会の効率性を高めることのできる，信頼や規範，ネットワークといった社会的仕組み」を意味する．ソーシャルキャピタルが豊かな地域は，地域経済の発展や地域住民の健康状態の向上など，政治や経済，生活等の各方面で好ましい効果が得られるとされている．

おける工業の実証研究を 1980 年代に精力的に進め，新産業空間（New Industrial Spaces）論を提起した．ここではスコットの集積論の特徴を指摘することにしたい．

　第一に注目すべきは，スコットの集積論がウェーバーの集積論の延長上に位置づけられるという点である．スコットは，ウェーバーの集積論が「産業内と産業間のダイナミズムについての認識」を欠き，個別企業の立地決定を強調しすぎている点を批判するとともに，取引諸関係のネットワークを軸にしながら，「ポスト・ウェーバー派とでも呼ぶべき立地過程についての説明」を試みている．

　第二に，スコットの集積論の特徴として，それが企業間関係の空間的近接性に着目したものであり，ウィリアムソンの取引費用論に基づいた説明であることが指摘できる．一般に，企業組織内部の取引費用が，企業の外部にある市場を通じた取引費用を下回る場合には垂直統合が生じ，反対に内部取引費用が外部取引費用よりも大きくなる場合には垂直分割が生じる．ここでスコットは，フレキシブル生産は垂直分割を増大させるという見地に立っている．すなわち，「リンケージが小規模であり，標準化されておらず，不安定であり，しかも人的な仲介を必要としているところでは，リンケージは，距離に依存する高い単位フローあたり費用と結びついている」との認識に立っている．かくして垂直分割は外的リンケージの増大を意味し，その空間的コスト節約のために集積が生じると説明されているのである．

　第三に，動態的な視点の存在も，スコットの集積論の特徴といえよう．「社会的分業は空間的集積を，集積はさらなる社会的分業をもたらし，内的なエネルギーが枯渇するまでこの循環は続く」と述べられているように，累積的な集積の進行過程が指摘されている．

　もちろんこうしたスコットの集積論については，垂直分割と集積とを結びつける論理をはじめ，さまざまな批判が出されている[15]．スコットは，リンケージコストの低廉化をもとに集積を論じているが，企業の立地は労働費の節約など，総費用の最小化こそが問題となる．また，費用因子のみならず，

---

15) 詳しくは松原（1995）を参照．

収入因子や相互依存立地を想定した立地を考えることも，現代企業では重要であろう．

　取引内容に関しても，より詳しい検討が必要である．藤川（1999）は，スコットが「取引費用における空間的側面にのみ注目し，取引費用論に本来的である，取引の属性に応じて変化する側面を捨象している」と批判するとともに，接触の利益を「調整の利益」と言い換え，既存のリンケージ上での調整と，リンケージ転換による調整との2種類に分けて，取引内容の検討と動態的考察を行っている．

3.2.2　ストーパーの領域化論

　スコットと同じカリフォルニア大学ロサンゼルス校のストーパーは，これまでスコットとともに「カリフォルニア学派」として一括されることが多かった．確かに企業間関係に力点を置いた集積論という点では，二人は共通の視点に立っているとみることができよう．しかしながら，企業間関係をどのように把握していくかという点を詳しくみると，二人の視角には差異があるように思われる．スコットが取引費用を軸に企業間関係の空間的近接性に着目したのに対し，ストーパーは「関係性資産」（relational assets）という観点から「領域化（territorialization）」を取り上げようとしているのである（Storper 1997）．

　ストーパーは，集積の説明にあたってスコットと同様に取引費用に注目している．ただし，個人的な関係や評判，慣習など，取引関係の質的な側面を重視している点が，ストーパーの特徴となっている[16]．「領域化」の説明に関しても，投入・産出関係の近接性によるのではなく，組織と技術の非交易もしくは関係的局面における近接性や関係的な資産によっていることが注目される．

　ところで，こうしたストーパーの「関係性資産」からの集積論と，スコッ

16）信頼関係（trust）に注目して「産業地域」を説明しようとした研究は，Lorenz（1992），Ottati（1994），千葉（1997）などによってなされている．ストーパーは，従来のグローバル化の議論が，経済活動の領域化，脱領域化を問題にしてこなかった点を批判し，生産における領域的関係特殊資産の再構築によって，グローバリゼーションの下で領域化が進展することを示唆している．

トの取引費用からの集積論との違いをどう考えたらよいのだろうか．スコットの集積論がウィリアムソンの議論に基づいていたのに対し，ストーパーの議論は，浅沼 (1997) の「関係的技能」の考えを想起させる．この「関係的技能」とは，「基本的に，中核企業のニーズまたは要請に対して効率的に対応して供給を行うためにサプライヤーの側に要求される技能のこと」で，浅沼は関係的技能の空間的側面については，直接言及していないが，集積の形成に関わる重要な観点を提供するものと考えられる．ウィリアムソンが設備ないし立地を強調するのに対し，浅沼は組織としての特定のサプライヤーの中に蓄積される人的なノウハウに焦点を置いているとされる（浅沼 1997, 230-232 頁）．こうした両者の違いが，スコットとストーパーの集積論の違いに反映しているとみることができよう．

このように，ストーパーの集積論は，企業間関係が「関係性資産」となることによって「領域化」が生じるとするもので，「産業地域」もこうした「領域化」の構成要素として位置づけられているのである．

3.3 クルーグマンの地理的集中モデル

ポール・クルーグマンは，「貿易のパターンと経済活動の立地に関する分析の功績」により，2008 年にノーベル経済学賞を受賞している．2008 年 12 月 8 日の記念講演のタイトルは，「貿易と地理における収穫逓増革命」となっている．収穫逓増を取り入れた数式モデルについては，代表的な論文 (Krugman 1991a) や著書『空間経済学』(Fujita, Krugman, and Venables 1999) をはじめ，さまざまな解説書で取り上げられているが[17]，以下では記念講演でも言及されている *Geography and Trade* の概要をみてみよう (Krugman 1991b)．

第 1 講「中心と周辺」では，アメリカ合衆国における製造業地帯への集中

---

17) 佐藤泰裕ほか (2011) は，クルーグマンの「製造業は，輸送費が高いとき両地域に分散し，輸送費が低いときいずれかの地域に集積する．輸送費が中間のときは，初期条件によって分散にも集積にもなりうる」とする命題を，「新経済地理学のメインメッセージ」とし（同上書，95 頁），こうした基本モデルを拡張した研究成果を紹介している．

を念頭に置き，収穫逓増，輸送費，需要が相互に作用しあう地理的集中モデルを提示している．2地域（東部・西部）・2部門（農業，製造業）を想定し，農業は移動不可能で両地域に均等に分布，製造業への需要は，農民と製造業労働者の数に比例するものと仮定し，製造業の地理的配置の検討を行い，その結果，①東部への集中，②西部への集中，③両地域への均等な分散のいずれかになるという複数均衡を導き出す．そして，「どの均衡を得るかは，初期条件に依存している．つまり，歴史が重要となってくる」（同上書，30頁）点を指摘し，「19世紀後半になって，製造業の規模の経済性は増加し，輸送費が下落し，非農業従業者の人口比率が増加した．その結果，製造業地帯が形成される運びとなった」（同上書，31頁）と述べるのである．

続く第2講「産業立地」では，マーシャルを引用しながら，産業の地域集中化の原因として，①特殊技能労働者の労働市場，②非貿易投入財の安価な提供，③技術の波及の3点を挙げ，それぞれについて理論的な検討を加えている．そして，ジョージア州の小さな町ダルトンへのカーペット産業の集中など，米国内での産業の地域集中化の事例を取り上げ，初期条件という歴史上の「一つの出来事がきっかけで特定の地域への産業集中が起こり，集中過程によって加速化されていく」点を指摘している．

このようにクルーグマンの地理的集中モデルでは，収穫逓増と不完全競争，輸送費の大小による違い，労働者の地域間の移動をモデルに取り込み，累積的に集積が強化されていくことを明らかにしたのである．

3.4 ポーターの産業クラスター論

経営戦略論で知られるハーバード・ビジネススクール教授ポーター（Porter 1998）は，著書『競争論』の「第7章　クラスターと競争」で，産業集積に関する議論を本格的に展開している．ここでクラスターとは，「企業と関連機関とが相互に関係しつつ地理的に集中したもの」と定義されている．ポーターは，クラスターに関する理論の歴史的なサーヴェイを行う中で，経済地理学の研究成果にも言及している．そして，これまでの集積論が投入費用の最小化，最小費用に力点を置いていたのに対し，新たな集積経済のポイ

ントとして，費用とともに差別化，静的効率とともに動的な学習，システム全体としてのコストとイノベーションの潜在的可能性を挙げている．

また，競争の地域的単位として，クラスターに注目している点も特徴の一つである．ポーターは，『国の競争優位』(Porter 1990) で示した「ダイヤモンドシステム」を発展させて，地域をベースとした「ダイヤモンドシステム」を描いている．そこでは，要素条件，需要条件，関連・支援産業，企業の戦略・ライバル関係の4つを，国際競争における優位性の要因として位置づけている．

さらに，『競争優位の戦略』(Porter 1985) で「バリューチェーン（価値連鎖）」の考え方を提示したが[18]，クラスター論では，バリューチェーンの中核の活動を行う場所を「ホームベース」と呼び，その立地の重要性を指摘している．

ところで，競争におけるクラスターの意義に関しては，3つの側面が指摘されている．1点目は生産性の上昇で，これを従業員やサプライヤーへのアクセスの改善，専門情報へのアクセス，補完性，各種機関や公共財へのアクセス，モチベーションの向上と業績測定の精密化に分けて詳しい説明がなされている．2点目に挙げられているのは，イノベーションへの影響力であり，立地とイノベーションについて検討がなされている．3点目が，新規創業との関係であり，参入障壁の低さや顧客確保などの面での有利さが指摘されている．

続いて，クラスターの誕生，進化，衰退といった動態的な過程についても指摘しており，自己強化プロセスによる成長促進や，テクノロジー面での不連続性や，クラスター内部での硬直性による衰退傾向なども示している．

このように，ポーターのクラスターの議論は，ウェーバーの最小費用に基づく集積論とは異なり，生産性やイノベーションの可能性といった観点から集積を説明しようとしたものである．しかもグローバルな競争の基本的な単位として，産業集積を位置づけている．しかしながら，こうした生産性や競

---

18) ポーターは，企業の活動を，購買，製造，マーケティング，サービスなどの主活動と調達，技術開発，人事・労務管理，全般的な管理などの支援活動とに分け，競争優位の戦略を提起している．

争優位をいかに具体的に他の立地点と比較検討するのか，未だ漠としている点が多い．また，非常に多数の産業クラスターの事例が挙げられているが，より厳密なクラスターの定義が必要ではないかと思われる．

4. クラスター理論の新展開

　冒頭でも述べたようにポーターのクラスター理論の登場以降，産業集積研究は量的拡大を遂げてきた．イギリスの経済地理学者ロン・マーティンは，ポーターも強調する地域の競争優位に関するこれまでの理論を図1-2のように整理している（Martin 2005）．

　彼の整理によると，理論的ベースは3つに分けられる．一つは，古典的な地域経済成長理論である移出ベース理論で，地域的特化につながっていくものである．第二の系譜が，マーシャルの「産業地域」の理論で，地域的内生成長理論や収穫逓増の議論と合流して，集積の経済を形成している．これらに対し，第三の系譜はジェイコブズの都市の多様性に関する議論（Jacobs 1969），都市化の経済に関わるもので，制度や調整，学習地域，ローカル・ミリューの議論と合流して知識のハブとしての地域に着目している．

　このように，特定産業の地理的集中を強調するポーターのクラスター理論に対して，産業の多様性を重視するジェイコブズの考え方を産業集積論に導入しようとする動きもみられる[19]．イギリスの経済地理学者クックは，デンマークの北ユトランド地域で複数の産業のクラスターが交錯する図を描き，これを「ジェイコブズ型クラスター」とした（Cooke 2010, 図1-3）．

　そこでは，農業や漁業などの伝統的な産業の経路依存に基づく技術が，無線電話や風力発電用の羽のデザインといった，新たな産業の技術に波及していった点が明らかにされているが，「スマート・スペシャリゼーション」等

19）　細谷（2009）は，集積を形成する企業群を横軸，イノベーションの主な担い手の競争条件を縦軸にしたマトリックスを作成し，同一業種の大企業による独占をMAR型，同一業種の中小企業による競争をポーター型，異業種の中小企業による競争をジェイコブズ型としている．

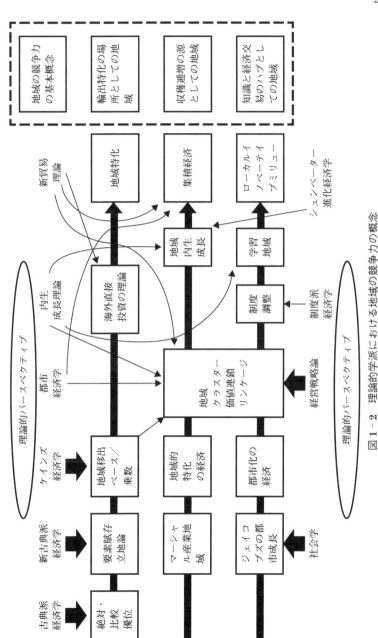

図1−2 理論的学派における地域の競争力の概念

出所) Martin (2005) をもとに、加筆・修正.

24　第Ⅰ部　理論篇

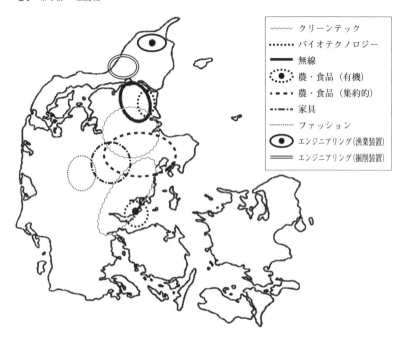

図 1-3　デンマーク北ユトランドにおけるジェイコブズ型クラスターと
　　　　関連多様性

出所) Cooke (2010) p. 31.

の第 13 章で扱う EU の集積政策との関係については，今後の検討課題といえよう．

　また図 1-2 では，多様な理論的背景が示されているが，進化経済学や進化経済地理学の影響も重視されている．実際，産業集積地域の歴史的変化や生成，進化に関する研究成果が，進化経済地理学の隆盛とあいまって，近年多くなっている．メンツェルとフォーナル (Menzel and Fornahl 2009) は，産業と空間が重なる領域にクラスターを設定するとともに，企業や機関の関係を図示し，そうした図を基本として，「技術軌道」によって特徴づけられる「産業のライフサイクルモデル」と「技術空間」によって特徴づけられる「クラスターのライフサイクルモデル」とを比較する中で，量（規模）と質（多様性）の変化から構成される切り口を導き出し，さらに局地的学習を通じ

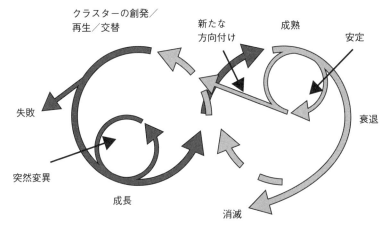

図1-4　クラスター適応サイクルモデル

出所）Martin and Sunley（2011）p. 31.

た知識交換や企業の吸収能力の観点を加え，これらをもって創発，成長，維持，衰退の４つの段階に分けて，クラスターの進化を説明している．

これに対し，マーティンとサンリー（Martin and Sunley 2011）は，クラスターの創発から成長，成熟化といった単純なライフサイクルモデルを超え，多様な軌跡から構成される八の字型のモデルを提示し，クラスターの進化について論じている（図1-4）．とりわけ，クラスターが成熟した後，安定から衰退，消滅へと向かわずに，新たな方向付けにより，クラスターの再生をいかに図っていくかが，政策的には重要となる．

5. 集積論の新たな課題

本章の前半では，マーシャルとウェーバーの集積理論を比較検討するとともに，その後の理論研究の成果を回顧した．後半では，欧米における「新しい産業集積」に関するさまざまなアプローチを，マーシャル系譜とウェーバー系譜とに大きく分け，それぞれの特徴と問題点を指摘した（図1-1）．

ウェーバーは，工場の規模拡大と工場間の近接による費用節約を主として

扱ってきた．これに対しマーシャルは，同一産業が地域的に集中することによるさまざまなメリットを，外部経済として取り上げてきた．ウェーバーもマーシャルも，主として経済的な要因から集積を説明してきたが，近年の「産業地域」論では，柔軟な専門化などの生産システムの特性，個人的関係，社会や文化などの地域における技術革新の風土など，さまざまな観点が指摘されてきた．こうした多様なアプローチは，マーシャルの系譜につながるものと位置づけることができる．総じて，集積の利益についての厳密な規定に乏しく，非経済的な要因が強調され，地域の個性が多くの場合強調されてきた．

　一方，スコットやストーパーの議論は，企業間関係に注目したものであり，しかも空間取引費用の節約によって集積を説明しようとしており，ウェーバーの系譜に位置づけられる．これに対しポーターのクラスター論は，費用節約だけではなく，生産性の上昇やイノベーション，新規創業の可能性を組み込んだ立地論を考えている．これらの議論は，工場でも地域でもなく，企業間関係のレベルでの集積論といえる．

　このように現代集積論の特徴は，企業間関係と非経済的要因を重視している点に求められる．これらの要素を集積論に組み込み，集積のメカニズムを明らかにすることが，今後の第一の研究課題といえよう．その際重要となるのは，産業集積の実態，とりわけ企業間関係と立地に関する実証研究の成果を理論にフィードバックさせ，より詳しい理論展開を図っていくことである．また，個人的な信頼関係や「技術革新の風土」などの非経済的要因に関しても，できるだけ数値化し，一般化できるようにする工夫が必要であろう．

　第二の課題は，産業配置・地域経済の全体枠組みの中で「新しい産業集積」を位置づけることである．「新しい産業集積」論では，もっぱら集積内の企業間関係や集積に関わる地域条件が取り上げられてきた．そうした集積が，国民経済もしくは世界経済の中でどのような位置を占めるのか，多国籍企業のネットワークとどのような関係にあるのか，こうした点を明らかにする必要がある[20]．工場内の工程間結合を特徴とする鉄鋼や化学のコンビナート，地域内の工程間分業を特徴とする自動車や電機の企業城下町，地域間の工程間分業を特徴とする半導体工業の広域的な工場分散など，他の工業地域

類型と比べた「新しい産業集積」の特徴を明確にすることも必要である．また，国際的な集積間競争や集積間ネットワークについての検討を進めることも重要であろう．

　第三の課題は，立地政策・地域政策の重要な柱として，「新しい産業集積」を位置づけ，地域経済の活性化に活かしていくことである．国際競争の激化など，集積をとりまく環境の悪化と，事業の後継者不足などの集積内部の原因によって，日本国内の多くの産業集積は危機的状況にある．こうした産業集積の「崩壊」をくい止め，再生の方向性を明らかにしていくためには，産業集積の問題把握とともに，現代の集積理論の発展と欧米での「新しい産業集積」の経験を理解することが有効であろう．また，大量生産体制や外来型開発に代わる「柔軟な専門化」と内発的発展を進める上で，「新しい産業集積」の形成が重要な戦略となることは確かであろう．

　工業立地理論の発展と現代工業地域理解の進展の上でも，また地域経済の新しい発展戦略の面でも，産業集積の問題はますます重要になってきているのである．

---

20)　多国籍企業の立地と産業集積との関係については，松原（2001），Belussi and Hervás-Oliver（2017）を参照．

第2章　日本の産業集積研究の成果と課題

松原　宏

1. 産業集積研究の隆盛

　前章では，1980年代後半以降，欧米で盛んになってきた「新産業集積論」を取り上げ，古典的集積論以降の集積論の研究蓄積を踏まえて再検討し，大きくマーシャル系譜とウェーバー系譜に分けられる点を指摘した．こうした欧米での研究成果の影響を受けて，日本でも産業集積に関する研究が活発に行われてきた．

　もっとも，小田（2012）が「我が国では，人文・経済地理学，地域経済論，中小企業論等において，産業集積と銘打たないものまで含めて70年から80年に及ぶ産業集積の実態研究・理論研究の蓄積がある」（36頁）と述べているように，欧米での「ブーム」とは関係なく，日本では産業集積に関係する研究が脈々と続けられてきた．

　2017年4月現在，国立国会図書館の「雑誌記事検索」を用いて，「産業集積」を論題名に含んだ和論文を検索してみると1,134件にのぼるが，上記のように，産業集積と銘打たない研究成果をも含めると，この数倍にもなるであろう．これらすべてを網羅的に把握することは難しいが，本章では，産業集積の理論，実態，政策の3つに大きく分け，筆者の文献渉猟の経験をもとに，日本における産業集積研究の成果を広めに取り上げ，整理するとともに，今後の研究課題を明らかにしたい[1]．なお，産業集積の実態に関する研究成

---

1) 国会図書館の雑誌記事検索を用いて，産業別，地域別に集積に関する文献をリストアップし，10ページ以上の分量がある文献を中心に取り上げた．なお，筆者の専門分

果は，産業集積の類型別および地域別に整理し，あわせてアプローチの違いにも留意した．

2. 産業集積の理論

　日本の経済地理学学説史においては，第二次世界大戦前から立地論の研究が盛んである，という点が特徴として指摘されてきた[2]．そうした立地論の研究蓄積の中で，集積論も位置づけられてきた．小田（2012）では，戦前の集積論として，菊田（1933），川西（1937）を取り上げ，ゾンバルトやリッツェル，シュミットらドイツの研究者の影響が強かった点を指摘しているが，以下では，独自の集積論を展開した日本の立地論者として，江澤（1954）と青木外志夫（1960）を取り上げることにしたい．

　1954年に刊行された江澤の『工業集積論――立地論の中心問題』は，世界的にみても水準の高い集積論の著書として位置づけられる．第1に注目すべき点は，集積の形成に関して，「集積の偶然性は，同時に，その確率をともなうこととなる．企業者の創意が集団的に発生し，又その追随者が波及する確率が，集積の確率として現れることになる」（江澤 1954，32-35頁）と述べ，確率論的な接近法を示唆している点である．第2の注目点は，集積の地域定着性に関するもので，集積の利益を生産要素の代替性と不可分性から説明しようと試み，「集積の要因として資本の生産性とその定着性」が考察されねばならないとしている（同上書，49-56頁）．第3に，集積の技術的要因のみならず，市場的要因，とりわけ不完全市場の検討にも多くのページを割いている点も注目される（同上書，83-129頁）．集積の限界を市場的要因によって規定し，市場の変化をもとに集積の動態が検討されているのである．

　青木外志夫（1960）もまた，ウェーバーの集積論に新たな視点を導入しようとした．資本の局地的＝地域的集積として把握する視点，集積理論の核心

　　野の関係から，経済地理学の研究成果が多くなっていることをあらかじめお断りしたい．
　2）　日本の経済地理学学説史については，松原（2013）を参照．

的概念として「利潤」を導入する視点，集積の理論と地域的＝歴史的ケース・スタディとの「相互浸透関係」に留意する視点，これら3つの視点に基づいて，集積利益の本質に迫ろうとしたのである．とりわけ，接触の利益など，諸概念に対する青木の厳密な整理は注目に値する．青木はまた，集積利益は，「はじめから特定の地域に定着した，一定地域に固有な利益ではない」とし，「歴史的にも論理的にも，局地利益が集積利益（非地理的）に先発・先行」するとしている．さらに，「経営数集積利益の経営立地牽引作用は累積的」であるとして，「累積的立地牽引作用」の存在を指摘している（青木外志夫 1960，259-321頁）．

ところで，冒頭でも述べたように，欧米での「新産業集積論」の影響を受けて，日本では中小企業論や経営学などから集積に注目した研究成果が出されてきた[3]．ここでは，清成・橋本（1997）『日本型産業集積の未来像――「城下町型」から「オープン・コミュニティー型」へ』と伊丹ほか（1998）による『産業集積の本質――柔軟な分業・集積の条件』を取り上げよう．前者においては，サブタイトルの「「城下町型」から「オープン・コミュニティー型」へ」からもうかがえるように，大企業の垂直的な企業間関係を特徴とする日本的な産業集積の問題点を指摘し，アメリカのシリコンバレーを典型とする新たな産業集積への転換が志向されている．後者については，東京大田区の実態把握を踏まえて，産業集積における柔軟な分業を強調するとともに，産業集積における革新の担い手としての「需要搬入企業」の存在に注目をしている．

また，技術的経営的特質に基づき装置系工業と機械系工業とに分け，両者の立地的性格を検討し，工業集積形成のメカニズムを独自の観点から明らかにした笹生（1991）の研究，ネットワークやイノベーションに関する膨大な既存研究を整理するとともに，両者の観点から産業集積に関する理論と実証研究を発展させた輿倉（2017）の研究が注目される．

前章で「新産業集積論」として紹介した理論のうち，クルーグマンの「地

---

3) 産業集積を論題に掲げた研究成果が多く出されてきているが，欧米での議論の簡単な紹介を列挙し，多少の整理もしくは新たな用語による説明に終始している研究が少なくないように思われる．

理的集中モデル」については，地域経済論や空間経済学の教科書などで紹介がなされ（マッカン 2001，佐藤泰裕ほか 2011），ピオリ・セーブルの「柔軟な専門化」論やポーターの「産業クラスター論」についても，経営学を中心に比較的多くの研究者が議論の俎上に載せている[4]．これに対し，スコットの「新産業空間論」に言及した研究成果は限られる．

　松原（1995）では，スコットの「新産業集積論」の空間的論理を説明するとともに，「垂直分割は，外的リンケージを増大させ，外的リンケージは輸送費などのコストの増大をもたらすと考えられ，当然のごとくコスト低下のために集積が選択されると説明されている．しかしながら，企業の立地はリンケージコストの低廉化だけで決まるのではなく，労働費の節約など，総費用の最小化こそが問題となる．また，費用因子のみならず，収入因子や相互依存立地を想定した立地を考えることも，現代企業では重要であろう」と述べている．また藤川（1999）は，スコットが空間的取引費用にのみ注目している点を批判し，新たに「調整の利益」という概念を提起し，既存のリンケージ上での調整と，リンケージ転換による調整との 2 種類に分けて，取引内容の検討と動態的考察を行っている．

　以上，産業集積の理論に関する主な研究成果をみてきたが，1950 年代，60 年代の江澤や青木などの立地論からの集積論と，欧米での「新産業集積論」の影響を受けた 1990 年代以降の集積論とのギャップは否めない．改めて，「集積の経済の本質とは何か」という点を考えると，マーシャルとウェーバーのいずれの集積論によって立つかによって異なるようにも思われるが，空間的視点を不可欠とする経済地理学からの集積論については，スコットの空間的取引費用の議論を踏まえつつ，江澤，青木などの立地論的集積論を発展させていくことが重要となろう．

---

[4] 産業集積と産業クラスターの違いを論じた笹野（2014）は，産業クラスターにあって産業集積にないものは「関連機関と企業の間の協力」であるとし，産業クラスターにおける「活動体」の重要性を指摘している．

3. 日本の産業集積に関する実証研究

3.1 日本の産業集積地域の類型化

　欧米における「新産業集積論」の展開の中で，産業集積地域を類型化する研究もなされてきた．たとえば，アメリカの経済地理学者アン・マークセン（Markusen 1996）は，マーシャル的産業地域（事例：サードイタリー），ハブ・アンド・スポーク地域（シアトル，豊田，ウルサン，ポハンなど），サテライト・プラットホーム地域（リサーチ・トライアングル，大分，熊本，亀尾など），国家主導地域（サンタフェ，サンディエゴ，筑波，大田など）の4類型を示し，それぞれの特徴をまとめている[5]．

　これに対し日本では，中小企業庁（2000）が，日本の産業集積地域の実態に即した類型化を試みている．『中小企業白書　平成12年版』第1部第2章第2節「集積の創業・経営革新促進機能」において，「ここでいう集積とは，地理的に接近した特定の地域内に多数の企業が立地するとともに，各企業が受発注取引や情報交流，連携等の企業間関係を生じている状態のことを指す」という定義を与えるとともに，集積の類型化について言及しているのである．そこではまず，従来の典型的な「集積」として，以下の3つの類型が挙げられている．すなわち，①特定の地域に同一業種に属する企業が集中立地し，その地域内の原材料，労働力，技術等の経営資源が蓄積され，きわめて地場産業的色彩が強い「産地型集積」，②特定の大企業の量産工場を中心としてその周辺地域に多数の部品等を提供する下請企業群が集積している

---

[5]　朴（Park 1996）は，マークセンの類型を9つのタイプに細分し，内発的な発展経路によって，ハブ・アンド・スポーク地域が域内・域外の企業間連関を強めていき，シリコンバレーのような先進的なハイテク地域に移行していく軌道を描くなど，動態的な過程についても言及している．一方，政府主導のサテライト産業地域からシリコンバレーを典型とする先進的ハイテク産業地域への移行は難しく，こうした外発的なタイプがアジアに多いことから，アジア的な工業化戦略の限界性をも読みとることができる．

「企業城下町型集積」,③都市部を中心に部品,金型,試作品等を製造する製造業が集積した「都市型集積」である.

さらに,②の「企業城下町型集積」は,(ア) 大企業がアウトソーシングを重視していて企業間の結びつきが強いタイプ(自動車産業,家電製品等)と(イ) 大企業の内製率が高くて企業間の結びつきが弱いタイプ(造船重機,基礎素材等)に,③の「都市型集積」も,(ア) 大都市工業型集積(大田,東大阪等),(イ) 地方都市型集積(浜松,諏訪・岡谷等),(ウ) 都市産業型集積(原宿・青山,秋葉原,神保町等)に細分されている.

以上の3つの類型に加えて,『中小企業白書』では,比較的新しい産業集積の類型として,以下の3つの類型が挙げられている.すなわち,④「誘致された中核企業の下請企業等」や「機械など同業種や関連のある業種の企業が同じ地域に進出」したり,「都市型集積等で関連のあった複数企業が同じ地域に分工場を作る」などとして形成された「進出工場型集積」(岩手県の北上川流域等),⑤「集積内のネットワークとともに,集積外とのネットワークの比重も高まっているため,集積の広域化,集積同士のネットワーク化等」により形成された「広域ネットワーク型集積」,⑥大学,産業支援機関等の研究開発支援機能が,コア技術等の経営資源を提供することで形成された「産学連携・支援施設型集積」である.

こうした『中小企業白書』での産業集積の類型化を踏まえ,以下では産業集積の実証研究を整理することにしよう.

3.2 産地型集積に関する研究

日本における地場産業に関する研究蓄積は,相当量にのぼる.代表的な研究としては,山崎充(1977)が挙げられるが,そこでは地場産業の特徴として,①特定の地域に起こった歴史が古い,②特定の地域に同一業種の中小零細企業が地域的企業集団として集中立地している(「産地」を形成している),③生産,販売構造が社会的分業体制を特徴としている,④その地域独自の「特産品」を生産している,⑤市場を広く全国や海外に求めて製品を販売している,といった諸点が指摘されている.地場産業研究の多くは,特に産業

集積という用語を使用しているわけではないが，上記の諸点は，集積の特徴と符合するものといえる．

経済地理学の研究成果としては，まず第1に，板倉（1978, 1985）『地場産業の町（上）（下）』『地場産業の町（3）』が挙げられる．そこでは，代表的な地場産業の産地として，かばんの町・豊岡，刃物の町・関，つむぎの町・結城，銅器のまち・高岡，うちわの町・丸亀などが取り上げられている．その後も，板倉・北村（1980），板倉（1981），上野（1987a, 2007）などの著作が刊行されている．これらの地場産業研究の視点について，初澤（2013）は，「初期の段階では産地や工場の分布に注目するものが多かったが，…（中略）…戦後になると，この基礎のうえに産地の生産構造を社会的分業の側面から把握する研究が行われるようになった」（479頁）としている．1980年代以降，産地の衰退が深刻化すると，その振興方策に関する研究が多くなり，「産地の存立基盤を強化するための人材育成や新製品開発，経営革新などが多く取り上げられている」とする一方で，グローバルな視点，地域の側からの視点，地場産業の文化的側面に注目する必要があるとしている（初澤 2013, 479頁）．

初澤もふれているように，1980年代以降，産地型集積は大きな変化を遂げていくが，小原（1996）では，全国各地の産地を比較的多く取り上げ，工程間分業の特徴を踏まえつつ，変化の実態を明らかにしている．

次に，産業別に産地型産業集積をみると，繊維産業に関するものが圧倒的に多い．著作を中心に代表的な研究成果を列挙すると，辻本（1978）は関東の繊維産地の分布と各産地の機業圏について，関満博（1984, 1985）は青梅や八王子の機業の生産構造について，中島（2001）は大阪泉州の綿織物産地の歴史的形成過程について，青野ほか（2008）は山梨県郡内地域の織物業の歴史と就業構造の変化，関連産業の発達について，それぞれ詳細な実態を明らかにしている．また，伊藤喜栄（1960）と和田明子（1963）は，東海地域における羊毛工業，阪神地域における綿織物工業を取り上げ，それぞれの工業の集積要因を論じ，竹内裕一（1983）や初澤（1987, 1988）は，播州綿織物業地域，新潟県見附綿織物業産地を取り上げ，それぞれの産地における社会的分業の実態を明らかにしている．

これらに対し，比較的新しい産地研究では，新たな概念を導入する試みがなされている．たとえば，岡山県児島地区のジーンズ産地を取り上げた立見(2004)は，ストーパーとサレの「生産の世界論」の視点や関係性資産の概念，大阪泉大津の毛布産業集積に関する三原(2009)はフレキシビリティ，富士吉田に関する小俣(2013)は企業間ネットワーク，今治のタオルを取り上げた塚本(2013)は地域ブランドなど，それぞれ新たな視点を導入しようとしている．また，結城紬生産地域を取り上げた湯澤(2009)では，小規模家族経営における女性のライフヒストリーに焦点を当てた点が，さらに奥能登の繊維業の長期的変化を明らかにした青野・合田(2015)では，地域経済，地域社会のみならず，政治的視点を早い時点で導入していた点が注目される．

金属製品産地として知られる新潟県の燕・三条地域についても，比較的多くの研究が蓄積されている．なかでも，グローバル化による産地の変化を明らかにした国民金融公庫調査部(1987)，関・福田(1998)が代表的な著作といえる．また，産業クラスターの議論を踏まえた最近の議論としては，吉川(2005)が，企業事例を踏まえた地場産業の課題を明らかにしたものとしては吉見(2009)がある．

眼鏡のフレームの産地である福井県鯖江地域については，宮川(1976)，奥野(1977)が眼鏡枠工業の局地的分布の構造と存立基盤を明らかにしている．最近の鯖江における集積の変化については，遠山・山本篤民(2007)や南保(2008)が詳しく検討するとともに，中村(2012)では，産地の個別企業の動向を詳細に記述している．

この他，石倉三雄(1989)が家庭用仏壇などの伝統的工芸品産業，野原(1986)が瀬戸や美濃などの陶磁器産業，上野・西村(1990)が播州の素麺業，松井(1993)が川口の鋳物工業，山本俊一郎(2006)が水沢の鋳物，粂野(2010)が旭川家具をそれぞれ取り上げ，産地の歴史，現状，今後の課題を明らかにしている．

従来とは異なる視点から産地型産業集積を扱った研究成果としては，須山(2004)や山田(2013)がある．須山は，石川県輪島市の漆器業と富山県井波町の彫刻業を取り上げ，人材育成や観光業との関係などに着目して，産地の存続可能性を論じている．これに対し山田は，有田や信楽の陶磁器産地を取

り上げ，ビジネスシステムの特徴，人材育成の取組や企業家活動の分析を行っている．

3.3 企業城下町型集積に関する研究

経済地理学における工業地域の研究では，企業城下町型産業集積を取り上げた研究が多い．太田勇ほか（1970）は，工業化の史的展開における時期的差異が工業都市の都市化の諸層を規定すると考え，工業化と都市化との関係を検討した工業地域論の代表的な研究成果といえる．そこでは，工業化の段階が3期に分けられ，第I期（産業資本の確立から独占資本の成立期まで）では，岡谷，四日市，八幡，室蘭，第II期（独占資本の確立から戦時経済の崩壊期まで）では，川崎，日立，延岡，新居浜など，第III期（日本資本主義の再建から「地域開発」期まで）では，相模原，東海，市原など，企業城下町を多く含む諸都市が取り上げられ，工場や社宅，市街地分布図をもとに，詳しい記述がなされている．また，比較的新しい研究としては，岩間（1993, 2009）が挙げられ，日立，宇部，釜石，室蘭，八幡，尼崎，川崎・鶴見の工業地域社会の形成と内部構造に関する分析がなされている．

第二次世界大戦前からの企業城下町としては，八幡製鉄所により工業都市に変貌した北九州市が知られているが，これについては，檜垣（1958），竹内淳彦（1966）が，工場の分布と形成過程を明らかにしている．同じく製鉄業の企業城下町として知られる岩手県の釜石市については，山川の一連の研究がある（山川 1982, 1983, 1985, 1986）．そこでは，1978年の新日本製鐵の合理化に伴う地域経済の変化が詳しく記述されている．

第二次大戦後，高度成長期に製鉄業では，複数拠点を設けるが，新たな立地拠点となった地域形成について，地域社会学の研究者が集団的な研究成果を出している．たとえば，館（1981）では，新日本製鐵の製鉄所が立地した千葉県君津市を，似田貝・蓮見（1993）では，日本鋼管の新たな拠点となった広島県福山市を，それぞれ取り上げ，地域経済・地域社会の変化を明らかにしている．

第二次大戦後の企業城下町としては，電気機械や自動車，造船など，機械

工業の企業城下町の研究が多くなってきている．鉄鋼や化学といった装置型工業と異なり，労働集約的な組立工程を特徴とする機械工業の企業城下町研究では，分析視点も親企業と下請企業との関係や資本労働関係に力点が置かれるようになる．なかでも造船業の企業城下町に関する研究が多く，岡山県玉野市における三井造船の生産構造と従業員の実態に関する藤森（1960），静岡県の清水市での日本鋼管による下請利用に関する山本茂（1968），兵庫県相生市での石川島播磨工業の事業再編の影響を明らかにした村上（1973）などの研究がある．

自動車組立工業の分布形態については，渡辺利得（1970）が，アッセンブル複合下請工業地域，単一アッセンブル下請工業地域，コ・オパレーティブ下請工業地域といった3つの類型を示している．宮川（1977）では，トヨタの完成組立工場を中心に，協力会を構成する下請企業が集積している状況を，工場分布図をもとに明らかにしている．また，自動車産業都市豊田市については都丸ほか（1987），両毛地域については松橋（1982a, 1982b），広島県については藤井（1992）もある．さらに，新興自動車産業集積地域である九州・山口については，藤川（2001）や藤原（2007）などの研究がある．

こうした従来からの企業城下町研究に新たな観点を積極的に導入した研究成果として，外枦保の一連の研究がある．外枦保（2007）では旭化成の企業城下町として知られる宮崎県の延岡市を取り上げ，都市政治や産業政策，企業文化の観点を，外枦保（2009）では地元発祥の化学企業・宇部興産の企業城下町である山口県宇部市を取り上げ，下請関係から産学官連携による主体間関係の変化の観点を，外枦保（2012）では富士フイルムの企業城下町・神奈川県南足柄市を取り上げ，中核企業の事業再構築による自治体や下請企業への影響の観点を，それぞれ加味した分析を行っている．

この他，松石（2010）では，岩手県釜石市を対象地域に，労使協調を特徴とする日本的経営と地域社会との関係を，中野（2009）では，野田，倉敷，日立を取り上げ，工場や道路，社宅などの建設における企業の戦略を読み解きながら，企業城下町の都市計画の歴史を明らかにしている．また，産業集積研究を踏まえた新しい研究成果としては，愛媛県今治市における造船業集積を，舶用工業など関連部門の集積や地域社会特有な制度に着目して明らか

にした内波（2013）の研究がある．

3.4 都市型集積に関する研究

(ア) 大都市工業型集積（大田，東大阪等）

　大田区の産業集積については，大澤（2002）を手がかりに，これまでの研究成果を時系列的に並べてみることにより，集積の進化過程をたどることができる．

　すなわち，竹内淳彦（1974）などからなる1960・70年代調査では，底辺産業，技術集団と産業地域社会に，関による1985年調査では，ME化という技術条件変化，高度熟練による特殊化，その後の1990年代の調査では，空洞化局面，マニュファクチュアリング・ミニマム，製品開発型企業，ME装備の専門加工業，専門特殊化零細企業に光が当てられた（関 1993, 1997）．一方，渡辺幸男（1997）による1976～77年調査では，零細経営の存立基盤を仲間取引に求め，1988年調査では，山脈型社会的分業構造，オータナイゼーションが指摘され，完成品製造企業，専門部品製造業，特定加工に専門化した企業が注目された．伊丹ほか（1998）では，需要搬入企業と分業集積群の柔軟性，革新的中核企業：量産部品展開型，小ロット部品特化型，ファブレス型など，新たな企業群が注目された．2000年代以降になると，タイの工業団地への進出，世代交代，産学連携が話題となり，福島久一（2006）では，グローバル化の下での地域産業集積の変化が，額田・山本聡（2012）の最近の研究では，水平的な分業構造が崩れてきていることが指摘されている．

　これに対し，東大阪については，植田（2000），武知（1998），衣本（2003），湖中（2009），加藤厚海（2009），前田ほか（2012）など2000年代以降に研究成果が集まっているために，大田区のように比較的長期間にわたる変化を見いだすことは難しい．ただし，植田（2000）では，地図を用いて工場分布の変化が示されるとともに，企業間の取引関係の特徴が詳細に明らかにされている．なお，同一の研究者もしくは研究者集団が，大田区と東大阪の両方を調査することは難しいために，日本を代表する産業集積地域である大田区と

東大阪の比較研究は少ないが，前田（2005）は，1995年に大阪中小企業情報センターが行ったアンケート調査結果をもとに，小ロット生産が多く，精度が高い加工が中心で，大企業からの試作業務が多い大田区に対し，東大阪では大ロット生産を得意とし，加工精度の要求は相対的に低く，立地環境面でもマイナス面が目立つ点を指摘している．また森下（2008）は，アンケート調査結果をもとに，都市型産業集積である両地域の連携組織の比較を試みている．

大田区以外の東京の産業集積については，工場分布の研究を中心に戦前からの研究蓄積がある．たとえば，武見（1930）は，昭和初期の東京市における工場分布図を業種別に作成し，工場位置決定の要因として，①工場の位置は比較的低い地域に選ばれる，②河海の沿岸に工場は密集する，③大工場の位置決定の要因としては，陸運よりも水運が特に重要視される，④工場の分布は場末地帯に最も密である，等々の諸点を指摘した．

また，辻本ほか（1962）は，1958年末時点で従業員30人以上の東京都内の6,764工場を取り上げ，業種別・従業員規模別分布図を製作し，各業種の分布特性を明らかにするとともに，東京の工業の全体的把握を試みた．その結果，東京の工業の本質は，手労働を主とした問屋的雑貨工業ないしは問屋的組立工業の集積であり，中小工場の多い東京の工業の分布は，①軽工業と一部の重量物を扱う素材部門を含む城東・中央地域，②組立工業とその関連部門が集積した城南・城北地域，③西部に成立しつつある環状分布地域群，に大別されるとした．さらに宮原（1956）は，目黒川流域大崎地区における工場の集積と立地変動を明らかにしている．

ところで，東京における産業集積の内的構造を明らかにした研究成果としては，板倉ほか（1970）『東京の地場産業』と佐藤芳雄（1981）『巨大都市の零細工業――都市型末端産業の構造変化』が代表的な著作といえよう．この他，荒川区と大田区を比較しながら，住工混在問題に言及した竹内淳彦（1974），墨田区の中小零細工場の移転を分析した上野（1987b），板橋区における企業間ネットワークの実態を明らかにした丸山美沙子（2007），多様な関連産業との近接性など，城東のファッション産業の存立構造を検討した遠藤貴美子（2012）等々，切り口も含め多様な研究成果が出されてきた．また

近年，東京の下町の産業集積地域では，学校跡地を起業支援の場として活用したり，観光業との接点を重視する傾向が強いが，台東区の「モノマチ」については下村（2015）の研究がある．

一方で，東大阪以外の大阪大都市圏における産業集積研究は，あまり多くないが，前田ほか（2012）は，代表的な集積地域の比較検討を行うとともに，集積間のネットワーク化の可能性についても言及している．この他，立見ほか（2012），徳丸（2012），関智宏（2008）など，八尾地域についての研究が多い．また，神戸市長田地区のケミカルシューズについては，山本俊一郎（2008）が詳しく分析するとともに，東京との比較を行っている．京都市の産業集積は，大阪や神戸と性格を異にしているが，末松ほか（2002）や川端基夫（2003）などの研究がある．

東海地方については，栗原（1978）が，多くの工場分布図をもとに，名古屋工業地域の特徴と郊外移転，刈谷や豊田の機械工業地域，尾西の繊維，瀬戸の陶磁器などの在来工業地域の形成を概観している．齊藤由香（1999）は，名古屋市中川区露橋地区における住工混在地区の変化を明らかにしている．この他，三重県の四日市地域については，青木英一（1970）や鹿嶋（2004）の研究がある．

（イ）地方都市型集積（浜松，諏訪・岡谷，長岡，上田）

日本には，産地型にも企業城下町型にも当てはまらない，独特の産業集積を形成している地方都市が存在する．それらの多くは，複数の大手機械工業企業が，中小・零細の部品供給企業を近接立地させ，集積を形成してきた．以下では，代表的な地方都市を取り上げ，主な研究成果をみてみよう．

静岡県浜松市については，楽器工業の集積や二輪車工業地域の形成など，地域の工業化を明らかにした大塚（1986a）による著書が代表的な研究といえる．また小田（1992）は，機械金属工業の立地動態と取引関係の変化を，大村（1998）は，ピアノ製造業の変化の実態を，それぞれ明らかにしている．浜松については，テクノポリスに関する研究も目立つ（山本義彦 1988，鈴木 1997a など）．さらに最近では，西野（2009）が浜松の産業集積がいかに環境変化に適応してきたかについて，藤田泰正（2011）が戦前の産業用機械工業

を中心に，産業集積と技術形成との関係を論じている．

　新たな観点からの研究成果としては，長山（2012）と與倉（2013）がある．前者は，大手企業からのスピンオフ・ベンチャーの創出が，産業集積の実践コミュニティにどのような影響を与えたかについて，後者は地域イノベーションに関わる研究会の社会ネットワーク分析を通じて，産学官連携の進化過程について，それぞれ検討している．

　蚕糸業から精密機械工業の集積地域へと変化してきた長野県の諏訪・岡谷地域についても，板倉（1959），江波戸（1961）から最近の粂野（2003），斎藤功ほか（2005）まで，比較的多くの研究がある．中小企業金融公庫総合研究所（1999）や商工総合研究所の吉見（2008）など，調査報告も多く出されている．新しいアプローチとしては，集積地域における中小企業間のネットワークの意義を論じた山本健兒・松橋（1999），「学習地域」として諏訪・岡谷を捉えようとした山本健兒（2002），知識フローと産業集積との関係を検討した藤田和史（2007）が注目される．また，見本市などの一時的なクラスターの形成と常設のクラスターとの関係を論じた與倉（2011）も注目される．

　長野県内のその他の集積地域としては，竹内淳彦・森（1988）が，坂城町を取り上げ，農村地域における機械工業技術集団の形成に注目しているが，坂城については，フリードマンの著書でも評価されている（フリードマン 1992）．千曲川沿岸流域の工業化，とりわけ上田市の工業集積の研究としては斎藤幸男（1968）がある．粂野（1998，2000a，2000b）は，坂城町の集積の変化を分析するとともに，上田市の集積との違いについても言及している．また，上田地域の自動車産業集積については，中央大学経済研究所（1985，1990）が実態を明らかにしているが，遠山（2013）は，佐久地域も含めた最近のサプライヤーシステムの変化を明らかにしている．なお，粂野（2003）では，諏訪・岡谷地域とともに，上伊那地域が比較されていたが，上伊那地域の最近の状況については，粂野（2015）が詳しい．長野県飯田市については，高柳（1991）の研究がある．

　この他，地方都市における産業集積の研究としては，長岡市における基盤的技術産業集積の変容に関する丸山（2004），金沢市における機械工業集積に関する吉田隆彦（1984），宮崎県延岡市と鹿児島県国分市の比較を試みた

石塚（2001），群馬県桐生市，太田市および大泉町の産業集積における新産業創出の試みを検討した橘川・連合総合生活開発研究所（2005），静岡市におけるプラモデル産業集積の実態を明らかにした山本健太（2011）などがある．

（ウ）都市産業型集積（原宿，秋葉原，神保町等）

　これまでは工業集積を中心に研究成果をみてきたが，都市産業型集積の場合は，商業集積に関する研究蓄積をみていく必要がある．商業集積の理論に関する著作としては，木地（1975）が代表的だが，同業種の商業集積については，東京の神保町の古本屋街，秋葉原の電気街など，従来は都市地理学の研究として取り上げられることが多かった（服部 1973 など）．

　その後，欧米での「新産業集積論」の影響を受けて，集積の形成要因や内的構造に焦点を当てた研究が増えてきている．このうち，ファッション産業の集積地域として知られる原宿については，初澤（1998），矢部（2012），許（2009），大阪のストリートファッションについては，川口（2008）などの研究がある．また，電気街からオタク関連ショップの集積地として変貌してきた東京の秋葉原については，山下（2001），牛垣（2012），大阪の日本橋については，杉山ほか（2015），和田崇（2014）などの研究がある．

　ところで，「創造都市」，「イノベーティブシティ」という表現にみられるように，都市の創造性や革新性に力点を置いた研究が近年増えている．そこでの対象は，製造業や商業・サービス業といった従来型の産業よりもむしろ，アニメ，ゲームソフト，コンテンツといった新しい都市型産業・文化産業である．

　半澤（2016）は，東京におけるアニメ制作会社，ゲームソフト会社，テレビ番組制作会社などの集積が場所的に異なることを明らかにするとともに，その理由をそれぞれの集積形成の歴史，企業間取引関係や地域労働市場の特徴の違いなどに着目して考察している．また，増淵（2010）は，東京における音楽産業の集積について，歴史的形成過程や技術革新に伴う工程の変化，M&A などの観点から分析を行っている．この他，絹川・湯川（2001）は，「ビットバレー」と呼ばれた渋谷を中心とした IT 関係企業の集積要因につ

いて，また古川（2013）は，東京の広告産業集積について，寡占企業の組織再編やインターネット広告の増加など，広告産業を取り巻く環境の変化との関係に注目して，集積の変化を明らかにしている．

このように文化産業の集積に関する実証研究の成果は増えつつあるが，理論的研究は未だ十分ではない．一つの手がかりは，スコットが取り上げた取引費用を用いた集積の説明であり，確かにアニメやゲームソフト，テレビ番組制作業などの文化産業の場合には，その制作工程の特徴から企業間の分業が発達しており，空間的取引費用節約のために集積が重要となる．もう一つは，これもスコットが指摘している大都市労働市場の特性であり，都市集積のもつ多様な人材がこれらの文化産業集積を支えているといえる．ただし文化産業集積においても理論的難点が存在する．それは文化産業にとって最も重要な要素といえる創造性に関わるもので，創造性を醸成する地理的環境というものが存在するかどうか，もし存在するとしたらどのようなメカニズムで文化産業集積と関わっているかという点である．都市集積が創造性を醸成する地理的環境を生みだしているのか否か，この点の検討が重要な課題となっているのである．

3.5 進出工場型集積

日本では1970年代以降，高速道路や地方空港など，高速交通体系の整備が進むとともに，「工業再配置促進法」や「テクノポリス法」など，産業立地政策による後押しもあり，工業の地方分散が進展した．地方に進出した工場の多くは，生産機能に特化した分工場がほとんどで，高速道路のインターチェンジに近い工業団地に外観上は集積したものの，進出工場間の関係は希薄，といった点を特徴としていた．

こうした進出工場型集積の事例としては，まず第1に岩手県北上地域が挙げられるが，加藤秀雄（2003）と関満博（2017）は北上地域での集積形成の歴史と変化を，小田（1998）は，岩手県北上地域における機械系工業の集積過程と部品取引を中心とした企業間の連関構造を明らかにしている．また，松橋・佐々木（1998）および松橋（2004）は，企業間の受発注連関構造と企

業外環境ネットワークについて，北上市と花巻市の比較を行っている．この他，商工総合研究所の吉見 (2006)，中小企業金融公庫総合研究所 (2008) が，地域産業集積の変容に関する調査結果を公表している．

山形県米沢市を中心とした地域についても，比較的多くの研究がなされてきた．特に，進出企業間および下請企業間のネットワーク組織に注目した研究が多い (福嶋路 1999, 末吉 2002, 鹿住 2003, 末吉・松橋 2005 など)．また松橋 (2002) では，電機・電子工業の社会的環境ネットワークにまで視野を拡げている．米沢では，山形大学工学部での有機 EL 研究を知識ベースとした地域イノベーションの動きも注目されるが，この点については，日本政策投資銀行東北支店 (2003)，野澤 (2012)，近藤 (2014) が分析を行っている．

ところで，進出工場型集積は，1980 年代のテクノポリス政策，電気機械工業の地方立地と関わって形成されることが多い．テクノポリス政策の代表的な研究としては伊東 (1998) が挙げられ，各テクノポリスの実態把握の中で，工業集積の分析もなされてきた (鈴木 1997b など)．また，電気機械工業の地方立地については，山口不二雄 (1982) は宮城県と熊本県，末吉 (1999) は山形県新庄盆地，友澤 (1999) は熊本県を，それぞれ対象地域とし，進出工場と現地工場との関係や地域労働市場の特徴などが検討されていた．

2000 年代以降，日本の電気機械工業が国際競争力を失う中で，工場閉鎖が多くなり，進出工場型集積の衰退問題が取り上げられるようになってきた．鹿嶋 (2016) では，鹿児島出水市における主力工場の相次ぐ閉鎖による地域経済への影響，とりわけ労働者の転職について，詳細な分析を行っている．

3.6 その他の集積類型に関する研究

『中小企業白書』では，その他の集積類型として，「広域ネットワーク型集積」と「産学連携・支援施設型集積」を挙げているが，新たな集積であるためか，研究成果は未だ少ない．前者については，渡辺幸男が「オータナイゼーション」という用語を用いて，大田区産業集積の拡大を指摘しているが，実態把握は十分とはいえない．機械振興協会経済研究所 (2013) では，日本の福島と韓国のオソンにおける医療機械産業集積の実態を明らかにするとと

もに，日韓の集積間の関係について言及している．

　後者については，筑波研究学園都市に関する研究が主なものといえ，中川ほか（1992）では民間研究所の立地を，佐藤裕哉（2006）では医薬品産業研究開発機関の研究交流ネットワークを，遠藤秀一（2013）では民間研究機関の撤退など集積の変化を，それぞれ明らかにしている．

　以上，産業集積地域の類型別に実証研究の成果をみてきたが，類型にまたがって，あるいは類型間の比較を意図して，複数の集積地域間の研究成果を一書にまとめた著作もある．井出（2002）『産業集積の地域研究』では，産業地域を産業集積地域として捉え直し，大都市型，地方都市型，農山漁村型産業集積地域の地域的存在形態を明らかにしている．また，渡辺幸男（2011）『現代日本の産業集積研究――実態調査研究と論理的含意』では，国内機械工業集積として，京浜地域，日立地域，諏訪地域，岡山県，誘致企業による機械・金属産業集積として岩手県，熊本県の実態をそれぞれ明らかにするとともに，グローバル化の影響が大きい国内産地型産業集積として堺と燕，アパレル産地としての児島，岐阜，五泉・見附，デジタル化技術による東京の印刷業を取り上げ，それぞれの産業集積の構造変化を検討している．

　なお本章では，現代の産業集積研究の成果を中心にみてきたが，経済史の研究成果においても，戦前の東京や大阪における産業集積を分析した研究（今泉2008，沢井2013など），織物産地における集積に着目した研究（橋野2007，橋口2017など）などが現れてきている．この他，「地域集中化ジニ係数」や「共集積指数」などの集積指標の研究も重要であり，阿久根（2009）は，「工業統計表」を用いて食品産業における集積状況を検討している．

4. 産業集積政策に関する研究

　戦後日本の産業立地政策は，工業の地方分散を基調としていたが，1960年代からの「新産業都市」や「工業整備特別地域」は，鉄鋼や石油化学などの重化学工業の集積形成を，また1980年代から「テクノポリス」は，ハイテク工業の集積形成を，それぞれ促すものであったということもできよう．

もっとも，産業集積という用語が明示的に国の政策に登場してくるのは，1997年の「地域産業集積活性化法」においてである．しかも，この法律の目的は，新たに集積を形成することではなく，グローバル競争の下で，既存集積地域の衰退を防ぐことにあった．そこでは，基盤的技術に関わるA集積と地場産業地域に該当するB集積とに分けられ，地域指定がなされた．

こうした特定産業集積を活性化しようとする政策については，小田（2005）による「大都市圏工業の意義が立地政策史上で初めて認められたことは注目に値しよう」（260頁）という評価はあるものの，指定された地域の産業集積がいかなる変化を遂げたかについての研究はほとんどみられなかった[6]．

その後，経済産業省では，2001年に「産業クラスター計画」を打ち出し，また，2007年には「地域産業集積活性化法」に代わって「企業立地促進法」が制定される．産業クラスター政策については，石倉洋子ほか（2003），山本健兒（2004a），細谷（2009），松原（2013）など，比較的多くの研究があるものの，企業立地促進法について詳しく検討した研究は，佐藤正志（2014）に限られる．

なお，松原（2014）では，この間の主な産業集積政策を比較した表を示し，「地域産業集積活性化法」と「企業立地促進法」が，県や複数市町村を計画区域としていたのに対し，「産業クラスター計画」では地方ブロック圏域へと広域化した点，「地域産業集積活性化法」が地方だけではなく，大都市圏の集積地域をも指定した点，「産業クラスター計画」では，産学官のネットワーク形成によりクラスター的組織の交流・連携が盛んになった点，「企業立地促進法」では，地域産業活性化協議会での自治体間連携が進展した点が，それぞれ従来にはない特徴点だとしている．

これに対し，地方自治体における産業集積関連の政策については，比較的多くの研究が出されてきた．たとえば，桑原（2000）は東京都大田区と墨田

---

[6] 「基盤的技術産業集積活性化促進地域（25地域）の現況」については，（財）日本立地センターが，2001年および2005年に『地域産業集積活性化対策調査報告書』をまとめている．また2005年度には，経済産業省内に「地域産業集積活性化施策（A集積）に関する調査委員会」が設けられ，経済産業省（2006）がまとめられた．そこでのアンケート調査結果等の概要については，松原（2007）で紹介している．

区，大阪府東大阪市と八尾市の4自治体の政策を比較し，鎌倉健（2002）は東京都墨田区における政策の流れを検討し，梅村（2013）は東京都板橋区における都市型産業集積と政策との関係を分析してきた．ただし，大都市内部の産業集積に関する政策が大半で，地方都市など，その他の産業集積類型に関わる政策研究はきわめて不十分な状況にある．

5. 産業集積研究の課題

　以上，日本の産業集積研究について，理論，実証，政策研究に分けて，研究成果をみてきた．全体としては，産業集積の実証研究が多く，理論的研究と政策研究は相対的に少なかった．実証研究においても，産地型集積や大都市工業型集積についての研究蓄積が多いのに対して，「広域ネットワーク型」や「産学連携・支援施設型」集積についての実証研究は未だ少なかった．これらの比較的新しい集積類型についての実証研究を増やしていくとともに，理論的研究と政策研究を充実させていくことが今後は求められよう．

　産業集積の分析視角についても，これまでは対象とする産業や企業の地理的分布を描き，企業間の取引関係を明らかにするものが多かった．ただし，どのような観点から取引関係をみていくか，こうした点についても留意する必要がある．全体的には，取引関係の空間的範囲が，集積地域内から地域外に広域化しているとする研究が多いが，青野（2011）のように，下請単価といった価値的側面にまで踏み込んだ現地での聞き取り調査をもとに，より踏み込んだ集積地域における企業間関係の把握も重要であろう．

　また，経済的側面だけではなく，非経済的側面，とりわけ社会的ネットワークが集積に果たす役割に着目した研究も注目される（山本健兒・松橋 1999 など）．産業集積地域における主体間関係の変化は，集積地域の構造変化をみていく上で重要な観点であり，理論的研究の面でも，ネットワークに関する新たな理論（西口 2003，若林 2006 など）を踏まえた産業集積の理論的発展を目指すこと，また集積地域の構造変化を踏まえて政策的提言を行っていくこと（岡崎ほか 2016）も大切であろう．

ところで，産業集積の意義については，費用の低下のみならず，新規創業やイノベーションが生まれやすいという面からの評価も高い．こうした点については，シリコンバレーにおける独特の産業文化が起業やイノベーションを生みやすくしているとしたサクセニアン（Saxenian 1994）の研究やイタリアボローニアにおけるスピンオフ連鎖を通じた起業家ネットワークの形成を明らかにした稲垣（2003）の研究が知られている．日本では，松原（2013）が，浜松や宇部，長野や米沢などを事例に，産業集積地域における地域イノベーションの実態を明らかにしている．

最後に，本書で取り上げる広域関東圏における産業集積地域の構造変化をみていく上での分析視点を列挙しておくことにしたい．

第1に，個々の産業集積地域の分析に入る前に，広域関東圏における産業集積を俯瞰し，全体的把握を行うことにする．第2に，産業集積地域の特性や変化を把握するために，工場分布図を作成するとともに，特化係数や付加価値生産性，R&D比率などの統計数値の変化を示すことにする．第3に，産業集積地域に大きな影響力を有すると考えられる中核的大企業を選定し，そうした大企業の海外立地などのグローバル戦略，M&Aによる企業組織の再編，技術革新と工場生産ラインの変化などを，把握しておくことが重要といえる．第4に，現地での企業聞き取り調査において，集積地域での取引関係，とりわけ取引の空間的範囲の変化を，受注関係と外注関係とに分けて，把握しておく．第5に，グローバル化が産業集積地域にどのような影響をおよぼしてきているか，この点を明らかにする．第6に，企業間関係だけではなく，さまざまな社会的ネットワークに範囲を拡げ，産業集積地域における主体間関係の特徴や問題点を把握する．第7に，大学や高等専門学校，公設試験研究機関など，産学官連携の成果と問題点を把握し，産業集積地域における地域イノベーションの特徴を明らかにする．これらの点を踏まえ，第II部のマクロ分析篇，第III部の地域分析篇へと進んでいくことにしよう．

第II部　マクロ分析篇

第 3 章　日本における産業集積地域の概観

松原　宏

1. 産業集積地域のマクロ的把握

　産業集積を数量的に厳密に定義することは難しいが，特定区域への特定産業の集中度合いを統計資料により分析することを通じて，産業集積地域をマクロ的に把握するさまざまな試みがなされてきた．

　比較的初期のアプローチは，工場分布図の作成によるものである．たとえば，西村睦男（1951, 1952）は，従業員100人以上と100人未満に分けて，1950年時点の日本全国の工場ドットマップを作成しているが，これをもとに工場が密集している地域を摘出することが可能である．また竹内淳彦（1978）は，『全国工場通覧』によって従業者30人以上の業種別工場分布図を作成し，分布の概括的把握を行うとともに，メッシュ法を用いて京浜地域における工業集積地域を摘出し，集積地域のなかで最大のものは川口市から中野区，目黒区，横浜市さらに東の江戸川区を結んだ範囲で，これを「中心地域」としている．また，業種別工場分布の重合および地域分化の分析により，城南地域では機械工業，城東地域では軽工業，城北地域では重化学または機械をベースに重合形態を示していると指摘している．こうした京浜での研究に続き，板倉ほか（1968）は，阪神地域で工場分布図を作成し，メッシュを使うことで計量的分析も行っている．こうした工場分布図の作成は，GIS（地理情報システム）の活用により容易になっているが，松原・鎌倉夏来（2016）で指摘したように，通商産業省編『全国工場通覧』が1997年までの

刊行となっているために，データベースの入手が難しくなっている[1]．

一方で，国による地域メッシュ統計の整備により，産業集積地域の把握が比較的容易になってきている．総務省統計局のウェブサイトでは，2009年と2012年の「経済センサス」結果をもとに，基準地域メッシュ（1 km×1 km）について，全産業事業所数および従業者数の日本全図が公表されている．ただし，産業集積の分析には産業別の事業所密度が必要となるが，ウェブ上では2009年について，しかも三大都市圏および政令指定都市周辺についてのみ，産業別，とりわけ本書で重要となる製造業の事業所数および従業者数のメッシュマップをみることができる．たとえば，1メッシュ当たり100以上の事業所が集積している地域をみてみると，関東大都市圏では，東京都の大田区などの城南地域や，墨田区，葛飾区などの城東地域から埼玉県南部にかけて広く分布しているのに対し，近畿大都市圏では大阪市東部から東大阪市にかけて，また京都市南部に，中京大都市圏では名古屋市から一宮市，岐阜県南部にかけて，分布していることがみてとれる．

なおこれとは別に，経済産業省のウェブサイトでは，「工業統計メッシュデータ」を公表している．表3-1は，2008年のメッシュデータをもとに，全国を対象地域に「工場密度」の高いメッシュを抽出し，上位の集積地区を示したものである．次章ではこれを使用して，1メッシュ（1 km×1 km）当たりの事業所数，従業者数，出荷額を算出し，広域関東圏での産業集積を俯瞰するとともに，集積地域の変化を分析している．

ところで，産業集積のより詳しい分析のためには，製造業や卸・小売業などの産業大分類ではなく，さらに細かい産業分類に基づく把握が求められる．製造業についていえば，繊維や化学など産業中分類別にみた地域別のデータが必要となる．「経済センサス」には引き継がれなかったが，総務省統計局のウェブサイトでは，2006年の「事業所・企業統計調査」の結果をみることができ，都道府県別結果の中で都道府県内ブロック（広域市町村圏）単位

---

[1] 通商産業省編の『全国工場通覧』は，全国の工場を網羅し，工場名，所在地，業種，従業員規模を把握できる資料であったが，1997年までの刊行となっている．その後2000年代に，民間の会社データフォーラムが『工場ガイド』を都道府県別に刊行しており，本書でもこれをもとに工場分布図を作成したが，現在は刊行されなくなっている．

表 3‑1 日本における「工場密度」上位メッシュ一覧

順位	図幅名	地図上の位置 行	地図上の位置 列	工場数	市区名	町丁名
1	東京首部	6	4	491	東京都台東区	橋場1丁目ほか
2	大阪東北部	0	5	457	東大阪市	高井田西3丁目,高井田中3丁目,高井田本通1丁目ほか
3	大阪東南部	6	5	446	東大阪市	衣摺6丁目,大蓮南5丁目ほか
4	大阪東南部	6	4	435	大阪市平野区	加美北3丁目・4丁目ほか
5	東京西部	4	8	428	東京都新宿区	水道町3丁目・4丁目,天神町ほか
6	大阪東南部	7	5	427	東大阪市	柏田西1丁目・2丁目,柏田東町,衣摺5丁目ほか
7	東京首部	6	6	415	東京都墨田区	東墨田2丁目・3丁目,墨田区八広3丁目ほか
8	大阪東南部	8	3	411	大阪市生野区	巽北1丁目,巽西1丁目ほか
9	川崎	7	9	400	東京都大田区	大森南2丁目・5丁目,東糀谷1丁目・5丁目ほか
10	東京首部	5	6	398	東京都墨田区	八広2丁目・立花4丁目・6丁目ほか
11	大阪東南部	8	4	390	大阪市生野区	巽東1丁目,巽北4丁目ほか
12	大阪東南部	5	5	389	大阪市平野区	加美東1丁目・2丁目・6丁目,加美正覚寺3丁目ほか
13	東京首部	7	7	374	東京都葛飾区	東四つ木1丁目・2丁目ほか
14	大阪東北部	0	6	360	東大阪市	御厨1丁目,西堤学園町2丁目,西堤本通西1丁目ほか
15	東京首部	5	3	354	東京都台東区	浅草5丁目ほか
16	大阪東南部	7	3	354	大阪市生野区	巽西4丁目,田島6丁目ほか
17	東京首部	2	4	350	東京都墨田区	立川2丁目・3丁目・4丁目ほか
18	大阪東北部	0	4	350	大阪市東成区	神路2丁目,大今里南6丁目
19	大阪東南部	0	8	344	八尾市	西弓削3丁目,太田7丁目
20	東京首部	4	2	340	東京都台東区	台東1丁目,小島2丁目ほか
21	大阪西北部	6	7	337	大阪市淀川区	田川2丁目・3丁目,塚本5丁目,三津屋南3丁目ほか
22	京都西北部	3	9	335	京都市上京区	姥ケ北町,姥ケ西町
23	川崎	5	8	331	東京都大田区	本羽田1丁目・2丁目ほか
24	東京首部	8	2	315	東京都荒川区	荒川2丁目・3丁目ほか
25	東京首部	3	4	310	東京都墨田区	石原4丁目,緑3丁目ほか
26	東京首部	4	4	307	東京都墨田区	東駒形4丁目,石原2丁目・3丁目,横川1丁目ほか

注)1メッシュ当たりの工場数が300以上のメッシュを抽出した.
出所)「工業統計メッシュデータ」(2008年)より鎌倉作成.

56　第Ⅱ部　マクロ分析篇

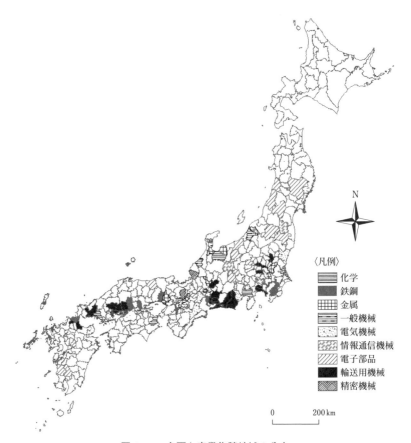

図3-1　主要な産業集積地域の分布

出所）「事業所・企業統計調査報告」（2006）より松原作成.

の産業中分類別事業所数および従業者数のデータが2001年と比較できる形で公表されている．筆者はこのデータを使って，製造業の産業中分類別の特化係数2以上かつ当該業種従業者数5,000人以上に該当する広域市町村圏を抽出し，それらを日本地図上に示した（図3-1）．また，素材および機械工業の集積地域について，2001〜2006年の従業者数の変化をみてみた（表3-2）．特定の企業の大規模工場の影響に左右される地域も含まれているが，当時の日本の産業集積地域の状況，すなわち電気機械の産業集積地域での大幅な従

表3-2 日本における主要産業集積地域と従業者数の変化

特化係数	一般機械	電気機械	情報通信機械	電子部品	輸送用機械	精密機械
5.0以上		東毛(群馬)▲▲ 衣浦東部(愛知)○ 淡路(兵庫)▲▲	県北(福島)▲▲ 松本(長野)▲	本荘・由利(秋田)▲▲ 長生(千葉)▲▲ 諏訪(長野)▲▲ 上伊那(長野)▲ 東近江(滋賀)▲ 菊池(熊本)○ 北薩(鹿児島)○ 姶良・伊佐(鹿児島)▲▲	東毛(群馬)▲▲ 西部・額田(静岡)○○ 豊田・加茂(愛知)○○ 岡崎・額田(愛知)○○ 衣浦東部(愛知)○○ 西尾・幡豆(愛知)○ 宝飯(愛知)○ 豊橋・渥美(愛知)○ 京筑(福岡)○ 直方・鞍手(福岡)○○	丹南(福井)▲
4.0〜4.9	南加賀(石川)○○	県北(茨城)▲▲ 北河内(大阪)▲▲		県南(岩手)▲ 庄内(山形)▲ 会津(福島)▲▲ 上越(新潟)▲▲ 東部(鳥取)▲	比企(埼玉)▲ 可茂(岐阜)○ 志太榛原・中東遠(静岡)○○ 菊池(熊本)○○	県北(茨城)○○
3.0〜3.9	諏訪(長野)▲ 尾張北部(愛知)▲ 東播磨(兵庫)○	西部(静岡)○ 尾張北部(愛知)▲ 北勢(三重)○○ 中播磨(兵庫)○○	市部(東京)▲▲ 北河内(大阪)▲▲	高崎(群馬)▲ 大垣(岐阜)▲▲	伊勢崎・佐波(群馬)○ 知多(愛知)○○ 北勢(三重)○○ 東近江(滋賀)○ 備中(岡山)○ 広島中央(広島)○○ 尾三(広島)○	

注: 特化係数とは，(特定地域特定産業従業者数／全国特定産業従業者数)を，(特定地域全産業従業者数／全国全産業従業者数)で割った値。
　　▲▲は2001〜2006年の従業者数の増減を，○は，1,000人未満の増加を，○○は1,000人以上の増加を，▲は1,000人未満の減少を，▲▲は1,000人以上の減少をそれぞれ示す。
出所)「事業所・企業統計調査報告」(2006)より松原作成。

業者の減少と輸送用機械の産業集積地域の活況がみてとれよう．

　その後，2008年のリーマンショックにより，日本の産業集積地域は大きな変化を受けたとみられるが，「事業所・企業統計調査」から「経済センサス」に代わり調査方法の変更があったために，また「工業統計表　地域編」では町村部についての産業中分類別データが公表されていないために，産業集積地域のマクロ把握は困難な状況にある．町村部の産業中分類別データが得られる「工業統計表　工業地区編」を以下の分析では用いることにするが，工業地区の設定が時期により異なる点と全国をカバーしていない点に留意する必要がある．

2. 工業地区データによる産業集積地域分析

　興倉（2009）では，「工業統計表」の工業地区編データを用いて，クラスター分析による工業地区の類型化を行うとともに，1979～2000年までの工業地区別工業従業者数の増減率の分析を行っている．1979～86年では，全体として東日本での増加率が高く，東西格差が顕著にみられ，1986～93年にかけては，10%以上の高い増加率を示す地域が少なくなるものの，遠隔地化する傾向がみられ，1993～2000年にかけては，全国的に製造業従業者数が減少傾向を示したとされる．

　ここではリーマンショック後の工業地区の回復状況をみるために，2009～2014年の従業者数の増減率をみてみた（図3-2）．従業員数が減少となった工業地区が全国的には多く，なかでも10%をこえる大幅なマイナスを示した工業地区は，北海道の東部，北東北，東日本大震災の被災地域，東京23区，千葉，神奈川，山梨，能登，大阪，淡路島，鳥取，南九州などであった．逆に10%を超える増加がみられた工業地区は，群馬県の太田・館林地区，長野県の安曇地区など，限られていた．全体として，減少地区は東日本に多く，増加地区は西日本に多く，東西の違いが顕著であった．

　工業出荷額等については，回復傾向にある工業地区が多く，北海道では室蘭，苫小牧，東北では岩手県の北上や宮城県の仙塩，古川，山形県の北村上，

第3章 日本における産業集積地域の概観 59

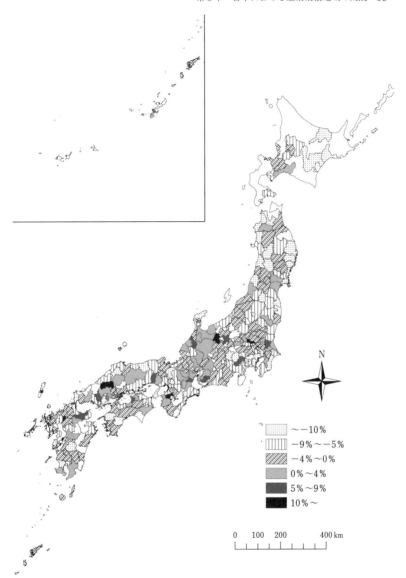

図3-2 工業地区別にみた従業者数の増減率（2009〜2014年）
出所）「工業統計表 工業地区編」各年版をもとに原田大暉作成.

関東では茨城県の古河，筑西，山梨県の郡内，北陸では富山県の新川，石川県の羽咋，中部では愛知県の豊田，関西では兵庫県の中播，中四国では広島県の芸北，備北，九州では大分県の大分地区が，それぞれ40％以上の増加率を記録した（図3-3）．

また2014年時点の1人当たり付加価値額（労働生産性）をみると，全体としては太平洋ベルトで高く，日本海側との差がみられるが，北陸や北部九州でも高い工業地区がみられた（図3-4）．付加価値生産性が2000万円を超える工業地区は，青森県の上十三，茨城県の鹿島，千葉県の君津・安房，東京都の青梅，石川県の羽咋，愛知県の豊田，三重県の桑名・四日市，和歌山県の紀北臨海地区，山口県の周南，山口・防府，徳島県の徳島東部の各地区であった．

次に，2014年時点のデータをもとに，クラスター分析により工業地区の類型化をしてみたところ，業種構成が似通っている工業地区として，25のクラスターを抽出することができた（表3-3）．表では，工業地区を特徴づける業種の組み合わせをもとに，クラスター名を付けるとともに，該当する工業地区数，従業員数が多い順で上位3地区名を挙げている．

さらに，クラスター番号1〜6を食料，飲料，パルプ，木材が中心となる軽工業Ⅰグループ，7〜10を繊維，窯業が中心となる軽工業Ⅱグループ，11〜16を金属，汎用機械，業務用機械，輸送用機械が中心となる重工業Ⅰグループ，17〜22を電気機械，電子部品・デバイス，情報通信機器からなる重工業Ⅱグループ，23〜25を鉄鋼，化学からなる重工業Ⅲグループと名づけ，これら5つのグループの分布状況を地図化した（図3-5）．食料や飲料を中心とした軽工業Ⅰグループに属する工業地区は60地区にのぼり広範に分布しているが，特に北海道，北東北，四国，南九州に比較的多く分布している．これに対し，繊維と窯業を中心とした軽工業Ⅱグループは37地区で，北陸や西四国で目立ち，地場産業集積地区が多くなっている．繊維に特化した工業地区は19を数えるが，愛知県の尾張，京都府の南部，大阪府の泉州が上位3地区である．また，繊維と電子部品によって特徴づけられる工業地区も9地区あり，福井県の福井と越前・鯖江が上位2地区になっている．この他，窯業と電気機械の工業地区は，岐阜県の東濃と佐賀県の伊万里となっ

第3章　日本における産業集積地域の概観　61

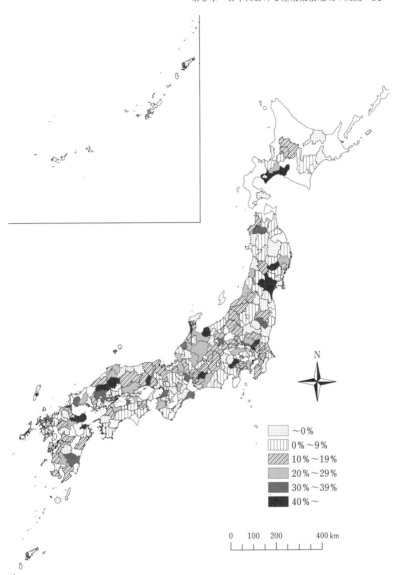

図3-3　工業地区別にみた出荷額の増減率（2009～2014年）
出所)「工業統計表　工業地区編」各年版をもとに原田大暉作成.

62　第Ⅱ部　マクロ分析篇

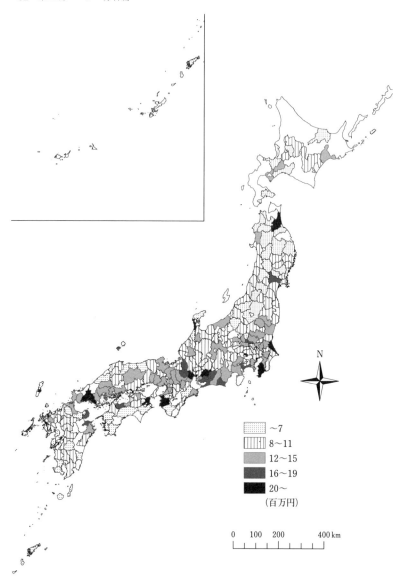

図3-4　工業地区別にみた付加価値生産性（2014年）
出所）「工業統計表　工業地区編」各年版をもとに原田大暉作成.

表 3-3　工業地区のクラスター分析結果

クラスター番号	クラスター名	地区数		従業者数の上位3地区	
軽工業 I	1	食料	18	福岡(福岡県)　東葛飾(千葉県)	新潟・新発田・中条(新潟県)
	2	飲料＋食料＋窯業	14	札幌・小樽(北海道)　鹿児島(鹿児島県)	函館・上磯(北海道)
	3	パルプ＋窯業＋食料	1	宇摩(愛媛県)	
	4	木材＋繊維＋電機	4	北薩(鹿児島県)　観音寺・詫間(香川県)	徳島西部(徳島県)
	5	木材＋繊維＋輸送	4	七尾湾(石川県)　日田(大分県)	能代・山本(秋田県)
	6	特化なし(輸送・情報を除く全般)	19	静清・大井川(静岡県)　東埼南部(埼玉県)	筑後(福岡県)
軽工業 II	7	繊維	19	尾張(愛知県)　南部(京都府)	泉州(大阪府)
	8	繊維＋食料＋窯業	6	八幡浜・大洲(愛媛県)　唐津(長崎県)	島原(長崎県)
	9	繊維＋電子	9	福井(福井県)　越前・鯖江(福井県)	大曲・仙北(秋田県)
	10	窯業＋電機	3	東濃(岐阜県)　伊万里(佐賀県)	長井・西置賜(山形県)
重工業 I	11	金属＋プラ	10	東京23区(東京都)　東大阪(大阪府)	大垣(岐阜県)
	12	はん用＋金属	3	柏崎・刈羽(新潟県)　釜石(岩手県)	滝川・砂川(北海道)
	13	業務＋非鉄＋繊維	4	会津(福島)　津軽(青森県)	北鹿(秋田県)
	14	輸送	13	広島湾(広島県)　中遠・静西(静岡県)	西遠・静西(静岡県)
	15	輸送(特化大)	3	知多・衣浦(愛知県)　豊田・みよし(愛知県)	岡崎(愛知県)
	16	輸送＋電子	13	宇都宮・芳賀(栃木県)　小田原・茅ヶ崎(神奈川県)	桑名・四日市(三重県)
重工業 II	17	電機＋業務＋電子	8	湖南(滋賀県)　中播(兵庫県)	日立(茨城県)
	18	電子	3	姶良(鹿児島県)　徳島南部(徳島県)	本荘・由利(秋田県)
	19	電子＋生産	8	上田・更埴(長野県)　手取川下流(石川県)	南加賀(石川県)
	20	電子＋食料	7	大村・諫早(長崎県)　秋田周辺(秋田県)	千歳・恵庭(北海道)
	21	電子＋繊維	5	古川(宮城県)　出雲(島根県)	酒田(山形県)
	22	情報＋電子＋業務	13	松本・諏訪(長野県)　伊那・飯田(長野県)	県北(福島県)
重工業 III	23	鉄鋼＋化学	5	鹿島(茨城県)　周南(山口県)	君津・安房(千葉県)
	24	化学	13	大阪(大阪府)　北大阪(大阪府)	富山・高岡(富山県)
	25	特化なし(素材全般)	28	名古屋(愛知県)　横浜・川崎・横須賀(神奈川県)	阪神(兵庫県)

(出所)『工業統計表　工業地区編』(2014年) より原田大暉作成.

64 第Ⅱ部 マクロ分析篇

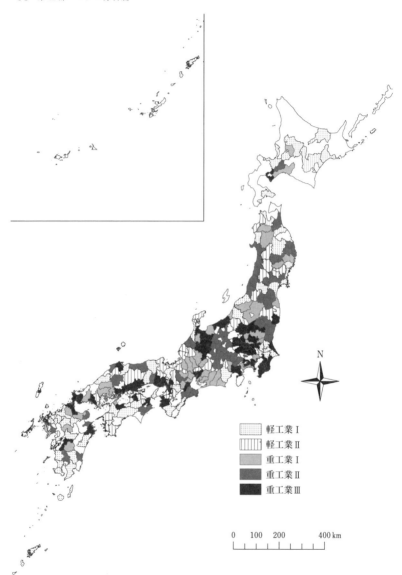

図3-5 クラスター分析による工業地区の類型化（2014年）
出所）「工業統計表 工業地区編」各年版をもとに原田大暉作成．

ている．

　金属や輸送用機械などを中心とする重工業Ⅰの工業地区は46と多く，特に自動車工場が立地する東海，広島，北部九州などの工業地区に拡がっている．金属とプラスチックに代表される工業地区は10を数えるが，東京23区，東大阪といった大都市型産業集積地区が上位を占めている．電気機械を中心とする重工業Ⅱは31地区を数え，東北，関東・甲信越と東日本で多くなっている．茨城県の日立市などの企業城下町型集積や長野県の上田・更埴地区，松本・諏訪地区などの地方工業集積が上位地区となっている．鉄鋼と化学といった素材工業によって特徴づけられる重工業Ⅲは，大手企業の製鉄所や化学工場の分布に対応している．化学に特化した工業地区は13を数え，大阪府の大阪，北大阪，富山県の富山・高岡が上位3地区である．鉄鋼と化学の組み合わせは5地区で，茨城県の鹿島，山口県の周南，千葉県の君津・安房が上位3地区となっている．

3．特定地域産業集積活性化法に基づくA集積地域の比較

　以上，統計データをもとに，日本の産業集積地域の分布と変化をみてきたが，最後に産業立地政策で指定された集積地域を取り上げ，そうした地域の特徴や問題を検討しよう．ここでは，特定地域産業集積活性化法に基づくA集積（基盤的技術産業集積）25地域の比較を行うことにしたい[2]．もっとも，鋳造，鍛造，金属プレス，金属熱処理，金型，めっきといった基盤的技術に関わる産業が集積する地域といっても，活性化法に指定されていない集積地

---

[2]　中小企業総合研究機構（2003）では，A集積地域とともに産地型集積地域を含むB集積地域（特定中小企業集積）を対象に，「工業統計表」を使って変化を分析している．その結果，事業所数が減少する間に出荷額が伸びている地域（群馬県太田市や静岡県浜松市など）と，事業所数の減少と出荷額の減少が連動している地域（東京都大田区や東大阪市，新潟県燕市など）との対照性などが指摘されている．また，国内16地域について現地調査を実施した結果，「多くの地域では，既存の分業構造の解体，および地場企業の経営革新によって分業構造が再編成されていく様子を捉えることができた」（71頁）としている．

域もあり，また同じ指定地域内でも集積の密度や企業間の取引関係は随分と異なっている点に留意する必要がある．

　経済産業省では，上記法律の今後のあり方を検討するために，「地域産業集積活性化施策（A集積）に関する調査委員会」が2005年度に設けられた．そこではA集積25地域が，「大都市型複合集積」（東葛・川口，広域京浜，大阪中央，神戸・阪神地域），「複数中核企業型複合集積」（(栃木)県南，群馬，諏訪，(静岡県)西部，(岡山県)南部地域），「企業城下町型集積」（(茨城)県北臨海，広島，北九州地域），「分工場誘致型集積」（八戸，北上川流域，(三重県)北勢，甲府，滋賀大津・南部，鳥取，高知中央，熊本地域），「地域産業発展型集積」（(新潟県)中越，富山・高岡，金沢・小松，香川，徳島地域）の5類型に分けられたが，筆者は基盤的技術製造業の事業所数と出荷額を取り上げ，1995年を100とした2004年時点の指数を25地域について分析した．その結果，事業所数，出荷額ともに70前後に落ち込んでいる地域が広域京浜や大阪中央などの「大都市型複合集積」であり，静岡西部と岡山県南を除く「複数中核企業型」や「企業城下町型」においても，事業所数が70〜80台，出荷額が80〜90台が多くなっていた（図3-6）．これに対し，北上川流域や北勢など「分工場誘致型」では事業所数は80前後が多いのに対し，出荷額指数では100を超える地域が多くなっていた．なお，富山・高岡など「地域産業発展型」では地域間の差異が大きく，統一した傾向はみられなかった．

　こうした数字だけで安易に衰退や成長を論じることはできないが，いずれの地域においても事業所数の減少がみられ，集積地域において「空隙」ができていることは確かである．また，これまで産業集積地域の代表格であった大田区や東大阪，諏訪，日立などでは，景気回復局面においても苦しい状態が続いていた．これに対し，北上や三重北勢，鳥取，熊本など，比較的規模の大きな新しい工場が立地している地域においては，そうした誘致企業の成長が数字に表れていた．

　上述した委員会の報告書においても，「淘汰と集中」が進行していることや，川下産業（最終メーカー）の海外戦略に左右される傾向，川下産業が要求する技術レベルの高度化が続いていることが指摘されていた（経済産業省2006）．また，産業集積地域の問題点としては，大都市における集積地域内

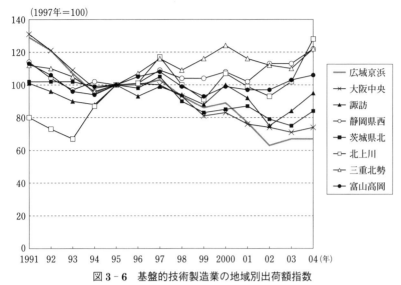

図3-6 基盤的技術製造業の地域別出荷額指数

出所）経済産業省資料より松原作成.

の事業環境の悪化や産業集積内で形成されてきた経営資源（技術・人材・事業）の継承の困難さが挙げられていた．

次に，「工業集積内の企業行動の実態に関するアンケート調査」の結果をもとに，産業集積地域の変化をみてみよう[3]．

まず，「工業集積地に立地し近隣に中小工場があることによる『分業』上のメリット」についての回答をみると，類型間で大きな違いがみられた．すなわち，「大都市型」，「複数中核企業型」，「地域産業発展型」においては，「大きなメリットがある」，「メリットはある」と答えた企業が半分を超えたのに対し，「分工場誘致型」や「企業城下町型」では「メリットはほとんどない」，「メリットを少しは感じる」と答えた消極的な企業が半分を超えたのである．

今回の調査は，取引関係の空間的側面に注目した点に大きな特徴がある．

---

[3] アンケート調査は，A集積地域内に事業所を有し，A集積の対象となる業種企業を対象に，2006年2月に三菱総合研究所が実施した．発送数5,257社，回答数605社で，回収率は11.5%であった．調査結果の概要については，松原（2007）を参照．

受注先との時間距離をみると,「車で1時間圏内」からが全体では5割を占める一方で,「2時間以遠」からも3割を占めていた. 類型別にみてみると,「企業城下町型」の「1時間圏内」が66％を占め, 最も近距離からの受注割合が高いのに対し,「分工場誘致型」では「1時間以遠」など遠距離からの受注が占める割合が高くなっていた.

　これに対し外注先については,「車で30分圏内」が全体では48％,「1時間圏内」まで広げると3/4を占め, 比較的近距離への外注が多くなっていた. とりわけ「企業城下町型」と「地域産業発展型」では「1時間圏内」が8割を占める一方で,「分工場誘致型」では「1時間以遠」が3割と外注先が比較的遠距離に拡がっていた.

　このように, 中小零細工場が多く集積する「大都市型」や「地域産業発展型」に比べ, 大企業の大工場を中心に関連企業が集積する「企業城下町型」や「分工場誘致型」では, 集積内における分業上のメリットが小さく, また後二者のうち「分工場誘致型」では,「企業城下町型」と比べ, 受発注の空間的拡がりが大きくなっていたのである.

　次に, 外注先に求める「地理的近接性」に関して, 製品の種類の違いに着目すると, 試作品の場合は44％, 多品種少量品の場合は34％の企業が「近隣程度の距離が望ましい」と答えていたのに対し, 量産品の場合は22％にとどまっていた. また,「工業集積地に立地していることのメリットが10年前より減少した」と回答した企業のうち30％程度の企業が,「求める技術レベルの外注先が近隣にないから」という理由を挙げていた. ITや物流の発達によって,「離れた相手に不便なく外注できるようになった」とする企業も多く, 遠方であっても自社の求める技術力を有する新規の外注先を個別に探すケースが増えている. このように, いずれの類型においても, 産業集積地域の内部よりもむしろ, 外との関係に注目する傾向が強くなってきていたのである.

　また, 工業集積地に立地していることがイノベーションを創出する上で「大きなメリットがある」「メリットはある」と答えた企業は, 全体の3割弱程度にとどまった. これを受けて報告書では,「積極的にイノベーションを進めようとする企業群にとっては, 狭い産業集積内の企業間ネットワークを

促進する取組だけでは，必要とする技術等を確保する上で限界がある」と指摘していた．ここでも集積の類型による差異がみられた．すなわち，「大都市型」では「イノベーションにメリットがある」と回答した企業数が多く，その理由として「近隣の同業種・異業種との情報交換，交流がある」，「近隣の多様な企業の課題に対応する機会がある」と回答した企業が多かった．これに対し「分工場誘致型」では「メリットはほとんどない」が6割を占めた．

　以上，産業集積地域といっても類型によって集積と企業との関係，集積内・外の企業間関係は随分異なっていた．総じて集積の力は弱まり，力のある企業が中心的な役割を果たすようになってきていた．それでは，集積の意義はなくなってしまったかというと，それは別であろう．むしろ，集積と企業との関係は新たな段階に入ったとみるべきと思われるが，この点については，第III部の集積地域の実態調査で詳しく検討することにしたい．

第4章　広域関東圏における産業集積地域

鎌倉夏来・松原　宏

1. 産業集積地域に関わる立地政策の変化

　バブル経済の崩壊後，1990年代後半には国内製造業の空洞化への懸念が拡がり，こうした事態に対処するため，1997年に「特定産業集積の活性化に関する臨時措置法（略称，地域産業集積活性化法）」が策定された．この法律では，基盤的技術産業集積（A集積）地域と，特定中小企業集積（B集積）地域が指定され，既存の産業集積地域における基盤産業の維持・高度化が図られた[1]．2002年以降，景気回復へ転じると，製造業の「国内回帰」現象が指摘され，国内企業立地件数の増大を受け，空洞化対策の必要性は弱まり，2007年に同法は廃止された．

　「地域産業集積活性化法」に代わり，2007年には「企業立地促進法」が制定されることになるが，そこでは「地域における自然的，経済的及び社会的

---

1) 同法では，産業集積地域の中小企業等による技術の高度化，新分野進出を総合的に支援することが目的とされた．A集積の同意地域数は25，B集積は合計で118地域にのぼった．
　ここで基盤的技術産業集積とは，「金属加工，工業用プラスチック製造といった工業部品や試作品等を製造する生産財製造型の産業，金型製造，産業用機械製造といった資本財製造型の産業等が幅広くかつ重層的に存在し，これらの事業を相当数の者が有機的に連携しつつ行っているような事業者の集まり」とされた．
　具体的には，A集積地域において，「基盤的技術産業集積活性化計画」を策定した地方自治体，「高度化等計画」，「高度化等円滑化計画」の承認を受けた事業者に対し，補助金の交付，財政投融資，用地や施設などの整備を行った．B集積地域においては，「進出計画」並びに「進出円滑化計画」の承認を受けた中小企業に対し，補助金等の支援が行われた．

な特性に適合」した個性ある産業集積の形成が希求されている[2]．しかしながら，2008 年のリーマンショック，2011 年の東日本大震災を受けて，企業立地自体が大幅に落ち込んでおり，政策の見直しが迫られている．これに加え，2001 年から経済産業省が打ち出してきた「産業クラスター計画」は，民主党政権下の 2009 年に国の予算が投ぜられなくなっていたが，安倍内閣の下で 2013 年に出された「日本再興戦略」では「クラスターの再定義」が明記されている[3]．

このように，1990 年代後半以降の産業集積に関わる政策は，目まぐるしい経済情勢の変化と政権交代の影響を受けてきたが，1997～2007 年の「地域産業集積活性化法」については，小田宏信（2005）による「大都市圏工業の意義が立地政策史上で初めて認められたことは注目に値しよう」（260 頁）という評価はあるものの，指定された地域の産業集積がいかなる変化を遂げたかについての研究はみられない[4]．今後の「企業立地促進法」のあり方を考える上でも，その前身である「地域産業集積活性化法」の政策効果に関する検討は重要であろう．

ところで，1980 年代後半以降の内外における産業集積に関する関心の高まりを受けて，本書で取り上げる広域関東圏[5]においても，浜松，諏訪・岡谷，日立など，個々の産業集積地域についての研究は相当数にのぼる（大塚

---

2) 同法の正式名称は，「企業立地の促進等による地域における産業集積の形成及び活性化に関する法律」であり，地域による主体的かつ計画的な企業立地促進等の取組を支援し，地域経済の自立的発展の基盤の強化を図ることを目的としている．2012 年 4 月時点において，198 計画の同意がなされている．

3) これについては，2013 年 10 月，11 月に開催された経済産業省産業構造審議会工場立地法検討小委員会において，松原からの報告も含め議論がなされ，2014 年 3 月に「今後の地域経済活性化施策の方向性」と題した文書にまとめられた．これを受けて，2014 年度には「新産業集積創出基盤構築支援事業」がスタートした．

4) 「基盤的技術産業集積活性化促進地域（25 地域）の現況」については，（財）日本立地センターが，2001 年および 2005 年に『地域産業集積活性化対策調査報告書』をまとめている．また 2005 年度には，経済産業省内に「地域産業集積活性化施策（A 集積）に関する調査委員会」が設けられ，経済産業省（2006）がまとめられた．そこでのアンケート調査結果等の概要については，松原（2007）で紹介している．

5) 経済産業省関東経済産業局の定義に従い，本章では茨城県，栃木県，群馬県，埼玉県，千葉県，東京都，神奈川県，新潟県，山梨県，長野県，静岡県の 11 都県を指すこととする．

1986a，岩間 1993，小田 2001，長山 2012 など）．しかしながら，広域関東圏全域に視野を拡げて，産業集積地域を俯瞰的に分析したものは限られている（通商産業省関東通商産業局 1996a など）．前述の「クラスターの再定義」に関わる議論においても，広域連携の重要性が指摘されており，広域圏域内での各集積地域間の関係をどのように捉えていくかは，今後の集積政策を考える上で重要な検討課題といえよう．

　以上を踏まえ，本章ではまず，工業統計メッシュデータの分析と地図化を通じて，広域関東圏における産業集積地域を俯瞰的に把握し，集積地域の拡がりと集積密度の変化を検討する．分析にあたっては，2003 年と 2008 年の工業統計における第 3 次メッシュ（1 km^2）を用いた[6]．その理由としては，市町村レベルよりも詳細な地域単位を用いることによって，産業集積地域の空間的広がりの変化，集積地域内部の集積密度の変化，成長・衰退要因の詳細な分析が可能となることが挙げられる．ただし，今回分析対象としたデータは，製造業全業種のものであり，業種別の分析については行っていないので，より詳しい要因分析が必要となる．使用した広域関東圏における全メッシュ数は 68,076 であり，そのうちデータの記載されていたメッシュ数は，2003 年 22,673，2008 年 22,284 となっていた．

2. 広域関東圏における産業集積の俯瞰的把握

2.1　分析対象メッシュの度数分布の変化

　1 つのメッシュにいくつの事業所（以下では工場密度と呼ぶ），あるいはまた何人の従業者数（以下では従業者密度と呼ぶ）が存在すれば産業集積といえるか，こうした点についての厳密な議論は存在しない．そこで，広域関東圏に

---

[6]　この2時点を用いた理由としては，まず2000年代の工業統計メッシュデータが2003年，2005年，2008年について公表されており，2007年に廃止された地域産業集積活性化法の成果を分析するにあたり，より年数の離れた2003年と2008年の比較が2005年との比較より適していると考えられる．

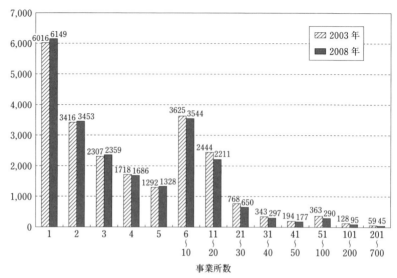

図 4-1a　広域関東圏における工場密度の度数分布（2003, 2008 年）

出所）「工業統計メッシュデータ」より鎌倉作成.

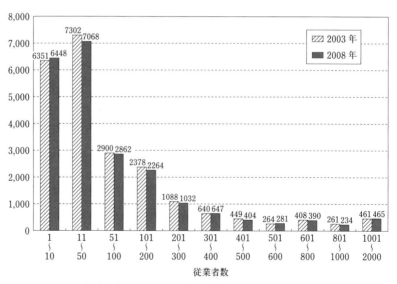

図 4-1b　広域関東圏における従業者密度の度数分布（2003, 2008 年）

出所）「工業統計メッシュデータ」より鎌倉作成.

おける 2003 年と 2008 年の 2 時点における全メッシュを取り上げ，図 4-1a は工場密度の度数分布を，図 4-1b は従業者密度の度数分布をみたものである．

工場密度では，2 時点ともに，5 事業所以下のメッシュが全体の 7 割弱を占め，6～10，11～20 事業所のメッシュも，それぞれ約 16% と約 10% を占めていた．これに対し，31 事業所以上となると，相当限られてくることがわかる．2 時点でのメッシュ数の変化をみると，5 事業所以下のメッシュは増加，6 事業所以上のメッシュは減少，といった傾向をおおむね示しており，全体として工場密度の低下が顕著になってきているといえよう．

従業者密度に関しては，2 時点ともに，11～50 人のメッシュが最も多く，これに 10 人以下のメッシュが続き，合わせて全体の約 6 割を占めていた．また，601 人以上のものも相当数存在していた．2003～2008 年の変化をみると，11～50 人のメッシュが減少し，10 人以下のメッシュが増え，これらの層では従業者密度の低下が顕著であった．51 人以上のメッシュについては，101～200 人のメッシュでの減少以外はわずかな減少が多く，むしろ従業者密度の高いメッシュは増加するなど，工場密度とは異なる傾向がみられた．

2.2 広域関東圏におけるメッシュ分布図

以上でみた度数分布の特徴を考慮し，階級区分を行い，広域関東圏における工業統計メッシュの分布図を作成した．

まず，2008 年時点の工場密度をみると，赤色で示した事業所数 31 以上のメッシュが，東京の城東，城北，城南地域に広く分布していたことがわかる（口絵図 4-2a）．これらの地域は，竹内淳彦（1983）などが，その実態を分析してきた中小・零細企業の集積地域である．また，城北から埼玉県南部にかけて，城南から京浜臨海部にかけて，工場密度の高い地域が外延的に拡がっていた．さらに，神奈川県中央部から東京都，埼玉県にかけての首都圏西部にも，いくつかのかたまりがみられた．これらよりも外側で比較的まとまった地域としては，群馬県東部と栃木県西部にまたがる両毛地域，静岡県の浜松地域，静岡地域，長野県の諏訪・岡谷地域，山梨県の甲府地域，富士吉田

地域，新潟県の燕・三条地域などが挙げられる．これらの大半は，冒頭で述べた「地域産業集積活性化法」の基盤的技術産業集積（A集積）地域と重なっており，産業集積地域の把握において，「工場密度31以上」が1つの指標になりうると考えられる．

これらに対し，従業者1人当たりの製造品出荷額等をみると，全体的な色構成が大きく異なっていたことがわかる（口絵図4-2b）．すなわち，工場密度，従業者密度ともに高いメッシュが面的に拡がっていた東京の城東，城北など，中小・零細工場が集積する地域が，1人当たり出荷額では低い地域となっていた一方で，従業者数が比較的少ない，鉄鋼や化学などの装置型工業が多く立地する京浜，京葉，鹿島，駿河湾沿岸などの臨海コンビナートにおいて，赤色で示した3000万円以上のメッシュが凝集していたのである．

この他，1人当たり出荷額の高い地域は，東京大都市圏の内部よりは外縁部により多く分布しており，さらに外側では，御殿場から裾野にかけての東名高速道路沿線で線状に高いメッシュが続く以外は，点在するのみであった．

以上，工場密度を指標とした場合には，広域関東圏のスケールで産業集積地域を把握することができた．しかしながら，1人当たり出荷額といった成果指標をみようとすると，臨海コンビナートと大都市内の産業集積との差異は確認できたものの，それ以外の地域での傾向把握は困難であった．このため，対象地域のスケールを拡大し，個別地域での詳細な分析が必要になる．この点については，次章以降の産業集積地域における詳細な実態分析で検討することにする．

2.3 基盤的技術産業集積地域のメッシュ特性分析

冒頭で言及した「地域産業集積活性化法」において，広域関東圏内で基盤的技術産業集積（A集積）地域とされた地域は，茨城県北臨海，栃木県南，群馬，東葛・川口，広域京浜，中越，甲府，諏訪，静岡県西部地域の9地域であった．以下では，地域的には連続している栃木県南と群馬をあわせて両毛地域とし，8地域についてのメッシュ特性をもとに，基盤的技術産業集積地域間の比較を行うことにしたい．

第4章 広域関東圏における産業集積地域　77

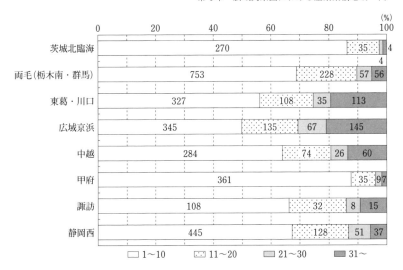

図4-3a　基盤的技術産業集積地域別メッシュ数と構成比（工場密度・2008年）
出所）「工業統計メッシュデータ」より鎌倉作成．

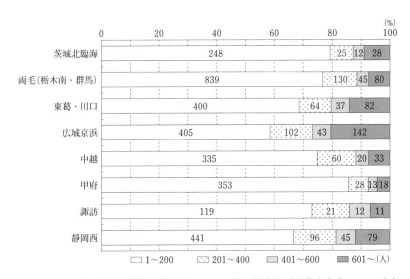

図4-3b　基盤的技術産業集積地域別メッシュ数と構成比（従業者密度・2008年）
出所）「工業統計メッシュデータ」より鎌倉作成．

まず工場密度別メッシュ数と構成比についてみると（図4-3a），諏訪の163から両毛の1,094まで，メッシュ数の絶対値には違いがあるものの，構成比については，集積地域間できわめて類似した組み合わせがある点が注目される．31事業所以上のメッシュの割合が大きい集積地域としては，東葛・川口と広域京浜が挙げられるが，両地域は他の階級区分の構成比も類似していた．これに対し，1～10事業所数のメッシュの割合が大きい集積地域としては，茨城北臨海地域と甲府地域が挙げられる．両者の中間的位置にある地域が，諏訪と静岡県西部地域になるが，こちらも構成比がほぼ同じになっている．さらに，両毛と中越地域についても，おおむね類似した構成比になっており，広域関東圏における8つの集積地域が，4つのペアに分けられることになる．このようになる理由については，より詳しい分析が必要になるが，産業集積の位置条件や中核企業の特性など，産業集積地域の類型化との関係が示唆される[7]．

従業者密度に関しては，大規模事業所の影響を受けて，大都市圏近郊の広域京浜地域と東葛・川口地域および静岡県西部地域において，密度の高いメッシュが多くなっていた（図4-3b）．これに対し，甲府地域では，従業者密度の低いメッシュの割合が高くなっていた．その他の地方の産業集積地域である茨城北臨海，両毛，中越，諏訪では，それぞれの構成比が類似していた．

次に，従業者1人当たりの製造品出荷額等を比較してみると，大きく2つに分けられる（図4-3c）．出荷額の相対的に大きなメッシュの割合が高い地域としては，広域京浜地域，東葛・川口地域，静岡県西部地域，両毛地域が挙げられる．これに対し，出荷額の小さいメッシュが相対的に多い地域は，中越地域，茨城北臨海，甲府地域，諏訪地域となっていた．

出荷額の増減率を比較してみると，東葛・川口，広域京浜，諏訪，静岡西部の各地域で，出荷額が減少したメッシュと増加したメッシュが拮抗していた（図4-3d）．これに対し，出荷額が減少したメッシュの割合が6割を超え

---

[7] 経済産業省「地域産業集積活性化施策（A集積）に関する調査委員会」では，25のA集積地域を以下の5つに類型化した．①大都市型複合集積（東葛・川口，広域京浜など），②複数中核企業型複合集積（栃木県南，群馬，諏訪，静岡県西部など），③企業城下町型集積（茨城県北臨海，北九州など），④分工場誘致型集積（甲府，北上川流域など），⑤地域産業発展型集積（中越，富山・高岡など）．

第4章　広域関東圏における産業集積地域　79

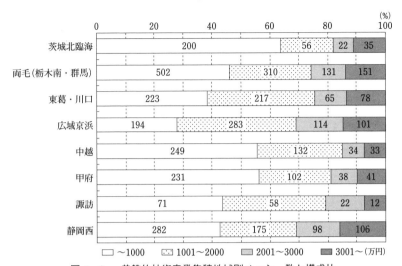

図4-3c　基盤的技術産業集積地域別メッシュ数と構成比
（従業者1人当たり製造品出荷額等・2008年）

出所）「工業統計メッシュデータ」より鎌倉作成.

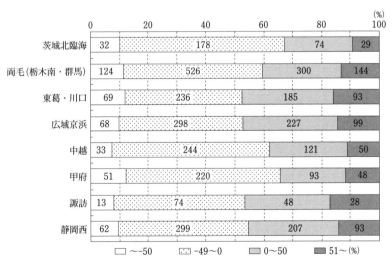

図4-3d　基盤的技術産業集積地域別メッシュ数と構成比
（製造品出荷額等増減率・2003〜2008年）

出所）「工業統計メッシュデータ」より鎌倉作成.

る地域としては，茨城北臨海，中越，甲府が挙げられる[8]．

2.4 個別メッシュ分析からみた集積地域の変化

以下では，広域関東圏の個々のメッシュの値を XY グラフ上に示すことによって，変化の傾向を把握するとともに，顕著な変化を示す個別メッシュを取り上げ，大縮尺の地図と対応させることにより，当該メッシュの特性を分析することにした[9]．

まず，工場密度について，2003 年と 2008 年の 2 時点での変化をみると，大半のメッシュが 45 度線より右下になっており，2003～2008 年にかけて工場密度の低下が広範に生じていたことがわかる（図 4-4）．またこの図では，前述の基盤的技術産業集積（A 集積）地域については記号を分けて示しているが，A 集積地域のメッシュは，45 度線に沿って分布しており，工場密度を維持しようとする傾向がみられた．A 集積地域の点をより詳細にみると，集積地域の類型と工場密度との対応関係も比較的顕著である．すなわち，大都市圏近郊の広域京浜や東葛・川口地域のメッシュは，右上に分布し，工場密度の高いメッシュが多く，逆に企業城下町型の茨城北臨海地域は，原点に近く，工場密度が低くなっていた．これらに対し，静岡県西部や諏訪地域は，両者の中間に位置していた．図 4-4 ではまた，A 集積地域に含まれないメッシュを白抜きの円で示しているが，それらの多くが，工場密度が低下する傾向を示していた．それらのメッシュの具体的な地名を調べてみると，東京都墨田区，台東区，葛飾区など城東地域のメッシュであることがわかった．城東地域は，地域産業集積活性化法の指定地域ではなかったが，広域関東圏

---

[8] 経済産業省がとりまとめた A 集積地域の出荷額指数（1991 年を 100 とした）によると，広域京浜地域は 56 で 25 地域中最下位，東葛・川口地域は 59 で 24 位であった．第 1 位は北上川流域地域で 129，広域関東圏で最上位は，静岡県西部地域の 102 で第 5 位であった．

[9] より具体的には，当該メッシュを地図と照合し，工業団地や大規模工場の有無を確認した．工業団地名，立地企業名が特定できたものについては，企業のホームページ，新聞記事等をもとに，変化の要因に関する情報を入手した．また地図上で確認が困難であった場合は，メッシュの工場密度から，中小零細工場の集積であるかを判断した．

第4章　広域関東圏における産業集積地域　81

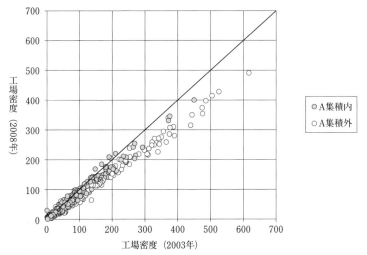

図 4-4　広域関東圏全メッシュの工場密度の変化（2003〜2008 年）
出所）「工業統計メッシュデータ」より鎌倉作成．

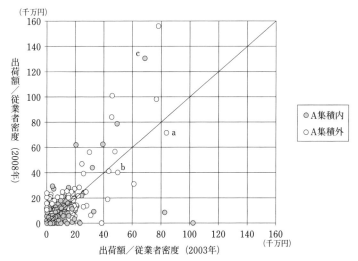

**図 4-5　広域関東圏全メッシュの従業者 1 人当たり製造品出荷額等の変化
　　　　（2003〜2008 年）**
注）図中の a, b, c は p.82 にあるように大規模工場からなるメッシュの例を示す．
出所）「工業統計メッシュデータ」より鎌倉作成．

における重要な集積地域の一つであり，工場密度の低下を防ぐ政策的対応が必要であるといえよう．

次に，従業者1人当たり製造品出荷額等についてみてみると，2億円未満のメッシュが大半であり，集積地域間の差異はほとんどみられなかった（図4-5）．数値の大きなメッシュとしては，臨海部に位置するメッシュのほか，(a) 神奈川県南足柄市のアサヒビール神奈川工場が立地するメッシュ，(b) 茨城県守谷市のアサヒビール茨城工場が立地するメッシュ，(c) 静岡県磐田市のJT東海工場が立地するメッシュなど，飲料や嗜好品を生産する主力拠点に対応するものであった．

以上，工場密度などの指標をもとに，広域関東圏における産業集積地域間の比較を行ってきた．地域産業集積活性化法の成果指標ともいえる出荷額の増減率では，大都市圏近郊と地方圏の集積地域間での差異が確認できた．また，集積地域間で工場密度の構成比が類似する点は新たな発見であった．こうした基盤的技術産業集積地域のメッシュ特性を踏まえ，第Ⅲ部では，広域関東圏の8地域を対象地域として選定し，詳細な実態分析を行うことにした．

3. 広域関東圏における産業立地環境の変化

口絵図4-6は，広域関東圏における産業インフラの整備状況と主要工場の立地を示したものである．まず，全体を概観して，東京都区部に大学が集積し，東京都市部，神奈川県東部に電気機械や輸送用機械の大規模工場が立地し，それらが一体となって，核心地域を形成していることがみてとれる．また，東海道線や中央線，京浜東北線など，鉄道に沿って，放射状に工場が外延的に拡大していっていることもわかる．たとえば，東海道線沿線では，大規模工場が平塚まで連なっているが，平塚以西では，小田原，沼津，富士，静岡というように，断続的に集積が現れる．臨海部では，京葉や鹿島のコンビナートに，鉄鋼や化学の大規模工場が集まっている．

高速道路に沿った大規模工場の立地については，東名自動車道の御殿場や裾野周辺，中央自動車道の甲府周辺，諏訪・岡谷から安曇野にかけての地域，

関越自動車道の埼玉県内，高崎，上田・坂城，長野地域，東北自動車道の佐野，宇都宮，大田原地域に，それぞれ集積がみられる．こうした東京都区部から放射状に延びる高速自動車沿線だけではなく，環状に高速道路網が整備され，それらの沿線にも工場が展開している．とりわけ，茨城，栃木，群馬にかけての北関東自動車道沿いには，輸送用機械を中心に大規模工場が立地している．また，埼玉，東京，神奈川にかけての圏央道沿いには，電気機械などの工場が多く立地している．

広域関東圏における高速道路については，東名，中央，関越，東北道など放射方向の高速道路が先行し，環状方向の整備は遅れていた．しかしながら，2011年3月に北関東自動車道が全線開通（高崎JCT～ひたちなかIC），2015年3月には中央環状線の大井JCT～大橋JCT，圏央道の寒川北IC～海老名JCT，圏央道の久喜白岡JCT～境古河IC，2017年2月には圏央道の境古河IC～つくば中央ICの各区間が相次いで開通するなど，環状線の整備が加速されてきており，沿線の立地ポテンシャルは大きく向上してきている．たとえば，2015年3月に神奈川県内の圏央道（さがみ縦貫道路）が全線開通したが，横浜港に近い本牧JCTから中央自動車道と交差する八王子JCTへの所要時間が150分から55分，関越自動車道と交差する鶴ヶ島JCTへの所要時間が170分から85分に短縮されることになり，今後工場や物流施設等の立地，貨物流動が大きく変わるものと予想される．

次に，業種別の大規模工場の分布を都県別により詳しくみてみよう．東京都内では，八王子などの郊外での輸送用機械や一般機械，精密機械の立地がみられる．これに対し神奈川県では，川崎に電気機械，横浜に電気機械，輸送用機械，横須賀に輸送用機械の工場が集中するなど，地域的特化が進んでいる．県内東部に比べて，県西部は工場数が少なく，厚木や伊勢原では複数の工場が立地しているが，南足柄では化学企業の企業城下町が形成されている．

埼玉県では，京浜東北線に沿って工場が立地している点が注目される．東京に近い地域での工場の集積と比べると遠く離れた地域では，電気機械や輸送用機械の工場が点在している．千葉県では，京葉工業地帯に化学工場が集積する一方で，食品・飲料の工場が分散的に立地している．茨城県では，日

立市での電気機械工業，鹿島での化学工業の集積が目立つとともに，東京都区部から常磐線もしくは常磐自動車道沿いに外延的に立地展開をしてきた工場群も比較的多い．

　栃木県では，県南部の小山，中央部の宇都宮，真岡，北部の矢板，大田原など，工場分布は限られているのに対し，群馬県では，電気機械や化学などが前橋・高崎地域，輸送用機械が太田に集中する傾向が強い．山梨県では，電気機械が甲府地域に集積し，富士吉田市から忍野村にかけての地域にも一般機械などの大規模工場の立地がみられる．長野県では，電気機械の工場が多く，それらは諏訪・岡谷，上田・坂城，長野市に主に集まっている．新潟県では，食品・飲料と一般機械の工場が多く，新潟，長岡，上越がそれらの集積地域となっている．最後に静岡県であるが，輸送用機械の工場が多く，浜松市，富士市が中心的な集積地域といえる．これに対し，静岡市と沼津市では，中小規模の工場を含め，多様な業種が集積している．

　以上，広域関東圏における工場・産業インフラマップをもとに，産業インフラの整備状況と主要工場の分布を概観してきた．単独に立地する大規模工場もあるが，比較的多くの大規模工場が産業集積地域内に立地しており，集積地域の中核工場となっている．こうした中核的な大規模工場の役割にも注目しながら，次章以下では産業集積地域の構造変化を詳しくみていくことにする．

第 III 部　地域分析篇

第5章　内陸工業集積：神奈川県相模原市
―― 都市化の進展と産業集積の縮小

鎌倉夏来・松原　宏

1. 相模原市の概要

　相模原市は首都圏の西郊，神奈川県北部に位置し，2006年3月に津久井町，相模湖町，2007年3月に藤野町，城山町と合併，面積328.7 km^2，人口72万を数え，2010年4月には全国で19番目の政令指定都市になった．現在の相模原市は，都市化・工業化の進んだ旧相模原市と，森と湖，小集落からなる旧津久井郡とに分けられるが，産業集積の分析を行う本章では，旧相模原市を主な対象地域とする（以降，相模原市との表記は，旧相模原市を指すものとする）．

　人口の推移をみると，1960年の10万人から70年には27万8000人，80年には44万人と，全国有数の人口急増都市といえる．その後人口の伸びはやや弱まるが，90年には53万人，2000年には60万人，2010年には70万人を超え，神奈川県内で横浜，川崎に次ぐ．相模原市の地域形成に大きな影響を与えた事象として，軍都建設，畑地灌漑，工場誘致条例の3つを挙げることができる．

　昭和10年代以前の相模原は，乏水地域が広がっており，広大な山林原野と桑畑の中に，集落が点在しているという状態であった．純農村であった相模原に，陸軍の士官学校が，昭和12（1937）年に移転．その後も陸軍病院，陸軍造兵廠など9つの軍施設が1943年までに移転し，この地域は大きな変貌を遂げた．こうした軍施設の移転に呼応して，神奈川県では1940年に「相模原軍都計画」を発表する．幹線街路等の建設は戦後も継続され，区画

整理を含む軍都建設計画の実施は，戦後の工業化の基盤整備の役割を果たすことになった．

戦後になり，旧軍施設の多くは，米軍に接収されることになった．また，軍の強制命令によって買い上げられた多くの軍用地は，1946年に始まる農地改革により，大部分が「自作農創設特別措置法」により開拓農地として，小作農民，戦後の引揚者，失職した軍関係者，戦災者らに開放された．戦後の食糧難の時期ということもあり，畑地灌漑事業が1948年より本格化することになった．

その後1950年に勃発した朝鮮戦争による特需とその後の高度経済成長は，相模原市の台地を農地としてではなく，工業用地として活用することを促すことになった．1954年に市制を施行した相模原市は，1955年に「工場誘致条例」を制定し，積極的な工場誘致運動を展開した．また1958年には，「首都圏整備法」による市街地開発地域に指定され，東京都区部の過密地域からの移転工場の受け皿としての役割を担うようになったのである．

相模原市の工業に関する経済地理学からの研究成果としては，まず竹内淳彦（1972）の研究が挙げられる．そこでは，相模原市の工場の分布や従前地などが検討され，1969年の多様な業種にわたる129工場のうち60工場が東京城南地域より進出するなど，工業化の特徴が指摘されていた．

その後の相模原市の工業については，原田（2000）が比較的詳しい．原田は，工業化の歴史的経緯を概観するとともに，集積構造の特徴や変化を指摘している．そこでは，「もともと市域内に大規模工場を頂点に重層的・連鎖的な下請分業構造が描かれなかった相模原では，受注取引においても市域内外での複層する関係が成立し，それが企業間取引を一層不鮮明なものとして造り上げていった」（81頁）と述べられている[1]．竹内淳彦（1972）では，東京

---

[1] 相模原市（2000）『相模原市産業動向調査II報告書』によると，市内からの受注は17％，県内他地域が12％，多摩地域が6％，京浜地域が6％と近隣地域の割合が必ずしも高くなく，東京圏内他地域が17％，他全国が40％と，広域的な受注となっていた．これに対し，外注取引については，市内が41％，県内他地域が18％，東京圏内他地域が10％，京浜地域が10％，多摩地域が9％と比較的近い地域の割合が高く，他全国は12％に留まっていた．また，企業の特徴としては，1965年以降に開業した事業所が中心で，立地理由は「取引先企業に近い」が4割強，市内で開業した事業所は7割，移

城南地域からの進出が多いとされていたが,市内での開業が多くなっており,独自の動きがみられるようになってきた点は注目に値しよう.

以上,相模原市の歴史や既存研究をみてきたが,これらを踏まえ,本章では,相模原市における工業の変化,工場分布の変遷,中核工場の実態を分析することにより,産業集積の構造変容を明らかにし,今後の政策的課題を考えることにしよう.

2. 相模原市における産業集積の変化

まず,相模原市における業種別の製造業出荷額の推移をみてみよう(図5-1).1960年代から1970年代,1980年代にかけて出荷額の大きな伸びがみられた後,1990年代以降は減少となり,2000〜2010年にかけて減少幅が拡大している.こうした大きな変化が,1980年代における電気機械工業の大きな伸びと,2000年代における急激な減少によることも明確である.これに対し,一般機械や精密機械,金属工業は,1980年代以降,堅調を示している点にも注意する必要がある.

このような業種構成の大きな変化が,産業集積の空間構造にどのような変化をもたらしてきたか,次にみてみよう.相模原市の工業化は,工業団地の造成と企業誘致によって始まったが,1970年の工場分布図では,大山と田名の工業団地[2]を中心に,多様な業種からなる比較的規模の大きな工場の集積が形成され,横浜線沿線の淵野辺周辺にもある程度の集積がみられる(口絵図5-2a).これに対し,1990年の工場分布図をみると,中小規模の工場が,1970年時点の集積の周辺に立地することで集積の拡大がみられるとともに,

---

転組は京浜地域と多摩地域からが多くなっていた.
2) 1959年には,JR横浜線・相模線,国道16号に挟まれた橋本駅に近い大山町に,大山工業団地が造成された.ここには,山村硝子,セントラル自動車,日本金属工業,アイデエンジニアリングが立地するなど,大企業の生産拠点の進出が相次いだ.1964年には市内最大規模となる田名工業団地が造成され,三菱重工業や新キャタピラー三菱(現在はキャタピラージャパン)などの大規模な工場が次々と建設された(口絵図5-2d).

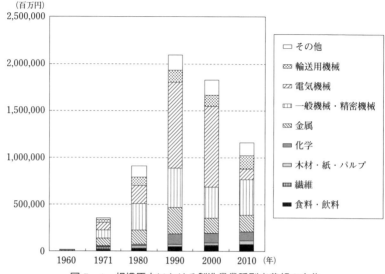

図 5-1 相模原市における製造業業種別出荷額の変化

注) (1) 2000 年までは旧相模原市の数値.
(2) 秘匿とされた業種の数値は「その他」に一括した.
(3) 業種は,産業中分類を次のように再構成した.
食料・飲料……食料品製造業,飲料・飼料・たばこ製造業
繊維……繊維工業(衣服,その他の繊維製品を除く),衣服・その他の繊維製品製造業
木材・紙・パルプ……木材・木製品製造業(家具を除く),家具・装備品製造業,パルプ・紙・紙加工品製造業
化学……化学工業,石油製品・石炭製品製造業,プラスチック製品製造業(別掲を除く),ゴム製品製造業
金属……鉄鋼業,非鉄金属製造業,金属製品製造業
一般機械・精密機械……一般機械器具製造業,はん用機械器具製造業,生産用機械器具製造業,業務用機械器具製造業,精密機械器具製造業
電気機械……電子部品・デバイス・電子回路製造業,電気機械器具製造業,情報通信機械器具製造業
輸送用機械……輸送用機械器具製造業
その他……出版・印刷・同関連産業,なめし革・同製品・毛皮製造業,窯業・土石製品製造業,武器製造業,その他の製造業
※業種の産業中分類は,以降の章の図においても同様である.
出所)『工業統計表(市区町村編)』各年版により鎌倉作成.

麻溝台工業団地や鶴間など,南東部にも大規模工場を中心とした新たな工場群が立地し,集積が市域全域に拡大してきたことがみてとれる(口絵図 5-2b).

資料が異なるため単純な比較はできないが,2016 年の工場分布図をみると,集積の縮小が顕著である(口絵図 5-2c).とりわけ,市の南東部の鶴間や

横浜線沿線の淵野辺周辺での工場の減少が著しく，橋本駅周辺でも集積密度が低下していることがわかる．業種別に工場分布の変化の推移をみてみると，電気機械の工場と金属の工場は全体的に減少しており，規模も小さくなる傾向にあった．その一方で，一般・精密機械の工場については，工業団地に立地している工場を中心に維持されており，事業所数の全体に占める割合も32.4％と全体の3分の1になっていた．

こうした集積の空間構造の著しい変化は，電気機械を中心とした工業構造の変化に加え，大都市圏近郊の相模原市ならではの都市化の影響によるものといえる．口絵図5-3は，橋本駅を中心とした半径3kmのゾーンを対象地域に，1970年時点の工場が2016年時点でどのような土地利用に変化したかをみたものである（ただし，赤い線で囲んだ範囲は，北側の大規模工場の社宅等の変化を示す）．これによると，橋本駅の近くにあった大規模工場が大型商業施設やマンションに，やや離れた地点の工場が倉庫などの物流施設に変化したことがわかる[3]．また，大規模工場の一部を他社の工場に切り売りした事例もみられた．

3．相模原市における中核工場の実態

相模原市における産業集積の変化をより詳しく把握するために，2016年8月2日〜19日にかけて，聞き取り調査を実施した．以下では，訪問企業のうち10社を取り上げ，それらを電気機械，輸送用機械，一般機械，素材の4業種に分け，各企業の立地経緯，事業内容，取引関係，産業集積との関わり，今後の課題等をみていくことにしよう．なお，調査対象企業の概要は，表5-1の通りである．

---

[3] 新聞報道によると，2006年に閉鎖された日本金属工業の相模原事業所は，大型商業施設とマンションに，2011年に宮城県に移転したセントラル自動車の本社工場は，大型物流施設と他社の工場に変化した．キャタピラージャパンの相模原事業所は，生産機能を明石事業所に移転し，跡地は国内最大規模の物流拠点になる予定である．

表 5-1 調査対象企業の概要

業種	企業	開設年	従業員数	主要製品	取引関係	工場の特徴	R&D 人数
電気機械	A	1962	1,021	電纜、マイクロ波管、衛星用太陽電池パネル	精度の必要なものの外注は難しくなりつつある	一部研究機能を持った工場	コーポレート 24 名（その他事業部にも在籍）
	B	1962	180〜190	衛星用太陽電池パネル、衛星	最盛期に 20〜30 社だった協力会社が解散	量産分工場	生産技術 30 名（駐在）
輸送用機械	C	1970	3,000	ターボチャージャ、エンジン、特殊車両	取引先企業は関東県内が大半	マザー工場・量産工場	約 350 名
	D	2016	175	トラック部品	100 社ほどが全国に拡がっているが、八王子・相模原市も約 13 社	開発兼量産工場	20 名弱
一般機械	E	1959	670	プレス機	受発注先は市内が 500 社、県内 680 社、関東 2,100 社、その他 2,500 社	マザー工場・多種少量生産工場	36 名（下九沢勤務、間接含む）
	F	2003	199	丁合機、製本機	市内 8 社、県内 35 社、関東 141 社（うち外注及び購入 205 社）	研究開発・量産工場	研究開発 4 名、技術者 78 名（生産技術含）
	G	2011	119	自動包装機	外注先は国内 600 社、全国各地に分散、市内は約 40 社	マザー工場	16 名（設計・開発）
	H	1960	593	電線ケーブル、免震・制振材	加工外注を依頼している会社は 7〜8 社程度で、そこから枝分かれして 10 社程度	研究所・マザー工場	研究開発 58 名、技術者 137 名
素材	I	1980	249	高機能ガラスの情報通信デバイス	外注先は海外 2 社（アジア）と、国内 2 社（四国、九州）	マザー工場	約 87 名
	J	1966	320	化粧品の OEM	受注先は国内外の主力化粧品メーカーのほとんど	研究所・マザー工場	約 70 名（一部は中野勤務）

出所）各社資料・インタビュー調査により鎌倉作成。

3.1 電気機械

前節でみたように，相模原市工業の1990年代以降の衰退の原因は，電気機械工業の落ち込みによるものであった．以下では，相模原市の電気機械工業を代表する2社の動向をみてみよう．

A社は，日本有数の電機・通信機器メーカーであり，1962年に相模原市に工場を開設した．最盛期の従業者数は5,000名を数え，相模原市を代表する企業の一つである．A社相模原事業場の事業展開は，大きく4つの時期に分けられる．第1期（1960〜1970年代）は，電話交換機の生産が開始され，事業を拡大していった．ただし，1970年代になると交換機事業の地方移転が進み，従業員数は減少傾向にあった．

その後の第2期（1980〜1990年代）は，半導体事業の拡大期にあたる．相模原事業場は，九州などの地方生産拠点に対して，量産試作を担う拠点として位置づけられていた．A社の研究開発拠点は川崎市にあったが，1986年にはそちらからの一部機能の移転もみられた．1994年には電子デバイスや電子コンポーネント技術から派生したレーザ技術を用いた新レーザメカトロ事業部が立ち上がるなど，新事業も生まれ始めた．さらに1997年には川崎市の事業場からマイクロ波管事業が移管された．

しかしながら，1999年になると，メモリ部門が他社と合併するなど，半導体業界における事業再編が急速に進められた．これを契機とした第3期（2000〜2007年）は，同事業場でも半導体事業の縮小と分社化が加速していった．その一方で，2004年にはレーザ事業の新会社が設立され，中央研究所の一部が編入された．2006年には誘導光電事業，2007年には電気自動車用電池新会社が入居し，レーザ関連事業がグループ外他社へ売却されるなど，2000年代半ば頃までに，事業場内の事業内容が大幅に変化していった．

第4期の2008年以降は，半導体試作ラインの集約や電極関連のエナジーデバイス事業会社の設立など，「新事業の立ち上げと転入」の段階となった．2009年までは半導体事業があったが，2010年に旧システムLSI系の人材は相模原から統合会社の拠点へ移動しており，従業員数は急激に減少していっ

た．従業員数は大幅な減少を続けてきたが，2011 年には人工衛星事業会社が入居し，2014 年からデータサービス事業が稼働するなど，他事業の転入が進んだ．

相模原事業場の現在の従業者数は約 1,000 名で，4 割弱がエナジーデバイス，2 割がマイクロ波管を扱う関係会社に所属し，人工衛星関係が 5% 程度である．雇用については，技能職については高卒を採用しているが，北海道から種子島まで全国的に採っており，熟練した技術を培うよう，20 年以上の長期的な育成が目指されている．

相模原事業場の主な製品は衛星用の太陽電池パネルや電極，マイクロ波管などである．宇宙関連事業では，JAXA 向けだけではなく，商用衛星搭載機器も生産されている．手作業の多い生産工程では，加工が難しい部分があり，現代の名工（はんだ付け，削りなど）を擁している．地域での取引関係については，マイクロ波管の溶接や，衛星用の太陽電池パネルに関わる加工などは，下請けに出すことは難しく，内製している場合が多いため，あまり多くはない．

現在の相模原事業場の位置づけとしては，東京都府中市にある事業所とともに，「モノを開発・製造する拠点」とされている．衛星や関連機器においては，交換機などで培ってきたハードウエア生産技術や，半導体工場の一部の設備などで利用できる部分があり，相模原事業場の歴史が反映されている．同事業場は，最盛期と比して従業員数が大幅に減っているものの，首都圏における高付加価値製品の試作・生産拠点として，1,000 名規模の事業場を今後も維持していこうとしている．

B 社は，1921 年に設立された大手総合電機メーカーである．国内電機メーカーの事業所再編が進む状況にあっても，国内各地で多くの事業拠点を維持している企業である．B 社の相模製作所（当時）は，1962 年に世田谷製作所が移転し，改称したことによって設立された．もともとは銅合金，ゴム製品など，電気機械企業の中でも材料系の工場であったが，1965 年頃からは，コアメモリや，磁性材料であるフェライトなどの製造が行われるようになった．また，1979 年には日本初の宇宙機器用複合材材料工場が完成し，1984 年からはプリント基板の生産も始まった．

ただし，1990年代前半になると，合理化が進み，1993年には製作所が解体され，プリント基板工場と合わせ，製品分野の近かった鎌倉製作所の分工場として相模工場が設立された．プリント基板工場については，2009年に事業を終息，解散した．

　2016年8月現在の従業員数は，パートを含めると180～190名になる．87％が男性であり，平均年齢は44歳となっている．1980年代の最盛期には，子会社を含めて1,300名規模の拠点であったが，現在では子会社を含めて3分の1の人員規模にまで縮小している．研究開発部門の人員は，ほとんど配置されておらず，生産技術の人員が30名ほど駐在している．

　相模工場には，航空宇宙や防衛関連の鎌倉製作所との関係で新たな製品が入ってきており，主要製品は，人工衛星に用いられる太陽光パネルやヒートパイプパネルとなっている．取引関係については，以前は外注加工や資材購入，設備メンテなどを担う協力会があり，最盛期で20～30社が組織されていた．しかしながら，製品内容の変化を受け，現在は協力会としての活動はなくなっている．

　人工衛星関連商品の売上は，長いトレンドでみると伸びてきており，同社の事業において成長分野である．衛星関連の製品は，海外メーカーとの品質・コスト競争が激しいこともあり，2016年に約30億円の投資を行い，構内に点在していた人工衛星用複合材製品の製造・試験機能を集約した「衛星機器生産棟」を建設している．このように同工場は，生産性を上げながら，成長事業の生産を担う拠点として新たな展開を迎えている．

3.2　輸送用機械

　相模原市では，セントラル自動車が宮城県に移転するなど，輸送用機械においても，縮小がみられた．しかしながら，部品生産で大きな伸びをみせる企業も少なくない．

　C社の相模原製作所は，前身企業の拠点として東京都の芝浦工場で1920年に発足した．その後，1929年に輸入自動車の修理と戦車の試作を開始した東京都の大井工場と，1937年に自動車量産のために新設された東京都の

丸子工場に分かれ，これらの機能が1970年に相模原工場（当時）に全面移転された．

現在の従業員数は約2,000名であり，さらにグループの協力会社で1,000名程度働いているため，全体で約3,000名規模の事業所である．このうち，約350名は研究・開発・設計部門に所属している．また，2016年にはエンジン事業，ターボ事業を分割した事業会社が設立され，本社機能も置かれているなど，本社，研究開発機能，設計，技術の要員が集まっている．高卒者は事業所採用であるが，横浜にもC社の事業所があるため，近隣の町田や府中などといったところからの採用が中心となっている．また，東北や九州から採用することもある．工業高校が中心で，年に10〜20名弱採用している．

現在の主要製品は，産業用，発電用，舶用のエンジン，自動車用のターボチャージャ，特殊車両（戦車）である．第一工場で小型エンジン，第二工場で中大型エンジンを，2009年に部品倉庫を購入して稼働させた第三工場でターボチャージャを生産している．1990年代から2000年頃の売上は，フォークリフトが4割，3割がエンジンという割合であった．しかしながら，2010年代中盤以降になると，売上高に占めるターボチャージャの割合が5割近くまでになり，さらに上昇傾向にあるという．

このように売上を伸ばしてきたターボチャージャの生産は，1990年代から海外でも行われてきた．まず，1991年にはオランダで現地生産が開始された．オランダの拠点は，従業員が約500名おり，相模原に次ぐターボチャージャの第二開発拠点が設けられている．ここでは，ヨーロッパ車のエンジン向けのマッチングなど，現地顧客の対応が行われている．また，2004年には上海にターボチャージャの最終組立の工場が，2008年にはタイに中核部品のカートリッジを生産する工場が設置され，それぞれ生産能力が増強されている．また，2015年からはアメリカでもターボチャージャの最終組立が開始された．

相模原製作所は，ターボチャージャ事業やエンジン事業のマザー工場としての機能を担っている．ターボチャージャに関しては，顧客である自動車会社も認める無人化・省力化ラインを徹底的に追求し，「世界一の自動化生産

ライン」を海外拠点にも展開している．そのため，すべての拠点で同じ品質・性能の製品を生産可能であるという．

このようにグローバルに事業を展開している一方で，相模原製作所の資材取引先企業は関東圏内にある企業が大部分で，地域経済との強固なつながりも築かれている．

以上のように，相模原製作所は，製品の売上構成を変化させながらも，同社における汎用機事業・防衛部門の中心的な生産拠点としての機能を維持してきた．なかでも，近年売上を伸ばしているターボチャージャに関しては，技術的な参入障壁が高く，精度の面で新興国のメーカーがすぐには模倣できないといった強みを持っている．

D社は，1948年に創業者がエアーホーン・マグネチックバルブの製造を開始し，1968年より，創業者の住んでいた八王子市に本社工場が立地していたが，2016年に相模原市に移転した．従業員数は175名で，20名弱が研究開発に携わっている．

同社は，電磁弁・グロープラグ・ホーンなど，トラックやディーゼルエンジン用部品のOEM生産を行っている．なかでも，ディーゼルエンジン用プラグのアフター製品の市場シェアは世界でも有数である．また，電磁弁についても，トラック大手4社に採用されている．製品開発は，基本的に顧客からの要望に沿って進められ，他社とのコンペが行われる．

同社は基本的に多品種少量生産を行っており，一次サプライヤー大手が受注しないような少量のものに対応しようとしている．特に，トラック部品はカスタムが多く，顧客の意見を聞いて変更する必要がある．最も長期間の取引がある顧客はZ自動車であり，同社だけで商品数は300種類ある．ここ数年は売上が伸びているが，その要因は，環境規制などに対応するための新製品が売れていること，他社からの採用が増えていること，トラックメーカー以外に，農機や建機など，新規顧客の開拓がなされていることなどであるとされる．

生産ラインにつくワーカーは主に女性であり，長い人は約20年勤続しているという．ラインの数は45であるのに対し，作業者は40名で，ワーカーは多能工でなければならないほか，同じ作業を根気よく続ける必要がある．

組立および検査を一貫作業とし，全数検査を基本として生産される．手離れの悪い製品は組立に 1 日，検査に 1 日をかけ生産するものもある．

サプライヤー数は約 100 社であるが，以前立地していた八王子市には 10 社程度であり，相模原市に関しては 5 社以下である．取引先の近接性はあまり意識されておらず，パッケージは関西が安いなど，メッキ，加工，ゴムなどそれぞれ強い地域を利用しているため，地理的範囲は広がっている．海外拠点はフィリピン，台湾，タイにある．

同社の本社工場は 2016 年に移転したばかりで，設備は新しく，3D プリンターを導入するなど，新たな投資も行われている．同拠点は，多品種少量生産であるため，試作的な製品の生産も多く，研究開発機能と密接に結びついた重要な機能を担っている．

同社の業績は近年好調であるが，国内のトラック生産は今後減少していくことは避けられない状況にある．そのため，今後はタイの生産拠点を強化しながら，海外メーカーへの対応に乗り出すとともに，建機や農機といった新しい分野への進出を本格化していくことが課題となっている．

3.3 一般機械

相模原市では，電気機械，輸送用機械の衰退傾向がみられる一方で，一般機械については，堅調を保っている．ここでは，種類の異なる一般機械企業の動向をみてみよう．

E 社は，1917 年に東京都墨田区で国産プレス機の製造を目的として創業した企業である．同社は，1936 年に亀戸（東京都江東区）に工場を移転していたが，戦後の需要増によって手狭となったため，1959 年に相模原市で新工場を稼働した．相模原市では，当時大山工業団地を造成しており，東海道線に近く，強固な地盤で，内陸であるため潮風の心配がないという条件を満たしていたことが，同社の新工場としての立地理由となっている．1964 年に本社と亀戸工場の機能を相模原に移転・統合した．1974 年には，現在は相模原市内となっている津久井にも工場が設けられている．

2016 年 3 月末における本社・相模事業所の従業員数は約 670 名であり，

うち派遣や構内外注業者が170名を占めている．500名の正規雇用者のうち，男女比は10：1であり，男性が多くなっている．同事業所からほど近い下九沢では開発設計などが行われている．下九沢では，間接部門も含めて36名が勤務している．生産ラインには基本的に高卒者がついており，毎年の採用は高卒者約20名，大卒者約5名となっている．近隣出身者もいるが，九州から北海道まで広く採用している．

相模事業所では，中・大型プレス機一貫生産（設計，製缶，焼鈍，加工，組立），海外生産子会社への中・大型機用高精度部品の供給，中・大型機用サーボモータの生産（海外生産拠点への供給を含む）が主に行われている．製品の種類としては，個別機（オーダーメード），高速機，汎用機があり，順送プレス（長板が流れる）やトランスファープレス（パーツを一つずつ抜く）などの種類がある．受注生産がメインであるが，汎用機については一部見込み生産も行っている．2000年代初頭に自社開発したサーボモータは，部品からすべて内製したものであり，多くの賞を受賞している．同モータを搭載したサーボプレスは，加圧部の動きを制御することで，低速でも高トルクのプレスが可能であり，同社の代表的な製品となっている．

2015年度の売上をみてみると，全体では755億円（連結）であり，348億円まで落ち込んだリーマンショック後からV字回復を遂げている．地域別では国内が34.7％，米州が23.9％，アジアが22.6％，欧州が18.7％となっている．海外では，特にアメリカの日系企業向けの売上が大きく，全体の約1割を占めている．また，製品別では，自動車メーカー向けのプレス機が売上の81.4％を占めている．

海外での現地生産も行われており，アメリカと中国は中・大型個別機生産工場として比較的簡単な製品を生産している．イタリアの拠点は，2004年に買収した中・大型個別機生産工場で，ヨーロッパ仕様のプレス機を生産している．一方，マレーシアの拠点は中・小型機量産工場であり，他の市場近隣の拠点とは性格が多少異なる．これらと，電装などの難しく付加価値の高い製品を生産する日本に拠点を合わせて，世界5極生産体制としている．設計については日本と，ヨーロッパ仕様についてはイタリアで行っている．ただし，開発機能は日本のみで担われる．

相模事業所の取引先は，受発注合計で5,780社と非常に多くなっている．うち市内は500社，県内680社，関東2,100社，その他2,500社である．発注先としては市内が460社，県内が510社，関東が1,000社，その他が935社となっている．ただし，今後は納期短縮のために内製化を進めていきたいとしている．

　今後，全社的にはグローバル戦略を継続していき，日系メーカーだけでなく欧米メーカーも狙い，世界トップシェアのドイツ有力メーカーを崩していきたいと考えられている．また，現在は自動車メーカー向けのプレス機の売上に占める割合がきわめて高いため，自動車向け以外のサーボプレスも増やしていくことが課題となっている．付加価値の高い個別機のオーダーメイドに対応していくためには，生産体制のさらなる高度化が必要である．開発機能を有し，マザー工場として多品種少量生産を行う相模事業所は，グローバルな生産分業を行ううえで要の拠点となっている．

　F社は，国産液体式印刷機の量産を目指し，1956年に東京都渋谷区で設立された．1960年には，本社を東京都狛江市に移転している．本社を狛江市から現在の相模原市の拠点へ移したのは，2003年であった．相模原市への移転の理由としては，厚木市や町田市などに住んでいる従業員が多く，通勤面で至便であることや，東北や関東圏の仕入れ先からの部品物流面，さらに輸出における製品出荷，土地の価格から総合的に判断された．相模原市に移転する際に，厚木事業所・厚木物流センターが本社に統合されている．2012年には，企業買収によって中国の中山市にも生産拠点を獲得した．

　本社従業員数は，派遣の人数を含めて199名である．生産技術を含む技術者数は78名おり，彼らは4〜5年に一度のモデルチェンジに対応する設計を行う．本社工場は，設計と試作が生産現場の近くに同居し，本社であるため営業部門もおり，ショールームも備えた一体型の拠点である．

　同社の主要製品は，新聞店市場向けの折込広告丁合機や，印材市場向けの丁合機，中綴じ折り製本機，一般企業向けの卓上丁合機，紙折り機などである．売上高に占める割合としては，新聞市場と印材市場向けの合計が約50％前後を占めている．売上は増加傾向にあるが，リーマンショック前の水準まではまだ回復していない．

同社の製品は，全製品が多品種少量生産であり，ニッチ市場が主要なターゲットである．ただし，競合メーカーと比較すると，メカトロニクス技術に秀でており，特に，紙を正確に分離して送る技術がコアになっている．さらに，会社組織の特徴として，グループの販売会社が国内外に多く存在しており，ユーザーの要望に対応したカスタマイズやメンテナンスに対応できる点も強みとなっている．

　本社工場では，主に大型の折込広告丁合機などを生産しており，印刷業界向けの製本機器や新聞市場向けの包装機を生産する和歌山事業所や，小型紙折機や卓上丁合機などを主に生産する中国の中山工場と製品分業を行っている．

　本社工場では，取引先から部品または部品を集約したアッセンブリやユニットを仕入れ，生産ラインで完成品への組立を行っている．生産ラインは，ラインの1人当たり作業時間が長く，部品の漏れを避けるため，派遣社員を含めた作業者を教育する指導員の認定制度がある．取引関係企業数は合計で260社であり，相模原市内で8社，神奈川県内で35社，関東で141社になる．その他の地域には，海外も含まれており，和歌山事業所がある関係で，大阪府にも取引先が分布している．発注先が205社と比較的多く，外注加工もあるが，部品購入がメインである．

　同社は基本的にニッチ市場をターゲットとしており，今後，国内市場の縮小は避けられない中で，売上を下げないようにしていくことが課題である．そのためには，海外輸出比率を上昇させることが必須となっており，近年はアジア市場の開拓に力を入れている．

　G社は，創業者が以前勤めていた化学メーカーにおいて自動充填包装機を開発し，1970年に独立したことによって創立した企業である．1971年に板橋区内の工場を借りたが，早い段階で八王子市に移転したため，創業の地としては八王子という意識が持たれている．

　相模原市には，従業員の多くが住んでいた八王子近辺に土地を探していた関係で，1977年に工場を建設し，本社も移転した．1992年には，創業者の出身地でもある鹿児島県に工場を新設した．現在の本社工場は，2011年5月に竣工した比較的新しい建屋であり，以前本社であった第二工場は，倉庫

として利用されている．また，相模原市内の田名にも部品工場があり，同社の包装機においてコアとなる部品の生産を行っている．プラザ合意後の円高を受け，顧客となるラーメンメーカーに随伴した海外進出も早い段階で行っており，1988 年にタイ第一工場が，1997 年にタイ第二工場が設立されている．

従業員数は 119 名で，設計・開発要員が 16 名おり，同社の製品開発機能を担っている．採用については，ここ 2〜3 年で中途採用を中心に 10 名強となっている．相模原市には工業高校がないため，鹿児島県の工業高校などからも採用している．

同社の主要製品は食品や化粧品などの自動包装機であり，縦型（包装する製品の流れ方）・小袋（50〜100 g）の包装メーカーとしては国内トップシェアを持っている．また，液体，顆粒・粉末，スティックの 3 つのタイプの包装機をすべて扱っている競合メーカーは少なく，同社の特徴となっている．

売上は徐々に伸びており，2016 年度は過去最高を記録する見込みであるとされる．売上が伸びている要因としては，工場などで人を減らすためのセンサーや，トレーサビリティを向上させるための付帯機能などがより求められる時代となり，機械の単価が上昇傾向にあることが考えられる．海外への出荷も多く，25% 程度で，出荷先はタイ，ベトナム，ミャンマー，インド，インドネシアなどの東南アジア，南アジアである．

製品の受注先としては，食品メーカーが 7〜8 割を占めているが，他に化粧品（試供品など）や製薬メーカーもある．外注先は国内 600 社であり，相模原市内にも 40 社ほどあるが，鹿児島県にも工場があるため，全国各地に分散している．

相模原市の本社工場は，主力の生産拠点であるとともに，タイの生産拠点のマザー工場でもある．日本ではここ数年ほど，同社の主力とする小袋の需要が増える傾向があり，国内市場にも開拓の余地は残されている．

3.4 素材工業

相模原市の工業の特徴として，機械工業だけではなく，素材工業において

も，厚みがある点を挙げることができる．特に，地盤が固いことを理由に，大型で重量のある製造機械を必要とするガラス関係企業が多い点，首都圏市場に近接していることを活かした化粧品関係の企業が多い点を特色としている．以下ではそうした企業を取り上げることにする．

H社は，東芝の電線部門が独立し，1936年に川崎市で創業した企業である．相模原事業所（当時は工場）が開設された1960年頃は，日本電信電話公社が通信ケーブルを大量に発注し，電力会社も積極的な投資を行っていたため，生産拡大の需要が高まっていた．新工場の用地としては，当時の主力輸送手段が貨車輸送であったため，専用側線が敷設可能で，水はけも良い相模線沿いの同地が選定された．

1980年以降は工場の再配置が行われ，相模原事業所では1981年に通信部門が，1982年にゴム絶縁からゴム製品がつくられ，防振・制振・免震・制音部門へ発展した．また，1990年代後半に川崎事業所から生産機能が他の事業所に移管された．さらに，1998年に川崎から研究開発機能が相模原に移動し，相模原事業所が同社の中核的な事業所として位置づけられるようになった．

従業員数は，構内の委託企業の人数も含めて約600名となっている．相模原事業所には，研究開発や技術部門を担う技術開発センターが置かれており，センター長も相模原に常駐している．そのため，従業員のうち，素材開発などを行う研究開発者が58名，設計などを行う技術者が137名となっている．技術開発センターで働く人材は，大学院卒が10％程度であり，電機，化学などの分野の学生を全国各地から採用している．都内私立大学出身の理工系が比較的多い．これに加え，全社を管轄する品質環境管理室，生産技術部，知的財産部なども相模原事業所に設置されている．

相模原事業所の主要製品は，環境配慮型の電力機器製品，特殊用途の電線・電設資材製品，イットリウム系超電導線材，免震アイソレータなどである．電力機器と免制震部門が売上高の7割以上を占めている．

中国には，相模原事業所に関連する生産拠点が2拠点（山東省・天津市）ある．基本的には日本から技術的な支援を行い，山東省の拠点では，相模原で開発した製品をつくっている．常時5～6名が長期中国出張している状況で

あり，相模原事業所がマザー工場として機能している．

製品の材料は主に購入しており，ゴム，エポキシ，シリコンなどである．加工外注を依頼している会社は7～8社程度と，そこから枝分かれして10社程度であり，なかには事業所の OB が入っているところもある．製品の輸出割合は 10%前後であり，銅の価格によってかなり影響を受けるため，円安が良いというわけでもない．

相模原事業所の敷地面積は約 115,000 m^2 と広いものの，生産ラインは長く折り返しがあるなど，今後新規事業を立ち上げるための敷地的な余裕はないとされる．しかしながら，同事業所は，中国の生産拠点に対するマザー工場であり，量産を行い，研究開発機能も担うなど，同社の企業内空間分業において中核的な拠点として位置づけられる．

I 社は，1918 年に創業した大手ガラスメーカーである．2006 年にイギリスの大手ガラスメーカーを完全子会社化し，世界最大級のガラスメーカーとなった．買収前は日本とアジア地域のみで生産していたが，現在は主な生産拠点が世界 28 カ国に広がっている．

相模原事業所は，同社の国内拠点の中では新しく，1980 年に操業を開始した．相模原市への立地理由は，川崎工場にいた開発部隊が開発した光通信用のセルフォックマイクロレンズ（SML）や，複写機などに用いられるセルフォックレンズアイ（SLA）などの光学製品を生産する場所として土地を探していた際に，川崎市から近い相模原市において，行政による手厚い協力があったためであるという．1989 年には，自動車ガラスの開発・試作を行うテクニカルセンターも発足し，翌 1990 年に閉鎖された川崎工場に代わり，同社の関東における重要な拠点の一つとなっている．

相模原事業所には，高機能ガラス部門の中の情報通信デバイス事業部，ディスプレイ事業部の技術営業，グループファンクション（コーポレート）の研究開発部輸送機材領域，TG エンジニアリング部，Auto 事業部門のフィージビリティグループといった組織がある．従業員数は 249 名であり，管理・総合職が多く，他の事業所と比較して，開発人員のウェイトが高くなっている．

相模原事業所では，主に前述した SLA や SML を生産しており，原稿読

み取り用の光源であるSG（セルガイド）は物流拠点として取り扱っている．ただし，同事業所ではSLAの組立は行っておらず，海外の外注先で行われている．具体的には，アジアの外注先で組立を行っており，レンズ加工については，以前は子会社であったが現在は資本関係のない米国の企業に外注している．同事業所の売上は，製品別では，SLAが各年度ともに80%を占め，SGが15%弱となっている．

主要取引先は，前述した外注先の海外2社（アジア）と，国内2社（四国，九州）である．市内企業との取引関係はほとんどなく，設備のメンテナンスを委託する程度となっている．主要出荷先は海外約50社，国内約50社であり，印刷用の機器などを生産する大手メーカーに納入している．

相模原事業所の位置づけは，SLAのマザー工場である．ガラスの素線に関しては，技術流出の懸念もあり相模原事業所と四日市事業所のみで生産されている．1980年代の設備もあるが，2000年代に更新した設備もあり，設備の新旧は混在している．ただし，敷地としては余裕があったため，2015年に土地を一部他社へ売却している．

今後は，市場としては海外へ売り出していきたいが，生産は国内で継続していく方針である．課題は，相模原事業所の主力製品であるSLAが，印刷需要の減少により厳しい状況に置かれていることである．そのため，新製品の開発は急務であり，相模原事業所での新たな製品開発が期待されている．

J社は，1940年代に先代社長が従軍当時，野戦病院で使われていた赤鉛筆に着想を得て，日本で初めて鉛筆型眉墨を開発した企業である．東京中野区に本社および工場があったが，1960年代に社業の伸長に伴い，相模原市の金属工業団地に近い現在地に着目して主力工場を建設した．

相模原市内には，1966年に相模原工場，2003年に第二工場，2015年に第三工場を新設した．さらに相模原市の南に位置する愛川町にも，ネイルエナメル専用の中津工場がある．中野工場は，2014年の相模原工場増設に伴い，相模原工場へ全面移転した．これに伴い旧中野工場は，スキンケア研究所と容器開発センターにリニューアルしている．また海外にも，2009年に中国に新設した上海工場があり，主に中国・東南アジア向けの製品を生産している．

従業員数は中野区の本社を含めて390名であるが，相模原市内の全工場では320名ほどになる．雇用形態は150名前後がパート勤務である．比較的女性が多い工場であり，平均年齢も37歳と若い．研究所については，化粧品の中身の研究開発だけでも70名程度の規模で対応している．

　同社は化粧品の提案・開発型のOEM（いわゆるODM）を行っており，ポイントメーキャップやベースメーク関係が主要製品である．スキンケアのOEMはまだ多くはないが，フェイスマスクで高いシェアを誇る製品の生産をしており急増してきている．

　化粧品OEM企業としての同社の特徴は，化粧品の中味と容器を自社で開発し，容器とセットで提案するという点がある．そのため，容器に中味を充填するだけの受託業務はあまり行っていない．化粧品は，中身の研究開発が重要な事はもちろん，容器との組み合わせにより，まったく新しい感覚の商品ができるため，容器の設計開発を自社で行い，開発型の商品を提案することで，付加価値の高い商品を提供している．化粧品の中味の調合や充填は，環境の整ったクリーンルームで行っている．

　取扱品目数はおおよそ6,000品目であり，多品種少量型の生産対応が多い．主要製品は自社開発の筆ペン式リキッドアイライナーであり，2500万本以上を生産している．主要製品の売上は，筆ペン式リキッドアイライナー，ペンシルタイプアイブロウペンシル，ファンデーション・アイシャドゥなどのパウダー製品の順となっている．高額で利益率の高いパウダー製品に進出したのは2004年頃であるが，徐々に売上を伸ばしている．また，売上金額に占めるネイル製品の割合は大きくないが，数量的には多く，国内シェアの1/3程度を生産している．売上は堅調に推移しており，上海工場についても順調に伸長して利益を創出している．受注先は国内だけでも常時取引があるのが50～60社，年間では100社以上にのぼる．基本的に，国内外の主力化粧品メーカーのほとんどが顧客となっている．

　相模原市の事業所は，研究所兼マザー工場であり，日本をはじめとした先進国向けのグローバル製品を生産している．課題として，ここ数年，同地区では人材の確保が難しくなっており，省力化や，新たな方策での人材確保が鍵となる．

4. 今後の政策的課題

相模原市では，2016年3月に「さがみはら産業振興ビジョン2025」を策定している．そこでは，相模原市の産業全体の課題として，「昼夜間人口比率の低さ」，「将来的な労働力不足」，「業務機能の集積度が低い産業構造」の3点が挙げられ，工業の課題として，「大都市部の中では高いとはいえない生産性」，「上位業種の集積度が低いことによるデメリット」の2点が指摘されている．その上で，①業種を超えた仕組みの構築による新産業の創出，②成長産業の集積とイノベーションによる価値の創造，③地域資源の活用による魅力の創出とブランドの確立，④産業を支える基盤づくりの推進，といった4つの戦略が提起されている．また，ビジョンの最後には重点プロジェクトが列挙されているが，産業集積に関係するものとしては，「ロボット技術を活用した生産・サービス・ライフスタイルの革新」，「産学連携等による新産業の創出と中小企業の育成・支援」，「戦略的な企業誘致の推進」，「多様な地域資源を活用した経済の活性化」が挙げられている．

こうしたビジョンを踏まえつつ，以下では3つの点について，今後の政策的課題を考えてみたい．

4.1 産業集積促進条例

相模原市では2005年に「産業集積促進条例」を制定し，新規工場の立地等に対する奨励金の交付や，固定資産税等の軽減措置を始めた．この第1期「STEP50」(2005年10月〜2010年3月末申請)では，87件の企業等が認定を受けた．投資規模の総額は約1200億円となっており，うち17件は，神奈川県の産業振興政策である「インベスト神奈川」（施設整備等助成制度）の対象にもなっている．

2010年4月からは，「新たな都市づくりの拠点」への企業立地の促進や，市内で30年以上操業する企業の新規投資の促進，工業系地区計画区域内へ

の工業集積の促進などの視点を加えた第2期「STEP50」(2010年4月～2015年3月末申請)が設けられた．第2期には22件が認定され，うち7件は既存事業所の活用に対するものであり，投資総額の合計は約211.5億円であった．

さらに2015年4月からは，航空宇宙，再生可能エネルギー，環境，ロボットなど，「リーディング産業」に該当する企業の新規投資の促進，市内建設業者への工場建設発注の促進などの制度を拡充し，同条例の改正をした第3期「STEP50」(2015年4月以降申請)の段階に入った．第3期では，2016年10月時点で10件が認定を受けており，投資規模は総額で約143億円となっている．

4.2 さがみはら産業創造センターの強化

相模原市は，1997年には「地域産業集積活性化法」によって，広域京浜地域として指定を受けるとともに，「新事業創出促進法」に基づき1999年に「株式会社さがみはら産業創造センター(SIC)」が設立された．その後，SICの拠点施設として2000年に「さがみはら産業創造センター(SIC-1)」が，2002年には産学連携推進の拠点として「第2さがみはら産業創造センター(SIC-2)」が開設された．さらに，2011年には，上記のイノベーション施設を卒業した企業などを対象とした「ものづくり成長産業支援施設(SIC-3 イノベーションラボ)」が開設された．

さがみはら産業創造センターは，相模原市と(独)中小企業基盤整備機構が中心となり，金融機関や企業などの出資により，1999年に設立された株式会社である．SICでは，SIC-1，SIC-2，SIC-3とタイプの異なるインキュベーション施設を展開している点，市内企業に限らず，市外企業の立地も認めている点，製造業企業だけではなく，コンサルティングやソフトウエアなどのサービス業企業も入居している点などを特徴としている．

表5-2は，SIC入居企業の移転前住所をみたものである．244企業のうち，相模原市内からの入居企業は103で半分以下であり，八王子市など近隣の市からが多いものの，中部や関西など，国内各地から入居していることがわかる．創業・新分野進出の拠点であるSIC-1では，相模原市内からの入居企

表5-2 相模原インキュベーションセンター（SIC）入居企業の入居前住所

	神奈川県		東京都			その他の国内	合計
	相模原市内	その他の県内	八王子市	その他の市部	区部		
SIC-1	81	21	22	10	13	13	160
SIC-2	16	15	10	6	8	17	72
SIC-3	6	1	2	1	1	1	12
合計	103	37	34	17	22	31	244

出所）さがみはら産業創造センター提供資料より松原作成.

表5-3 相模原インキュベーションセンター（SIC）退去企業の移転先

	神奈川県		東京都			その他の国内	合計
	相模原市内	その他の県内	八王子市	その他の市部	区部		
SIC-1	49	14	5	7	5	2	82
SIC-2	6	4	3	4	6	5	28
SIC-3	1	0	0	0	0	0	1
合計	56	18	8	11	11	7	111

出所）さがみはら産業創造センター提供資料より松原作成.

業が全体の半分を占め，近隣の市からの入居も多いのに対し，研究開発拠点の性格が強いSIC-2では，相模原市内からの入居企業は全体の2割にすぎず，東京都区部や国内各地からの入居企業の比率が高くなっていた．

これに対し，入居企業のその後の動向をみてみると，SIC-1からSIC-2に移転した企業が25社，SIC-1からSIC-3に移転した企業が2社を数え，性格の異なる施設を整備した目的がある程度達成されている．一方で，創業を断念した企業が5，解散・廃業した企業が17を数えた．退去企業の移転先をすべて把握するのは難しいが，判明しているものをみてみると，市内が56，市外が59となっていた（表5-3）．市外のうち，相模原市以外の神奈川県内が18，八王子市が8，東京都下が11で，創業後比較的近い地域で事業を展開していることがわかる．このことは，退去企業の事業展開先として，相模原市内を選択する余地があることを示しており，「SIC卒業企業」の立地先として相模原市に誘導する施策が重要となろう．また，SIC-3に続く，新たな施設整備をどのように進めるのか，この点も重要な検討事項といえよ

う.

4.3　ロボット産業の活性化

　相模原市では,「首都圏南西部ロボットビジネス創成プロジェクト」を大和市とともに打ち出し,2016年8月に「地方創生推進交付金」の交付対象事業として採択された.そこでは,「青山学院大学理工学部等と連携し,設計・開発・運用を担える人材を育成するプログラムの開発やライセンスの創設,必要な人材とのマッチングを行うとともに」,「中堅・中小企業の強みを活かし,ロボット周辺機器産業の集積のための拠点整備を行う」,としている.

　ロボット産業そのものではなく,ロボットの設計・開発,運用,さらにはマッチングを担う人材の育成は,日本国内では手薄な分野であり,相模原市だけで進めていくのは困難を伴うように思われる.既に相模原市では,『ロボット導入ポテンシャル調査事業業務委託報告書』(2016年)をまとめ,国内外の大学,研究機関,企業との連携可能性を探っているが,人材育成のイメージをより鮮明にするとともに,拠点の整備とネットワークの構築をどのように進めていくか,具体的戦略をつめていくことが求められよう.

　以上,3点について相模原市における産業集積に関わる政策的課題について述べてきた.2016年3月に国土交通省関東地方整備局は,「首都圏広域地方計画」を策定したが,その中で,2020年代には圏央道を含む3つの環状道路が完成し,リニア中央新幹線の品川—名古屋間が開通するとしている.また,同計画のプロジェクト参考資料には,「首都圏南西部国際都市群の創出プロジェクト」が挙げられ,相模原市がその中心に位置づけられている.具体的な取組内容としては,①内陸型国際ゲートウェイの整備推進,②首都圏の成長を牽引する産業・研究機能の集積強化,③災害時の拠点機能の強化等が挙げられている.

　こうした広域的な交通基盤の刷新に伴うプロジェクトとともに,相模原市内では,リニア中央新幹線の新駅・橋本駅周辺の整備,米軍相模補給廠の返還と小田急多摩線の延伸をにらんだJR横浜線の相模原駅の整備といった重

要なプロジェクトが動き出そうとしている．こうしたプロジェクトに，上述のSIC-3以降の拠点の整備，ロボット産業関連拠点の整備を絡めていくことにより，相模原市の産業集積の高度化を進めていくことが重要であろう．

第6章　近郊工業都市：東葛・川口地域
　　　——県境を越えた集積間連携の試み

　　　　　　　　　　　　　　　　　　　　　　　鎌倉夏来・松原　宏

1. 東葛・川口地域の概要

　広域関東圏における産業集積を概観した鎌倉夏来・松原（2014）では，地域産業集積活性化法で指定された「A集積地域」9地域を取り上げ，工業統計メッシュの分析を行ったが，その際東葛・川口地域（図6-1）については，以下のような留意点を述べている．

　「川口地域は，江戸時代からの鋳物産地としての歴史があり，戦後高度成長期以降は，東京の城北工業地域からの工場移転先として工業化が進んできた．これに対し東葛地域の工業化は，野田の醬油産業は例外として，工業化の歴史は浅く，東京の城東工業地域からの工場移転先と位置づけられる．こうした工業化の経緯や特徴の異なる地域を，地域産業集積活性化法で一体的に取り扱おうとした点は問題となろう」（62頁）．

　本章では，こうした東葛・川口地域の中心都市である川口市と柏市の産業集積の特徴をそれぞれ明らかにし，その上で政策的な課題を検討していくことにするが，まずは川口・柏両市の工業の変化をみておくことにしよう（図6-2）．出荷額の絶対額は，1990年時点で川口市が柏市の2倍と大きな差があるものの，両市ともに同じような変化をたどってきている．すなわち，1960年以降顕著な増加をみせた後，1990年をピークに2000年，2010年と大幅な減少を示しているのである．

114 第III部 地域分析篇

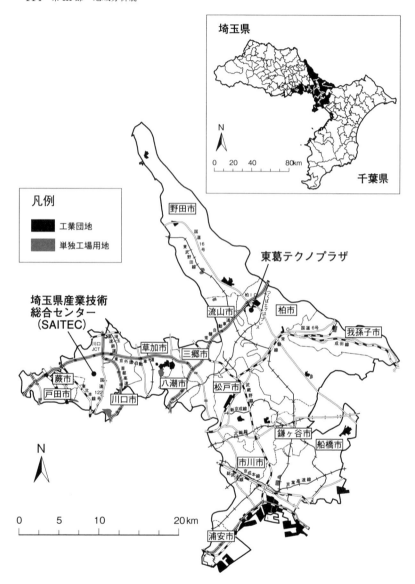

図 6-1 東葛・川口地域の概要

出所）国土交通省「国土数値情報（行政区域データ（平成12年度，平成26年度），鉄道データ（平成25年度），人口集中地区データ（平成22年），高速道路時系列データ（平成25年度），工業用地データ（平成21年度），道路（平成7年度）」より鎌倉作成．

第6章　近郊工業都市：東葛・川口地域　115

川口市

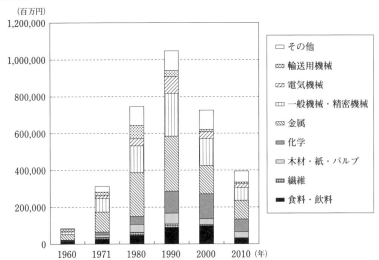

柏市

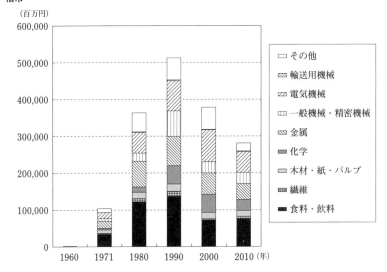

図6-2　川口市と柏市における業種別製造品出荷額等の変化

出所）「工業統計表」各年版より岡部遊志作成．

もっとも，両市の工業の業種構成はかなり異なっている．1990年時点で，川口市では，金属，一般機械・精密機械の占める割合が大きかったのに対し，柏市では，食料・飲料，電気機械が中心的な業種となっていた．その後川口市では，金属工業の衰退が著しく，化学の割合が相対的に上昇するのに対し，柏市では，食料・飲料と電気機械の割合が低下し，食料・飲料，金属，化学，機械，それぞれの工業の差が小さくなってきている．

2. 川口市における産業集積の構造変化

2.1 川口市の概要

川口市は埼玉県南部に位置し，荒川を隔てて東京都北区に接している．江戸時代に鋳物産業が盛んになり，明治末期には鋳物工場が150軒ほどを数えたと言われ，荒川や芝川の舟運を利用して原料や製品の運搬が行われ，鉄道や新荒川大橋ができるとますます発展し，「鋳物の街川口」は全国に知られるようになった．1933（昭和8）年に，川口町，横曽根村，南平柳村，青木村の1町3村が合併して川口市となり，その後も周辺の村と合併を繰り返し大きくなり，2011年には鳩ヶ谷市と合併し，人口約58万人，面積は約62 km^{2}となった．

市域の大半が東京都心から10～20 km圏内に位置し，高度経済成長期以降，都市化の進展が著しく，人口は1955年の13万人から1960年には17万人，1965年には25万人，1970年には30万人を越え，高い人口増加率を示した．その後，人口増加率は低下傾向にあるものの，人口増加は続き，1985年には40万人，2010年には50万人を突破，2015年には57万8000人となっている．京浜東北線，武蔵野線，埼玉高速鉄道線，首都高速川口線，東京外環自動車道，東北自動車道など，交通アクセスがよいことから，東京都心部への通勤人口が多くを占め，昼夜間人口比率は1955年の100から1990年には82.3へと低下し，その後はほぼ横ばいで推移し，工業都市から住宅都市へと変化してきている．

2.2 川口市における産業集積の特徴

1990年代以降の川口市における産業集積の変化をみるために，まず『川口商工名鑑1996年版』をもとに，鋳物，金属，機械の全工場の分布状況（図6-3）をみてみよう[1]．鋳物工場や木型工場については，市南部の芝川沿いの元郷や川口駅周辺の川口，本町，栄町，飯塚，また中央部の青木，中青木，上青木など，特定地域に集中していることがみてとれる．これに対して，金属関連の工場は，東領家や弥平，江戸や江戸袋，東本郷，本蓮，榛松など，市の南東部に拡がるように分布している．さらに機械工業の工場は，元郷や領家，東領家などの市南部，東本郷，本蓮，榛松などの市南東部，青木，上青木，朝日，西川口などの市中部，安行原や安行領家などの市北東部など，より多極的に広く分布していることがわかる．

このように，鋳物工場，木型工場の集積は顕著で，しかも金属関係の工場，機械関係の工場，それぞれの集積と交錯関係がみられる．このように，1990年代半ばにおいても，竹内淳彦（1976）が指摘した基本的な特徴を，川口市の産業集積は維持していたとみることができる[2]．

---

1) 山口貞男（1953）は，「ほぼ荒川と芝川とに挟まれた自然堤防状の微高地で，川口駅や芝川河岸それにトラックなど水陸交通の要地」を核心地とし，東は領家町，西は戸田町の「東西両端を結ぶ6.3 kmの基線を底辺とし，核心地2.8 kmの南北線を高さとする面積約8.8 km^{2}の正三角形の中に，約500に達する鼠銑鋳物の工場が展開し，1 km^{2}の密度は約57の多数に達する」（429頁）と述べている．その上で，関連業者も含めた地域的大集団が形成された立地論的意義を，「川口砂」の存在，芝川水運，川口駅，トラック輸送，市場としての東京の機械工業地帯，安価な労働力，集積力といった要因を，次々と加算していく形で説明をしている．
2) 竹内は，「川口鋳物業は京浜全域の機械工業を中心とした需要に依存しながらも，材料仕入れ，下請など生産関係の大部分と，かなりの納入関係を市内，なかでも南部を中心に結んでいる．しかも，市内には，銑鉄の共同購入や共同輸送・重量検査などを行ない金融面の窓口ともなっている鋳物業協同組合，技術開発の中心的役割を担う県営の技術センター（1963年発足）があり，また，2つの産業病院もある．さらに，南部の工業集中地域には100をこえる各種の材料商がある．機械・金属工業を含めてこれらは機能的に交錯結合し，まさに山口貞男（1953，436頁）が工場分布の分析から指摘したように，鋳物業を中心とした地域的産業集団を形造っている」（785-786頁）と述べている．

118 第III部 地域分析篇

図 6-3 鋳物,金属,機械の全工場の分布
出所)『川口商工名鑑 1996 年版』より原田大暉作成.

　しかしながら,川口鋳物工業協同組合の資料をみると,事業所数は 1960 年代半ば以降,ほぼ一貫して減少傾向を示してきたことがわかる(図6-4).これに対し,生産量は 1950 年代後半以降の高度成長期に大きく伸び,1973 年のオイルショックにより急減し,その後増加と減少を繰り返した後,1980 年代末のバブル期を最後に,1990 年代以降は急激な減少を示してきた.な

お，川口鋳物工業協同組合での聞き取り調査によると，実際に鋳物を生産している業者は83社にとどまるとのことである．

また，川口鋳物の用途別変化をみると，産業機械器具用がほぼ4割を占めるのに対し，1995年以降自動車用の割合が低下し，その他の割合が上昇し，用途が多様化してきていることがわかる（図6-5）．

このように，縮小を余儀なくされてきた川口の鋳物工業集積ではあるが，鋳物工業に関わる機関や組織的取組は，注目すべきものが少なくない．まず，川口鋳物工業協同組合が挙げられる．1905年に設立され，110年以上の歴史を有しているが，「川口鋳物ニュース」の発行をはじめとした情報の提供，鋳物生産に必要な銑鉄をはじめ各種の資材の共同購入，計量，材料の分析・試験などの共同利用設備の整備，鋳物産業の振興策の策定や行政への働きかけなど，産業集積を支える機関として，きわめてユニークな存在といえよう．

こうした鋳物工業協同組合を支える関連団体としては，会員企業の若手経営者や幹部で構成される「川口鋳物工業研究会」，1967年に設立された「埼玉鋳物技能士会」，1960年に発足した「川口美術工芸鋳物技術研究会」を引き継ぐ「川口鋳金工芸研究会」などがある．

1978年に川口市の全額出資により設立された「川口産業振興公社」も，重要な役割を果たしてきた．なかでも，1987年に行われた「ニューディール作戦川口」は，円高不況に苦しむ鋳物業界を救うべく，全国の市町村役場を対象にキャラバン隊を編成して，公共用鋳物の販路開拓を行ったもので，注目すべき運動といえる．

また，1932年に設立された川口鋳物工業試験場をはじめとして，全国的にも珍しい公設の試験研究機関の存在とともに，技能者養成所の設置や協同組合川口鋳物海研会の設置など，人材育成や労働力確保などに関わる機関の存在も，大きな役割を果たしてきている．「協同組合川口鋳物海研会」は，1983年に設立された「海外鋳物研修生受入れ協議会」を発展的に解消し，1991年に設立されたもので，中国やベトナムなどから，これまでに1,000人を超える研修生を受入れてきた．

120　第Ⅲ部　地域分析篇

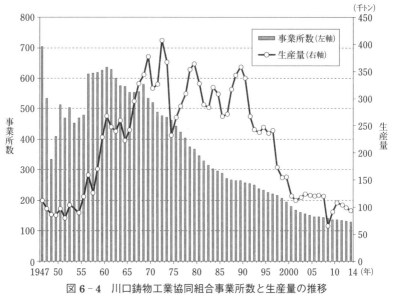

図6-4　川口鋳物工業協同組合事業所数と生産量の推移

出所）川口鋳物工業協同組合資料より松原作成．

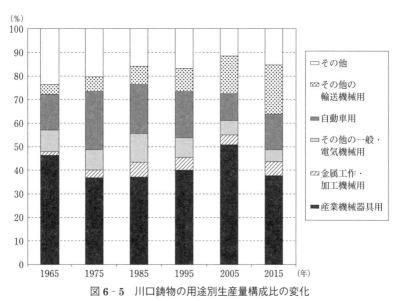

図6-5　川口鋳物の用途別生産量構成比の変化

出所）川口鋳物工業協同組合資料より松原作成．

2.3 川口市における中核企業の実態

ところで，川口市の産業集積の変化をより詳しく把握するために，2016年1〜2月にかけて鋳物企業への聞き取り調査を実施した．以下に，各企業の立地経緯，事業内容，取引関係，産業集積の評価，今後の課題などをみていくことにしよう．なお，調査対象企業の概要は，表6-1の通りである．

表中の企業のうちK1社は，1931年に創業，ストーブ製造を開始し，戦前は英式旋盤の製造を行うなどしていたが，戦後1949年に排水用鋳鉄管の製造・販売を手がけ，以後55年には建設用鋳鉄器財の製造・販売，74年にはLF継手の製造・販売，85年には景観製品の製造・販売を行うなど，事業を拡大してきた．

売上高はバブル期の1991年には39億円あったが，現在は25億円となっている．そのうちの9割を排水関係の鋳物が占めており，関係企業数が全国で4社と少ないこともあり，関東では5割，全国では25%のシェアをおさえている．景観鋳物は，かつて7億の売上があったが，現在は2〜3億になっている．かつてはデザイナーを社内にかかえていたが，現在は設計事務所と協業している．

3番目の製品群としては，なべやフライパンなどのキッチン，調理器具で，強さと粘りが特徴の「ダクタイル鋳鉄」を使用し，約2mmの厚さで「軽さと強さ」を両立させたものである．しかも，2010年には「グッドデザイン賞」，2014年には「新・現代日本のデザイン100選」に選ばれるなど，ジャパンブランドの代表製品の1つとなっている．

同社は研究開発にも熱心で，大学との共同研究により，新素材プロジェクトによる低熱膨張鋳鉄「NEZTEC」（ネズテック）の開発に成功し，同社の製品は大型放射光実験装置SPRing-8の分光器に採用されたほか，光学機器メーカーに販路を開拓している．

従業員は80名で，研修生は3名，ベトナム2名，中国1名となっている．1991年には130名を数えたが，減少を余儀なくされてきた．80名のうち，60歳以上が4分の1を占め，再雇用している．また80名のうち10名が，

表6−1 聞き取り企業の概要

番号	創業年	資本金(百万円)	従業員数(人)	事業内容	取引関係(受注関係)	取引関係(外注関係)	特徴	集積との関係
K1	1931	60	80	マンホールや排水用継手、排水金具、景観鋳物、ジャパンブランドのへへ、新素材	排水用鋳物の関東市場でのシェアは50％。他は全国各地から		設計・開発から配送までの一貫生産体制。キューポラを使い、リサイクルに工夫	社長は川口鋳物工業協同組合の理事長、ベトナムに共同出資工場
K2	1937	10	28	売上構成は鋳物7割、機械加工2割、木型1割、鋳物の免震装置の国内シェアは3％	EB製作所などのポンプ、工作機械、船舶内燃機関などの大手企業	協力会社10社（川口市内半数）	純酸素バーナー式回転溶解炉による高品質鋳物の多品種少量生産	仲間が近くにいること、川口ブランドを重視、川口リシクのメンバー
K3	1946	10	3	彫塑工芸品(アルミ、ブロンズ)の鋳造、作家：デザイン＝7：3	全国各地	3社（川口1社、県内2社）、溶接1社	芸術性	他社の砂型試作を行うなど重要な役割を担っている
K4	1922	10	25	超微粒摩砕機、気流式粉砕機、超高圧湿式ジェットミル、その他粉砕機、CNF用も	食品関係が6割、他は化粧品、製薬、製紙など、大学や公設試も	川口・草加を中心に主要協力工場10社	特許を取得した自社製品、200種類を超えるグラインダーを活かした摩砕技術	1804年に初代が鋳物業を始め、幕末に大砲を鋳造、発明好きの家系
K5	1935	99	240(うち川口105)	各種歯車の設計・製造・販売、野田工場では標準歯車を量産品、川口では少量	大口代理店3社、その他の注文カタログでの注文が中心、海外5割	かつて50社（川口は30社）、現在は内製率上昇	KHK標準歯車を開発、オーダー歯車追加工、電子カタログに対応、電子キットがi-monoブランドに認定	東葛・川口の研究会メンバー、歯車組立キットが川口i-monoブランドに認定
K6	1953	70	18	工業用各種ゴムローの製造・販売おもびコーティング加工・塗布装置販売	半導体関連・液晶フィルム、ガラス・化学などの大手企業、海外2割	42社（川口はゼロ、国内では関東近辺、四国、コストの関係で韓国などの海外企業を利用）	印刷用ゴムロールの研磨加工、電子部品関連用ゴムローラー等や近年産業分野に参入、特許戦略を強化	1967年に日暮里から川口に移転、2003年に福島に量産工場、2009年に革加市に本社工場移転
K7	1957	10	15	簡易金型、スターリングエンジン	FKゴム、TH工業、その他全国各地		鋳造から金型製作、製造までの一気通貫システム	人材、公設試との関係

出所) 聞き取り調査より松原作成.

父親が同社に勤務していた「二世」である点も注目される．新卒では，高卒が6割，大卒が4割の割合で，女性の割合も増えてきている．

2008年に，東京大田区，茨城県の企業と同社の3社で，ベトナムのハノイに工場を建設し，低コスト生産，アジアマーケットの拠点と位置づけている．

原料の鉄については自社で調達しており，6割はブラジルの銑鉄，4割は鉄スクラップを使用している．また，砂型の砂はオーストラリアから調達しているとのことである．設計・開発から配送までの一貫生産体制を行っており，工場内では砂のリサイクルを行う設備や自動化する工程を増やすなど，工夫がなされている．なお，炉はキューポラで，稼働率は6割とのことである．

最終製品に仕上げるために，人手による加工作業が必要で，カタログにある製品を揃えておく必要があるため，スペースをかなりとっている．経済産業省の「ものづくり補助金」など，資金獲得にも熱心で，設備投資に年間5000万～8000万円をかけている．

今後の課題としては，IT化を進め，生産の見える化，販路開拓を図っていくことが挙げられた．また，3Dプリンターを活用した砂型造形など，先進技術の導入も話題にはなるが，未だ高額なため，なかなか難しいのが現状である．

K2社は，もともと水戸の農家出身の先代が，家具販売を営んでいた時に川口の鋳物工場に家具を納品したことをきっかけにその工場で働くことになり，のれん分けにより1937年に創業した．1959年に株式会社に改組，同年には機械加工部を創設し，一般機械部品の加工組立も行っている．

1962年に設備拡充のため本社工場を新築，1978年には「有機自硬性砂回収再生装置」や「連続混練機」を導入し，大型鋳物の技術精度を高めるとともに，1987年には検査・仕上げ工場を増設し，品質向上を図るなどしてきた．その後も1997年には設備拡充のため新工場を新築，同年には純酸素バーナー式回転溶融炉を導入するなど，設備投資を進めてきている．現社長は3代目に当たるが，T通商を退職して，事業を継承している．

製造材質は，普通ねずみ鋳鉄，ダクタイル鋳鉄，強靱鋳鉄，アルミ軽合金，

ステンレス・砲金鋳物，耐酸耐熱鋳物など，多品種少量生産を特徴としている．製品1個から顧客の希望にあわせ，木型製作，鋳物鋳造，機械加工完成品までの一貫生産にも対応している．

主な顧客は，EB製作所などのポンプ，TK社などの工作機械，HN社を始めとした船舶内燃機関などの大手企業をはじめ，建設機械，印刷機械，自動車金型，減速機など，多岐にわたっている．しかも，顧客を1業種1社にしないようにしている．

従業員数は28名で，うち6名は中国人研修生となっている．売上高は，5億5000万円で，バブル経済のピーク時には建築の足場関係もあったこともあり9億円であった．売上構成は鋳物7割，機械加工2割，木型1割となっている．なかでも売上の3割はポンプ関係が占めており，さらに売上の3割を占めている免震装置は，他社のものはほとんどゴム製品であり，同社の鋳物の免震装置は国内シェアの3%ほどである．

同社は，後述する異業種交流組織「川口リンク」の中心企業の一つで，「さすが川口」といわれるような川口ブランドの製品づくりを重視している．同社の特徴ある生産設備としては，純酸素バーナー式回転溶融炉がある．1998年に日本酸素が試験器として製造したものを譲り受けたもので，日本国内にはK2社の他，1社が使用しているのみだという．溶融時間がかかりすぎる点がデメリットだが，多様な原料を溶融でき，高品位鋳鉄の製造が可能で，地球環境に優しく，作業環境を改善できるなどの利点がある．

協力会社は10社を数え，その半数が川口市内にあり，仲間が近くにいる集積の強みを強調していた．原料の銑鉄を川口鋳物工業協同組合から共同購入するとともに，鉄くずを利用しており，その点でも大都市圏内の立地のメリットがある．工業専用地域に立地しているが，周辺住民との関係には気を遣うとのことであった．

K3社は，現社長の父親がI鉄工の養成工から独立し，1946年に創業，ポンプのケーシングなどを製造していた．1965年の従業員数は10名だったが，現在は家族のみ3名の経営で，社長（73歳）が生産，経理などを，後継者（40代）が宅地建物取引業を兼ねている．

事業内容は，芸術性の高いアルミ，ブロンズ製の鋳物で，作家の作品が7

割，デザインが3割の構成となっている．集積との関係としては，仲間2社が川口市内にある．注文は，つきあいのある人からの紹介が中心で，1作品製作の期間は1カ月から1カ月半かかる．下請は，1社が川口市内，2社は他の埼玉県内にあり，溶接関係は川口に1社ある．他社の工程の一部を分担することもあり，たとえば，別の業者のフライパンで試作部門を担当したという．

今後の課題としては，産業用と芸術性の間，技術とデザインの融合が求められる．また，縮小する国内市場に代わり海外市場を目指す動きも重要といえる．

K4社は，初代が1922年に川口市でなべ，釜，茶器等を販売する商店として創業．2代目が1947年に鋳物および産業機械の製造を開始したとされる．同社のルーツをたどると，1804年に初代が鋳物業を始め，幕末には高島秋帆指導のもとに数百門の大砲を鋳造したと伝えられている．1950年代には，東大教授の依頼で人造アスファルトの開発を手がけるなど，発明熱心な性格であったという．

初代があんこや豆腐のなべといった大ものを取り扱っていたこともあり，大豆などの粉砕器の製造に挑戦し，1965年に超微粉摩砕機「スーパーマスコロイダー」の開発に成功している．その後，1970年代には全自動豆腐製造プラントや鶏骨および豚骨マローリーマルジョン製造装置の開発を手がけている．

また，1994年には鳩ヶ谷第2工場，翌95年には新本社工場を竣工させるなど，設備投資を行うとともに，新たな分野への事業展開も図ってきた．1999年には気流式粉砕機「セレンミラー」を開発，2002年には超高速精密カッティング機「ミクロマイスター」を開発，2009年には多機能ミル「スーパーマスコロイダーα」を開発するなど，自社製品の開発を次々と行ってきている．

同社の強みは，200種以上のグラインダーを持ち，それらを有効に使いこなすノウハウ，「摩砕技術」を有していることで，微粉化を求める顧客の要望に対応することが可能になっている．同じ食品でも，季節によりまた産地により水分量が異なることが多く，湿式，乾式どのような摩砕機が適してい

るか，多様な対応が必要になる．

　売上は，右肩上がりで伸びてきており6〜7億円となっている．うち9割は自社製品によるもので，残りの1割はOEM生産によるものである．食品関係が6割，他は化粧品，製薬，製紙などで，大学や公設試験研究機関も有力な顧客となっている．

　従業員は25名で，男性中心で平均年齢37歳．鋳物工場とは対照的に比較的若い．うち大卒は3名で，高卒が中心になっている．コアパーツは内製しているが，川口・草加を中心に主要協力工場が10社あり，近接の利益を享受している．

　顧客の業種は食品が最も多く，約6割を占めている．「待ちの営業」といわれるように，相談を持ち込まれることが多く，セルロースナノファイバー（CNF）用マスコロイダーの開発に成功し，2013年には同製品を世界22カ国に輸出している．なお，市場全体の割合は，国内が8割，海外が2割となっている．また同社は，60以上の特許を有しており，13カ国におよぶものもあり，国際的な特許戦略を採っている．

　K5社は，1935年創業で，資本金9900万円，従業員数240人（連結），うち川口で105人を数え，売上高も39億円と，川口市内では比較的大規模な企業といえる．

　長年にわたり，各種歯車の設計・製造・販売を行ってきているが，川口工場以外に千葉県に野田工場があり，川口工場では少量品，野田工場では標準歯車と量産品を扱うなど，分業が形成されている．

　大口代理店が3社あるほかは，比較的早い時期に導入した電子カタログでの注文が中心で，ホームページへのアクセスは1日2,000人にのぼり，そのうちリピータが7割を占めるという．また，直接輸出の比率は12〜15％である．同社の特徴は，「KHK標準歯車」を開発した点とそれを追加工し，オーダー歯車に対応している点で，品質に加え，強度計算を行うなど，アフターサービスが充実している点が強みになっている．

　外注企業はかつて50社を数え，うち川口市内は30社であったが，現在は内製率が上昇してきている．これまでは，工作機械向けの歯車が多かったが，医薬品やロボットへの参入が期待されている．

「地域産業集積活性化法」が施行されていた時期には，東葛・川口地域の産学連携を進める研究会がしばしば開催され，同社も積極的に関わっていた．また最近では，同社の「歯車組立キット」が川口 i-mono（いいもの）ブランドに認定されている．

K6 社は，1953 年に先代が印刷用のゴムローラーを始めて創業した．現社長の代になってから，従来はゴム製造会社から資材を購入しユーザーに加工販売してきたが，ゴム製造会社が直接ユーザーに対して価格破壊競争を自ら招く加工会社無視の販売競争が激しくなり，自社製品開発製品の販売展開の方向へと転換を図る．エレクトロニクス関係の仕事に主軸をおき，プリント基板関連のロールから半導体向けパッケージ基板用の液状レジスト塗布ロールの開発，さらに液晶関連等の精密ロールへと展開してきた．資本金 7000 万円，売上 7 億円で従業員は 18 名を数える．立地も変化してきており，1967 年に荒川区日暮里から埼玉県川口市に移転，2003 年に福島に量産工場を建設し，2009 年には草加市に本社工場を移転した．

工業用各種ロールの製造・販売およびコーティング加工が主な事業で，半導体関連企業から液晶フィルム，ガラス，化学などの大手素材製造企業が顧客で，海外の顧客は 2 割を占める．

外注先は 42 社を数えるが，川口市内はゼロ，国内では関東近辺，愛知，四国．小型の自主開発塗布装置は，コストの関係で技術指導しながら韓国などの海外企業を利用することもあるという．

現在，印刷用ゴムロールの研磨加工，電子部品関連用ゴムローラーの他，自主開発技術の表面高機能性コーティング処理，新技術大気圧プラズマ発生装置の開発を行い，新分野に参入，産学連携を進めながら，自社製品開発を増やして，成果について特許戦略を行いながら，オンリーワン企業を目指している．

K7 社は，1957 年に東京都板橋区で創業，事業用地が手狭になり，拡張のために現在の場所に移転してきた．従業員は 15 名で，うち男性 13 名，女性 2 名である．年齢的にはばらつきがあり，70 歳以上が 4 名，50 歳代が 5 名，20 歳代が 3 名となっている．

2008 年までは，アルミ鋳造で，自動車用ダイカスト部品を製造していた

が，現在の主要製品は，簡易金型で，量産といっても2,000個くらいで，多品種少量が中心になっている．売上は1億円で，スターリングエンジンは学校教材がほとんどで売上の数パーセントにすぎない．商社を通じての受注が多いが，インターネットでも受け付けている．最近では医療関係や計測機械関係からも注文がくる．ただし，まだ十分に簡易金型の世界が認知されているとはいえず，今後の伸びが期待できるという．また，製品検査などで，埼玉県産業技術総合センターの機器を利用している．

なお，スターリングエンジンの研究会を月1回，60回ほど開催してきた．参加者は，大手企業の退職者など7～8名で，注目すべき取組といえる．展示会等の販路開拓もあるが，アメリカからエンジン購入を申し出てきた人に無償で送ったところ，E－ペイを使って販路が拡大し，今は手数料等を払って販売してもらっている．

2.4 川口市における産業集積政策の展開

以上，川口市における中核企業の実態をみてきたが，これらの企業は，川口商工会議所によるi-mono，i-waza（いいわざ）認定企業になっている．鋳物企業の多くは，品質やデザインを重視した高付加価値製品に力を入れるとともに，製品市場を多角化したり，受注企業を複数もつことで，経営の持続可能性を追求してきている．また，十分に言及できていないが，工程革新や手込めなどの工程での自社独特の技術により，競争力を発揮しようとしている．

外注企業が川口市内にあることで，産業集積のメリットが依然として存在することを裏付けている．一方で，外注先を絞り込み，内製化率を高める企業や，北関東や新潟，南東北などの企業に外注を出すなど，取引関係の広域化を図る企業もみられた．これは，産業集積の意義が薄れてきている証左といえよう．

また，機械関係企業については，高度な加工技術を活かして従来からの下請を脱して，自社製品を開発したり，産学連携を活かして地域イノベーションを起こし，特許戦略を展開するといった企業もみられた．そうした企業に

とっては，埼玉県産業技術総合センターなどの公設試験研究機関や大学の存在が大きな役割を果たしていた．

埼玉県産業技術総合センター（SAITEC）は，県内産業の技術力を強化し，その振興を図ることを目的に，2003年4月に，本所（川口市）と北部研究所（熊谷市）の2カ所を支援拠点として発足した県立の試験研究機関である．沿革をたどると，北部研究所は1921（大正10）年に設立された埼玉県熊谷工業試験場，本所に関しては1933（昭和8）年に設立された埼玉県川口鋳物工場試験場に遡ることができる．

本所は，かつてのNHKの研究所跡地に形成された「SKIPシティ」内に置かれ，87名が勤務している．技術支援室は，材料技術（14），化学技術（10），機械技術（13），電気・電子技術（10），戦略プロジェクト（3）といった5つの担当に分かれている（数字は人員数を示す）．

ところで，埼玉県産業技術総合センターの事業のうち技術支援は，依頼試験と機器開放とに分けられるが，両者を合わせたSAITEC利用企業の所在地をみてみると，埼玉県内では2014年度で川口市が192企業（10.5％），さいたま市が165企業（9.0％），以下戸田市30（1.6％），新座市20（1.1％），入間市15（0.8）の順であった．県外では東京都が414件（22.7％）で最も多く，以下神奈川県，茨城県，千葉県の順であった．東京都とりわけ，北区や板橋区などの城北の中小企業にとっては，川口市の施設が近く，使いやすい施設となっている．

研究開発支援のうち川口企業と連携した鋳造関連の研究テーマは3件あり，うち2件は，鋳物工場から出される廃砂処理に関わる問題であり，2015年には廃砂業者の存続問題などもあり，当地域での緊急性の高い課題といえる．

また，建物内に貸研究室（22室）が設置されているが，「卒業」した企業の概要をみてみると，54社中37社が存続，37社のうち30社が埼玉県内，7社が県外となっていた．54社のうち14社が川口市からの入居企業で，廃業した1社を除いて13社が川口市内で事業を継続している．このように，貸研究室は，川口市の企業が新事業分野に進出する上で，有効な役割を果たしているといえよう．ただし，分野的には産業機器やバイオ関係が中心で，鋳物関係企業をリストに見出すことはできなかった．

一方で，川口商工会議所では，中小企業のものづくり産業の集積を守り，その価値を高めるため，2009年度から「川口i-monoブランド認定制度」を実施してきている．これに加え，2014年度からは，優れた製品を生み出すための高い技術力やノウハウを認定する「川口i-wazaブランド認定制度」を創設している．事業内容をみると，鋳物関連企業が多く，製品の用途も一般家庭のキッチン用品が多くみられた．また，大都市市場に対応した機械や金属の精密加工も多くなっていた．この他，川口市の産業集積に関わる動きとしては，異業種連携次世代グループ「川口リンク」が注目される．もともとは，「産業クラスター計画」の第2期，2006年に「東葛川口つくば（TX沿線）地域新産業創出推進ネットワーク」の下に発足した組織であったが，同「ネットワーク」がなくなった後も活動を継続している．事務局の川口商工会議所のウェブサイトによると，12社がメンバーとなっており，過去の試作品としては，3人乗り電動自転車，電動車いすなどがある．

以上の分析より，川口の産業集積の現状と今後の課題は，次のようにまとめることができる．

まず第1に，広域関東圏の産業集積地域のなかでも，川口の産業集積は，中小零細工場の集積密度がきわめて高い地域であった．その一方で，東京都心への交通アクセスが抜群によいために，工場用地を不動産業者に売却する誘因もしくは圧力が強く働き，あるいは自らが不動産経営に転換する機会が十分にあり，さらに多様な業種・職種への転換可能性も高い．しかも，工業都市であったために，都市計画区域で準工業地域が多く，工場の敷地面積も比較的大きかったために，多くの工場が高層のマンションに転換してきた．工場が少なくなり，住宅が多くなるにつれて，新住民からの苦情が多くなり，工場の操業環境が悪化し，廃業を考える経営者が増えるといった悪循環が，集積の量的縮小を加速させることになった．

第2に，製造業の量的衰退と業種構成の変化，すなわち鋳物を中心とした金属工業から，機械工業，印刷，化学など多様な工業構成に変わってきている点を指摘できる．

第3に，鋳物工業自体は衰退傾向に歯止めがかからない状況ではあるけれども，存続工場をみると，①「鋳物のまち・川口」の「ブランド」を活かし

た高付加価値化，②大都市圏内の産業集積らしい家庭用品で有力な企業も少なくないこと，③自動車産業などの量産鋳造部品の下請から，鋳造から加工を一体化することにより自社製品や顧客に柔軟に対応する試作製品や複合部品を製造する企業へ転換してきていること，④商社的機能をも発揮して，広域的な生産連携を構築していること，以上のような新たな展開が注目されるのである[3]．

3. 柏市における産業集積の構造変化

3.1 柏市の概要と工業化

　柏市は1954年に市制を施行した千葉県北東部の都市である（図6-6）．当時の人口は約43,000人であったが，1960年代から1970年代にかけて人口が急速に増加した．その要因としては，都心への通勤・通学が至便な距離にあることが大きいほか，JR常磐線などの鉄道や，国道6号線，16号線，常磐自動車道などといった幹線道路が開通し，交通網が発達してきたことも挙げられる．

　柏市は，市制施行直後の1955年に企業誘致条例を制定した．その後，相対的に地価が安いながら，東京都に近接しているという強みを背景に，東京都の城東地区から下請加工業者を中心とした企業が柏市へ進出した．

　こうした都内からの移転企業と，従来から柏市に立地していた工場の住工混在問題を解消するため，柏市は工業団地の造成を進めてきた．1967年に開設した柏機械金属工業団地（4万8000 m^2）は，柏市内の市街化区域内に立地していた既存の中小企業を移転・集団化したものであった．これに対し，1969年に完成した根戸工業団地（19万 m^2）は，JR常磐線の北柏駅に隣接し，国道6号線沿いに位置しており，伊藤ハム，イチカワ（旧：市川毛織）など

---

[3] 松井（1993）は今後の川口鋳物工業を展望して，①「無公害型」，②「情報指向・研究開発型」，③「都市需要対応型」，④「専門能力活用型」，⑤「高付加価値生産型」といった5つのタイプをもった「都市型鋳物工業」への転換が不可欠であるとしている．

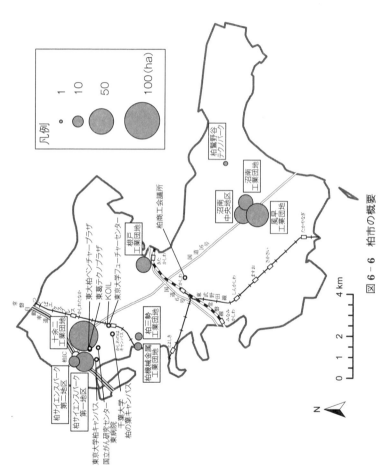

図6-6 柏市の概要

出所）柏市資料などをもとに鎌倉作成．

といった比較的大規模な工場が立地してきた．さらに，1971年に完成した十余二工業団地（65万4000 m^2）は，柏市内で最大の工業団地であり，国道16号と常磐自動車道の交差する柏ICに隣接している．同団地には，医療診断機器の日立メディコなどをはじめとした大手企業が複数立地し，千葉県内の内陸工業団地の中でも有数の規模を誇っていた．こうした企業誘致や工業団地の造成により，1960年代から1970年代半ばにかけて，柏市の工業は急速に発展した[4]．

3.2 柏市における産業集積の変化

1990年代半ば以降の柏市の工業は，研究開発型企業の育成や創出を目指すという新たな局面に入った．1997年に制定された「地域産業集積活性化法」の「A集積地域」として，川口地域とともに承認を受け，基盤的技術産業集積としての振興が図られ，1998年に東葛テクノプラザが千葉県により設置された．東葛テクノプラザでは，2009年頃まで，分野別に研究会を実施し，技術情報の交換を実施してきた．図6-7は，研究会への参加者名簿の所属を産・官・学・その他に分類し，その所在地を整理したうえで，各主体がどのような研究会に所属しているのかを示したものである．基盤（金属加工）研究会と医療・福祉研究会の両方に所属する企業は比較的多いものの，全般に複数の研究会に所属している企業は少ない．また，IT研究会，機能性食品研究会を除き，「学」の参加は活発とはいえない．なお，川口地域の企業は，基盤（金属加工）研究会にのみ参加していたこともわかる．

次に，東葛テクノプラザに2016年1月までの間に入居し，退居した企業の動向について分析を行った．これまで退居した企業の数は108社，約8割が千葉県に本社を置く企業で，そのうちの半数が柏市に立地していた．退居企業の半数以上は本社などの既存の拠点に事業を移転・統合，一部の企業は大学の研究室や自宅のほか，隣接する東大柏ベンチャープラザで事業を継続していた．

---

4) 「工業統計表」によると，1960年は1,357名（従業者4名以上の事業所）であった製造業の従業者数が，1975年には13,761名（全事業所）まで成長した．

134

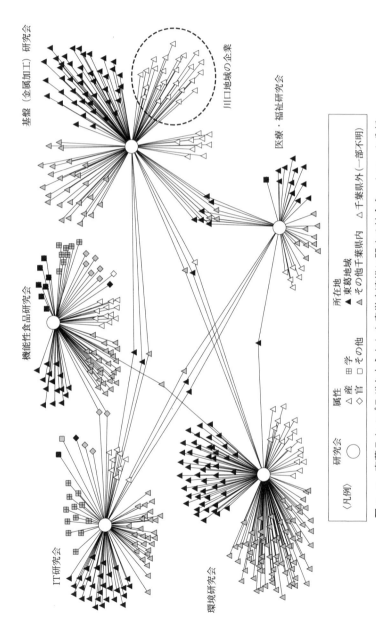

図 6-7 東葛テクノプラザを中心とした産学官連携に関する社会ネットワーク分析

出所）東葛テクノプラザ提供資料のデータを用い、UCINET・Netdraw を使用して鎌倉作成。

表6-2　柏市における工業団地の変化（2001〜2012年）

工業団地	事業所数（所・%） 2001年	2012年	増減率	従業者数（人・%） 2001年	2012年	増減率
十余二工業団地	15	9	▲40.0	4,367	2,086	▲52.2
柏機械金属工業団地	14	9	▲35.7	474	441	▲7.0
根戸工業団地	4	3	▲25.0	1,097	1,182	7.7
柏三勢工業団地	13	10	▲23.1	418	256	▲38.8

工業団地	製造品出荷額等（百万円・%） 2001年	2012年	増減率	付加価値額（百万円・%） 2001年	2012年	増減率
十余二工業団地	141,552	74,503	▲47.4	39,357	12,555	▲68.1
柏機械金属工業団地	10,436	12,020	15.2	4,935	4,807	▲2.6
根戸工業団地	44,816	35,462	▲20.9	16,092	14,311	▲11.1
柏三勢工業団地	9,127	4,446	▲51.3	4,674	2,657	▲43.2

出所）『柏市統計書』各年版より鎌倉作成．

　このように，柏の葉地区を中心に，ベンチャー企業の創出や，既存企業の研究開発支援に関する新たな動きが活発化してきた一方で，既存の工業は，2000年代以降急速な縮小傾向がみられた．表6-2は，柏市における4つの工業団地について，事業所数，従業者数，製造品出荷額等，付加価値額のデータを取り上げ，2001年と2012年を比較したものである．

　まず事業所数については，全ての工業団地で減少しており，いずれも20％以上の減少率であった．従業者数についても，根戸工業団地を除いて減少をみせ，とりわけ，最も規模の大きな十余二工業団地においては，2001〜2012年の間に半数以下にまで減少した．製造品出荷額等についても，柏機械金属工業団地を除いて減少していた．減少幅が大きかったのは，従業者数と同様に，十余二工業団地と柏三勢工業団地であった．付加価値額については，全ての工業団地で減少しており，なかでも十余二工業団地については，−68.1％という大幅な減少がみられた．

　こうした衰退の背景には，千葉県が，工場の新規立地が進んでいなかった内陸工業団地の分譲方針を変更し，物流拠点としての分譲が1996年に許可されたことも関係している[5]．最近の例では，根戸工業団地に立地していた

アサヒ飲料柏工場が2008年に閉鎖され，その跡地には，2012年に千葉県内最大規模の物流施設である「ロジポート柏」が開設されている.

3.3 柏市における調査対象企業の実態

以下では，聞き取り調査の結果を中心に，都内からの移転企業と，当地で新たに創業したベンチャー企業に分けて，紹介する（表6-3）.

3.3.1 都内からの移転企業

T1社は，1917年に東京都で設立した企業であり，主に鉛を原料とする医療向け遮蔽機器，放射線遮蔽設備機器の設計・製作を行っている. 1969年に，東京都の江戸川区から工場を柏市に移転して以来，柏十余二工業団地に立地している.

T1社の主な取引先は，医療機器メーカー，国内大手重電メーカー，病院などである. また，鉛の粘性を活かした免震装置に用いられる鉛ダンパーなども納入している. ただし，関西に兄弟企業があることから，納入先の企業や病院は，主に関東以北が中心となっている. 鉛を加工する業者は年々減少傾向にあるため，供給責任が意識されている. 柏市の立地については，柏ICから近く，常磐自動車道で東海村など原子力発電施設のある地域に行くことが容易であり，物流面できわめて優れていると評価している.

従業員数については，約70名であり，省力化を進めている部分もあるものの，鉛の扱いには職人技も必要であり，社内で免許制をとるなど，技術の向上に努めている. また，研究開発に携わる要員は1～2名程であるが，2012年には千葉ものづくり認定製品として認証され，医療用途などが期待されている「鉛コリメータ」を開発するなど，成果がみられつつある.

T2社は，東京都江東区において，1928年に創業したカットグラスの生産事業に起源をもち，現在は特殊ガラス製品の研究開発から製造，販売までを行う企業である. 1964年に柏市十余二に立地して以降，当地で事業を行っ

---

5) 『日本経済新聞』（1997年1月8日）.

第6章 近郊工業都市：東葛・川口地域　137

表6-3　調査対象企業の概要

番号	設立年	資本金（百万円）	従業員数	事業内容	主要顧客,共同研究先	特徴	集積との関係
T1	1917	50	74	鉛製品製造販売，医療向け遮蔽機器製作，放射線遮蔽設備機器設計・製作	病院，重電企業，医療機器関連会社	大阪の兄弟会社と市場を分割．鉛加工メーカーの技術を活かし，医療用の鉛コリメータを開発	東葛地域の企業との取引関係はあまりないが，物流の便が優れていると評価
T2	1928	1,840	237	光デバイス用ニューガラスと多層膜蒸着製品等の製造・販売	プロジェクター製造企業，自動車用ミラー製造企業	近年は開発に特化．新潟県柏崎市に生産拠点を新設，柏市の拠点はマザー工場になりつつある	2005年まで東葛テクノプラザに入居．東葛プラザの試験機器は活用，近隣企業とのインフォーマルな情報交換は有効
T3	1959	50	23	金型設計製作，精密プレス，機械加工，熱処理，表面処理等までの一貫生産，樹脂押出成形および二次加工，医療用高密度ポリエチレン加工	ミシン製造企業，半導体製造装置関連企業，バンパー，ガソリンタンク製造企業	金属加工と樹脂加工の両方を行え，大手から仕事を受注して他の企業と共同で試作開発を進めるというビジネスを拡げようとしている	東葛テクノプラザ発足前の協議会に参加．2005年まで入居．柏三勢工業団地に立地
T4	1966	―	140	レーザーグラビア製版システム製造，関連する薬剤製造，電子部品等への微細パターンロール製造	ディスプレイ企業，印刷企業，食品企業	世界で2社のグラビア製版機器メーカーのうちの1社．世界30カ国に輸出しているが，近年は東南アジアが中心	地元の有力企業として東葛テクノプラザを支援．ただし，部品等を含め内製率が約9割と高い
T5	1959	1,000	60	工業用乾燥機，環境試験装置，熱処理機器	各種製造業企業	納入先は，各種環境試験が必要となる製造業企業の研究所が中心．近年は自動車関連企業が増加	東大柏ベンチャープラザの入居企業．以前は東葛テクノプラザにも入居
T6	1970	45	25	各種精密ばね設計・製造・販売，圧縮コイルばね，引張コイルばね，ねじりコイルばね，薄板ばね，ワイヤーフォーミング加工，各種線ばね	住宅設備製造企業，自動車部品製造企業，電気機械企業	弱電系製品のスイッチなどに用いられるばねが主力製品であったが，国内メーカーが海外生産を進めたこともあり，住宅金物用や自動車部品用のばねなど，付加価値の高い製品にシフト	東葛地域ではプレス加工の外注を行っている．東葛テクノプラザの研究会に参加．医療関係の人脈が広がった．柏三勢工業団地の協同組合内の企業間でも情報交換が行われている

(表6-3)

番号	設立年	資本金(百万円)	従業員数	事業内容	主要顧客, 共同研究先	特徴	集積との関係
V1	1996	10,242	57	ミセル化ナノ粒子技術（先進的なDDS技術：Drug Delivery System）を用いた医薬品の研究開発	製薬会社, 化粧品会社	大学（東京理科大・東大，ともに柏）発ベンチャー．2008年に東証マザーズに上場	東葛テクノプラザ，東大柏ベンチャープラザの卒業企業．柏の葉キャンパス駅付近に2014年本社・研究所を新設．国立がん研究センター東病院（柏市）との関係も強い．生産機能は他地域の企業に委託
V2	2003	10	13	動物を使用しないモノクローナル抗体作製サービス（試薬・抗体医薬品）とその研究開発	国内外の製薬会社，大学，病院	投資育成ベンチャーと臨床検査，情報システム構築の3社によって設立	東大柏ベンチャープラザの入居企業．東大柏の分子医化学研究室と共同研究を行う．国立がん研究センター東病院とも交流がある
V3	2003	91	15	ヘリウム循環装置の設計・製造・販売	国内の病院，大学，ガス会社	東大（柏キャンパス）発ベンチャー．東大名誉教授が社長を務める．ヘリウムの循環装置の重要特許を保有	東大柏ベンチャープラザの入居企業．大学発ベンチャー．部品の外注先を周辺地域で探そうとしたが，対応できる企業がない
V4	2005	195	14	スライドリングマテリアル（超分子ネットワークを利用した新しい構造の高分子架橋材料）技術を応用した事業開発	化学企業，電子機器企業，自動車企業	東大（柏キャンパス）発ベンチャー．多様な業種の企業と共同研究契約を結んでいる．既に携帯電話塗料は商品化	東大柏ベンチャープラザ，東葛テクノプラザの入居企業

出所）聞き取り調査より鎌倉作成．

てきた．1998 年には柏市高田にも新たな事業所を設け，2003 年にも同地に第 2 工場を新設するなど，柏市内に本社を置きながら事業の拡大を進め，同年には JASDAQ 市場へ上場するなど，積極的な経営を行っている．

T2 社の主要製品は，プロジェクターの光源に用いられる反射鏡であり，耐熱性が高いのが特徴である．同社のプロジェクター用反射鏡は，世界的に高いシェアを誇っており，取引先には国内外の大手電子機器メーカーが名を連ねている．また，歯科医師が用いる影を作らない鏡もヒット商品であり，国内外で高いシェアを持っている．

T2 社は，2004 年に中国の蘇州にも会社を設立し，反射鏡用ガラスの薄膜工程を担う 1,000 人規模の製造拠点を設けたが，労務管理や教育の困難さに直面し，2007 年から 2008 年にかけて撤退している．また，2008 年には自動車用レンズを生産していた横浜事業所も，柏市の生産拠点に移管・集約した[6]．その一方で，2006 年には新潟県柏崎市に新たに製造拠点を設け，中国から一部の装置などを移管した．柏崎市は，原子力発電所が立地している関係で電力が安いほか，自治体の補助金も充実しており，同社の事業戦略上，合理的な選択を行った結果であるとのことである．

開発業務には，10 名強が携わっているが，この人数は減少傾向にある．その要因としては，基礎研究に人員を割くよりも，開発のスピードを高めることが優先事項となりつつあるからである．また，2010 年からは NEDO の太陽光発電システム次世代高性能技術開発プロジェクトに参画するなど，産学官連携に対する取組も積極的である．関連して，ガラス材料の研究室がある長岡科学技術大学との交流は盛んであり，同大学から人材も獲得している．

T2 社の地域との関わりとしては，受発注関係についてはあまり密なものはないとされる．以前は近隣の企業の代表などとのインフォーマルな交流が行われており，さまざまな情報交換が行われていたとされるが，近年そうした交流が以前よりは活発でないという．一方で，2005 年までは東葛テクノプラザにも入居しており，現在も試験機器などを活用している．ただし，柏市内の 2 事業所はいずれも手狭となっており，柏崎市と比較すると電気料金

---

6) 化学工業日報（2008 年 3 月 3 日）．

や賃金面など複数の面においてコストが高くなってしまうこともあり，現時点で同社が柏市に立地している強みというのは，あまり明確でなくなってきているというのが現状である．

T3社は，1952年に東京都葛飾区において創業し，1959年に同区内で移転して設立された金型加工と樹脂成形を行う企業である．1968年に葛飾区から柏市十余二に移転後，1986年に柏三勢工業団地に移転して以降，現在の場所で操業を続けている．

T3社の特徴は，金型設計製作，精密プレス，機械加工，熱処理，表面処理等まで，金属加工の一貫生産体制だけでなく，樹脂の押出成形や二次加工，医療用高密度ポリエチレンの加工も行っている点である．主な製品は，1950年代から取引のある工業・家庭用ミシン部品のほか，自動車内装用ウエルト部品，ガソリンスタンドで用いられる埋設用のパイプなどである．自動車部品の一部については，福島県郡山市，福岡県北九州市，三重県いなべ市，栃木県宇都宮市など，他社の生産拠点内で生産しているが，自社の人員を配置しているわけではない．

T3社は，東葛テクノプラザを立ち上げる際の協議会にも深く関わっており，現在も同プラザが主催する医・工連携の展示会に積極的に参加するなど，新分野への進出にも積極的に取り組んでいる．実際に，2014年に医療機器製造業許可を取得し，医療分野への進出を本格的に進めている．同社は，大手企業との取引も豊富であることから，今後仕事を受注し，他の技術を持った中小企業と共同で試作開発を進めるビジネスを行いたいと考えている．

T4社は，1966年に東京都で創業したレーザーグラビア製版システムの製造企業であり，これに関連した薬剤の製造や，電子部品等への微細パターンロールの製造も行っている．T4社は，グラビア製版の国内市場シェアの約9割を占めている国内トップメーカーであり，競合するドイツのメーカーに並び，世界トップメーカーとなっている．これまで輸出した国は，30カ国を数える．

T4社の内製率は，開発のスピードを重視することを目的とし，約9割ときわめて高い．そのため，外注利用は少なく，設置の難しい超大型のマシニングセンターなどが必要な場合を除き，製版システムから薬剤まで自社で開

発・生産している.

T4社は研究開発活動を重視しており，研究開発費には，年間売上高である約65億円の10%を投じている．また，産学官連携にも精力的に取り組んでおり，これまで日本中の多くの大学と連携を行ってきた．現在は，千葉大学発のベンチャーとの関係を強めている．営業のみの人員を設置していない体制で，社員教育にも力を入れている．さらに，平均で年1億円の設備投資を行っているなど，設備も充実しており，3Dプリンターも自前で導入している．東葛テクノプラザなどに対しては，その存在を評価しており，代表が商工会議所の副会頭を務めていた経験もあることから，近隣の企業に活用を促している．

T5社は，東京都江東区で1959年に創業した熱処理機器・環境試験機器メーカーである．1974年に柏市に工場を新設し，1983年にも第2工場を，2006年に第3工場を設けている．他の拠点として，茨城県小美玉市にも1985年に工場を，1990年に第2工場を設けており，柏市の拠点と小美玉市の拠点で，それぞれ環境試験機器と熱処理機器というような製品分業を行っている．

主な顧客は，環境・耐熱試験などを行う大手メーカーであり，試験機器を扱っていることから，メーカーなどの研究所への納入が中心となっている．主要顧客の業種については，食品から半導体や液晶関連のメーカーまで，さまざまな環境対応試験を行わなければならないこともあり，幅広い．ただし，近年は代表の方針もあり，取引先として自動車メーカーが重要な位置を占めてきており，売上の6〜7割を占めている．さらに，今後は海外への進出も視野に入れているという．

T5社は，以前東葛テクノプラザにも入居していたが，大きな装置を設置するには手狭であり，場所も5階で搬入も難しかった．現在は東大柏ベンチャープラザ内に遠赤外線加熱装置などの開発を行うためのテクニカルセンターを設けている．東大柏ベンチャープラザの一階は，天井の高い試作工場型となっており，同社の生産している比較的大きな試験機器の搬送が容易になったという．また，研究施設があることで，同社の主な顧客となる大手メーカーの研究開発部門から信頼を得ることができるという利点もある．

産学連携については，これから本格的に行っていこうという段階であり，近年，千葉大学が行っている自動車のエンジン関係のコンソーシアムにも新たに参加した．ほかにも，関東圏や東北の大学などとの共同研究を実施している．

T6社は，東京都江戸川区で1970年に創業した企業であり，各種精密ばねの設計・製造・販売をするメーカーである．1976年に柏市逆井に工場を新設したが，1987年に柏三勢工業団地内に移転した．従業員数は約25名であり，代表や取締役などが生産以外の業務を担当する．

T6社の主な製品は，1990年代まで，スイッチ，キーボード，ラジカセなどの弱電機器に用いられる汎用ばねであったが，これらの機器は海外で生産されるようになったため，徐々に他の分野の割合が増加していった．現在では，自動車部品メーカーや文房具メーカーへ納入しているほか，住宅関連の金物や医療器具に用いられるばねの割合も比較的増加している．こうしたばねは，従来の汎用ばねより単価が高くなっている．

外注に関しては，あまり多くはないものの，板ばねを生産する際のプレス加工について，近隣の外注先を利用している．プレス加工機については，以前T6社も設置していたが，点検費用などのコストに見合う稼働率ではなかったことから，外注に切り替えたという．ばねの納入先は国内外にあるが，重量のあまりない小型のばねであることから，通常の宅配便などで輸送している．

研究開発活動については，以前は東葛テクノプラザにも入居しており，そこで人脈を広げることができたと評価している．医師や大学との連携には，相互の認識に誤解が生じるなど，難しい面も経験しているが，同社は医工連携の展示会などにも積極的に参加し，事業分野の拡大を模索している．

3.3.2 ベンチャー企業

V1社は，1996年に創業したバイオ系の企業であり，ミセル化ナノ粒子技術（先進的なドラッグデリバリーシステム）を用いた医薬品や化粧品の研究開発を行っている．同社は，1998年から2004年は東葛テクノプラザに，2004年から2014年にかけては東大柏ベンチャープラザに入居していた．さらに，

2008年に東証マザーズに上場したことから，これらのインキュベーション施設を卒業し，2014年に柏の葉キャンパス駅付近に本社・研究所を新設した．

　生産機能は持っていないため，富山県や大阪府といった医薬品産業の歴史的に盛んな地域の中小企業や海外の企業などに生産を委託している．また，川崎市殿町にも研究所を設けているが，こちらには週に1～2回社員が出向く体制であり，常駐はしていないという．

　V2社は，投資育成ベンチャー，臨床検査関係，情報システム構築の3社によって2003年に設立された．設立当初は，大手町に拠点があったが，現在は東大柏ベンチャープラザに本社を設置している．また，2010年より国内大手化学企業の完全子会社となった．

　事業内容は，動物を使用しないモノクローナル抗体作製サービス（試薬・抗体医薬品）とその研究開発であり，従業員の約半分が博士号を取得している研究開発型の企業である．

　地域との関わりとしては，東葛地域の診断薬に関するプロジェクトで親しくなった東大柏キャンパスの分子医化学研究室と共同研究を実施している．また，近接している国立がん研究センター東病院とも交流があるなど，立地の強みを生かしている．

　V3社は，東京大学柏キャンパスに勤務していた教授（現：名誉教授）が創業した大学発ベンチャーである．2003年に設立され，東大柏ベンチャープラザと東葛テクノプラザに入居している．事業内容は，医療機器を使用する際に必要となるヘリウム循環装置の設計・製造・販売である．ヘリウムは比較的高額であり，資源として枯渇することが危惧されているため，その循環装置は画期的な発明であった．

　創業者の専門は脳科学であったが，装置の設計・開発も創業者が自ら行ってきた．そのため，東京大学柏キャンパスの隣接地で事業を行っているものの，創業者が，東京大学を退職した後は大学との関係は希薄になっているという．また，部品の外注先を周辺地域で探そうとしたが，対応できる企業がなく，結局蒲田の加工業者に発注することもあった．さらに，装置の製作の一部は，日立製作所の子会社に外注している．

V4 社は，2005 年に創業した東京大学発のベンチャー企業であり，スライディングマテリアル（超分子ネットワークを利用した新しい構造の高分子加工材料）技術を応用した事業展開を行っている．本社は東葛テクノプラザに置かれているが，東大柏ベンチャープラザにも入居している．

V4 社の技術は，コーティング関連や粘・接着剤関連，エラストマー関連など，幅広い分野に応用されるため，共同研究などを行う先は化学企業，電子機器企業，自動車企業などと多岐にわたっている．開発中のものが多いが，携帯電話塗料は既に商品化されている．

地域での取引関係については，柏市内の中小化学メーカーに量産に関する生産委託や用途開発の委託を一時期行っていたが，あまり展望が開けなかったため，現在は行っていない．

3.4　柏市産業集積の近年の動向

2005 年につくばエクスプレスが開通し，柏の葉キャンパス駅が設置されると，東京都の秋葉原と，茨城県のつくば研究学園都市とのアクセスが格段に向上した．国内最大級のスマートシティ（環境型都市）として全国的にも注目され，2008 年には，「柏の葉国際キャンパスタウン構想」が千葉県，柏市，千葉大学，東京大学によって策定され，これに三井不動産と UR 都市機構を加えた 6 者によって推進されている．

同構想は，「公民学連携による国際学術都市・次世代環境都市」を目指すもので，住環境などのみを中心とした街づくりだけではなく，「創造的な産業空間の醸成」を目標として掲げている．この構想の下で，つくばエクスプレス沿線のつくば，柏の葉，秋葉原の産業連携軸として「TX―ナレッジ・ネットワーク」の構築をめざし，柏の葉エリアを新産業創造のための拠点としていこうという方針が示されている．

つくばエクスプレス沿線の大学や研究機関，自治体などを巻き込んだベンチャー企業の支援組織として，2009 年に TX アントレプレナーパートナーズ（TEP）が設立され，2014 年には，柏の葉キャンパス駅前に，三井不動産による柏の葉オープンイノベーションラボ（KOIL）が開設された．KOIL は，

日本最大級のコワーキングスペースから，100名規模の専有オフィスまでを備えた6階建てのインキュベーションオフィスで，IT系企業が多く入居している．

2014年より，同構想の第2ステージとして位置づけられており，柏の葉キャンパス駅周辺（約12.7万 m²）だけでなく，より広い範囲（約300万 m²）へ拡張・拡充していく段階となっている．産業に関係している部分では，千葉県商工労働部や柏市経済産業部などと連携した企業誘致戦略が検討されているほか，産学連携および医工連携によるライフサイエンスにおける，産業創造拠点の開発が目指されている．

4. 今後の東葛・川口地域の政策的課題

以上，川口市と柏市の産業集積の構造変化についてみてきた．最後に，その後の経済産業省の産業立地政策，とりわけ産業集積政策の変遷において，東葛・川口地域が，どのように位置づけられてきたかを検討しよう．

4.1 地域産業集積活性化法から産業クラスター計画へ

1997年に施行された「地域産業集積活性化法」において施策が進められるとともに，2001年から経済産業省では，新たに「産業クラスター計画」が実施されることになった．関東経済産業局のウェブサイトによると，関東経済産業局では，広域関東圏全域をクラスター対象地域としつつ，「首都圏西部地域（TAMA）」，「中央自動車道沿線地域」，「東葛・川口地域」，「三遠南信地域」，「首都圏北部地域」の5地域を5つの「ネットワーク支援活動地域」と位置づけ，重点的な取組を展開してきたという．

その後「産業クラスター計画」では，2001～2005年が第1期，2006～2010年が第2期とされ，第1期から第2期にかけて，計画の見直しが行われた．関東経済産業局では，2005年度に「広域関東圏における産業クラスター計画の現状・課題と今後のシナリオ」を策定し，今後のネットワーク支

援の考え方等について整理を行っている．同報告書の中で，東葛・川口地域のネットワーク形成状況について，「東葛テクノプラザに入居する企業等に関連したネットワークが形成されているが，川口等周辺地域への広がりがみられていない」(60頁) との指摘があり，東葛・川口地域においては，2005年8月の「つくばエクスプレス」の開業を踏まえ，対象エリアを「つくば～東葛・柏～東京（秋葉原等）」と広げ，名称も，「東葛川口つくば（TX沿線）ネットワーク支援活動と変更する」(107頁) と述べられている．

こうしたクラスター計画の第2期への移行に伴なって，「東葛川口つくば（TX沿線）ネットワーク支援活動」では，新たな基本方向を打ち出すが，「今後の施策の方向としては，千葉県東葛地域から埼玉県川口地域，更に茨城県つくば地域におけるこれら電気・機械等の産業集積のポテンシャルを活かした高付加価値産業の創出等により国際競争力の高い企業群の育成が考えられる」(127頁) とされ，東葛地域とつくば地域との連携の成果への期待が表明されていた．

また，自立化に向けた取組に関して，「現在，東葛地域のネットワーク事務局は千葉県の財団支部が，川口地域は商工団体が実施しており，財政自立化に向けては実施事業の見直しとともに，支援機関の見直しも必要」(130頁) とされていた．

4.2　産業クラスターから企業立地促進法へ

2001年にスタートした「産業クラスター計画」は，民主党政権の下で，2010年から国の予算がつかなくなり，「自律化期」に入ったとされる．関東経済産業局のウェブサイトでは，産業クラスター計画の下に，「東葛川口つくば（TX沿線）ネットワーク支援活動」のサイトは置かれているものの，推進機関ホームページへのリンクはなくなっている．

このように，「産業クラスター計画」の方向性が見通せない中で，産業集積政策の柱をなしているのは，「地域産業集積活性化法」に代わって2007年に制定された「企業立地促進法」である．これに基づき，千葉県では，東葛地域の9市を対象地域として，「千葉県東葛地域産業活性化基本計画」を

2008年6月に策定し，さらに習志野市と八千代市を加える基本計画変更を行い，2010年2月25日に国の同意を受けたとしている．そこでは，集積産業を，ものづくり，食品関連，バイオ・ライフサイエンス関連，IT・エレクトロニクス関連と定め，東葛テクノプラザや東大柏ベンチャープラザなどを含めた産業集積高度化を図ろうとしている．

また，埼玉県では，35市14町1村を対象地域に，「埼玉県県央道・外環道ゾーン」の基本計画を策定し，2007年12月20日に国の同意を得ている．そこでは，自動車関連産業，食品産業，医薬品関連産業，流通加工業が集積業種に挙げられている．これには，川口市も入っているが，鋳物などの金属工業は集積業種となっていない．

このように，「企業立地促進法」においては，東葛・川口地域の一体性を追求する動きは認められず，それぞれ別々の県の計画の中で位置づけられているのである．

4.3　東葛・川口地域を対象とした産業集積政策の今日的評価

このように，かつて「地域産業集積活性化法」で取り上げられた「A集積」地域の1つ，東葛・川口地域は，多くの人にとって，既に忘れ去られたものということができよう．その後の「産業クラスター計画」においても，東葛・川口の名前は付けられていても，実質的なネットワーク形成は進められなかった．

ただし，「地域産業集積活性化法」によって，両地域には，「東葛テクノプラザ」と「埼玉県産業技術総合センター」という産業集積地域の発展にとって重要な機能を担う公設試験研究機関が整備されたことは，十分に留意すべき点といえよう．

今後の方向性としては，地域経済牽引企業の支援に重点が置かれつつあるが，そうした企業の成長をどのように地域に波及させていくか，ということも重要な政策的課題といえる．そこでは，「東葛テクノプラザ」や「埼玉県産業技術総合センター」が，地域経済牽引企業と一体となって，いかに地域イノベーションを促進していくかが問われているといえよう．

広域連携は，依然として重要な政策的課題であることには変わりがない．東葛・川口地域の事例は，広域連携を進めるにあたって，それぞれの対象地域の産業集積の特性や発展段階，産業集積を支える交通体系などの産業インフラを十分に検討したうえで設定することがいかに重要であるかを，教訓として残したものといえるのではないだろうか．

第7章　企業城下町型集積：茨城県日立地域
――中核企業の機能変化と企業間関係の再編

森嶋俊行

1. 日立地域の概要

　日立地域[1]は，日立製作所グループを中核企業群とする企業城下町型集積として知られている．茨城県北の太平洋岸，ひたちなか市から日立市にかけては，表7-1に示したような日立製作所の大規模工場を中核として，関連する多くの中小規模の工場が集積し，工業地域が形成されている．

　日立地域における業種別・従業員規模別の工場分布をみると，日立市内ではJR常磐線の日立駅，常陸多賀駅および大甕駅周辺に，機械・金属関係の工場が著しく集積していることがみてとれる（図7-1）．これに対し，ひたちなか市や東海村における工場密度は相対的に低くなっているが，勝田駅の西側，佐和駅の東側と西側にある程度の集積がみられる．

　次に，「工業統計表」により，日立市とひたちなか市における製造業の変化を概観する（図7-2, 図7-3）．事業所数をみると，両市とも1980年から1990年をピークに増加傾向から減少傾向へと転じている．従業者数をみると，日立市は1971年，ひたちなか市は1990年とピークの時期にずれがあるものの，増加傾向から減少傾向へと転じている．一方で，製造品出荷額は，日立市においてはバブル経済期の1990年に約1兆5000億円の最高値となった後，2000年には約1兆2000億円にまで落ち込むものの，2010年には逆に約1兆4000億円にまで回復している．ひたちなか市の出荷額も，1990年以

---

1)　本章では，日立市，ひたちなか市，東海村を分析対象地域とする．

表 7-1 茨城県北地域の日立製作所グループ主要大規模工場

No.	通称	2015年現在の事業所名	主要生産品目	設立年	所在地
1	日立工場	三菱日立パワーシステムズ(株)日立工場	ガスタービンコンバインドサイクル発電プラント，石炭ガス化複合発電プラント，ボイラ・タービン発電プラント，地熱発電プラント，ガスタービン，蒸気タービン，ボイラ，発電機，発電プラント周辺機器	1930	日立市
2	国分工場	電力システム社日立事業所国分生産本部	受変電システム	1957	日立市
3	大みか工場	インフラシステム社大みか事業所	スマートグリッドソリューション，高圧直流送電，電力用保護・制御システム，電力用保護継電器，電力用パワーエレクトロニクス，大規模蓄電池システム	1969	日立市
4	多賀工場	日立アプライアンス(株)多賀事業所	家電製品，総合空調	1939	日立市
5	水戸工場	交通システム社水戸交通システム本部，都市開発システム社水戸事業所	エレベーター・エスカレーター 鉄道車両製造業，鉄道車両用部品	1957	ひたちなか市
6	佐和工場	日立オートモティブシステムズ(株)佐和事業所	エンジン制御システム，HEVシステム，外界認識走行システム	1967	ひたちなか市
7	東海工場	日立ビークルエナジー(株)	ハイブリッド電気自動車用などのリチウムイオン電池	1967	ひたちなか市
8	那珂工場	ルネサスエレクトロニクス(株)那珂工場	各種半導体に関する研究，開発，設計，製造，販売およびサービス	1960	ひたちなか市

出所）ウェブサイト等より森嶋作成．

第 7 章　企業城下町型集積：茨城県日立地域　151

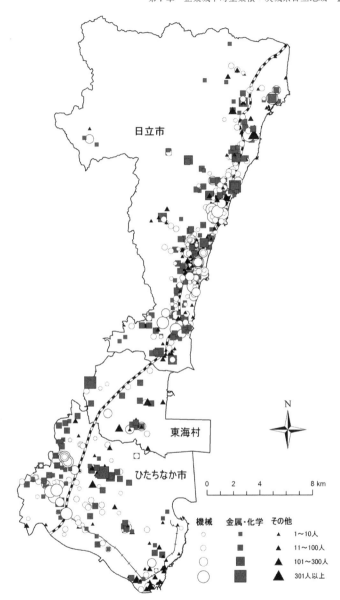

図 7-1　日立地域における工場の分布

出所）『工場ガイド』（2007 年）より原田大暉作成．

152　第III部　地域分析篇

(a) 事業所数

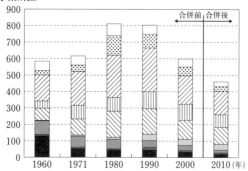

(b) 従業者数

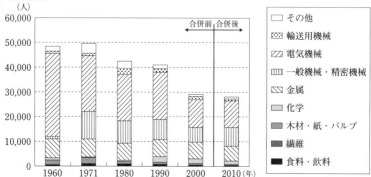

(c) 製造品出荷額等

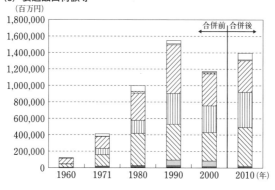

図7-2　日立市における製造業業種別構成の変化

注）日立市は2004年に十王町を合併している．
出所）「工業統計表」各年版より森嶋作成．

(a) 事業所数

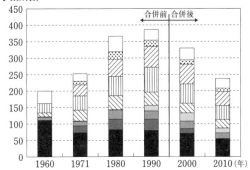

(b) 従業者数

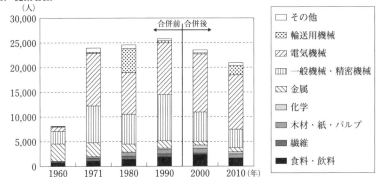

(c) 製造品出荷額等

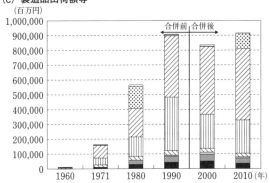

図7-3　ひたちなか市における製造業業種別構成の変化

注）ひたちなか市は1994年，勝田市と那珂湊市が合併し誕生した．1990年以前のデータは2市の値を合計したものである．
出所）「工業統計表」各年版より森嶋作成．

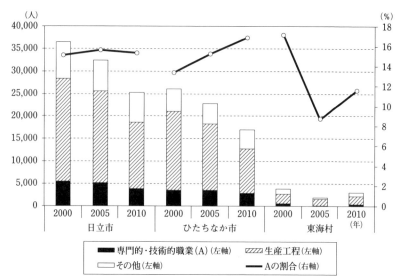

図 7-4　日立地域における職業別製造業従業者数の推移

注）従業地に基づく．市町村域は 2010 年現在のものを基準とし，2010 年以前に市町村合併のあった場合は適宜対象自治体の値を加算した．
出所）国勢調査報告各年版より森嶋作成．

降大きな落ち込みはみられない．

　業種別内訳をみると，日立市においては，事業所数，従業者数，出荷額ともに，電気機械の減少が目立つ一方で，一般機械・精密機械と金属の増加がみてとれる．これに対しひたちなか市では，一般機械・精密機械は従業者数，出荷額とも減少しているのに対し，電気機械の伸びが著しく，輸送用機械も増加している点が注目される．

　工業地域としての機能の変化を分析するため，図 7-4 に製造業内職業内訳の変化を示す．日立地域における製造業従業者数は減少傾向にあるが，減少要因の大半は生産工程従業者数の減少によるもので，専門的・技術的職業従業者数の減少は少なく，結果専門的・技術的職業従事者の比率も 16% 前後と高い水準を維持している．とりわけ，ひたちなか市においてこの比率が増加傾向にある点は注目に値する．

2. 集積形成の歴史的経緯と地域産業の変遷

2.1 機械工業の発展

　日立地域の第2次産業の発展は，1883年に地域の山間部に開発された赤沢鉱山を起点とする（嘉屋1952）．この鉱山が久原房之助により買収され，日立鉱山と名を改めて以降は近代的産業基盤が次々に整備され，日立鉱山は小坂，足尾，別子と並び日本4大鉱山の一つに数えられるようになった．

　日立製作所は，この日立鉱山の採掘用電気機械の修理を行っていた工作課を母体とし設立された（日立製作所日立工場75年史編纂委員会1985）．1910年，鉱山の工作課において，課長であった小平浪平を中心に，電気機械がはじめて自力での設計によって製造され，1918年には現山手工場の建設によって鉱山から独立し，1931年の満州事変以降は，国家的な軍需産業の急拡大にあわせ，多賀工場を主としたいくつもの工場を新設し（表7-1），事業規模を急成長させた．

　1945年，日立地域市街地は日本の重要工業地帯として空襲と海上からの艦砲射撃を受け，これにより工場を中心とした甚大な被害がもたらされた．第2次大戦後，日立鉱山は戦後最高の従業員数を1950年前後，採鉱粗鉱量を1960年に記録した後，その生産規模を縮小させ，1981年にはついに閉山に至った．これに対し，日立製作所は高度経済成長期以降，生産規模を維持拡大し，結果，当該地域の最大中核企業は日立鉱山を経営する日本鉱業から日立製作所へと変わった．日立市で働く日立製作所の全従業員数は1960年に2万5720人，日立製作所全体の従業員数は1971年に9万3749人の史上最高値を数えた．地域における日立製作所の経済的・社会的重要性も高まり，1965年の時点で日立市内日立製作所4工場の従業員数合計は市内製造業従業者数の約70%を占めた．ただし，この時期日立市内に大規模工場の敷地を確保するのが難しくなったことを背景に，日立製作所は現ひたちなか市域をはじめ，広域に生産施設を新設するようになり，結果日立製作所全体にお

ける日立地域での生産・労働が占める比率はこの時代より減少をはじめる．産業インフラ面においては，1959年，国，茨城県，日立市，日立製作所の負担により，久慈漁港が大規模に改修整備され，商港の日立港となり，日立製作所製品の移出入増加にあたって重要な輸送手段となった．

　日立製作所が生産量を増大させ，また事業分野を多角化させていくにつれ，域内には多くの中小企業が協力企業として設立された．これらの企業は工業協同組合を結成し，親企業である日立グループの工場との間に長期固定的な下請け取引関係を結んだ．通商産業省関東通商産業局（1996a）や今回の聞き取り調査によれば，日立地域においては日立製作所の各工場を頂点とする複数のピラミッド型の取引構造の中で，製品の企画・設計・施策は親企業が行い，協力会社は親企業から材料支給を受け，部品の賃加工，製品組立のみを行うというのが典型的な分業の様態であった．こうした取引関係は日立市域にとどまらず，県北地域内に広域に成立した（遠山 1995）．

2.2　中核企業の経営戦略と地域産業集積構造変化

　ニクソン・ショックに伴う変動相場制の導入や石油危機の起きた1970年代以降の，当該地域における産業集積内部の構造変化については，数多くの既存文献で分析がなされている．1980年代以降のME革命により当該地域における日立製作所の従業員数は伸び悩み（帯刀 1993），円高の進行により日本の国内生産施設における価格競争力が弱まる中，グローバル経済化が進行し，1990年代にはバブル崩壊後の不況によって国内消費量が低迷し，「高度成長期には安定的な生産体制の維持，納期の即応性確保等に大きく貢献してきた」（日本政策投資銀行地域振興部・地方開発部 2001）護送船団方式は，「安定成長下では負の側面が目立ち，……（中略）……協力企業においては，企業経営の主体性が弱まるというマイナスの影響が大きくなった」（同上書）．その結果，日立製作所は1990年代後半より「護送船団方式」からの脱却を掲げ（茨城大学地域総合研究所 2000），事業の再編成や生産拠点の海外移転を進めるようになった（遠山 2002）．国内においても従来100%地元協力会社へ発注していた部品加工等を，域外企業へも発注するようになった（通商産業

省関東通商産業局 1996a). しかし，この時期の中小企業の対応については，通商産業省関東通商産業局 (1996a) で「多くの中小企業は取引先の多角化に苦慮している」とされ，日本政策投資銀行 (2001) では「『護送船団方式』の意識から抜けられずに，中核企業からの自立可能性に対し，経営者の世代交代を待ってから対応という消極的姿勢や，中核企業への対応を優先するあまり自立化に必要な設備投資を躊躇する姿勢が見られる」と指摘されるなど，日立製作所の経営戦略転換に直面する取引企業の当惑が描かれている．

3. 中核企業の機能変化と企業間連携構造の変化

3.1　中核企業の立地調整と企業間関係の変容

　本節では中核企業の外部環境変化に伴う経営戦略の変化と，その結果としての地域における企業間関係の変容について，主に聞き取り調査の結果をもとに概観する[2]．

　2.2項で説明したような取引関係の再構築をめぐる日立製作所の経営戦略については，今回の聞き取り調査においても「外注先は市外が多く，海外も増えている」「協力企業の『自律化』を求めつづけている」という旨の説明がなされた．ただ一方で日立製作所は，現実にこの地域が日立製作所にとって特別な地位を示し続けることも予測している．それは「国内工場はマザー工場として位置づけている．『モノ』は実際に作ってみなければどのようにできるかわからないため，将来的に，研究部門のみならず，生産部門についても日立に残ると予測される．ただしどの程度の量になるかはまた話は別」といった経営戦略上の理由や，「現在に至るまで取引を続けている日立地域の中小企業は納期・コスト・品質とも突出している」といった地域企業の国際競争力に関連する理由による．

　いずれにしろ，域内経済活動全般における日立製作所の重要性は現在でも

---

[2] 聞き取り調査は，2014年8〜9月に事前調査と企業訪問調査を，2015年2月に支援機関への調査を実施した．

変わらず，集積の成立した時から現在に至るまで，地域の中小企業の経営は日立製作所の業績や経営方針に大きく影響を受け続けている．日立市役所が行ったアンケート調査によれば，売上高に日立グループが占める割合について，回答企業の平均は，1996年時点での72.6％から，2011年の53.1％まで一貫して減少し続けているものの，依然として高い割合を示している[3]．今回調査対象とした中小企業（表7-2）においても，受注先のうち日立製作所が占める割合はどこも70％から90％に達し，これらの企業の業績は日立製作所の業績に大きく左右される．聞き取り調査においては，地域・企業に対する日立製作所の影響力の大きさは今後とも変わらないであろう，という認識は広くみられ，「この地域において『脱日立』という表現を用いてはいけない．『日立製作所のパワーを他へ』というべきである」という見解もみられた（B社）．

既存研究においては，こうした状況は，中小企業経営における脆弱性と捉えられ，この状況を打破し，企業の経営力を強化するためには企業の「自律化」が求められると主張されることも多いのに対し，いくつかの対象企業においては，必ずしも日立製作所との取引比率の高さを脆弱性と捉えていない点は，今回の調査において留意すべき点である．他者に真似ができず，代替もできない自社の独自技術を用いた製品を製造していると自負している企業，受注先が100％日立製作所の工場であっても「製品が自社でしかできないものなので仕事が突然なくなるということはない」（F社），「日立製作所に依存している感覚はない．日立の依存を上げるために他流試合をし（日立製作所以外から受注し），強いところ，弱いところを認識する」（D社）といった考え方をしている．

また日立製作所は社内カンパニー制を取り入れているため，同じ日立製作所に所属する事業所であっても製品や経営状況，取引構造が全く異なる．そのため，たとえ日立製作所からの受注率が高くとも，その内訳が製作所内の複数カンパニーに分散している場合，受注率の高さは必ずしもリスクの高さにつながらず，逆に受注先企業は「日立工場と付き合うにしても，特定部門

---

3) 2013年3月策定の日立市商工振興計画による．

とだけ付き合うのは危険である」(G社) という考え方のもと，受注対象カンパニーを増やすことにより，日立製作所全体の受注に占める割合を増やしつつリスクを低減させるという戦略がとれるという点も，当該地域の企業城下町としての大きな特徴ということができる．「日立製作所からの受注が全体の70%を占め，50%を域外関東地方の工場が占めるが，それ以外の受注先はグループ内工場で分散している．受注先を那珂工場の幹部に紹介してもらうこともあった」(C社) といった聞き取り調査結果にこの考え方を読み取ることができる．一方，日立製作所自身を競争相手として考えなければいけない事態についても言及があり，「自社の最大のライバルは顧客の工場における内作化である．日立工場内における (生産の) 立ち上げを手伝ったが微妙な気持ちであった」(A社) という意見がみられた．

2014年，三菱重工と日立製作所が火力発電所のインフラ事業を統合し，合弁企業の三菱日立パワーシステムズ (以下MHPS) を設立したことによる日立製作所の外注方針の変化が中核企業と地域中小企業の関係に影響を与える可能性についても，いくつかの見解がみられた．設立母体となった両社の外注方式について，大きな差異のあることが，複数の聞き取り調査先より指摘されている．すなわち，三菱重工は，生産するタービンが比較的大きく，専門的知識を持つ社員が企業内に多数雇われ，彼らがそれぞれの外注先企業に対し個別に外注を行うという，個別発注の方式をとってきたのに対し，日立製作所は，生産するタービンが比較的小さく，系列企業等に資材・部品を一括発注し，系列企業が各専門企業にさらに発注して資材・部品を取りまとめ納入するという，集団発注を行ってきた．その結果，三菱重工に比較し，日立製作所は技術についての直接的，専門的知識を持つ社員がきわめて少ないという点が特徴的である．

このことを背景とし，聞き取り調査においては，「大手企業の設計部隊と昔のような打ち合わせができなくなってきている．コストを重視するあまり技術的なパフォーマンスを見極める力量が落ちてきている」など，日立製作所内に，技術に関する知識の蓄積が少ない点を危惧する見解がみられた．結果として，現在の日立地域において，中小企業の中には，日立製作所の製品について用いられている個別の技術については，外注先各社が担保している，

表 7-2 対象

記号	創業年	資本金(百万円)	従業員数	事業内容	受注先
A	1960	30	268	自動車関連部品,医療機器用部品,電力制御装置用部品,自動機設計・製作	・中核企業8割.主に佐和工場の自動車. ・県外取引先(神奈川・長野)も広まりつつある.
B	1957	45	200	工業用プラスチック製品・部品・組立,プリント基板実装	・中核企業8割.
C	1947	46	176	情報通信・半導体・医用・電力・電機機器用精密板金品製造	・中核企業7割.ただし内訳は複数事業部に分散.域外の情報通信系が全体の5割.
D	1950	42	82	金属プレス部品,自動車・家電部品	・10割中核企業佐和工場の自動車. ・20年前から名古屋方面での受注を思考し,現在は関東広域・豊田地区企業との取引も行う.
E	1950	20	52	ジェネレータ及びタービン等の産業機械のための主要な溶接構造物の製造.軟鋼,ステンレス,銅,クロモリ鋼の溶接及び,UT,MT,PT等の検査	・域内取引が9割で,その大半が中核企業.2006年以降増加.7割以下に落としたいとは考えている.
F	1956	10	47	金属プレス部品,自動車・家電・産業機械・理化学機器部品,金型	・中核企業佐和10割.
G	1939	20	29	精密機械加工部品(火力,水力,原子力,自動車,医療など)	・中核企業7割.顧客数は40社.

出所)各社資料および聞き取り調査により森嶋作成.

企業一覧

外注先	特徴（海外展開，研究開発）	集積との関係
• 百数十社．新製品を受注すると増える．今後はハノイ近辺に工場を持っている企業も対象に考える．	• 70年代後半以降大卒エンジニアを毎年数人採用し，2000年頃から「下請けからの脱皮」「自己責任」を模索している． • 今後は設備，設計製作をビジネスにしていきたい． • リーマンショック直後に顧客との関係も考慮しベトナムに工場進出．現在工員13人．	• 協働は域外と行う方針． • HITSから大学研究者の紹介を受ける．
	• きのこ栽培用LEDなど，隙間を縫う開発を指向する． • 農業用LEDに関しては，千葉の大学研究者からヒントを貰った． • 人的縁でフィリピンに工場進出した．中国・タイも探したが進出を取り巻く信頼関係が作れなかった．	• 商工会議所を通じ，茨城大学からインターンシップを100人受け入れてきた．
	• 設計開発企業として2013年関連技研会社を設立．創業補助金・地銀の奨励費を用いた．	• 県中小企業振興公社とHITSを通じて日立域内に顧客を開拓． • HITSコーディネーターに補助金申込時の書き方の指導などを行ってもらう．
• 新潟，福島，大阪，福岡，市内3社．金額ベースで市内市外半々．	• 独自技術「割裂」を広める． • 特許で稼ぐべく台湾の代理店と契約した． • 2015年，ベトナム工場設立を予定．	• 現状においては創業地である日立地域で事業を継続したいと考えている． • 域内連携については，業種ごとにリーマンショック時の経済状況や文化が違う点に困難を覚える．
• 大量生産用機械の加工．横浜・高崎・千葉など．	• MHPSの戦略により，高砂・長崎工場からの受注も指向する．	• 市が指向するエンジニアリングを発展させるためには資格等さまざまな対策，つまり補助金，もしくはソフトインフラとして協議機関，教育プログラム等が必要． • 支援機関，引き合いはある．京浜地区での展示会を計画．
	• HITSの事業によりドイツの展示会に参加．リスクを背負いたくないため生産は海外進出しない． • 研究開発者は純粋な金型設計者が2〜3人．設計も行う開発スタッフを全部合わせ10人弱．LED関連など最近雇った要員も多く，増えている．	
• 長野県振興公社を経由し，諏訪・坂城等で開拓した．	• 部品でなく部品を作る道具を製造する． • 自社で設計を行う気はない．	• 特急の受注を受けられるという地の利はある．

という認識が一部で生じている．

　MHPSの設立によるさまざまな将来的変化の可能性は，多くの対象企業から着目されている．MHPSの設立後，日立事業所のエネルギー関連工場からは日立製作所の社章マークの看板が取り外され，経営手法や人事面においても三菱重工の手法の影響が出ることが，日立製作所からも，日立事業所と取引のある調査対象企業各社からも予測されている．企業間関係に影響を与える可能性のある事項として，特に複数箇所から挙げられたのは，前述の，資材・部品調達における三菱重工と日立製作所の外注方針の差異である．聞き取り調査においては，将来的に，それが国際競争力強化のためになると判断されれば，これまで日立製作所が日立工場で行ってきた日立式の発注方式が，三菱式の個別発注になる可能性もあり，逆に三菱重工の高砂工場や長崎工場で日立式の集団発注が取り入れられる可能性も示唆されていた[4]．特に日立工場との取引が中心である日立地域の中小企業にとっては，取引関係の変化によって，高砂や長崎に立地する三菱の外注先企業が新たな競争相手となる可能性がある一方で，逆にこれらの地域の中核企業工場に対し，日立地域の中小企業が受注を勝ち取れる可能性も生じる．これについては具体的に「大みか工場の制御盤関連の発注に入り込める可能性に期待している」（G社），「経営方針如何によっては今後高砂・長崎工場の仕事を取りに行くこともありうる」（E社）といった話題がのぼった．

3.2　取引相手の新規開拓と地理的広域化

　3.1項で述べたように，調査対象企業において，受注元のうちかなりの割合を日立製作所が占めている現状は，必ずしも経営上の脆弱性となるわけではないと認識されているが，その一方で，グローバル経済化が進む中，企業が生き抜いていくための戦略として，新たな技術・製品を開発し，取引先を増やしていくこともまた，多くの中小企業で重視されている．

---

[4]　「高砂工場は工場の中に入って請け負う方式で，旨味はないがリスクも背負わない．もし日立工場がこれを取り入れればこれまでから180度の転換である」（E社）という見解もみられた．

受注先については，「神奈川・長野等県外取引先は広まりつつある」（A社），「自動車部品に参入した時点で，名古屋地域で売りたいという夢をもっており，現在は関東地方全体・豊田地域まで取引先は広がった」（D社）といったように，実際に新たな受注先を開拓し，結果的に日立製作所の取引比率を減らそうとしている企業も見受けられる．一方で，大口受注先としての日立製作所の重要性と，自社の生産能力の限界の間で，「2006年時点で日立地区が売上60%だったが，日立製作所の仕事が増え，2014年で90%にまで増えた．（その結果として）域外との継続的な取引ができなくなった」（E社）といったように新規受注先との安定的な取引に困難を見出している事例もみられた．「町工場なので営業力が弱く，大手商社数社と手を組んで営業展開している」（D社）といったように営業面での課題も指摘されている．こうした中，顧客開拓において，茨城県中小企業振興公社や日立地区産業支援センター（HITS）など地域の公的支援機関を活用する事例もC社，E社などではみられた．

　外注先について地理的分布をみた場合，各企業は，外注先が域内か域外かという点にあまり意味を見出していないということが，聞き取り調査からはうかがえた．むしろ，域内では取引関係が固定化しているがために，新規の外注先を見出しにくいとも取れるような意見もみられた．また，新規外注先を開拓しようとする時というのは，すなわち既存の外注先で対応できない製品が必要となった時であり，そのような時に，必要な製品を製造する技術をもった企業が域内に立地している保障はまったくなく，「たとえば6F（6面）加工が出来る会社は長野には70～80社あるが，日立には1社あるかどうか．そもそも（それぞれの地域で）企業がこれまで必要とされてきた技術が違う」（G社）という見解もみられた．結果，外注先については「長野県振興公社を経由し，諏訪・坂城等で開拓」（G社），「新潟，福島，大阪，福岡，市内3社．金額ベースで市内と市外が半々である．今北関東で研究会を作ろうとしており，北関東で生まれた商談は北関東で消化できるようになりたいと考えている」（D社），「大量生産用機械の加工を横浜，高崎，千葉などの企業に」（E社）といったように，南東北から中部地方を中心に広域に分散している．

3.3 企業の海外進出

日立地域においては企業の「生き抜き」戦略のために，海外進出も重要な選択肢となっている．2.2項で述べたように，中核企業である日立製作所は1990年代以降海外生産を増やしていることを背景とし，地域の各企業においても，受注のための営業，さらに場合によっては生産活動そのものを日本国外で行う必要性が増している．

対象企業の中では，A社，B社，D社が，ベトナムやフィリピン等，主に東南アジアに工場を建設している．実際に海外進出した企業の進出過程をみると，「フィリピンに進出した理由は人的縁による．中国・タイも探したが，進出を取り巻く信頼関係が築けなかった」（B社）等，個別事情による要素が大きいことがうかがえる．日立地域の，特に自動車部品を製造する企業特有の要因として，リーマンショックの影響の大きさも挙げられた．「以前より海外展開については現実的な課題として考えていたが，リーマンショック後，売上が半分前後まで落ちた．その後ある程度回復したものの，ともかく雰囲気を変えたかった」（A社）といった発言がみられた．

海外進出の仕方としては，実際に工場を建設することの他に，「台湾の代理店と契約し，パテントで稼ぐ」（D社），「HITSの事業によりドイツで展示会を行った．企業自身は海外には進出しない．リスクを背負いたくないと考えている」（F社）といった考え方もみられる．ここまでの聞き取り調査結果から，海外進出については大半が顧客・受注先と関連したものであり，海外外注先は今回の調査全体の中ではあまり話題とならなかった．

4. 新事業・製品開発と産学官連携

4.1 個別の取組と支援機関の役割

新事業や新製品の開発もまた，企業の「生き抜き」のための重要な選択肢

であり，対象企業の多くはそのための研究開発を視野に入れてはいるが，具体的にどこまでこれを自社が自力で行うかについては，企業による差異がみられる．C社は2013年，新事業として設計開発事業を行う企業を別に設立した．A社は「1970年代後半から大卒のエンジニアを毎年数人採用し，2000年頃から『下請けからの脱皮』『自己責任』を模索している．将来的には設備設計製作をビジネスにしていきたい」としている．自社独自技術の特許を取得し，パンフレット等ではそれを前面に出して売り出し，3.3項で説明したように海外パテント事業を行っているD社のような企業もみられた．

一方で，「日立地域においては，(製造企業が)設計に手を出すと左前になることが多いように思える．これは部品の設計・製造とも全部浅くなり，片手間化してしまうからではなかろうか．設計屋自体はたくさんおり，それらが組めば問題はない」(G社)という意見もあった．こうした新製品の設計や開発における知識の入手先そのものについては，たとえば，B社では新事業としてきのこ栽培用のLEDを中心とする農業用LEDの製品化を実現した中で，「千葉の大学の先生からヒントをもらった」とするなど，あまり地理的な観点からの考え方はみられない[5]．

自治体の支援機関に対する評価は，新事業を行う上での補助金申請等や経営改善のためのアドバイスの面で目立っている．HITSは日立市の工業振興政策の実施主体として実務を担っており，新事業や新製品の開発に関しても，「県中小企業振興公社と日立地区産業支援センターを通じて顧客が開拓できた」(C社)，「HITSからは大学の先生を紹介してもらい，その方は気に入った」(A社)，「HITSの委託開発があったからここまで行ったと思う．おかげで成長できた」(F社)といった肯定的評価がなされている．

---

5) 日立地域と歴史的に深いつながりをもっている大学として，1939年，その母体が日立製作所の寄付をもとに設立され，域内に立地する茨城大学工学部が挙げられる．現在の域内連携としては，日立商工会議所の協力の下，企業と大学の交流を目的とする「日立ものづくり協議会」が設置されている．これは地域のFMラジオ局，FMひたちの放送で「そうだ社長になろう」「そうだ教授になろう」といった講座を行うものである．ただし，こうした取組はむしろ地域学生の中小企業へのリクルートを目的として行われているという側面もあり，製品や工程におけるイノベーションとは別の文脈で理解すべきものであろう．

特にHITSから派遣されるコーディネーターの役割は，企業によっては大変高く評価されており，「（茨城県の）創業補助金の申し込みにあたって書き方を指導してもらった」（C社），「国からの補助を申請するにあたって，中小企業で働く者は書類が書けない．昔はコーディネーターがいなかったが今はコーディネーターに改善してもらえる．熱意が伝わってくるし，こちら側の理解も進む」（B社），「コーディネーターは社の問題・現場改善を本気で一緒に考えてくれた．結果，社員でない者として初めて社内の賞をあげた」（A社）といったように，企業の需要にマッチした場合，コーディネーターに対する評価は高くなる．ただし，こうした声は逆に，組織としての支援機関の体制よりも，コーディネーターの資質や適性が，実際にどのように企業の役に立つ支援ができるかを左右しているという現実を表しているとも取れる．

4.2　新たな地域ベースの連携の模索——ひたち立志塾の活動

4.1項で述べたように，当該地域における，取引を超えた企業間連携への機運は近年まであまり高くなかった．「域内連携については言われるが，自動車と重電でリーマンショックの時に全く状況が異なったりしたなど，文化が異なるので連携したくてもできないかもしれない」（D社），「地域間企業連携というが，コラボから何を導き出すのか？　協働は域内ではダメで，域外と行う」（B社）といった聞き取り調査中の発言がそのことを示唆している．このような状況下，当該地域において，新たな企業経営者間のネットワークを形成するのが「ひたち立志塾」の活動である．

ひたち立志塾は2007年，日立市とひたちなか市の若手経営者により始められた取組である．ここでは「経営管理技術を学ぶのではなく，次の時代をリードする経営者，後継者がさまざまな問題を語り合い，地域中小企業の経営者として『志』を高め合うこと」を目的としている[6]．理念として「全人格的な付き合いをして信頼関係を作る」「他社の意見を尊重する」といった

---

6)　ひたち立志塾資料より引用．

こと，特徴として「塾生の主体的な関わり」が挙げられている．立志塾のアイデアは，関満博が日本各地の工業集積地で若手経営者の育成のために開いているいわゆる「関塾」が元となっている（関満博 2006）．日立市役所で働いていた O 氏は，日立に関し「関塾」のような集まりの必要性を感じ，個人的なコネクションを持つ 2 代目以降の経営者 11 人を集め，1 人当たり 10 万円を出資してもらい，「ひたち立志塾」を開いた．この時期に日立地域でこのような試みがなされた要因として，O 氏への聞き取り調査においては，バブル崩壊後，経営者の交代が増え，多くの新経営者が将来的な企業経営の見通しについて不安を持っていたことが挙げられた．以降現在に至るまで毎年 10 名程度の新入生を集めつつ，活動を続けている．

　世話人や塾長経験者への聞き取り調査をもとに，ひたち立志塾の現在の活動について概略を説明する．塾生となる対象は若手の経営者で，業種は製造業を中心としつつも IT，食品，販売，サービス業など多岐にわたる．活動内容や活動の方法は，年を重ねるごとに変化している．前段落に述べたようにひたち立志塾は当初行政主導で発足したものであり，初期に運営主体となったのは HITS とひたちなか商工会議所，世話人はこうした組織の職員で，発足後 4 年間は県からの補助金により運営されていた．しかし，2011 年，行政主導であったために塾生が主体的に関わるモチベーションが低下し，参加率が低下するといった問題が生じ，塾生の間で，塾の解散まで視野に入れた議論がかわされた．その結果，2012 年，分科会制度を取り入れ，共通の関心のある者が数人程度ずつ集まって分科会を作り，各々が主体的に活動する方式を取るようになった．同時期の東日本大震災発生時には，ひたち立志塾の活動を通じて構築された中小企業のネットワークを通じ，全国から「精密水準器」をはじめとするさまざまな支援を受けて，参加企業の迅速な事業再開が可能となった．この時の取組は後に経済産業大臣から「被災地の復旧・復興に貢献された中小企業の皆様の取り組み」として表彰された（関満博 2011）．

　塾長経験者 A 氏によれば，ひたち立志塾による人的ネットワークは，既存の工業組合等を通じた企業間関係に比べ，異なる点がいくつかあるということである．1 つ目は，ひたちなか市の企業との域外連携があるという点で

ある．A 氏は，入塾するにあたり，この点が最も興味深かったとしている．
第2に，フラットかつ対等な話し合いの場であるという点である．

　立志塾の目に見える効果として，立志塾での直接の付き合いの相手，そしてその相手を介した経営者との新規ビジネスが生まれる．完成品を作ることを目標とした分科会が，部品を製造する企業によって開かれているといった事例が挙げられた．

　産学官連携という観点からは，茨城キリスト教大学の学生と新しい事業を考える取組がなされている．ここでは新しい経営についてともに考えるために，製造業でなく「ゆるキャラ」というテーマに基づいた事業化が考えられ，実際にステッカーの考案や販売が実現した．

5. 日立の機械工業集積の変容と地域的課題

　本調査でここまで行った，既存文献と統計資料の分析，そして聞き取り調査の結果から考察できる，日立地域の機械工業集積における変化と特徴は以下のようなものである．

　高度経済成長期からバブル経済期にかけて，日立製作所は日立地域の内外において大工場を操業し，地域の経済に大きな影響を与え続けてきた．成長局面において日立製作所は，図7-5上のように，工場を含む地域内に，自社工場を頂点とするピラミッド型の強固な取引体制を成立させた．この体制は，同じ工場を取引相手とする下請企業間において，組合結成を通じた強固なネットワークを成立させた一方で，取引先の工場が異なる企業間や，対域外企業のつながりを脆弱なものとした．

　バブル経済期以降，グローバル企業となった日立製作所は激しい国際競争にさらされ，結果，地域にとらわれず，技術面・費用面でやはり国際競争力の高い取引先を探し続けつつ，自らもM&Aなどを通じてこれまでの経営戦略を大きく変えていくことも厭わないような経営方針をとっている．その中で，当該地域には企業城下町としての歴史を背景とし，日立製作所の工場群と，それを取り巻く高い技術を持った中小企業群が集積し，そのため現在，

第 7 章　企業城下町型集積：茨城県日立地域　169

バブル期以前

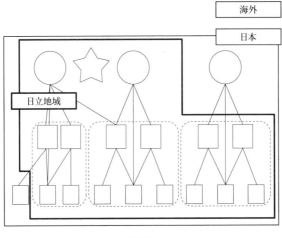

現在

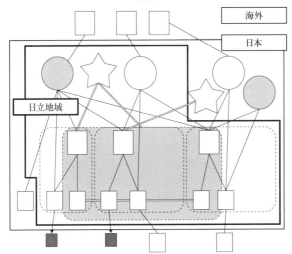

図 7-5　日立地域における地域主体間関係の変化

出所）各年度日立市工業振興計画及び聞き取り調査により森嶋作成．

日立製作所は日立地域を，研究開発とそのために必要な生産機能を持つ地域であると位置づけている．このことは日立地域における機械工業集積の将来的な存立を支持すると考えられる．

　現時点で「生き残っている」多くの中小企業は，グローバルに展開する日立製作所の，他の外注先との競争に耐えうる，高度な独自技術やノウハウを持つ企業である．このような状況下，個々の企業は今後も競争が激しさを増すグローバル経済下を「生き抜いていく」ために，自社独自の技術や製品をさらに発展させ，代替不可能な地位を獲得し，対受注先，対外注先，共に少しでも取引その他の企業間関係において優位に立つという戦略を採っている．

　今回の聞き取り調査の中で，既存研究に比べ特徴的であったのは，取引における日立製作所依存が企業の「弱点」として認識されていなかった点である．本節冒頭で述べた理由から，日立地域の経済における日立製作所の存在感が薄まるということは当面考えにくく，地域の中小企業の経営に対し，日立製作所の経営戦略や業績は大きな影響を与え続けると推測される．中小企業の生き抜いていく方法として，既存文献においては受注先を分散させ，リスクを減少させる「脱日立」ということが唱えられているが，これが唱えられはじめて20年が経過した現在，日立地域において「脱日立」は非現実的であることが多くの中小企業経営者に認識されていると推測される．この認識のもと，中小企業はさまざまなやり方で「生き抜き」を図っている．一つには，日立製作所がカンパニー制をとっていることを背景に，日立製作所の複数事業所への受注を行うことによってリスクを分散する，とする戦略がある．さらに各企業に意識されているのは，さまざまな方法で技術や製品の絶え間ないイノベーションを続け，日立製作所をはじめとする取引先に対し，少しでも強い地位を確保していくことである．

　ただし，そのための資源の確保先として，既存の地域的な支援枠組みには限界があると多くの中小企業経営者は考えていると推察される．このうち，HITSの事業におけるコーディネーターによる支援は，特に補助金をはじめとする行政の支援を受けるときに役立っているということを，聞き取り調査からうかがうことができた．一方で，製品開発に必要な技術そのものや，受注先・外注先の新規開拓において集積から直接的に利益を受けることは，調

査結果からはあまり観察することができず，企業は自身の必要とする研究成果や取引先を，さまざまな手段で域内外を問わず集めている．

　一方で，若手経営者の議論・勉強の場の不足に伴い表れた後継者育成の問題等，地域という枠組みで取り組むことができる課題に実際に取り組む場所として既存の工業組合等があまり機能していなかったということを踏まえ，「ひたち立志塾」という新たな地域を単位としたつながりが機能している．これは既存の取引関係に基づいた組合等とは一線を画し，それぞれの経営者が自身の問題を解決するために運営されている．

　ここにまとめた取引構造や連携関係の結果，日立地域における企業や公的機関と行った主体間の関係は，図7-5の下のように変化したとまとめられる．今後の地域的な産業政策として，域内外の支援機関同士が連携することにより，域外からの知識獲得をスムーズに行うための制度等を整える，地域という枠組みの中で解決に取り組むべき経営の課題について話し合えるような場を作り出すといった施策が考えられる．

第8章　成熟産業都市：静岡県富士市
　　　——製紙業および関連産業における構造転換とロックイン

佐藤正志

1. 製紙業をめぐる既往研究と地域の概況

　本章では成熟産業都市に該当する産業集積として，製紙業を中心とする静岡県富士市を取り上げる．製紙業は戦後から1990年代初頭まで一貫して生産が伸びてきたが，長引く不況や電子媒体の急速な普及，省エネの進展等を背景に，需要の低下が続き成熟産業化している．こうした中，日本国内の製紙業は，1990年代より企業合併や生産拠点の集約化が進められている．

　製紙業の立地や全国的な生産体制については，塩川（1977a, b）により高度経済成長期までを中心に解明してきた．1990年代以降進んだ企業再編後は，野尻（2001）が全国的な生産動向や，山本耕三（1998）が大手企業の生産体制や原料調達の変動を示している．また，直近の動向について杉浦（2017）は，製紙業界全体での生産能力削減への圧力に対処するため，大手企業では合併により輸送コストを低減化できる工場を選別して拠点再編を進めてきたことを論じた．早舩・立花（2016）は原料調達との関わりで立地調整を検討し，全国展開型企業では複数の地域別主要工場へ，地域集中型企業では基幹工場へ生産を集約化している点を明らかにした[1]．

　富士市を中心とした静岡県東部地域では明治時代より製紙業が成長したが，既往研究では高度経済成長期から安定成長期にかけての集積形成や維持に関して議論された．その中では，原料や用水指向と集積の形成を示した研究

---

[1] 勝又（2013）では，全国的な生産体制を明らかにしているが，一時点のデータに限定されており，動態的な立地再編に関しては取り扱っていない．

（次山 1958；太田勇 1962, 1966；藍原 1970），安定成長期における製紙業および製紙機械等の製紙関連産業の構造転換（塩川 1982, 1986），生産と首都圏の消費補完を目的とした製紙業の倉庫利用（安積 2001）といった成果が挙げられた．また，製紙に不可欠な用水については，安価で豊富な地下水の利用（太田勇 1961），地下水の涸渇や塩水化と工業用水の利用形態の変化（太田勇・肥田 1968，肥田 1969）など，製紙業を支える工業用水の取水と利用の状況が明らかにされた．

しかし，製紙業全体の停滞や企業再編の動きに対して，富士市の製紙業を中心とする産業集積にかかる検討は，野嵜（1999）が市内企業における家庭用紙生産の取組を，勝又（2015）が衛生用紙メーカーと流通機構の再編の動きを，産業集積地域間の比較から鈴木（2013, 2017）が大都市圏の近接性を生かした衛生用紙を中心とする集積である点を示した程度である．またこれらの研究では，製紙業の再編が進んだ中での地域的な生産体制や，関連産業を含めた構造変化の実態は十分検討されておらず，製紙業全体の再編の動きと接合を図る必要がある．

以上の製紙業の動向や企業再編の動きを踏まえて，本章では富士市の製紙業と関連産業の製品転換，研究開発，取引関係の実態解明を通じ，成熟産業を中心とする集積構造の変化を明らかにするとともに，その成果や集積の抱える課題にかかる政策的含意を展望する．

2. 富士市における産業活動の現況と製紙業の動向

まず「工業統計表」を用いて約 10 年ごとの富士市の事業所数，従業者数，製造品出荷額等を把握すると（図 8-1），各指標とも 1990 年まで木材・紙・パルプが高い割合を占めてきた．一方で，1971 年以降には一般機械・精密機械類や輸送用機械類が伸びを示すようになり，1990 年には化学がシェアを伸ばしている．各指標を経年比較すると 1990 年にいずれも最も高い値を示している．この時期製造品出荷額等において，富士市は浜松市に次ぐ県内 2 位にあった．

第 8 章 成熟産業都市：静岡県富士市 175

(a) 事業所数

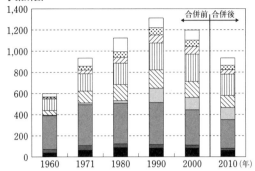

(b) 従業者数

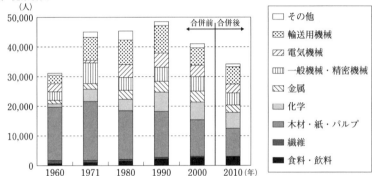

(c) 製造品出荷額等

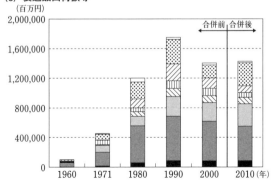

図 8-1 富士市における製造業業種別事業所数・従業者数・出荷額の変化
（従業者 4 人以上）

注) 2010 年は合併後の富士市の数値.
出所)「工業統計表（市区町村編）」各年版より佐藤作成.

しかし 1990 年以降，製造業全体が縮小に向かう中，木材・紙・パルプでは各指標とも減少に転じている．特に製造品出荷額等の構成割合と金額をみると，富士市の木材・紙・パルプは 1990 年には 34.3％（約 6006 億円）から 2010 年には 32.6％（約 4644 億円）になる一方，輸送用機械（21.8％，3101 億円）と化学（21.4％，約 3043 億円．いずれも 2010 年）がともに割合を高めている．また，2013 年の製造品出荷額等で富士市は県内 5 位となり，静岡県内の製造業においても富士市の地位は低下しつつある．

　富士市の製造業で比重低下が進む製紙業であるが，その詳細を関連産業である製紙用機械を含めて把握していく．1990 年以降の富士市の製紙業および製紙用機械[2]の事業所数と製造品出荷額等の動向をみると（図 8-2），1991 年をピークに減少傾向にあり，特に 2010 年以降製造品出荷額等は減少が目立つ．製紙業の従業者も 1990 年代初頭に 16,000 人を超えていたが，2013 年には 1 万人を割りこんでいる．

　こうした事業所・工場や製造品出荷額等の減少は，紙の生産量にも大きく影響をおよぼしている．富士市の紙類・板紙類[3]の生産量および全国のシェアの推移をみると（図 8-3），生産量は 2000 年代前半まで紙・板紙合計 400 万 t 前後で推移し，全国シェアは紙類で 10％ 強，板紙類で 15～20％ 程度で推移してきた．しかし，2000 年代後半より生産量は減少に向かい，2009 年以降に紙類で急激な生産量の低下がみられる．それに伴い紙類は 2013 年時点で全国シェア 6％ 程度に落ち込んでいる．一方で板紙類は生産量を減らしつつも，2010 年代以降も 10％ 以上の全国シェアを維持している．

---

2) ここでは，富士市発行の『富士市の工業』各年版に記載のあった，パルプ装置・製紙機械を製紙用機械として捉える．『富士市の工業』では，パルプ装置・製紙機械産業を工業統計表により独自に集計している．従って，工業統計表品目編で記載のある「パルプ製造機械，同装置」「抄紙機」「その他の製紙機械」の単純な合算ではない点に留意する必要がある．

3) 紙は，比較的薄手の製品が該当し，分類では新聞巻取紙，印刷・情報用紙（塗工紙，情報用紙など），包装用紙（クラフト紙，更包装紙など），衛生用紙（ティシュペーパー，トイレットペーパーなど），雑種紙（工業用加工原紙，絶縁紙など）が該当する．板紙は比較的厚手の製品を指し，分類では段ボール原紙（ライナー，中芯原紙），紙器用板紙（白板紙，黄・チップ・色板紙），雑板紙（建材原紙，紙管原紙など）に区分される．

第8章 成熟産業都市：静岡県富士市　177

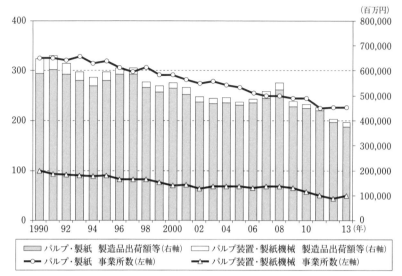

図8-2　富士市のパルプ・製紙および関連産業の事業所数・製造品出荷額等の推移
出所）『富士市の工業』より佐藤作成.

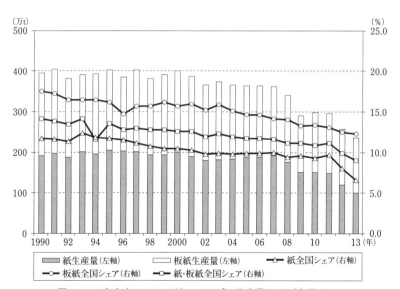

図8-3　富士市における紙・パルプの生産量および全国シェア
出所）「紙・パルプ統計月報」『富士市の工業』各年版により佐藤作成.

富士市で紙類の生産量が減少している背景には大きく①紙需要の低迷，②大手メーカーによる企業合併と全国的な生産拠点の再編，の2点が挙げられる．まず①は，長引く不況に加えて，IT化や情報端末等の普及に伴うペーパーレス化の進展が挙げられ，特に印刷・情報用紙の生産量減少が大きい．一方で，人口に比例して需要が見込める衛生用紙や，包装や工業原料で利用される企業向け需要の多い板紙や雑種紙（特に特殊紙）は，国内生産品が高品質で製品輸送費も安価なことから，需要の落ち幅は比較的小さい（勝又 2013）．

②は，1993年の新王子製紙と日本製紙の誕生を契機にした業界再編である．製紙業界は現在，旧王子製紙を中心とする王子製紙グループと，旧十條製紙を中心とする日本製紙グループを柱にメーカーの合併が進んでいる[4]．業界再編の中，大手メーカーは生産効率化や規模の経済性を発揮するため，生産拠点の集約化を進めている．特に2000年代後半には，大手各社は主力工場に最新鋭の抄紙機を導入して生産効率化を図る一方[5]，古く生産性の低い工場や近隣で同一製品を製造する工場は，生産停止・減少や機能転換等により淘汰が進んでいる．

全国的な企業・工場再編は，富士市の製紙業に大きな影響をおよぼしている．富士市では明治時代より動力・用水への指向や，大都市との近接性を生かして製紙業が集積し，戦後大手企業と地場の中小企業が併存する産業集積として成長してきた．大手メーカーでは，旧富士製紙をルーツとする本州製紙と，地場企業から成長した大昭和製紙の生産量が多かった．しかし，本州製紙が王子製紙と合併（1996年），大昭和製紙が日本製紙へ統合（2001年）さ

---

4) 製紙業界の再編は，企業合併に限定されず，大手メーカー同士での資本・業務提携にもおよんでいる．こうした動きは2006年の王子製紙による北越製紙へのTOBとその対応が，大きな契機となっている．一方で，製紙業界では短期間での業務提携の解消や株式保有の変更もみられる．

5) 大手企業についてみると，王子製紙系列では苫小牧や春日井，富岡（徳島県），日本製紙系列では石巻，岩国，八代といった工場が該当する．これらの工場は旧企業の基幹工場で，豊富な河川表流水・伏流水が利用できるのが長所である．また，大王製紙や北越紀州製紙では，2000年代後半に自社の基幹工場（大王製紙：三島工場，北越紀州製紙：新潟工場）に最新鋭の大型抄紙機を導入し，集約的な生産体制を構築している．

れた後[6],市内の工場は生産停止や規模の縮小が進められている.

　中小企業についても,2000年代以降に廃業や合併が進んでいる.もともと富士市では,要求される技術水準の差異（四宮 2004, 2005）や大都市圏との近接性を生かして,中小企業は衛生用紙を中心に生産し大企業と棲み分けることで一大産地となってきた（藍原 1970, 勝又 2015）.しかし,価格の下落による収益性の悪化や設備老朽化等を受けて,近年中小の衛生用紙メーカーの廃業や倒産が進んでいる.一方で域内企業の買収や,廃業・倒産した企業の設備を引き継ぎ,生産規模を拡大している衛生用紙の中堅メーカーも現れ,中小企業間でも生産規模の差異がみられるようになっている（勝又 2015）.

　同様の動きは製紙用機械でもみられる.富士市内では明治時代から製紙用機械の製造が開始され[7],戦後特定メーカーとの協力関係を結ぶ形で,原質機械や抄紙機,塗工機,加工機といった部門ごとの製品を作る企業が増加してきた.しかし,近代製紙技術がほぼ完成されている点（紙のはなし編集委員会 1985）や,生産機械を保守管理しながら数十年単位で使い続けるという製紙業界の特性に加えて,全国的なメーカーや工場の減少,製紙企業の設備投資縮小といった業界の動向を受けて,製紙用機械も再編を迫られている[8].

　富士市内の製紙業・製紙用機械の企業立地と生産規模の動向を,1990年

6）　この他にも富士市内では,王子製紙系列と日本製紙系列へ合併された中堅企業が多く存在する.市内の企業のうち王子製紙系列となった企業は富士製紙（2003 年に新富士製紙と安倍川製紙が合併）,高崎三興（1999 年に高崎製紙と三興製紙が合併）が,日本製紙に合併された企業は三島製紙,興陽製紙がある.

7）　富士市の製紙用機械は,（旧）富士製紙出身の三木慎一が 1894 年に製紙工場を設立し,抄紙機を自作したことが始まりとされる（大昭和製紙株式会社資料室 1991, 29 頁）.大正時代以降,アメリカ産製紙用機械に熟練した富士製紙の技術者が独立し抄紙機製造に携わったことや（大昭和製紙株式会社資料室 1991）,第 1 次大戦中に紙需要が増大する中でヨーロッパからの機械や部品の輸入が途絶えたことが,急速な技術水準の向上にもつながった（富士市史編纂委員会 1968, 1966）.

8）　こうした要因に加えて,日本メーカーが製紙用機械の導入方法を変えた点も挙げられる.従来日本では,製造工程の部門ごとに異なるメーカーの製紙用機械を組み合わせて生産を行うのが一般的であった（紙業タイムス社 2009）.しかし,2000 年代以降世界的な動きに同調する形で抄紙・加工工程を一貫化した大型機械の導入へと転換している.こうした中で,抄紙機を生産してきた日本の大手重工メーカーでも,抄紙機部門からの撤退や海外メーカーへの事業譲渡,技術提携や特許利用契約などが進むことになった.

180 第III部 地域分析篇

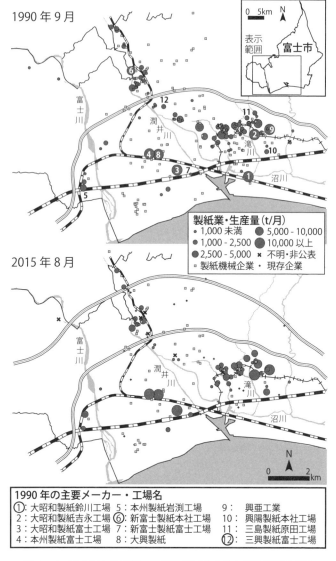

図8-4 富士市内の製紙・製紙用機械の立地と月生産量の変化
注)パルプ専業メーカーは除く.2015年の「不明・非公表」には,紙加工等へ転換した事業者も含む.凡例で番号に丸がついた工場は現在生産停止.1990年のメーカーで大昭和製紙,興陽製紙,三島製紙は2017年2月時点で日本製紙グループ,本州製紙,新富士製紙,三興製紙は王子ホールディングスグループ.
出所)日刊紙業通信社(1990, 2015)より佐藤作成.

と2015年で比較すると（図8-4），製紙業は1990年時点には河川や湧水帯の山麓沿いに多く立地していたが，2015年には旧大昭和製紙鈴川工場や旧三興製紙富士工場など各企業の基幹工場に加え，中小衛生用紙メーカーの生産停止により，工場数は大幅に減少している．また生産を継続しているものの，日本製紙富士工場と吉永工場の組織統合のように合理化策（2015年4月）の対象になっている工場もみられる[9]．一方で，2015年の現存工場では衛生用紙を中心に生産規模を拡大する傾向にあり，月産1000t未満の小規模工場の割合は低下している．

製紙用機械についても，市南部の製紙工場の近隣に多く立地していたメーカーは2015年には減少し，現存は工程の特定部門の機械製作や保守を行う企業が残存している．加えて，製紙用機械の設置や保守等を行う地場の鉄工所等の下請企業は減少に転じている．

3. 富士市における産業集積の構造変化

富士市の製紙業の現況を踏まえ，富士市内の製紙業6社および製紙関連企業（製紙用機械，薬品）11社について2015年10月から12月にかけて聞き取り調査をするとともに，補足資料として紙業タイムス社『紙パルプ技術タイムス』『紙業タイムス年鑑』等製紙業界の企業を対象とした専門雑誌の記事，新聞記事を用いて，動向を捉えた．あわせて，富士市役所産業振興課や，商工会議所，産業団体，岳南排水路管理組合といった製紙に関わる各団体にも2015年7月から2016年9月にかけ聞き取り，製紙業への支援や政策動向を把握した（表8-1）．以下この結果について，製品の動向，研究開発の取組，取引関係に着目しながら，富士市の製紙業における産業動向を確認する．

---

[9] なお，統合された吉永工場では遊休施設を利用し，2017年7月に新素材として期待されるセルロースナノファイバー（CNF）の実証生産設備を稼働した．当初は年産10t以上の生産（高機能リグノセルロースナノファイバー）を予定し，自動車や建材，家電等の幅広い産業へのサンプル提供による用途開発を目指している（2017年7月12日，日本製紙株式会社ニュースリリースによる）．

表 8-1 調査企業一覧

企業	資本金 (万円)	設立年	従業者数	主要な製品分野 20年前	主要な製品分野 現在
A	35,000	1918 (工場)	365	特殊紙, 加工品	特殊紙, 加工品
B	60,000	1908 (工場)	155	印刷用紙, 板紙	板紙 (段ボール)
C	15,000	1949	155	ケント紙, アート紙, タバコパッケージ	ケント紙, アート紙
D	5,000	1937	187	化粧板原紙	化粧板原紙 (4割), 壁紙用裏打紙, マスター紙 (各2割), マスキング (2割弱)
E	3,000	1955	30	TP量産品	TP販促品・TP量産品
F	4,800	1963	95	おむつ	ペット用シート, おむつ, 福祉事業
G	10,000	1947	262	抄紙機・産業機	抄紙機・産業用機械 (4割), パン (6割)
H	1,000	1978	8	原質機械	抄紙機付帯設備 (8割), 原質機械 (2割)
I	1,000	1967	20	原質機械	溶解プラント (4割), 原質機械 (4割), 非木材パルプ装置 (2割)
J	1,000	1970	10	原質機械	原質機械, 浄水機, 技術コンサル
K	2,400	1967	41	製紙用切断機	フィルム切断機 (8割), 厚さ計, 製紙用切断機 (2割)
L	1,200	1961	13	TP加工機	自動車金型・ミッション部品 (5割), TP加工機 (5割)
M	1,000	1959	10	古紙運搬機	古紙運搬機・コンベア
N	1,000	1963	26	抄紙機 (設置)	修理・設置, 産業用機械, 半導体機械
O	1,000	1909	21	機械修理・設計	機械修理・設計・据付 (産業用全般)
P	6,000	1938 (創業) 1963	26	製紙薬品, 化学薬品 (卸)	包装資材 (3割強), 製紙薬品 (3割), その他薬品 (3割), ペーパースラッジ灰処理 (1割)
Q	2,000	1967	65	製紙薬品	製紙薬品 (汚れ防止)・メンテナンス

注) 表中のTPはトイレットペーパーの略.
出所) 聞き取り調査, 日刊紙業通信社『紙業興信大鑑』(平成28年度版) および調査票回答より佐藤作成.

と集積との関わり

現在の取引関係	
受注・流通	発注
・商社経由の販売，製品開発では顧客と折衝 ・自グループ販社の利用	・外注は本社決済化，減少 ・2次加工では協力企業と取引継続
・企業から受注 ・自グループ販社を利用	・以前からの取引企業は継続 ・外注が本社決済化，減少
・広告等の業者 ・直販の拡大（6〜7割）	・市内・近隣地域との継続的な取引関係
・直販割合増加（8割） ・域外産業用途が中心	・メンテナンス，工務，物流では域内企業と固定的な取引
・直接取引拡大	・域内企業との固定的取引
・紙工品問屋を通した販売	・物流・メンテナンスは地元，機械は域外利用
海外のみ（抄紙機新設），全国（メンテナンス）	協力会解散．完成品購入（5割）・加工外注は市内企業を利用．鋳物等は県外を利用
域内・衛生用紙企業中心	市内企業（8〜9割），外注先は固定的
海外（非木材パルプ），国内全般（その他）	市内10割から，市内6割・県外4割（外注），県外6割（材料），特に高価格品等は県外利用に
全国・製紙企業	近隣地域の技術力を持つ企業と固定的取引
全国（製紙・半導体）	組立・加工を市内・近隣地域の企業と固定的取引
衛生用紙・県内自動車メーカー	製紙用機械部品は市内・県東部企業に発注，輸送用機械は社内内製化
市内3〜5割，全国	内製9割以上，外注時は富士市内に限定
全国，市内1割未満	県東部の金属加工・設置企業と取引，数は減少．
富士市内〜県東部	市内（75％）・県内（25％），仕入は市内9割
市内製紙業の割合増	調達は全国8〜9割，県内1割
全国（板紙・家庭紙），海外	原料調達は不明，富士地域では薬品テストを実施

3.1　調査企業の概要と製品の動向

　調査先企業について，A～F社は製紙業・紙工品製造，G～O社は製紙用機械およびその保守管理（以下製紙用機械と表記），P～Q社は薬品の卸売・製造を手がけている．このうち，製紙業のA, B社は東京都に本社を置く大企業で，2015年時点で製品分野ごとにカンパニー制を採っている．B社はもともと大手に吸収合併された企業の主力工場であった．C～F社は地場資本の中堅・中小企業であり，F社のみが紙加工製品を手がけてきた．製紙用機械を手がけるG～O社は全て地場資本であり，G社を除き従業員は50名未満の中小企業である．その事業内容としてG, N社は板紙向け抄紙機，H～J, N社はパルプ化装置や古紙洗浄機などの原質機械，K, L社は紙加工機，M社は古紙運搬機を主力製品として従来手がけてきた．またN, O社は製紙用機械の製作とともに，機械の設置・保守・修理等を手がけてきた．

3.1.1　製紙業の製品転換

　まず，各分野・企業における製品の変化をみると，製紙業大手ではA社で特殊紙，B社で板紙の生産に特化している反面，過去に生産してきた印刷・情報用紙は生産を大幅減ないし停止している．A, B社のグループでは富士市を大都市圏の企業向け製品の生産拠点に位置づけており，2000年代初頭にはB社に大型の新型抄紙機を導入した．こうした中でB社はグループ企業内でもトップクラスの板紙生産量を誇るようになった反面，印刷・情報用紙は生産を停止しグループ内の他工場に移管している．

　また，A, B社では合併に伴い富士市や富士宮市内の工場間で製品や抄紙機を移管し[10]，生産拠点の集約化を進めている．生産を停止した工場では発電事業を開始するなど機能転換を図っている．

　製紙業中堅のC社ではアート紙を，D社では特殊紙のうち化粧版原紙や壁紙用裏打紙を主力製品とし，従来は商社を通じて大都市圏に販売していた．

---

10)　このうち抄紙機については，県内のグループ企業から資本提携をしている大手企業に移設することも行われている．

現在手がける製品はC社では大きく変化していないが，D社は企業向け化粧板原紙等の従来製品に加えて，自社内での研究開発から含浸紙等のマスター紙，工業用途向けマスキングテープ，滅菌紙やコーセランなど高付加価値製品を強化し，売上割合では化粧板原紙が4割程度を維持しつつ，マスキングテープやマスター紙が各2割程度となっている．D社の含浸紙部門では，高機能材の技術を応用する形でカーボンナノチューブ（CNT）塗布液の開発も手がけている．C, D社の販売先は，依然大都市の企業向けの割合が高いが，販売方法としてC社では従来の商社経由から新たにインターネット直販や，都内のギャラリーを通じた販売を始め，個人向けを拡大している．

次に，E, F社であるが，いずれもかつては衛生用紙の量産品を生産してきた．しかし，競争激化や価格下落による利率の減少を受けて，いずれも高付加価値製品の開発を進めている．E社では自社での抄紙を停止し，現在印刷加工やパッケージデザインを手がけた販促品市場に特化し，大都市圏の企業や広告代理店との直接取引により収益性の向上に努めている．F社も同様に，ナプキンや子供用おむつの市場が飽和する中，介護向けおむつ等を経て現在ペット用吸水紙を主力製品に位置づけている．

以上から製紙業の動向をみると，富士市の現存企業では，製紙を軸に①高付加価値製品や高価格製品への転換，②大都市圏との近接性を生かした産業向け・一般向け製品への転換，③直販等によるコスト削減，という動きがみられる．この動きは，勝又（2015）が示した企業合併による一部企業の大規模化や流通機構再編に加えて，市内企業の需要減への対応策として捉えられる．

3.1.2 製紙用機械・薬品の製品動向

製紙業界全体の縮小や製紙用機械のグローバルな再編を受けて，現存する富士市の製紙用機械メーカーでは，従前通りの製品を生産しつつも，G社が2016年11月に新たに新素材として期待されるセルロースナノファイバー（CNF）製造用機械を手がけるといった，製紙業の動向に合わせた新製品開発を行う場合もみられる．一方で各社では従来の製紙用機械の生産とともに，各社では大きく①自社技術を生かした関連分野の開拓，②企業合併等に伴う

製品の継承，③異業種開拓といった対応を採っている．

　まず①は，各企業とも従来製品で培った技術を生かして，新製品を手がけるものであり，対象も製紙のみならず他分野におよんでいる．こうした例として原質機械メーカーでは溶解プラントや非木材プラント（I社），浄水器や技術コンサルタント（J社）といった植物繊維と水利用を中心とする製品が，設置業者（N, O社）では一般機械や半導体機械などが挙げられる．薬品関係では，ペーパースラッジ処理用薬品（P社），製紙用機械の汚れ付着防止用薬品やその塗布装置（Q社）を開始した．

　②は，富士市や近隣地域で廃業したメーカーや合併した企業の製品を引き継ぐものである．この例として，H社（抄紙機付帯設備），P社（包装資材）などでは製品自体の転換のほか[11]，廃業したメーカーの従業員継承（N社）にもおよんでいる．

　③は，富士市近隣で操業する輸送用機械や電気機械などに事業進出する動きである．調査企業では，鉄鋼メーカー向け産業用機械や魚市場向け計測器（H社），フィルム切断機，厚さ測定機（K社），自動車用の金型製造（L社），半導体用製造機械，自動車向け塗装ラインや空調設備，鉄鋼業の鋼材結束ラインの整備設計（N社）などが挙げられる．一方で，G社では機械以外の異業種開拓として1995年にコンビニエンスストア向けパンを製造する子会社を設立している．

　こうした展開の中で，新事業が売上の中心になった企業も複数社（G, H, I, K, L, O, Q社）存在する．しかし各企業とも，製紙用機械や薬品から完全に脱却したわけではなく，依然として従来の製品も並行して手がけている．

　また，新事業への展開も，自社技術の応用で容易に転換が図れたわけではない．そもそも製紙用機械は大型の一品生産が中心で，業界として10年以上に及ぶ長期的な使用を見越して製造・保守管理を行う慣行がある．また，製紙機械では製造にかかる技術特性から，電気機械や自動車のように大量生産と製品の精密さの両立が求められてこなかった．製紙固有の技術水準や生産体制の中で，製紙用機械メーカーが事業構造転換を図るには「自動車や

---

11) G社では，2005年に廃業した抄紙機メーカー（埼玉県川口市）の営業権を譲受した．営業権は据付，設置，設計，製作等も含まれるが，多くは保守管理部門が中心である．

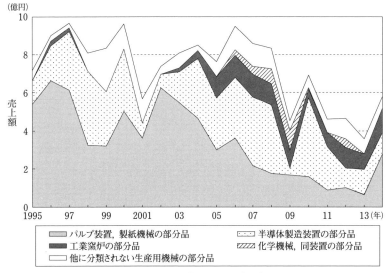

図8-5　N社の部門別売上高の推移

出所）N社提供資料より佐藤作成.

電気機械などの小型で精密さが求められる分野への転換は難しい（N社）」,「製紙用のカッティング技術よりも高い精度が要求される（K社）」といった参入障壁を乗り越える必要がある．新分野に参入できた場合でも,「金型製造にあたっては域内企業に伝手があり，技術開発に数年を要した（L社）」,「平成に入ってからすぐ本格的な事業転換に着手した」「実を結ぶまでに10〜20年はかかるのではないか（K社）」[12]のように，自社技術を即座に新分野に応用できるわけではない．他産業に進出した後も，景気変動や産業の構造変化により「安定した販売先の確保は難しく，年による変動が大きい（N社）」点も指摘されており，需要動向や製品のライフサイクルによって対象業種や販売先を柔軟に対応する必要に迫られる．実際にN社の売上高の推移（図8-5）をみると，製紙用機械の売上減少の中で事業転換を図っているが，製紙以外の部門の売上額が年により著しく異なり，安定した経営につなげられていない状況にある．

---

12) K社先代会長のインタビュー記事（『紙パルプ技術タイムス』2012年5月号）による．

以上より，富士市では製紙用機械メーカーを中心に製紙業界での売上を中心にしつつ，各社の技術を応用できる分野を中心に事業転換を図っているといえる．ただし，技術特性や装置型産業としての製紙業の性格故に，単純な業種転換は難しい状況に置かれている．

3.2 研究開発の取組

3.2.1 製紙業の動向

製紙企業では，大手と中堅・中小企業で研究開発の取組が異なる．大手企業である A, B 社では，持株会社設立やカンパニー化に伴い，東京都の中央研究所で一括して研究開発を進める体制に移行した．このため，従来子会社や工場で行われていた研究開発機能は，一部の工場を残し富士市から撤退した[13]．

これに対し，中堅・中小企業では，①自社内での研究開発の重点化，②外部機関との共同研究開発を進めている．①の例として中堅メーカーでのバガス材の実用化（C 社）や，含浸紙や塗布技術の研究開発（D 社）が挙げられる．D 社では，自社内で研究・試作用の抄紙ラインを設け製品開発を重点化している．

②の例として，D 社は外部からの補助金獲得や大学との共同研究を進めている．D 社ではカーボンナノチューブ（CNT）分散液開発で NEDO（新エネルギー・産業技術総合開発機構）の事業補助金を利用したほか，信州大学や大阪府立大学とも CNT 開発に関わりサンプル送付を行った．加えて，D 社では 2011 年に親会社となった大手製紙メーカーから技術支援や開発にかかる情報提供が，研究開発を進める上で有効であると指摘している．E 社では製品の販路開拓やオリジナル商品の開発において富士市産業支援センター（f-Biz）を利用した．

一方で中堅・中小企業での研究開発では，大手企業のように社内に研究開

---

[13] 別グループの大手企業でも，1990 年代初頭までは研究開発部門を富士市の基幹工場内に置いていた．しかし，企業合併に伴い研究所は東京都内の研究開発本部や機能材事業部に移管されている．

発部門を設置する動きはみられない．研究開発に携わる人員数や体制は，「10 数名が限度でかつ製造部門と兼務している（C，D 社）」，「経営者自身が直接 f-Biz へ相談した（E 社）」のように，従業員が製造と研究開発を兼担している．また，中堅・中小企業では，D 社を除き産学官連携を現在行っていない．これは，近隣地域に繊維や木材を専門とする学術研究機関が存在せず，連携する機関を探索する余力が企業内にないことが大きい．

以上から，富士市では中小企業を中心に公設試験研究機関や産業支援機関の支援を受けつつ，自社の強みを持つ分野の強化や新製品の開発を進めているといえる．一方で，域外企業や大学との技術提携などは，一部企業以外ではほとんどみられないのが実態である[14]．

3.2.2 製紙用機械・薬品の動向

製紙用機械の場合，製品分野や取引関係とも関わるが，基本的には設計や技術開発は自社内での研究開発が主である．企業の中には社内に研究開発部門を設け開発にあたる I 社や，ファブレス化の上，自社内では設計や技術営業などに特化した J 社といった企業も出現している．産業用機械の保守管理を主とする企業でも，自社での技術水準向上を目指して，NC 工作機械等を導入している．O 社では旧来の産業用機械にも対応するため，社内で旋盤加工の技術継承を進め，自社の従業員の技術水準向上に取り組んでいる．

自社内の研究開発とあわせて製紙用機械メーカーでは，技術水準の向上を目指し域内で実務経験のある技術者の採用を進めている．これは，外注先企業の高齢化や廃業が進む中，自社の製造や設計等の強化を目的としている．

しかし製紙用機械メーカーでは，研究開発において他産業や大学・公設試験研究機関との共同研究や技術開発支援は現在ほとんど実施していない[15]．

---

14) CNF の実用化や製品開発も，現在地域の中堅・中小企業では D 社が着手を検討した段階にある程度で本格的な事業化や研究開発には至っていない．
15) 中小企業では Q 社が，東京大学の生産技術研究所や産業技術総合研究所とも共同研究を行っているといった程度にとどまる．過去には，静岡大学工学部とジメチルエーテルの液化貯蔵に関する共同研究を実施した K 社（2008 年しずおか新エネルギー大賞受賞）や，静岡大学農学部のバイオマス化やセルロース利用などを専門とする研究者との間で共同研究を進めた I 社などがみられた程度である．

この背景には近隣地域で連携する研究機関の不足が挙げられる．富士市の近隣地域には繊維や化学，生物系等の自然科学系の学術研究機関は存在せず，最も近い静岡大学静岡キャンパスでも富士市内から自動車で1時間程度要する．このような距離や時間の制約から，大学との定期的な接触は現実的に難しいとする企業もあった．

公設試験研究機関である富士工業技術支援センターについては，各社とも機器利用や講習へは参加しているが，共同研究開発等の実施にはつながっていない．富士工業技術支援センターと同一の建物内にある県紙業協会や紙パルプ技術協会などについても，各団体が実施する講演会や研究報告会には企業は参加するものの，共同研究のマッチングや技術支援にまではつながっていない．

3.3 取引関係の変化

3.3.1 製紙業の動向

富士市の製紙業では，従来資材や運輸，機械保守管理，薬品などで域内取引が盛んであった一方で，抄紙機や加工機等生産設備の新設では全国や海外の企業を選定していた[16]．こうした外注先や地域について，2000年代以降富士市内での企業減少に加え，本社による決済の増加（A・B社など），経費削減への圧力，大手メーカーによる関連企業の子会社化などにより，大手企業では域内への外注は減少している．また，N社のように旧大昭和製紙との取引が強かった企業では，大手メーカーの合併に伴い受注が減少したと指摘する．

対して中堅・中小企業では，外注先を積極的に減らしていないが，域内の製紙用機械メーカーや運輸業者の減少等により，取引先は減少傾向にある．しかし取引を減少させつつも，その外注先は富士市をはじめ静岡県東部が中心である．外注先のうち廃業したメーカーの機械類は，域内他社が継承した

---

16) これは自社製品の特性や生産能力によって，抄紙機に求められる能力が異なることや，機械商社を通じた取引といった，従来の製品売買の慣行が続いていることが大きい．

ものについては，継承会社との取引を進めるといった体制がとられる．

ただし，加工工程等で特殊な機械を要する場合は，域外メーカーの機械を購入する．F社では，衛生用紙用の紙加工機について処理速度と加工精度から大阪府や愛媛県のメーカーの機械を利用しており，生産において富士市内の業者との取引は少ないとしている．

3.3.2 製紙用機械・薬品の動向

次に製紙用機械メーカーの受注・発注関係をみると，まず製紙業からの受注では，従来同様域内外の機械商社を介して受注から納品まで行う体制が続いており，直接取引は限定的である．従って，製品の使用期間や特殊性に応じて納入先地域は企業により大きな差があり，衛生用紙を中心に市内割合が高い企業もある一方，特殊用途の機械類を製造する企業では，M社（常時50％以上が県外）やK社（8割以上が域外）のように域外売上割合が高い企業もある．

このうち製紙以外の分野へ展開している企業では，全体として域内に所在しない分野に進出するため全国からの受注が増加している．反面，域内の他産業との取引は自動車用金型を手がけるL社や，半導体用機械を手がけるN社が高い程度である．また，現状では海外進出もほとんどみられない．

一方，産業用機械の保守管理を手がけるO社の場合，他産業の機械を扱う上で受注の地理的範囲としては，従業員手配を含めた即時対応の実現から，富士市を中心とした静岡県東部に限定されるとしている．N社ではかつては据え付け工事等で県外まで赴くこともあったが，機械の性質により受注状況が異なるため，域外が主になっているとは言い切れない．

受注に対して，製紙用機械メーカーからの発注（機械加工や組立）や完成品購入は，多くの企業で富士市・富士宮市内に集中し，遠くとも静岡県東部にとどまっている．また，加工や設置等の分野により異なるが，各企業の発注先は固定的である．取引先数はG社のようにかつて協力会を結成した企業もあるが，多くの企業では多くとも十数社程度にとどまる．ただし，各業者とも地場の鉄工業者や設置業者等の減少から，取引先数を減少させる，廃業・撤退した取引先と同業種の企業に発注を切り替えるといった対応をして

いる．

　発注において固定的な取引関係が築かれる理由には，①紙の生産体制への対応，②互酬的な取引関係の維持，③企業の技術力への評価が挙げられる．まず，①は製紙の24時間操業への対処が大きい．製紙中に機械の故障等が発生した際，生産ロスを減らすには，修繕の時間短縮が不可欠である．この際，製紙用機械メーカーや保守管理企業には即時対応が求められるため，製紙企業や機械メーカーとの地理的・時間的距離が短い富士市や近隣地域の企業との取引が最も効果的となる．

　②は，①とも関わり緊急時への対応という点が大きい．緊急時には，そもそも費用の見積もりが取れない．かつ緊急時にコスト切り下げを要請すると，将来的に取引業者から発注を拒否される要因になる．従って，即時対応などの無理が発生する場面では，機械メーカーではコストに訴求せず相互に良好な関係を築くことが求められる．

　③は製紙用機械が産業用大型機械で，一品生産であることが大きい．製紙用機械は，製品が大型で納入時には設置や試運転等の作業も発生する．従って部品加工や組立に加えて，据付や保守管理も含めた技術力をもった企業に依存せざるをえない．以上の点のために，各機械メーカーは外注先の鉄工所等と頻繁に技術交流を図るとともに，固定的で相互の信頼関係に基づく取引関係の構築を進めている．

　ただし，廃業等による外注先の減少に伴い，域内企業で対応できない分野では，①域外企業への外注，②内製化の進展の動きがみられる．①は域内での業者不在と高度な加工への対応が大きな理由である．こうした例としては，域内企業へ発注できなくなったため，鋳物の加工を埼玉県川口地域への外注や熔接に切り替えたG社や，材料メーカーの減少と高度な加工の必要性から県外への発注を増加したI社が挙げられる．

　②については，各企業とも域内企業と外注取引を継続しつつも，新製品の開発においては内製化や自社開発を進める動きがみられる．もともと内製がほとんどであったM社のような例を除けば，調査企業でもI, K, L社等で，自社内で技術開発して新事業の展開につなげる事例もみられる．

　対して薬品卸売では，大手企業との新規取引を開始したことを受け，P社

では富士市内の企業との取引が増加している．一方，Ｑ社ではもともと東京都に本社を置くため，富士市に限定せず全国や海外との取引を増加させている．Ｑ社は，扱う薬品が製造する紙の種類にかかわらず製造工程に直接関わることもあり，板紙など古紙を利用する紙種を対象にして，国内外のシェアを高める形で普及を図っている．

4. 製紙業における富士市の立地評価

　以上のように富士市の製紙業は全国的な再編の煽りを受けて，市内の産業上の地位がかなり低下している．本節では富士市で製紙業が縮小に向かっている理由を，聞き取りで指摘された製紙業および関連産業企業の富士市に対する立地評価から検討する．
　製紙業および機械・薬品製造企業の富士市の操業・立地環境について，長所として企業からは「大都市圏への近接性」「交通の利便性」が挙げられた．大都市圏への近接性については，板紙や特殊紙メーカー，衛生用紙で指摘され，生活用品や企業向け製品の消費との関わりで評価されているといえる．
　交通の利便性については，製紙や製紙用機械企業に加えて薬品研究開発のＱ社からも指摘され，首都圏から1時間程度で到着でき，対面接触が可能な点が評価されている．以上の点を踏まえれば，特に首都圏との近接性を生かせる点で，富士市は他の産地よりも優位性を持っているといえる（鈴木2013, 2017）．
　一方で富士市の短所としては，「高い用水価格」と「輸送費の高騰」が多くの企業から指摘された．まず用水については，県の工業用水道（富士川工業用水道，東駿河湾工業用水道）や，富士市と富士宮市の一部事務組合で運営される岳南排水路の料金の高さが挙げられる．これらの工業用水道は戦後地下水の過剰取水による塩水化や，未処理排水による田子の浦港の公害発生を受けて1960年代より整備されたもので，市内の製紙業者の多くが利用している．
　富士川工業用水道と東駿河湾工業用水道は，全国の公営工業用水道と比較

しても単位あたりの価格は安価である[17]が，河川表流水や地下水の価格よりも数倍以上高いと製紙業企業から指摘される[18]．加えて富士市の製紙業企業は排水時に岳南排水路を利用しているため，各企業にはその料金負担が求められる．製造工程で大量の用水を使用する製紙業の性格上，富士市は河川表流水や地下水を利用できる他地域との価格差[19]から，用水コスト面で比較劣位に置かれている．

　加えて，製紙業企業の減少は操業中のメーカーに将来的な用水コスト負担増の懸念を生んでいる．岳南排水路の使用量および使用企業数（図8-6）は，利用する製紙企業の廃業や生産停止により，減少傾向にある[20]．特に，富士宮市から富士市にかけて中小衛生用紙メーカーが集中していた1号路や，大手企業が利用していた4・5号路では排水量が激減しており，製紙業の低迷が利用の減少に直結している点が示される．

　また岳南排水路は，建設から30〜50年経過し老朽化した排水管交換が必要になっており，維持管理費用捻出のため利用料金値上げにつながる可能性を孕んでいる．現状岳南排水路は利用料金で安定経営を行い，借入金負担等

17) 2014年の公営企業年鑑では公営工業用水道事業の全国平均単価は30.16円／m³だったのに対し，富士川工業用水道は平均単価23.61円／m³，東駿河湾工業用水道は13.01円／m³である．東駿河湾工業用水道について使用企業数・量を見ると，2011年には紙パルプ58社，41.4万m³／日であったが，2015年には紙パルプ46社，26.9万m³／日と急減している．

18) 古いデータであるが，1965年の「工業統計表」用水編によれば，静岡県の産業中分類パルプ・紙・紙加工品における用水価格は，工業用水道が3.23円／m³なのに対し，地表水は1.08円／m³，井戸水は1.60円／m³と安価であり，同様の傾向は太田勇・肥田（1968）や肥田（1969）でも指摘されている．また1976年当時の工業用水道利用の全国的動向では，経費は地下水が1〜2円／m³，平均的な工業用水道は10〜15円／m³だったのが，富士川工業用水道で基本料金5.3円／m³，超過料金10.6円／m³であった（静岡地理教育研究会 1976）．

19) 河川表流水については，取水権の取得において金銭売買が発生しない．従って，事実上取水自体にかかる費用は取水や浄化設備の維持管理に限定される．

20) 岳南排水路の2006年時点の排水量上位企業は，日本大昭和板紙吉永工場（12.4%），日本製紙鈴川工場（8.9%），王子製紙富士工場（8.8%），日本製紙富士工場（8.2%），大興製紙（4.6%），王子板紙富士工場（4.5%）など製紙業大手9工場で56.7%を占めていた（『富士市の工業』による．工場名は当時のもの）．このうち日本製紙鈴川工場と王子板紙（旧三興製紙）富士工場は現在生産停止，日本製紙富士・吉永工場は統合され，3・4号路の利用量減少につながっている．

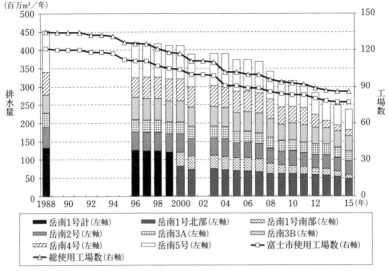

図 8-6　岳南排水路の路線別排水量および使用工場数の推移

注）使用工場数には休止工場を含む．1989～1995年，2002年の全体内訳および1999年までの1号排水路の内訳はデータなし．
出所）岳南排水路管理組合『岳南排水路の概要』各年版より佐藤作成．

は抑えられているが，製紙業各社は負担増加を懸念し，値下げ等の措置を求めている[21]．

　次に輸送費の高騰については，まずトラック輸送費の負担増加が挙げられる．特に富士市では旧大昭和製紙の日本製紙統合後に傘下運送業者の廃業が増加したことや，近年の運転手不足，運賃値上げが各企業の輸送費負担につながっている．2010年時点で軽工業品の単位重量距離あたりトラック物流費は，東京都発－静岡県着（80.6円／トンキロ）よりも，東京都発－愛知県着（30.2円／トンキロ），東京都発－大阪府着（44.5円／トンキロ）が安価になった（いずれも国土交通省「全国貨物純流動調査」による）．特に，首都圏からの帰り荷が利用できない印刷・情報用紙や特殊紙，衛生用紙の一部では輸送費の上

21）　工業用水については，2015年6月に紙業協会等が県企業局に価格の据え置きを要望している．また岳南排水路は2012年11月～2016年2月に特別措置として基本利用料金の2割引（基本料金8.8992円／m^3，従量料金1.0368円／m^3）策を講じている．加えて，現在岳南排水路管理組合では従来よりも細い口径管の設置を進めており，使用量に対応した施設更新を進めている．

昇やトラック手配が困難になっている点が指摘された．ただし板紙（B 社）は，帰り荷として原料の古紙を運搬するため輸送費上昇は比較的抑えられるとしている．

　トラック輸送に加えて，製品の海外輸出をする企業では，同じ県内の清水港の利用料金の高さや利便性の悪さが指摘された．これは特に海外輸出を展開する企業が横浜港と比較して指摘している．清水港は海外向けの船便が少なく，港湾までの輸送距離が短くとも輸出へのリードタイムが発生する．加えて，清水港では長時間停泊に伴う岸壁使用料が高くなる[22]ため，横浜港が道路輸送負担を含めても利便性やコスト面で優位となる（I 社による）．特に製紙用機械および関連分野では機械自体が大型になるため，船舶輸送を利用せざるを得ず，使用料などの負担も大きな問題となっている[23]．

5. 成熟産業都市の政策的課題

　以上のように成熟産業都市として位置づけられる富士市の製紙および関連産業の産業集積では，業界再編や市内企業の減少に伴い 1990 年代後半以降停滞している．富士市の産業集積は現状図 8-7 の形でまとめられるが，企業減少や産業再編の中で現存企業では，製紙では板紙や衛生用紙，特殊紙などの大都市圏との近接性を生かした製品への転換が，製紙業を支える関連産業では自社技術の応用や廃業企業の継承を通じて，多角化や高付加価値製品製造が進められている．

　一方で，製紙業では高い用水コストや輸送費負担の増加と将来負担の懸念

---

22) 外航船舶の岸壁使用料で比較すると，清水港では使用時間 2 時間未満では 4.90 円，2〜12 時間未満では 8.20 円であるが，12 時間を超えると 24 時間ごとに 10.90 円となる（清水港利用料金規定による）．一方，横浜港は 12 時間までの係留時間では 10.05 円で清水港より高いが，超過料は 12 時間ごとに 6.70 円と清水港より安価となる（横浜港利用料金による．いずれも船舶 1t あたり料金）．

23) なお富士市内の田子の浦港については，1990 年代まではチップ輸入等の窓口となっていたとされる（安積 2001）が，2015 年の輸移出入の内訳では紙・パルプ類はシェア 8.7% まで減少している．また，木材チップの輸入は，2006 年には 69.2 万 t あったが 2013 年以降輸入はゼロになっている（2016 年『富士市の工業』による）．

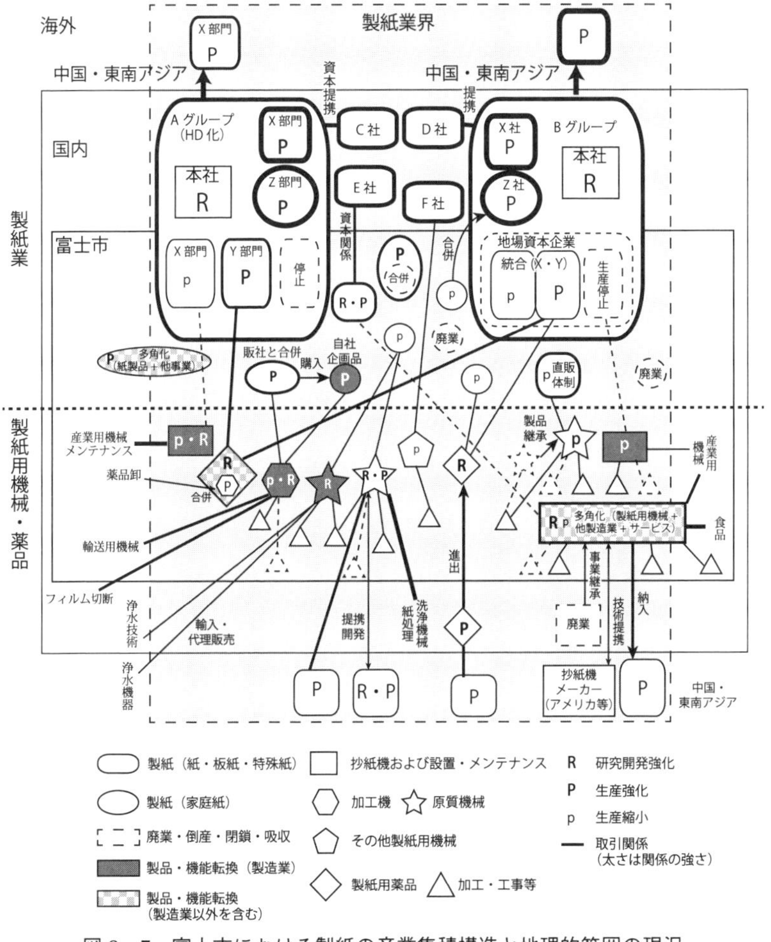

図 8-7 富士市における製紙の産業集積構造と地理的範囲の現況
出所）佐藤作成．

から，衛生用紙を除けば設備投資や工場新設等も進まず，生産量や雇用の回復に結実していない．また関連産業では異業種との技術水準の乖離，設備投資や技術習得の困難さ，参入を目論む市場の狭小性や浮動性から，輸送用機械や電気機械など他産業への転換が難しい状況にある．従って富士市の製紙業の集積では，製紙業における産業面，技術面での負のロックインが働いている状況にあり，特定市場に依存していた地域経済の構造転換の困難性を示

している.

　こうした富士市の産業構造の中，製紙業の停滞から脱却を図る上では異業種への転換の促進や共同研究の実施，CNF に代表される新素材の研究開発といった支援策が求められる．製紙業の衰退に対して富士市に関わる政策では，2001 年に開始された県東部での「ファルマバレープロジェクト」に代表される，医薬・医療を中心とした研究開発が進められている[24].

　富士市も 2006 年に「富士市工業振興ビジョン」を策定し，①挑戦意欲ある人材の確保・育成（Challenge），②産業・企業の高度化，高付加価値化の推進（Creation），③多様なネットワークの構築（Collaboration），④企業の立地意欲が高まる環境整備（Charm），⑤工業振興推進体制の確立（Support）の 5 点を基本的な方針に掲げている．実際に，富士市では工業振興ビジョン策定後，f-Biz の設立（2008 年）による創業・起業支援，サポート拡充といった支援，内陸部の工業団地造成や企業立地促進奨励金制度をはじめとした企業立地支援，知的財産権の取得や海外販路開拓，産学官連携の補助金制度といった既存企業の事業高度化支援を進めている．

　しかし，これらの支援策は，利用した E, O 社が評価する一方，現状調査企業を中心に製紙関連の企業では十分利用されておらず，国や県の産業支援補助金を利用した企業も限られている[25]．この理由として，県や富士市の支援策では医療や医薬といった先端技術や第 3 次産業への支援が中心である点[26]や，専門的な人員不足や財政事情に起因した中小企業に対する情報提供

---

24) ファルマバレープロジェクトが県東部で進められる中，2004 年には文部科学省「都市エリア産学官連携促進事業（一般型）」に採択され，東京工業大学や東京農工大学，早稲田大学とも包括的事業連携協定を締結している．2016 年現在は 2011 年度から第 3 次戦略計画の策定を進めており，「ふじのくに先端医療総合特区」が地域活性化総合特区に指定されている．

25) 国の助成金利用について，「都市型の製紙会社」を目指す上で環境や公害対策に対して補助金を獲得した設備投資をした C 社（『紙パルプ技術協会誌』2014 年 5 月号 C 社社長インタビューによる），国の NEDO 事業を利用した D 社のような例がみられる程度である．

26) 2015 年度における f-Biz への相談件数 4,205 件のうち，製造業（427 件，10.1％）は，サービス業（1,287 件），小売業（759 件），飲食・宿泊業（556 件）に次ぐ数字である．しかし相談目的については，販路拡大（2,489 件），創業（822 件）が多いのに対し，新製品開発（259 件），連携（36 件），資金調達（22 件）は必ずしも高い割合を示してい

図 8-8 富士市における工業振興費歳出額の推移

注) 2008 年度から旧富士川町を含む. 融資, 貸付事業など金融対策費は含まない.「産業イノベーション」には, 産学官連携支援, 販路開拓, 経営革新, 異業種連携, 人材育成といった事業を含む.
出所) 各年度『富士市市政報告書』より佐藤作成.

の少なさ, 行政や産業支援機関同士の連携やワンストップ化まで至っていない点などが挙げられる[27].

実際に, 富士市の工業振興にかかる財政支出をみると (図 8-8), 一般会計に占める工業振興経費は 1% 程度で推移している. その内訳は現在も用地整備等の企業立地関連の歳出が大半を占め, f-Biz がそれに続く. 一方, 産学官連携や販路開拓, 異業種連携等を含む産業イノベーション支援への歳出は毎年度 1000 万~1500 万円程度, 製紙業への助成や研究会等の補助に該当す

るわけではない. また f-Biz の支援を受けて 2013 年 8 月から 1 年間で富士市内に創業した 36 件のうち, 製造業は 4 件 (11.1%) であり, サービス業 18 件 (50.0%), 飲食・宿泊業 5 件 (13.9%) よりも少ない (いずれも富士市資料による).

27) 富士市の産業経済部のうち港湾振興を除いた産業部署の人員数 (2015 年度当初) は, 産業政策担当 3 名 (うち調整主幹 1 名, 主幹 1 名), 工業振興担当 3 名 (うち主幹 1 名), 誘致担当 3 名 (うち統括主幹 1 名) である. この他関東経済産業局派遣 1 名, 県企業立地推進課派遣 1 名であり, 経済産業局や県との情報交換を進める体制を採っている (2015 年版『富士市の工業』による).

る地場産業振興経費は500万〜600万円程度にとどまる．また製紙関連の素材開発に対する支援も，2015年度に静岡県が開始した「ふじのくにCNFフォーラム」の設立や研究会の開催，2016年度より富士市がCNFへの助成[28]を新たに設立したのを除けば，近年までほとんど取り組まれてこなかった[29]．

　こうした実情を踏まえ，成熟産業都市である富士市の製紙業集積の再生を図る上では，次の3点が政策的課題となるであろう．第1に，産業支援機関による助成金交付や技術交流，研究会等の実施である．現在，富士市では工業技術支援センターや紙業協会，技術協会等の支援機関や業界団体が複数存在している．しかし，現状個別の企業や団体による取組が中心で団体間での相補的な支援体制を構築するには至っていない．中心となる支援機関が企業支援や情報提供をワンストップで果たしていくことで，中小企業では困難であった技術や情報の探索や新事業化への展開につなげられると考えられる．

　第2に，製紙や製紙用機械の企業が利用しやすい補助金・助成金の創設である．第1の点とも関わるが，中小企業を対象にした情報提供とともに，既存事業への助成金・補助金制度の利用拡大が事業転換や新製品への移行を促す上では重要になる．また手続き簡略化といった，利用企業が扱いやすい仕組みの整備が求められよう．

　第3に，製紙業に関わる市内や近隣地域に所在する主体間での連携強化である．現状，紙業協会や技術協会，工業技術支援センターといった支援機関は存在しているが，企業の支援やネットワーク形成では十分な役割を果たしていない．一方で，これらの機関に富士市外の企業や団体も参加している点を踏まえれば，域内・域外ネットワークの構築が，企業間連携や事業の新展

---

28) 富士市のCNF関連補助金は，産学連携セルロースナノファイバーチャレンジ補助金，セルロースナノファイバートライアル事業補助金が該当する．CNF関連の事業では，富士市内の企業および企業組合の研究開発を重点に置き，大学や高専，公設試との共同研究に関する支援やサンプルの購入を対象にしている．

29) 実際に，産業技術総合研究所ナノセルロースフォーラムへの製紙業の参加主体をみると，A, B社を含めた大手企業およびその系列企業や，静岡県や富士市，富士工業技術支援センターの研究員は加入している．一方で，富士市の中堅以下の企業については，大手企業傘下の企業を除き2016年3月4日時点で参加は1社もみられない（ナノセルロースフォーラムホームページ，https://unit.aist.go.jp/rpd-mc/ncf/sosiki/meibo.htmlによる）．

開を図る上で重視されるであろう．また，異業種交流や他産業との連携を通じたニーズや製品の把握は，CNF を含め製紙業で培われた技術の応用や販路開拓に結実する可能性も否定できない．こうした域内外，製紙業以外とのネットワーク構築が，富士市の製紙業者や産業支援機関および自治体には求められる．もちろん産業支援を図る上で他産業との公平性や財政支出の効果を念頭に置けば製紙業のみを対象とするのは難しい側面はあるが，市の中核産業としての位置づけを踏まえた支援策が今後の政策においては必要になるであろう．

第9章 複合工業地域：静岡県浜松地域
――集積構造の転換と地域イノベーション

佐藤正志

1. 浜松地域の産業集積の特徴と既往研究の動向

　本章では複合工業地域の現状と政策的課題として，静岡県浜松地域[1]を取り上げる．既存研究で浜松地域は，1990年代まで三大産業と称される繊維・楽器・オートバイを中心に各種の工業から成立する「複合工業地域」（大塚 1986a，10 頁）や「複合型産業都市」（田野崎 1989，27 頁）と称される産業集積とされてきた．工業において浜松地域は，技術水準や産業の高度化，新事業の展開において強みを持つとされてきた．その背景として，浜松地域には積極果敢な市民性，他者を受け入れる地域的基盤，支援者・エンジェルの存在，大学や公設試験研究機関，行政・商工会議所等のリーダーシップと支援，企業間での熾烈な競争，金融機関による支援といった条件（竹内宏 2002，坂本・南保 2005，西野 2009）がある点が指摘されている．

　浜松地域の産業集積については，その特徴や強みとされるスピンオフやネットワークに焦点を当てた研究も進められてきた．前者については，楽器産業集積の形成における地域基盤と起業家の関係を論じた大塚（1986b），スピンオフ連鎖による光産業やソフトウェア産業の成長に焦点を当てた長山（2009, 2012）が挙げられる．後者のネットワーク研究では，浜松地域内の企

---

[1] 本章では，浜松地域として従来テクノポリスとして指定された旧浜松市に加えて，工業の外延的拡大や立地拡大を踏まえて，浜松地域を現浜松市，磐田市，袋井市，掛川市，湖西市，森町を含むものとして捉える．これは大塚（1986a）で設定された区域よりも広く，西遠地区と中遠地区の一部が含まれる．

業ネットワークにおける工学部出身者の貢献を示した水野（2005），レントの分析により中小企業による自発性と公的支援機関の支援といった，組織の境界を超えたネットワークの多様性と多層性が強みとなっていることを指摘した西口（2003），研究会に参加するハブの主体の流動性，公的・私的な研究会や異業種交流の存在と産業支援組織による支援が，継続的なイノベーション創出に結実していることを示した與倉（2012）が挙げられる．最新の医工連携による新製品開発についても，川端勇樹（2017）が異なる性格を持つ組織間での連携構築や開発の過程に関して，研究会という場の設立と商工会議所や大学等の介入，医療機器開発の初期条件を中心に詳述している．

　加えて，浜松地域では政策面でも国や自治体のみならず，金融機関や産業支援機関の果たしてきた役割にかかる評価がなされてきた．特に浜松地域では，内発型のテクノポリスとして，既存業種を土台にした新産業の成長を促してきたとされる．浜松地域にかかる政策は用地整備や企業誘致に限定されず，産業支援機関における技術者や経営者出身のコーディネーターの連続的な取組が研究会活動に結実した点（細谷 2009，太田耕史郎 2016）や，金融機関や行政，大学等によるインキュベート，資金・販路支援の機能（辻田 2004，浜松信用金庫・信金中央金庫総合研究所 2004）が，企業支援に貢献してきたと評価される．

　しかし今日の浜松地域は，繊維や楽器の衰退，光産業の成長にみられるように産業構造が大きく転換している（村松 1999，與倉 2012）．加えて，製造業の設備投資や用地取得，労働力確保，テクノポリス指定後の自治体の工業用地整備等を受けて，産業集積は浜松市市街地から西遠・中遠地域にも分散化・外延化しており（山本義彦 1998，塩川 1992，小田 1992），産業集積の質的変化と地理的拡大が進んでいる．政策的にも輸送用機械をはじめ労働集約部門の海外移転が進む中，企業や経済界から産業高度化，知識集約型の製造業に対応した基盤整備が自治体に要求されている（丸山真央 2015）ことに加えて，愛知県や長野県南部との広域連携や産業振興といった課題も浮上している．こうした浜松地域をめぐる現代的な産業の課題のみならず，政策的取組の現状や課題の検討が必要であろう．

　以上を踏まえて，本章では浜松地域における集積構造の変化を，統計デー

タの分析や企業への聞き取りから明らかにする．同時に，浜松地域をめぐる国・県・市町村といった政府機関に加え，産業支援機関による産業政策の方針と取組を踏まえながら，複合工業地域を事例とした今後の政策的課題を展望したい．

2. 浜松地域の産業活動の変遷と現況

2.1 浜松地域の産業活動の歴史的変遷

まず，浜松地域の産業活動の現代的状況を把握する上で，浜松地域の製造業の発展の経過を示す．浜松地域の産業変遷をみると，図9-1のように示される．

浜松地域では，江戸時代より綿織物や木材加工が，明治期には織機が盛んとなっていた．楽器産業も合資会社山葉風琴製造所（現在のヤマハ，1889年）設立を契機に，戦前に楽器メーカーが多数創業していた（大塚 1986b）．

軽工業中心だった浜松地域で重工業成長の契機となったのが，鉄道院浜松工場の開設（1912年）である．鉄道院工場では，車両製造や修繕用の機械の導入とともに，熟練工が多数在籍した．後に鉄道院工場での勤務経験を持つ職工のスピンオフにより，機械・鉄工系の企業が増加し，木工や織機などの既存産業と結びついたことで，機械工業の成長につながった．加えて第2次大戦期の疎開工場進出や，戦時中の軍需品製造への転換が，重工業の成長に結びついた[2]．

重工業の成長は戦後も続き，ミシンや一般機械，工作機械等の機械工業が浜松地域の主要産業として位置づけられるようになった．特に，輸送用機械（オートバイ）は浜松地域内で本田技研工業（以下ホンダと表記），ヤマハ発動

---

[2] 藤田泰正（2009, 2011）は，戦前までの産業用機械の技術形成と発展について考察し，浜松域内での多数の鉄工所設立と技術者の育成，繊維機械での技術基盤の確立，第2次大戦期の軍用機械による技術の確立といった技術成長や応用に加えて，当地域内での中小工作機械メーカー間のネットワークと熾烈な競争，鉄道院浜松工場や教育研究機関の誘致が人材育成や技術伝播に貢献したことを指摘する．

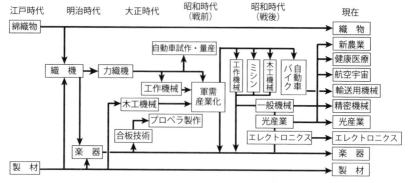

図 9-1　浜松地域における地域産業成長の動き

出所）大塚（1986a, 178頁），浜松市および浜松地域イノベーション推進機構資料より佐藤作成．

機（ヤマハよりスピンオフ），鈴木自動車工業（織機メーカーより事業転換，後に四輪車事業にも進出．以下スズキと表記）といった後の大企業が誕生・成長している．輸送用機械の誕生とともに，部品メーカーが浜松市周辺地域にも多く誕生し，協力会の結成にもつながっている[3]．1960年代以降，工業用地開発が進んだこともあり，磐田市など周辺地域にも輸送用機械の工場の移転が進み，浜松市を中心に製造業の外延化が進んでいく．

また，新産業として静岡大学工学部（1947年）設置後に，卒業者による電気・光産業が浜松市内で多く起業する．1953年には静岡大学工学部出身の堀内平八郎が浜松テレビ（後の浜松ホトニクス）を浜松市内で創業し，製造を開始した．

安定成長期に入ると，浜松市を中心に製造業の成長は続くが，海外への生産移管や新興国からの安価な製品の輸入増などを受けて繊維産業は衰退に向かう．対してオートバイ，四輪自動車や楽器はこの時期に基幹産業として位置づけられるが，1980年代に輸送用機械はアジアや欧米を中心に現地生産

---

[3]　浜松市（2012）によれば，スズキでは1950年の段階で浜松市内を中心に40社以上の協力工場を，ヤマハ発動機では1957年当時に30社以上の協力工場を持っていた．浜松地域でオートバイ製造が盛んになった理由としてメッキ，板金，プレス，鍛造，溶接などの工程特化型企業や部品メーカーを組織して成り立つ産業で，これらの産業が浜松地域で集積していたため，製造部門を持たない企業でも参入が容易であったことが挙げられる．

を開始し，空洞化が進み始める．また1980年代初頭には，ホンダとヤマハ発動機によるオートバイのシェア争い（HY戦争）が起こるなど，生産の乱高下が起こる事態が発生した．特にHY戦争で敗北したヤマハ発動機では，社員の自主退職促進などの，経営再編を進めたが，ヤマハ発動機の技術陣が立ち上げた3次元CADのスピンオフ企業が誕生したこと等により，ソフトウェアや情報通信企業が域内に出現し始めた．

電気機械・光学機械系企業については，浜松ホトニクスを中心にスピンオフ企業の誕生を促しながら成長をとげる．1970年代以降域外企業の工場設置などとあわせて，電気機械系の企業が浜松市の周辺自治体を中心にして増加する．1980年代に入ると電気機械や半導体と楽器を組み合わせた電子楽器メーカーも，浜松市内に生産拠点を設置する動きがみられた．

以上の浜松地域の産業成長を支援してきたのが，産業支援機関や学術研究機関である．浜松地域では，1906年に静岡県工業試験場浜松分場設立を嚆矢に，静岡県染織講習所（後の浜松工業高等学校，1915年），浜松高等工業学校（後の静岡大学工学部，1922年）などの機関が設立されている．これらの機関は，浜松地域の請願により設立されたものであり，当初は繊維を，浜松高等工業学校は機械（機械学科，電気学科，応用化学科）を中心に，研究開発の役割を担ってきた．特に浜松高等工業学校では，高柳健次郎助教授が1926年にテレビジョン実験に成功したことが電気・光学系の発展の礎となった．その後も浜松工業高等学校から改組した静岡大学工学部では1965年に電子工学研究所を設立，1974年には医科単科大学の浜松医科大学が市内に開学するなど，学術研究機関が増加していく．

1980年代以降浜松地域では国の産業政策指定とあわせて，産業支援機関の活動が一層活発になっていく．1984年のテクノポリス指定に先立ち，1981年には財団法人ローカル技術開発協会が，1983年には財団法人電子化機械技術研究所が設立される．2つの財団法人は1991年にテクノポリス推進機構として統合され，企業誘致や支援・情報提供などを行う産業支援機関として域内企業の支援を進めてきた．テクノポリス指定後には，学術機関においても，浜松医科大学光量子医学研究センター（1991年），静岡大学地域共同研究センター（1992年）が開所し，産学官連携の拠点となっている．県

の公設試験研究機関も，1991年に静岡県機械技術指導所と静岡県浜松繊維工業試験場を統合した静岡県浜松工業技術センターが都田地区に設立されている[4]．これらの機関は企業との共同研究や研究会への参加を進め，稠密で重層的な学習のネットワークが構築されていった（西口2003，輿倉2012）．

このように，浜松地域では戦後三大産業を中心に，静岡県西部の工業中核地域として成長してきた．しかし，低成長期から輸送用機械や楽器の生産拠点の国内外移転[5]をはじめとした産業構造の変化，新産業の創出，産学官のネットワークや共同研究の進展等の新たな動きがみられ始めるとともに，産業集積の地理的範囲も，浜松市を中心としながら中遠や愛知県にも拡大している．

2.2 浜松地域の産業活動の現況——統計による実態把握

浜松地域の産業の現況をみるため，「工業統計表」「国勢調査」等の統計資料から，浜松地域における産業の現状を把握する．浜松地域では，先述の通り三大産業のうち繊維が1970年代より衰退傾向にあるが，1980年代以降のグローバル化や空洞化，2000年代中盤の好況期とリーマンショック後の不況といった製造業をめぐる動向を踏まえて，浜松地域の現況を検討する．

まず，工業統計表を用いて，浜松地域の中核となる浜松市の製造業の動向

---

4) 学術研究機関や1990年代に開所した浜松医科大学や静岡大学の産学官連携施設は共同研究の進展とともに，社会連携や知的財産管理を含めた組織へと変化していく．静岡大学では2003年に静岡大学イノベーション共同研究センターとして（その後2012年に静岡大学イノベーション社会連携推進機構），浜松医科大学では2010年に産学官共同研究センターとしてそれぞれ共同研究や知的財産管理，インキュベーションなどを含めた組織に再編されている．産業支援機関では，2007年に商工会議所内に設置されたはままつ産業創造センターと，テクノポリス推進機構が2012年に統合し，浜松地域イノベーション推進機構（以下本文ではイノベーション推進機構と表記）となった．
5) 二輪車では，海外移転と並び国内でも生産拠点の集約化が図られている．ホンダでは，2008年以降国内での二輪車生産を熊本工場に集約し，浜松工場では現在変速機生産のみを行っている．スズキも，二輪車の組立を豊川工場に移管しており，浜松地域内ではエンジンを本社工場で生産しているにとどまっている．スズキの四輪車では国内向け製造拠点として，浜松市近隣の自治体にある工場を主力としており，浜松市内に本拠地を置く工場での製造は順次縮減している．

第9章 複合工業地域：静岡県浜松地域 209

(a) 事業所数

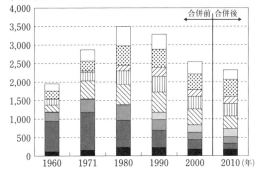

(b) 従業者数

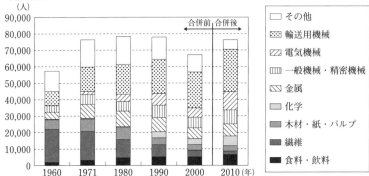

(c) 製造品出荷額等

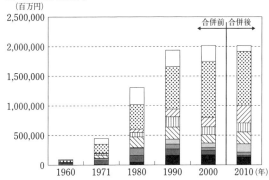

図9-2 浜松市における製造業業種別事業所数・従業者数・出荷額の変化
（従業者4人以上）

注）2010年は合併後の浜松市の数値．
出所）「工業統計表（市区町村編）」各年版により佐藤作成．

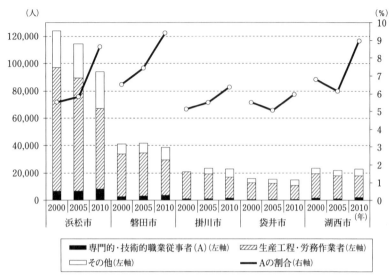

図9-3 浜松地域の各都市における職業別製造業従業者数の推移

注）従業地に基づく．2000, 2005年は合併地域を含む．
出所）「国勢調査報告」各年版より佐藤作成．

として，事業所数・従業者数・製造品出荷額等の推移を把握した（図9-2）．事業所と従業者は，1980年をピークに減少傾向にある．対して，製造品出荷額等は2000年代まで増加傾向にあったが，不況の影響等を受けて2010年には伸び悩んでいる．

産業構成に着目すると，1960年代から1970年代にかけては，浜松地域の三大産業である，繊維，輸送用機械，楽器（図中でその他）が事業所数，従業者数，製造品出荷額等とも高い割合を示していた．しかし，1980年より繊維が，2000年以降は楽器がいずれの指標とも縮小している．対して，輸送用機械は，リーマンショック直後の2010年を除き，従業者数と製造品出荷額等が増加し続けている．電気機械も1970年代以降成長がみられ，従業者数と製造品出荷額等はリーマンショック後の2010年も増加しており，輸送用機械に続く第2の基幹産業となっている．

次に国勢調査により，浜松地域内の職業別製造業従業者数（従業地）および専門的・技術的職業従事者割合（図9-3）を把握すると，地域全体として

2000年以降に従業者を減らしつつある．しかし，生産工程・労務作業者の減少に対して，専門的・技術的職業従事者数とその割合は上昇しており，従業者構成の点では生産工程から研究開発部門へとシフトしていると考えられる．

これらの点から，1970年代以降浜松地域では三大産業のうち繊維と楽器が衰退し，輸送用機械と電気機械（特に光産業）を中心に，また企業の機能として生産部門から研究開発部門に移行していると判断できる．これは，既存研究でも指摘された1980年代以降の浜松地域全体の産業変遷を反映しているといえよう．

3. 浜松地域における産業集積の構造変化

産業の変遷と統計分析の結果を踏まえ，浜松地域内の企業への聞き取り調査から1990年代以降の浜松地域の産業動向と集積の変化を検討する．本章では，聞き取り企業について輸送用機械や楽器，電気機械等の大手完成品メーカーに該当する中核企業と，部品や加工等を手がける中小企業に分け，それぞれ企業群ごとに製品の変化，取引関係の変化，研究開発やイノベーションの取組についてまとめた．調査企業および聞き取り結果の概要は表9-1の通りである．

3.1 製品の変化

3.1.1 中核企業の製品動向

まず中核企業について，A社は楽器，B, C社は輸送用機械，D社は光産業系製品を主力とする大企業である．このうちB社では，輸送用機械の他にエンジン類やプール，アミューズメント用機械といった多角的な製品開発を進めてきた．また，C社は二輪車・四輪車を中心に，輸送用機械を手がけている．

中核企業の低成長期以降の製品をみると，A～C社では大きな変化はない．

表 9 - 1　調査企業

企業	操業年	資本金(万円)	従業員(人)	事業・製品内容	取引 受注	取引 発注
A	1887	2,853,400	19,851	楽器, 電子機器		世界的に外注を利用. 域内の発注（協力会社）を大幅に削減
B	1955	8,750,300	53,382(連結) 10,245(単体)	バイク, 船舶, 電動自転車, アミューズメント用機械		域内を中心に, 部品を発注するが取引業者は漸減傾向（リーマンショック後に域内協力会との関係縮小）
C	1909	13,801,400	14,751	自動車, バイク, 船舶		海外メーカーとの提携時に一時的に域内サプライヤー利用減. 現在, 従来のサプライヤー利用を復活
D	1953	3,492,800	3,045	光学機械	医療・産業機械メーカー	ガラス部品等は, 域外から幅広く調達. 域内利用は電子部品調達
E	1944	6,000	300	自動車部品, 金型, 樹脂加工, LED製品	域内自動車メーカー, 域外自動車メーカー, アミューズメント系企業	部品加工等, 一部工程を域内企業に外注
F	1970	2,000	60	自動車部品, 金型	従来は域内輸送用機械メーカーとの取引, トヨタ自動車系の急増	メッキ処理等で域内企業利用
G	1969	1,600	72	治工具, 金型, 計測, 試作品, 医療機器	浜松地域の輸送用機械メーカー中心, 一部域外輸送用機械メーカー	加工・切削等で域内企業利用. 取引先確保のため外注企業を増加
H	1947(創業) 1968(設立)	4,000	171	自動車部品	域内自動車メーカー, 農機メーカー	部品加工等で域内企業を中心に外注
I	1999	3,000	73	3次元データソフトウェア	世界各国の輸送用機械・電機メーカーから受注	域内へはほとんどなし
J	1997	1,000	6	CAD/CAMソフトウェア, 技術コンサルタント	域外・域内大手企業からの取引が中心	一部知人の経営者の伝手で利用
K	1990	3,000	25	樹脂射出成型金型, 部品加工, ソフトウェア	大手自動車系メーカー（域内・域外とも）, 重工系メーカー（特に炭素繊維の金型開発など）	金型に必要な部品は中国・韓国. 国内で金型メーカーが減少し, 発注が難しい
L	1985	5,000	80	システム開発	域内自動車系, 電気機械系のメーカーからの増加	切削, 加工等では域内企業を利用. システム開発に関しては, 旧知の人物等からの情報
M	1956	4,000	80	超硬刃物, 治具金型, 航空宇宙部品切削加工	愛知県の航空宇宙産業との取引拡大を目指す	不明
N	1948	9,000	115	産業機械, 工作機械, NC工作機械	従前は域内の二輪系メーカー, 近年は愛知県や国外からの取引の増加	部品加工等一部を域内企業に外注. 近年では遠方（北陸, 長野など）との取引増加.
O	1969	149,137	154	光学ディスク装置・電子応用機器・装置, 医療機器	域内の輸送用機械メーカー, 電機メーカー	部品加工（切削, 表面処理）などで域内企業に外注
P	1955	1,000	16	ネジ・医療機器	域内企業中心, 商社機能も持つ.	金属処理などで域内発注

出所）各社提供資料, 企業情報および聞き取りにより佐藤作成.

の概要と結果

製品の展開や研究開発の取組	集積との関係
オルガン・ピアノから電子楽器等に展開．現在製造部門を分社化し，グローバルな製造・供給体制を確立．	生産拠点のグローバル化の中で，国内外の位置づけ変化．浜松地域は，ハイエンド品生産へ移行．技術開発の効率化．
エンジン技術を活かした，多様な製品の開発・製造．磐田市周辺での製品拠点移動（バイク，特機，マリンなど），企業発のベンチャー企業の誕生（1980年代）．	バイクの海外移転に伴う，域内企業との関係の縮小．多様な製品の生産拠点間での集約・移管．
織機で創業し，軽自動車，オートバイにおいて国内大手．自動車生産では海外向けは現地生産に転換．国内工場は，研究開発と国内向け生産を中心．	国内向け製品での浜松地域の生産機能維持．浜松地域を中核とした，研究開発・生産および取引の実施を継続．
光学機械，光関連技術開発に強み．社内ベンチャーなど，研究開発能力の向上．大学院大学創設による，域外を含めた新技術の開発や製品化の着手．	産業クラスターや分野別研究会への加入，産学連携の推進．スピンオフ企業の減少，研究会以外での域内企業との研究開発の減少．
B社の協力企業として，部品や金型の製作を開始．静岡大工学部教員との勉強会から，LEDや健康食品製造開始．	輸送用機械メーカーからの下請けの中で，技術力をつけ，他分野に進出．新分野の開拓では，地元大学やイノベーション機構の支援を受ける．
経済産業省「がんばる中小企業・小規模事業者300社」選定．パイプ加工で軽量化や3次元形状の開発に成功．	域内輸送用機械メーカーとの関係を残しつつも，トヨタ系との取引の強化．
リーマンショックによる受注激減の中で，新分野としてマグネシウム・医療機器などに展開．HAMINGへ参加．	当初は輸送用機械中心，現在も輸送用機械を中心にして，独自技術の開発や勉強会，補助金利用．
バイクのマフラー等の製造から，チタン加工，炭素繊維強化樹脂加工，医療製品の開発を行う．HAMING参加．マフラー製造では，海外への生産移管も進める．	イノベーション推進機構の支援を受けて，新分野への参加．炭素繊維強化樹脂や，チタン利用，マグネシウム加工などをHAMING参加企業とともに取り組み．
B社のスピンオフ連鎖企業．創業者のソフトウェア開発を主力事業に．	ほとんど関係を持たない．スピンオフ元の経営者とは私的なつながりを持つ．
B社のスピンオフ連鎖企業でソフトウェア開発を主力．域内企業からの技術コンサル，保守料収入も増加．	ソフトウェア開発の技術指導や，産学官連携で関わりを持つ．製品開発では，地元企業とのかかわりは低い．
B社発のスピンオフ企業．炭素繊維強化樹脂の射出成型・金型の事業化の推進．CAD・CAM技術を利用した金型開発	炭素繊維強化樹脂開発において，イノベーション推進機構の研究会や，経産省・浜松市の補助金・補償制度利用．
県外出身の人物が創業．システム開発での強みを持ち，大手企業からも取引あり．	域内の研究会へ積極的に参加するなどの取組．製品開発では，域内との共同研究を進めていない．
超硬刃物生産の継続．加工用技術を活かした航空宇宙産業との取引．SOLAEの中核メンバー．関東経済産業局戦略的基盤技術高度化支援事業認定．	加工系の基盤技術を利用した，航空宇宙分野への参入．勉強会などによる異業種連携の推進．刃物製品販売は地元商社利用は少ない．
オートメーション化機器の生産について，地元の輸送機械サプライヤーと取引．	域内の自動車・電気機械系メーカーとの取引から，トヨタ系列との取引が増加．技術開発において，産学連携や補助金の利用．
D社のスピンオフベンチャー．光ディスク販売不振後，測定技術を利用した医療機器などの開発に．	光ディスク市場の不振や，域内の研究会への参加（医工連携など）や産学官連携などの取り組み．
元はネジ商社．ユーザーからの要望を受け，ネジ製作に参入．チタンの実用化と医療機器分野参入，HAMING結成．	医療関係での産学連携や，各種補助金等の利用．共同研究会による製品開発．

しかし，その生産体制は，①量産品の製造拠点を東南アジアや南アジアを中心に移転しつつ，②浜松地域を研究開発や高付加価値製品の生産拠点として位置づけている．特に②について，各社の対応をみるとA社では製品に応じて浜松市内や中遠各市の生産拠点に集約化する一方で，浜松市内の本社は管理機能と研究開発の拠点として位置づけている．B社では多角的な製品開発において，本社のある磐田市周辺の拠点に研究開発部門や高付加価値製品の製造・研究開発機能を残存させるとともに，工場間で製品や研究開発を移管している．C社では浜松地域内の工場を国内向け製品の生産拠点として位置づけるとともに，浜松市内の工場は研究開発拠点として機能転換を図っている．

一方D社では創業当初は映像機器などの開発を行っていたが，1980年代以降光学系機械や部品製造とともに研究開発機能を強化している．D社の現在の主力製品は，光センサー，光電子増倍管，発光デバイス，測光装置等，医療系機器（X線CTなど）である．D社の連結売上は，光電子増倍管や光半導体センサーといった分野の伸びを受けて現在1100億円強であり，1993年（324億円）の約3倍，2000年の約2倍となっている．売上構成は，1986年に光電子増倍管37％，光半導体素子32％，画像処理装置17％，計測用光源8％となっていた（長谷川1992）が，現在では光電子増倍管4割，光半導体やセンサー4割，画像処理装置1割，その他1割程度である．また，国内販売割合は1993年度の57％から2013年度は32％となっており，海外販売割合が高まっている．またD社は研究開発拠点の一部をつくば市などに設置しているが，1990年代以降テクノポリスに位置する浜松市内の都田地区や浜北区内に製造拠点と近接して設けており，域内生産・研究開発を継続している．

3.1.2 中小企業の製品動向

浜松地域の中核企業の動向に対して，中小企業では協力企業や関連産業として，また中核企業からのスピンオフによる創業を通じて集積してきた．本章の調査対象企業の事業分野では主に輸送用機械，3次元CAD・システム開発，その他（光学機械，産業用機械，製造業向け部品等）に分けられる．

E〜H社は輸送用機械部品の製造をしており，主に域内の二輪車メーカー

に部品を納入してきた．しかし，輸送用機械の海外への生産移管が進む中で，各企業では浜松地域での生産機能の変化を迫られている．

　I～L社は3次元CADやシステム開発を手がける企業であるが，I, J, K社はB社若手社員のスピンオフにより，L社は他地域出身の創業者が1985年に浜松市内で起業した．K社はもともと輸送用機械向けの射出成型や金型を手がけていたが，1990年代より3次元CADやCAMを利用した金型等を開始した．

　M～P社はその他に該当する．M社は超硬チップソー（丸鋸）メーカーであり，人造多結晶ダイヤモンドチップソーの開発・製造を手がけてきた．N社は，小型の工作機械（専用機）の製造・受託を行い，従来域内の輸送用機械メーカーと取引をしていた．O社は，D社からのスピンオフ企業で，光学ディスク装置を中心に製造してきた．P社は，もともとネジを扱う商社として創業したが，各種製造業向けのネジ類の製造販売を手がけるようになった．いずれも，浜松地域内の産業との関連で操業・成長してきた企業である．

　以上の概要を踏まえ，まず低成長期以降の中小企業の製品変化を把握すると，大きく①東南・東アジアを中心とした海外での生産拠点設立による従来製品の製造，②国内の浜松地域外向け製品の生産，③他分野の生産・開発の進展を進めている．まず，①はE, G, H, K社が該当し，輸送用機械部品の製造・加工を手がけてきた企業で多く挙げられた．①に該当する企業では大手メーカーの東南アジアを中心とする海外生産拠点の近隣に部品工場を設立し，従来各企業で手がけてきた二輪車用部品の製造を継続している．

　②は，①と同様に輸送用機械部品メーカーが中心で，F社（排気ガス用パイプ），N社（輸送用機械向け産業機械）が該当する．これらの企業では，愛知県の輸送用機械企業との取引を開始するとともに，自社技術を用いた新製品開発を手がけている．③は，従来手がけてきた製品と異なる業種を新規開拓する動きである．近年の動きでは，医療・福祉機器（G, H, O, P社），や農業用光装置（E社），光技術（E, O社），航空宇宙分野（M社）など，先端技術や高度な技術等を要する分野への進出が目立つ[6]．特に，医療機器では高度な

---

6) 2010年代以降製品化を進めているものとして，医療・福祉機器では軽量車いす，手術用器具，X線診断装置などが，農商工連携では農業用照明の開発，光産業では光計

画像診断や情報処理も含まれるため，J社技術者との共同研究も実施されている．これらの取組は後述する研究開発とともに，自社で培ってきた技術や製品の応用という側面が大きい．

新製品開発や異業種開拓を進める一方，各企業では従来扱ってきた輸送用機械の部品の生産や加工，検査なども依然として主力製品に位置づけている．実際に，各社への聞き取りでは「福祉器具生産は試作的な意味合いが強い（G社）」，「従業員17名のうち医療器具製造の配置はパートを含め4人，売上は40％（P社）」，「航空宇宙関連の事業は現在組合（SOLAE，後述）各社で受注（M社）」，「LEDやセンサーの売上は各7％程度（E社）」の回答のように，新事業を手がけながらも従来製品の売上割合が依然として高い企業がみられる．以上を踏まえれば，浜松地域の中小企業では新製品開発や他地域との取引，海外進出等を展開しつつも，輸送用機械を中心に従来の製品を継続するという状況にあるといえよう．

3.2 取引関係の変化

3.2.1 中核企業の取引関係

中核企業の輸送用機械や，楽器メーカーは，グローバルな拠点再編の中で，浜松地域内の協力会縮小や再編を通じて，域内からの部品調達や加工外注を減らしている[7]．A社では2000年代初頭に浜松市内に100社程度あった協力企業が，現在は40社程度まで減少している．B社は，国内の協力会社は依然数百社程度あるが，2次・3次下請企業が減少傾向にあり，特にリーマンショック後に協力会企業でも取引が減少しているとしている．C社も，浜松地域を中心に多くの協力会を抱え，最も多い1994年には協同組合加盟企業が104社まで増加していた（浜松市 2012，浜松信用金庫・信金中央金庫総合研究所 2004）が，海外生産増加や海外メーカーとの資本・技術提携，リーマンショックの中で一時期協力会企業は減少していた．しかし，海外メーカーとの

測機器，航空宇宙分野では，刃物技術を利用した高度な切削加工などがある．
7) 下請企業数の減少の背景には，既に1990年代後半以降大企業による選別がなされていることが指摘されている（村松 1999）．

資本・技術提携の解消や浜松地域での生産拡大の中で，協力会企業数は再び増加している（2014年10月時点で78社）．

ただし中核企業では，重要部品や加工は技術力を持つ域内企業との間で取引を継続，拡大する動きもみられる．また海外進出に伴い，中核企業では外注企業に，製造拠点の近隣で部品製造・加工・検査等の工場を設立させる（E, G, H社など）対応も採っている．特に技術力が高く，完成品に不可欠な部品を製造する企業は，中核企業が自ら誘致を進めて海外拠点近隣に工場を設立させている．

一方外注や部品調達において，中核企業では国内調達が困難な部品や技術については（D社の高精度ガラス系部品など），海外からの調達に切り替える場合も確認できた．

3.2.2 中小企業の取引関係

浜松地域内での中小企業では中核企業からの受注が減少する一方，輸送用機械や工作機械の分野では，前述のように既存の中核企業を中心とした協力会に囚われない新たな取引構築を進めている．輸送用機械では，特に受注先として重視しているのが愛知県の自動車関連産業であり（F, N社など），愛知県内の自動車企業との取引が売上の中心になった企業も存在する（F社）．ただし，愛知県内の自動車関連産業との取引では，納期の短縮や製品の精度，コスト低下が求められ[8]，その対応が受注の継続や拡大に際して重要な課題となっている．

他方で，3次元CADやシステム開発といった分野では，受注先として必ずしも域内が念頭に置かれておらず，域外・海外からの専用ソフトウェア受注や取引を進めている．I社では，3次元CADをベースにして海外の輸送用機械・電気機械を含めた取引を強化しており，現在売上の「半分が保守料，3分の1が新規受注」となっている．L社も，コア技術を中心にした製品に

---

8) F社では，トヨタへのパイプ納入を現在事業の中心に置いているが，トヨタ系列への納入に際してはコスト削減が不可欠であるとしている．N社もトヨタ系列の企業に製品納入をしているが，トヨタ系列メーカーとの取引では二輪車と異なり高い精度が求められたとしている．

ついて国内の輸送用機械や電気機械,検査,化学などの大手企業と取引を行っている.

受注による取引関係に対して各企業からの発注では,特に輸送用機械部品メーカーを中心に,浜松地域内で対応可能な輸送機械系の加工（切削,加工,メッキ,熱処理など）は,従来からの取引関係に基づいて域内企業を利用し続ける企業が多い（F,L社など）．一方で,輸送用機械以外では,もともと浜松地域外の企業への発注が多い企業（O,P社）もある．

しかし近年部品調達や外注加工では,域内企業との取引を継続しつつも,精度の向上等を目的に域外企業との取引も増加している．域外からの部品調達では距離は必ずしも大きな問題とされず,納期への対応や技術水準の高さを理由に長野県や北陸地方から調達する企業も存在する（N社など）．また中核企業同様,域内で調達が難しい部品（電子系や精密部品．L,O社）や,金型など域内で取扱が少ない加工部門や製品（H社など）は,国内他地域や海外からの調達に切り替えている．

これに対し,3次元CADやシステム開発企業では,部品加工等が発生する場合を除き域内企業への発注は少なく,開発の外注では中核企業から同時にスピンオフした企業に限定される．これは,各社の持ち合わせるプログラミングや画像処理技術が特殊で,対応できるのは域内のスピンオフ企業に限定されること[9]や,技術やニーズ面で大都市圏からの情報が強い意味を持つためである．

3.3 研究開発・イノベーションへの取組

3.3.1 中核企業の取組

次に,前述した製品の動向について,各社の研究開発やイノベーションへの取組やその成果を考察する．まず,中核企業においては,いずれも2000

---

9) 浜松地域では,過去に同一の業種でスピンオフした企業でも,競争と同時に,公式,非公式の協力を通じた支援がみられたことが指摘されている（長山 2012, 太田耕史郎 2016）．実際に,J社の場合はスピンオフで創業した後に,元の所属企業から受注を受けたがこの背景には「属人的な関係が大きい（J社社長）」点を挙げている．

年代以降に本社や浜松地域内の中核工場に研究開発拠点を設立し，自社のコア技術を用いた開発を進めている．ただし，研究開発拠点は製品や分野により異なるため，特定の工場に集中せず浜松地域内で分散する傾向がみられる．これは，A社では楽器開発における熟練工の確保から本社が選ばれるのに対し，B社では本社以外では船舶部門で浜名湖沿岸の工場が重視されるといった点が挙げられる．他方で，浜松地域外に研究開発拠点を設ける事例は少なく，D社がつくば市に研究開発拠点を置く程度である．

一方で中核企業では，近年社内での研究開発が中心となり，サプライヤー企業をはじめ社外との連携は進んでいない．産学官連携でも同様にA～C社では減少傾向にある[10]．一方で，D社は静岡大学などの既存の域内の学術機関と連携を継続するほか，2005年に光産業創成大学院大学を設立して共同研究を進め，域内で光産業に関わるベンチャー企業を複数設立している．2015年3月時点で，同大学院大学発のベンチャーは27社あり，光技術を応用したシステム開発，計測機器，画像処理，農業生産などの分野で浜松地域内に展開している[11]．

3.3.2 中小企業の取組

先述した新製品や新分野への参入を進める上で，中小企業では共同組織の設立や産学官連携の促進と，フォーマル・インフォーマルな研究会や共同開発組織への参加が重要な意味を持っている．中小企業同士での共同組織結成においては，単独の企業では研究開発や技術対応，市場開拓や受注が困難で高度な技術水準を要する分野で行われている．

こうした共同組織として，浜松医療先進グループ（HAMING）やはままつ航空機産業プロジェクト（SOLAE）が挙げられる．HAMINGはP社を中心

---

[10] 浜松市商工部商工課（2001）では，1990年代後半にかけては中核企業と大学との共同研究が多く，反対に中小企業は少なかったとしている．また，各企業への聞き取りにおいても，D社を除いた中核企業による研究会への参加は低調になっていることが指摘される．

[11] 光産業創成大学院大学ホームページでの公開情報による（2015年3月4日閲覧）．企業数は，在学生，教員，同窓生・元教員を含む．

に 2012 年に結成し[12]，G, H 社を含む 4 社が参加している．HAMING ではチタン系素材を中心にして，医療・福祉器具の開発・製造を分担しているが，個別企業での製品開発が困難であることから共同での組合を設立した．G 社では HAMING 加入後にマグネシウム素材を利用した車いす開発につなげている．

SOLAE では，M 社を中心に航空宇宙分野での高度な加工の共同受注を目指している．SOLAE の参加企業は，刃物の M 社のほか，溶接，切削，治工具製作，レーザー加工，専用工作機械メーカー等であり，各企業の長所を組み合わせて愛知県内の航空宇宙事業を手がける大企業からの受注を目指している．これらの企業組合や自主的な研究会は浜松地域のみならず，中遠地域，静岡県東部からも企業が参加しており，広域的な取組となっている[13]．

一方で，中小企業の産学官連携や研究会の開催・参加では，学術機関や公設試験研究機関のみならず技術者や商社，実務者との関わりや交流会，産業支援機関や自治体，国の事業や補助金の獲得が重要な意味を持つ．テクノポリス推進機構設立以降産業支援機関での勉強会・交流会は活発に実施され，近年では商工会議所やイノベーション推進機構を中心に開催されている（與倉 2012）．実際に，浜松商工会議所が実施する浜松地域新産業創出会議では，4 つの研究部会において中小企業を中心に浜松地域全般のみならず域外からも広く参加者が分布しており，広域的な研究開発の高度化が進められている（図 9-4）．

また共同研究では，製品開発や異業種交流にとどまらず新素材の利用や開発にもおよんでいる．新素材としてはチタンやマグネシウム，炭素繊維強化プラスチック（CFRP）が挙げられる．新素材の製品化は，イノベーション

---

12) この背景として，2010 年に浜松地域チタン事業研究会・メディカルプロジェクトが発足したことが挙げられる．メディカルプロジェクトでは，2011 年 6 月に参加企業を含めた 6 社でチタン製舌圧子，チタン製動物ケージなどを試作した．2012 年 6 月にプロジェクトは終了したが，その後も 4 社でチタン製医療器具開発を続けるなどして，協同組合の結成につなげた．
13) 企業間の距離については，「おおよそ自動車で 1 時間程度の距離であれば，会議や製品開発の技術相談のための移動にかかる負担は感じない」という意見もあった（HAMING 参加の H, P 社への聞き取りによる）．

221

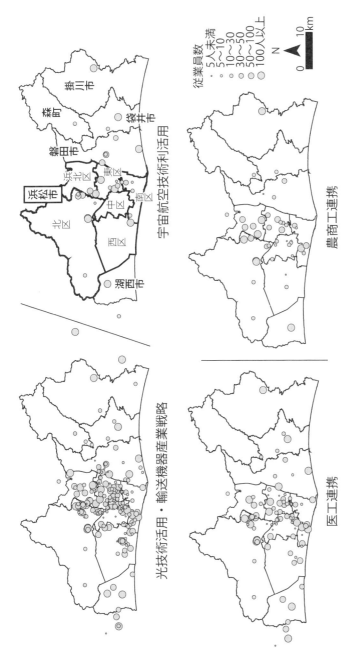

図9-4 浜松地域新産業創出会議各研究部会の参加企業の分布と従業者数

注)浜松地域(浜松市天竜区を除く)および近隣市区町の企業のみ図示.
出所)『浜松産業力ブック』(2014年版)企業一覧より佐藤作成.

推進機構が実施する新素材研究会の結成による情報交換や支援機関からの情報，素材業界との学習を通して，中小企業が進めている．2015年3月時点で，イノベーション推進機構内に設立されている研究会の中で素材系部会ではCFRP，チタン，マグネシウム，ウルトラハイテンが活動しており，調査企業ではチタンはF, G, H, P社，マグネシウムはG, H, K社，CFRPはH, K, M社が参加し，一部では上記の製品化に結実している．

また，浜松地域内で開催される公的・私的な研究会活動は，中小企業同士の交流や情報交換を促す機会にもなっている．これらの研究会や異業種交流会には当該分野の企業のみならず，異業種からも参入があった．複数の研究会や交流会に参加し，中心的な位置づけにある企業では，イノベーション推進機構が開催する人材育成や創業支援，新事業開発支援などもあわせて推進している．中小企業の中でも，システム開発や3次元CADを手がけるJ社やL社は研究会ネットワークでの中心的な立場にあり（奥倉 2012），次節で取り上げる産業クラスターや知的クラスター創成事業にも重層して参加している．

企業間の共同研究に対し，学術機関や実務者との情報交流や助言は，新分野への参入や技術開発を進める際に重要な役割を果たす．大学教員との連携は，大学側の地域貢献事業や，後述する研究会や支援事業などでのマッチングを契機に構築される．特に浜松医科大学や静岡大学工学部，静岡理工科大学等の域内大学教員から企業への技術的な助言は，中小企業にとって事業化を進める上でのアイディアとして生かされている[14]．実際に，E社（LED），G社（シリンダー開発），K社（CFRP事業化），O社（X線計測医療装置），P社（手術用具）の新製品や技術は，大学教員との相談や見本市での提案から着想し，事業化したものである．また，各企業では特に機械や光学系分野において，地元大学や工業高等学校から採用を進めるなど，自社内での人材育成の役割も担っている[15]．

---

14) 浜松地域の企業と大学との関係では，静岡大学工学部が中心的な役割を果たしていることが示される．水野（2005）は，経営者への聞き取りから共通一次試験導入前の静岡大工学部出身者や卒業生ネットワークが，研究会の開催や産学官連携の実施にとどまらず，地域全体の企業間交流の基盤になっていることを示している．
15) ただし研究職や技術開発職においては，一定以上の能力確保から地元大学に限定せ

域内での研究会や産学官連携の実施に対して，エンドユーザーの情報や高度な技術については，各社とも地域外に源泉を求め域内で完結していない．医療機器開発では，首都圏の医療機器系の商社が，取引の拡大やユーザーニーズを把握する上では重要であるという指摘（P社）がみられた．システム開発や3次元CADの企業では，ニーズ把握と自社技術向上や応用の点から，新技術や製品のノウハウを域外の旧知の研究者や商社などから入手することが，自社の研究開発や新製品製造につなげられるとしている（J, L社）．

研究開発や産学官連携に並行して，各社では自社内で研究開発を進める動きもみられ，政府系機関の提供する補助金の獲得・利用が重要な意味を持っている．国の機関の補助金として，経済産業省中小企業庁の「戦略的基盤技術高度化支援事業（サポーティングインダストリー（ものづくり基盤技術））」の利用（F, M, N社），中小企業基盤整備機構「新連携」事業の利用（E, F, G, K, N, P社）が多い．これらの事業は，新製品や試作品の開発につながると同時に，企業間でのマッチングを進める際，「大学研究者の支援や技術指導が受けられた（F, N, K社）」といった副次的な効果を指摘する回答もあり，概ね評価されている．

4. 浜松地域における産業政策の支援とその成果

4.1 国による産業政策を通じた支援体制

浜松地域における2000年以降の省庁による主要な政策指定状況においては（図9-5），域内大学や中核企業を含めた産学官連携が中心に据えられている．こうした中で現在の浜松地域を対象とした産業政策における大きな方向性として，①三遠南信地域を対象とする広域的な産業政策形成，②医工連携，光産業等の新産業の創出・成長と新事業開拓の2点が挙げられる．

ず，全国から募集するケースもみられる．特に，3次元CADや光学系機械では，求められる技術水準から「大学名に限定せず，数学的能力の高い人材を採用（I社）」，「大学院卒の人材も全国から採用（D社）」する企業も存在する．

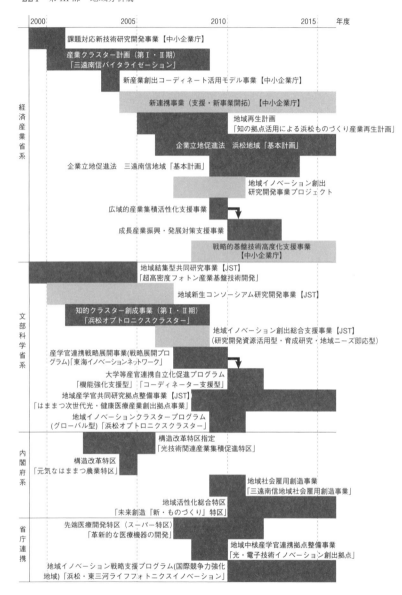

図9-5 浜松地域における主要な省庁の工業政策指定状況（2000年以降）

注）淡色は年度ごとに事業や補助・支援対象が変わるもの．矢印は後継事業への継承を示す．
出所）浜松市資料，浜松地域イノベーション推進機構資料，および與倉（2012）を参考に佐藤作成．

前者は，愛知県三河地方や長野県南信地域といった県を跨いだ事業創出が据えられている．この嚆矢となったのが 2001 年から開始された産業クラスター計画である．産業クラスター計画では，2002 年 8 月に結成された三遠南信バイタライゼーション協議会が中心となり，3 県で盛んな輸送用機械，光学機器，産業用機械を中心とした事業を推進してきた．この動きを受け 2010 年には企業立地促進法の計画同意を得る際，広域連携型の事業として三遠南信地域の区域が設定された[16]．

後者は 2002 年より開始された文部科学省知的クラスター創成事業が契機となっている．知的クラスター創成事業における浜松地域の計画では「オプトロニクスクラスター」として，第 I 期計画では「超視覚イメージング技術」による製品開発，第 II 期計画では高機能・高性能イメージングデバイス開発と知的情報処理が打ち出されてきた．この計画を引き継ぎ，2014 年時点では文部科学省を中心とした省庁連携による地域イノベーション戦略支援プログラム「浜松・東三河ライフフォトニクスイノベーション」の指定を受けている．

浜松・東三河ライフフォトニクスイノベーションでは，光・電子技術とライフサイエンス（医療・福祉）を結びつけた研究開発や事業化を目標に，イノベーション推進機構に加えて，学術機関では静岡大学，浜松医科大学，光産業創成大学院大学，豊橋技術科学大学など，金融機関では静岡銀行や浜松信用金庫，遠州信用金庫，豊橋信用金庫などが関わっている．事業の地域戦略では，異分野間の融合，若手研究者・技術者育成，コーディネーター人材の充実，グローバル展開の強化を推進している．ただし浜松地域では，国際競争力の確保において事業化への展開，国外動向調査，資金獲得で弱みがある点，地元企業の国際競争力強化までは実現できていない点，産業育成や関連産業との連携強化が必要になる点が課題として評価されている[17]．

---

16) ただし，三遠南信での広域連携については，2000 年代に入って出現した構想ではない．土方（1989，96-100 頁）によれば，既にテクノポリスの指定時期においてハイテク産業の地域間連携を果たすために三遠南信広域都市圏形成が目指されていたことを示す．
17) 文部科学省平成 26（2014）年度「地域イノベーション戦略推進地域及び地域イノベーション戦略支援プログラム中間評価の評価結果」公表資料による（2015 年 2 月 20 日発表）．

4.2 自治体と産業支援機関による産業政策と支援体制

浜松市では市独自の産業政策の中心として，産学官連携や省庁の政策指針を受けて，2011年に「はままつ産業イノベーション構想」を掲げた．「はままつ産業イノベーション構想」では，成長6分野として①次世代輸送用機器，②健康・医療産業，③新農業，④光・電子産業，⑤環境・エネルギー産業，⑥デジタルネットワーク・コンテンツ産業を中核産業に位置づけ，2012年度より「浜松市新産業創出事業費補助金」を設け，企業の新事業開拓を支援している[18]．また，域内での産学官連携の進展や浜松・東三河ライフフォトニクスイノベーションとの関わりから，オープンイノベーションの促進を戦略の一つとして掲げている．この他に企業立地支援や企業力向上支援（海外展開支援，人材育成・研究会活動，知的財産活用，資金調達支援）などを打ち出している．企業立地支援は，内閣府の「新ものづくり特区」指定を受ける形で，テクノポリスで工業立地誘導をした都田地区や浜北区などに加え，新東名高速道路の浜松スマートインターチェンジ近辺が新たな産業集積拠点として位置づけられている．浜松市では，こうした政策に対応して現在休業補償制度や新規創業や海外展開への支援といった融資制度や補助金を設けている[19]（表9-2）．

浜松市による支援に加えて，イノベーション推進機構も中小企業を対象に独自の策を通じて事業化や研究開発支援を進めている．イノベーション推進機構では，大きく①情報展開（異業種交流，情報の収集・提供，相談事業），②企業力向上支援事業（基盤技術の継承，産業人材の育成，研究・技術開発成果の実

[18) 新産業創出事業費補助金では，市内で新製品開発や新技術開発に取り組む企業に対し，1年間150万〜1000万円（補助率2分の1）を補助するものであり，公募形式が採られている．2012年度には20テーマ，約1.08億円の補助金，2013年度は17テーマ，約1.13億円が補助されている．

19) 浜松市では補助金制度の拡充や，テクノポリス期以降の企業用地整備といった事業を進めているが，その対象としては中小企業が主となっている．太田耕史郎（2016）は，経営者による発言や刊行物から，大企業では国の補助金が研究開発において有効であるとする反面，市や県の産業政策は各社の発展に重要な貢献をしなかった点を示唆している．

表 9-2 浜松市の工業振興における現行の補助金制度

補助金名	対象事業・目的	対象事業者	補助率・補助限度額
新産業創出事業費補助金	成長6分野（次世代輸送用機器、健康医療、新農業、光・電子、環境・エネルギー、デジタルネットワーク）の技術・デザイン・製品事業化に向けての研究、製品開発にかかる経費補助	市内の中小企業者	①研究開発補助金1/2、50〜500万円 ②製品開発補助金1/2、150〜1000万円
事業化可能性調査費補助金	成長6分野について、新たな技術や製品の事業化可能性調査に要する経費の一部を補助	市内の中小企業者	1/2、50万円
国内特許等出願支援事業費補助金	産業財産権の出願費用のうち特許行手数料及び事業化経費補助	市内の中小企業者	1/2、15万円
海外展開事業可能性調査費補助金	海外展開に係る事業可能性調査（FS）等に係る経費補助	市内の中小企業者	1/2、50万円
海外特許等出願支援事業費補助金	海外展開企業の対象国での特許、意匠及び商標の出願に要する経費補助	市内の中小企業者	1/2、50万円
アセアンレンタルオフィス賃借費補助金	海外進出時の現地において利用するレンタルオフィス賃料の補助	市内のアセアンビジネスサポートデスクを活用し、海外進出準備を進める市内中小企業	1/2、月5万円×6ヵ月
ものづくり販路開拓支援事業費補助金	ものづくりに関連する国内外の見本市出展経費の補助	市内の中小企業者	①単独：1/2、国内20万円、海外50万円 ②2社以上：1/2、国内30万円、海外75万円
企業立地支援事業費補助金（企業立地促進事業費）	市内で一定規模以上の用地取得、設備投資を行い、1名以上雇用させる企業に対する、用地取得、雇用者数に応じた補助金	雇用の増加を伴う以下の企業 ・製造業では1,000㎡以上の用地取得等を行う企業 ・研究所等においては、延べ床面積が200㎡以上の企業 ・高度な物流施設 上記用地取得に加え、5000万円以上の設備投資を行う企業（設備投資費の補助を受ける場合のみ）	・用地取得費の15〜20% ・新規雇用者に対し25万円/人、合計4億円まで（特定地域は8億円まで） ・設備投資の10%、合計1億円まで
企業立地支援事業費補助金（企業立地奨励費）	企業立地促進事業費補助金（企業）の交付を受けた事業者及び事業継続強化事業（企業）の施設に対して、交付後3年間（大型特例は5年間）、補助対象となる土地等にかかる固定資産税及び事業所税（大型特例は5年間）、都市計画税及び事業所税（資産割）納税額を交換	企業立地支援事業費補助金（企業立地促進事業費及び事業継続強化事業費）の交付を受け、市税の上にある建物及び土地及び事業所の交付を申告及び事業所が潜納が3億円以上の条件を満たした企業	企業立地支援事業費補助金（企業立地促進事業費及び事業継続強化事業費）の交付を受けた土地及び事業所がかかる固定資産税、都市計画税及び事業所税（大型特例は5年間）年2億円を原則3年間（大型特例は5年間）

出所）浜松市『浜松の産業』（2016年版）より佐藤作成。

用化），③イノベーション推進事業（研究・技術開発成果の事業化），④債務保証，⑤高度技術振興，⑥地域産業活性化事業を行っている（イノベーション推進機構 2013 年事業計画書による）．これらの中には，先述した市の助成事業の受託などに加えて，テクノポリス推進機構時から継続している研究会の開催なども含まれ，多岐にわたる産業支援をワンストップで実施する体制を採っている．

　イノベーション推進機構の支援策としては，まず中小企業への財政支援が挙げられる．財政支援では，事業化への補助金や販路開拓に対する独自の補助金が設けられている．具体的な支援補助金としては新製品開発を中心とした地域産業活性化事業補助金（年間 4〜5 社程度），市場ニーズへの対応や調査を目指した中小企業浜松ものづくり販路開拓支援事業費補助金（2013 年度より実施），事業化可能性調査費補助金，国内外の特許取得と新技術流出防止を目的とする特許等出願支援事業費補助金，海外特許等出願支援事業費補助金が用意されている[20]．

　加えてイノベーション推進機構では，企業の技術者 OB や市からの派遣職員が加わることで，企業の要望に応じて技術指導や支援・助成事業などに対応できる体制を構築している．2013 年 7 月 1 日時点で 50 名がイノベーション推進機構に在籍し，各事業の推進，イノベーション戦略立案等の部署を置いて活動している．この体制下でイノベーション推進機構は域内の中小企業を対象に，研究会や異業種交流会を通じた技術開発や新分野への参入，国の中小企業支援助成金の情報の提供，省庁の産業政策における他地域や学術機関，企業との調整やマッチングの支援を行っている．調査企業においても，以上のようなイノベーション推進機構が提供する情報やマッチングの支援を評価する意見は多く聞かれた．

---

20) イノベーション推進機構の支援は，近年開始されたものではなく，テクノポリス推進機構の時期から行われている．浜松市商工部商工課（2001）によれば，1990 年代よりテクノポリス推進機構では人材養成や調査研究，技術開発，情報提供，高度技術振興，地域技術起業化推進，債務保証，地域共同研究推進などの事業を進めてきた．西口（2003）や輿倉（2012）ではこうした研究会が後の緊密な公式・非公式のネットワーク設立につながっている点を示している．

5. 複合工業地域における産業集積構造の変化と政策的課題

5.1 浜松地域の産業集積構造の変化

　以上で示してきた，複合工業地域としての浜松地域における地域産業集積構造の変化を示すと図9-6となる．浜松地域の中核企業では1990年代以降輸送用機械や楽器が域内での生産が縮減しつつも，高付加価値化が進められている．一方で，中小企業では共同研究や産学官連携を通じた事業高度化や光産業や医療系の新産業創出を展開し，広域的な取引を基盤に生産の継続・拡大と研究開発の強化を図っている．製造業企業に対して自治体や産業支援機関は，企業立地の推進とともに地域の中小企業を対象にした事業高度化や研究開発，販路開拓，創業等の支援を通じて，集積全体の高度化をバックアップしている．特に産業支援機関は，研究会の開催や省庁の政策等にかかる情報の収集と提供，広域的な産業形成への対応，中小企業支援といった多様な役割をワンストップで担うことで，産業集積内のネットワークのハブとして機能し，産業政策の方向性を決める上での舵取り役ともなっている．

　このような現状の浜松地域での産業動向を踏まえれば，中核企業の浜松地域からの「生産の離陸」と「研究開発拠点としての位置づけ」，および中小企業の「自律化」として捉えられよう．また，産業分野では輸送用機械や光産業，電気機械を中心に生産を継続しながら，域内企業が強みを持つ加工技術やシステム開発，3次元CAD，光産業等を活かした医療機械器具（電子デバイス含む），航空宇宙といったより高度な知識や技術を集約した分野へと転換を目指している．また，地域的にも三遠南信地域など域外との連携を進めるとともに，西遠や中遠地域の企業との研究会や交流会を通じて浜松地域自体も広域化した産業集積になっている．

230 第Ⅲ部 地域分析篇

1990年代中ごろ〜末

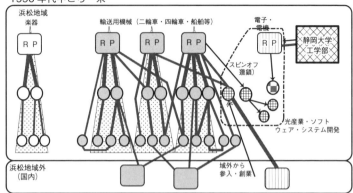

2014年時点

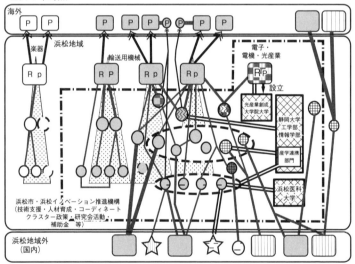

図9-6 浜松地域の産業集積構造変化の模式図

出所）聞き取り調査および浜松市，浜松地域イノベーション推進機構資料より佐藤作成．

5.2　浜松地域の抱える課題と政策的インプリケーション

　前述した産業構造の転換は浜松地域の内発的取組としてみることができるが，一方で浜松地域でも産業上の課題を複数抱えている．まず，現在の産業集積において，新分野や異業種交流などの製造・製品技術面では依然強みを持っているものの，製品の販路拡大や市場ニーズの把握が不十分という課題がある．特に中小企業では開発した新製品量産化の困難さを挙げる企業もみられた．

　ニーズや市場動向の把握について，中核企業やシステム開発や3次元CADを手がける中小企業では，域外から新製品情報やニーズを把握する手段を持つが，その他の中小企業の多くはその手段や経路を十分に持っていない．また省庁の補助金等の支援制度も，素材研究や技術開発に限定されるものが多く，販路開拓支援を重点化しているものは少ない．現状，市やイノベーション推進機構の施策でも販路拡大支援や出展補助は対象になっているが，中小企業が現在抱える課題を踏まえれば，今後販路拡大や量産化を重点に置いた支援が必要になると考えられる．

　第2に，中核企業と中小企業間で事業分野や製品の乖離が進んでいる点が挙げられる．現在浜松地域の中核企業はサプライヤーを含めて域内での生産を縮小するとともに，研究開発でも国の事業の利用を除けば浜松地域との関わりは希薄化している[21]．これに対して中小企業では，社内での取組とともに国や市，イノベーション推進機構が実施する補助金や研究会，産学連携等を利用することで研究開発を実施できているが，中核企業との研究開発上のつながりは弱くなっている．1990年代までの生産体制や中核企業からのスピンオフの動きを踏まえれば，浜松地域全体の技術水準向上や新産業創出を目指す上では，企業規模によるネットワークの分断を再統合させる施策や支援体制が必要になると考えられる．

　第3に，従来みられた積極的な事業化やスピンオフを通じた創業が近年浜

---

21)　前掲脚注10.

松地域で弱まりつつある点が挙げられる．浜松市の調査による開業率・廃業率をみると，2013年度には開業率が3.7％であるのに対し，廃業率は4.3％となっている．1980年代から2000年頃にみられた輸送用機械や光産業等企業からのスピンオフは近年減少し，ベンチャー企業の創業は光産業創成大学院大学や静岡大学など，学術機関発のものが中心である．浜松地域の過去の経過では，中核企業の再編期（日本楽器の労働争議やHY戦争）や[22]，産業構造の転換期（第2次大戦後の軍事技術の平和利用）に特徴的なスピンオフがみられたが，現在こうした動きは弱まっている（長山2009，2012）とされている．

　この背景には，長山（2012）が指摘する「実践コミュニティ」の衰退に加え，中小企業の人的資源・資金などの不足や企業経営者同士の紐帯の低下，経営者の世代交代，会議所の移転といった点が調査企業からも挙げられた．特に企業経営者同士の紐帯の弱体化は[23]，調査企業からも重要な課題として指摘され，浜松地域の強みとされた稠密な企業間のネットワークが瓦解しつつあると考えられる．こうした社会的紐帯の維持や拡大を目指す上で，将来浜松地域の産業を担う若手経営者の支援や，ネットワーク形成を促す仕組みを構築する必要があろう．ネットワーク形成では創業支援や研究会の開催・支援といった製造業を対象にした施策に加えて，超広域化した浜松市の一体化も含めたコミュニティや社会教育等の社会的政策に取り組んでいく必要があろう．

---

22) 実際に，中核企業からのスピンオフや新事業展開では，3次元CADの習得とともに「残業の多さに嫌気がさした」（K社），「上司との個人的な徒弟制度による支援が受けられた」（J社）といった意見もあり，自発的なスピンオフやスピンオフ元企業の支援により新企業が成長したとみなす議論には留意する必要がある．
23) 中小企業間の紐帯の弱体化は，本章の企業への聞き取りにおいても，「研究会や交流会以外でもイノベーション推進機構の移転後に中小企業での集まりが少なくなった」，「『飲み会』等各企業の事業と一見関わらない集まりへの参加者が固定化されている」，「イノベーション推進機構で開催される研究会等への若手経営者の参加が少なくなった」といった形で各社から指摘された．

第10章　北関東産業集積：群馬県太田市・桐生市
――ものづくりネットワークの構築

岡部遊志

1. 地域の概要

　1950年代中頃の北関東では,「関東の西北部山麓を縫って群馬・栃木両県の山裾に3千数百の織物工場, 3万余戸の農村出機, 200億円の機業生産が行なわれ」,「全体として両毛山麓機業地域を構成しつつも, 内部的にはそれぞれに生産上の核をもついくつかの圏構造に分化」, 具体的には「西上州・伊勢崎・桐生・足利・佐野・館林の6つの機業圏」が成立していたとされる (辻本1978).

　その一方で, 尾島町で創業した中島飛行機が戦時中に拡大し, 戦後は解体されたものの, 一部の企業が合併し, 1950年代半ばに富士重工業が設立された. さらに, 1959年には大泉町で東京三洋電機が, 太田市では三菱電機群馬製作所が操業を開始するなど, 家電関連の大手誘致企業の進出もみられた. そうした中で, これまで中心的な産業であった織物工業は, 衰退の一途をたどることになった (日下部1972).

　その後, 栃木県上三川町に進出した日産自動車からの影響も加わり (松橋1982a, b), 高度経済成長期に両毛地域は, 繊維産業集積地域から機械金属産業集積地域へと変貌していくことになった[1].

---

1) 宇山 (2011) は,「足利, 桐生地域の繊維関連企業は太田地域に立地する企業と取引を結ぶことによって事業転換を遂げ, 足利, 桐生地域において機械金属工業の集積が形成されてきた」(224頁) と述べ, 3地域の集積の複合性を指摘した. さらに宇山 (2012) では, 戦時期に織物業者や織物機械メーカー, 疎開企業等が中島飛行機のサプライヤーに転換し, 両毛地域において複合的な集積が形成される起点になり,「高度成

現在でも，群馬県南東部と栃木県南西部にまたがる両毛地域は，広域関東圏において，工場密度の高い地域として知られている（鎌倉夏来・松原 2014）．ただし，業種別・従業員規模別の工場分布図を作成してみると，機械，金属，化学など，多様な業種と規模の異なる工場群から構成される，複合的な産業集積地域に転換してきていることがみてとれる（図10-1）．

また，同地域の多くの市町は，1956年に制定された「首都圏整備法」において，都市開発地域の指定を受け，首都圏工業の衛星都市群として位置づけられた．これに伴い，多くの工業団地が整備されてきた点も当地域の特徴といえる．

なお，通商産業省関東通商産業局（1996a）では，「両毛地域」について，栃木県足利市・佐野市，群馬県太田市・館林市・桐生市を対象地域としていたが，本章では，これら5市のうち，隣接しながらも集積形成の歴史や中心業種の異なる群馬県の太田市と桐生市を中心に取り上げ，両市を比較しながら，当該地域における産業集積の特徴と課題を明らかにしたい．

2．太田市と桐生市における工業の変化

群馬県太田市は，群馬県南東部に位置する人口約22万人の都市である．前述の中島飛行機は，第2次世界大戦前から戦中にかけて軍用機を中心に日本の航空機産業をリードしたが，その生産拠点が置かれたのが現在の太田市であった．戦後，中島飛行機は解体されたが，その後，数社が合併し富士重工業となり自動車の開発・生産を行った．また，富士重工業や中島飛行機の技術者が創業した企業が太田において発展し，太田は有数の工業集積を持つとともに，富士重工業の企業城下町へと変わっていった（松石 2004）．さらには，戦後に富士重工業や中島飛行機の技術者がスピンアウトして，織機を

長期に，自動車・家電メーカーが北関東に進出することによって，その一次サプライヤー，二次サプライヤー，三次サプライヤーが形成され，個別の集積地域をまたいだ取引が密接になり，両毛地域における産業集積の複合性の度合いが高まった」（234頁）と述べている．

第10章 北関東産業集積：群馬県太田市・桐生市 235

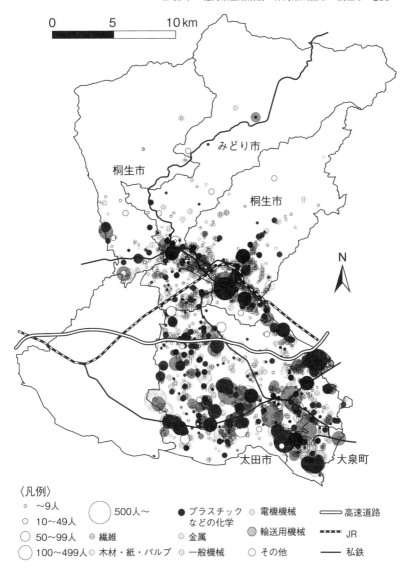

図 10-1 両毛地域における業種別・従業員規模別の工場分布図

注）高速道路は国土交通省「国土数値情報（高速道路時系列データ，平成25年度）」を，現行の地図を参考に加筆修正した．
出所）『工場ガイド』(2009年)，国土交通省「国土数値情報」((行政区域データ，平成26年度)，(鉄道データ，平成25年度)，(高速道路時系列データ，平成25年度)) より岡部作成．

製作しメリヤス工業が発展したといわれている．

「工業統計表」の変化をみると，1970年代初めまでは繊維関連の事業所が最も多かったが，その後減少し，金属や機械関連の事業所が増加している（図10-2）．従業者数をみても，1960年時点で既に輸送用機械製造業の従業者数が最も多くなっていた．出荷額では，輸送用機械が他を圧倒しており，加えて出荷額自体も増加傾向にあることから，太田市ではますます自動車産業への依存傾向が強くなっているといえよう．

これに対し，群馬県桐生市は人口約12万人の都市で，明治時代から第2次世界大戦にかけて，桐生の織物生産は生産額を伸ばしていき，日本を代表する織物産地となった．1887年には日本織物株式会社（後の富士紡績）が設立されたほか，1900年前後には，桐生商工業組合，桐生織物同業組合など，さまざまな組織が形成されていく．また，後に群馬大学の工学部になる桐生織物学校も開校している．

第2次大戦後もしばらくは繊維工業の隆盛が続き，1952年には戦後最大の売上高を記録したが，1970年代以降，国内市場の縮小と海外製品の流入により，繊維産業は長く続く不況に突入することになる．1960年には2,500近くあった繊維関係の事業所が，1980年には1,000，2000年には500を下回るまで減少した（図10-3）．従業者数についても，1960年の2万人から1980年には8,000人程度，2000年に5,000人以下へと繊維産業の減少が著しい．これに対して出荷額は，1990年頃までは上昇傾向にあったが，それ以降は減少している．繊維産業が主要産業であったのは1970年代までで，それ以降は一般機械・精密機械，電気機械，輸送用機械産業の出荷額が伸びている．1980年から2000年にかけての機械産業の伸びは，主にパチンコ台の生産によるものと考えられるが，2010年には急減しており，現在は輸送用機械産業が最も出荷額が大きい産業になっている．

次に，製造業従事者における職業別構成の変化をみてみよう（図10-4）．太田市と桐生市ともに，全体として生産工程の人員が減少しているものの，専門的・技術的職業従事者数は変化しておらず，結果としてその割合が上昇している．このことは，製造業の現場において研究開発機能の比率が上昇してきていることを示唆するものといえる．

(a) 事業所数

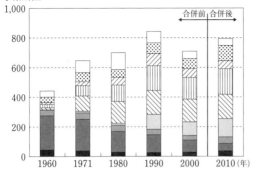

(b) 従業者数

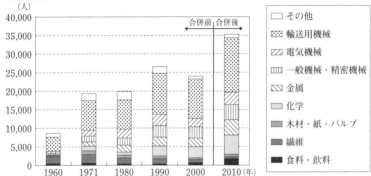

(c) 製造品出荷額等

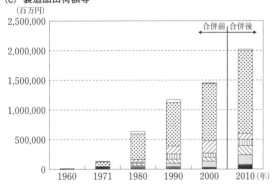

図10-2 太田市における製造業業種別事業所数・従業者数・出荷額の変化

出所)「工業統計表（工業地区編）」各年版より岡部作成．

238 第Ⅲ部 地域分析篇

(a) 事業所数

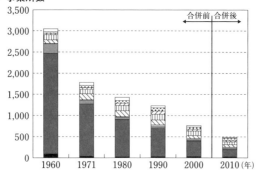

(b) 従業者数

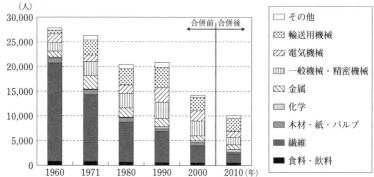

(c) 製造品出荷額等

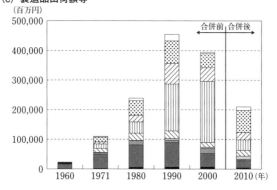

図 10 - 3 桐生市における製造業業種別事業所数・従業者数・出荷額の変化
出所)「工業統計表（工業地区編）」各年版より岡部作成.

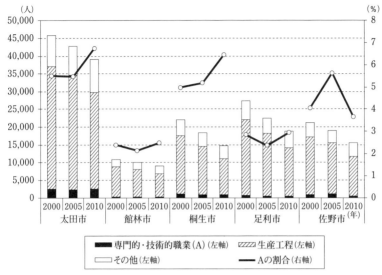

図 10-4 両毛地域における職業別製造業従事者数の推移

注）従業地に基づく．
出所）「国勢調査報告」各年版より岡部作成．

3. 調査対象事業所の概要

太田・桐生地域での聞き取り調査は，主に 2014 年 10 月に行い，補足調査を 2015 年 2 月および 3 月に実施した．調査企業の概要は，表 10-1 に示した．

3.1 太田市周辺における大企業

A 社は，自動車を中心として航空機や宇宙関連機器，産業用の発動機などを生産する企業である．近年では北米における業績が向上し，好調であるとの報道が相次いでいる．本社は東京にあるが，群馬県に主力の生産拠点を置いている企業である．製品の割合は，自動車が 93.4％，航空機が 5％ となっている．製品の輸出は増加傾向にあり，2004 年には輸出台数が 36 万台で

表 10 - 1 調査対象企業の概要

太田市

事業所名(所在地)	設立年	従業者数	事業内容	受注	外注	グローバル化	特徴	集積との関係
A社(群馬県太田市)	1953	群馬に8,000人(2014年)	自動車の生産と開発		外注先は両毛地域を中心に中京圏へも	アメリカへの進出	国内生産を減らす意向は今のところない	両毛地域の自動車産業集積の中心。太田を中心に集積は両毛地域全体に広がる。
B社(群馬県太田市)	1942 1980(新田工場稼働)	2,400人から増加傾向	トラック等の生産		日野工場のサプライヤーから運撤。今後、地域の企業との取引する可能性も。	アメリカ、東南アジアへ進出	現在、新田工場を増強中	両毛地域の集積とは遊離している
C社(群馬県邑楽郡大泉町)	1959	5,200人(2014年、ピーク時13,000人)	コールドチェーン機器の生産と開発		再編以降、周辺の外注との関係は変化せず。	再編時に外資に売却した部門あり	大泉の工場はコールドチェーン事業を中心に再編中。パナソニックの「冷やす技術」のコアに?	再編以降、労働市場の面で地域に与える影響は大きかった。
D社(群馬県太田市)	1960	1,200人程度(2014年)	インストルメント・パネルなどの生産・開発	富士重工、ダイハツ.	外注が広域化(特に中京圏).	A社に伴いアメリカへ進出	嗜好の高級化に伴い、インパネに高級感を持たせる必要が出てきた。	A社のTier 1. 同業他社は地域にいないので、集積の中のサブのコアの一つ?
E社(群馬県太田市)	1949	800人(2014年)	自動車のボデイパーツ、サスペンションの金型の生産・開発.	富士重工、トヨタ、日産 etc.	外注は近隣、しかし近くの金型がつぶれ、広域化に。	A社に伴いアメリカへ進出	利益を回すため利益が出にくくなっている。住宅部門を持っている。	A社のTier 1. 同業他社は地域にいないので、集積の中のサブのコアの一つ?
F社(群馬県太田市)	1959	55人(2014年)	ステンレスの切削加工など	太田以外企業との取引が増加	太田以外の近隣に広がっている		現在はステンレス加工を中心に、自社製品であるガーデニング用品にも注力.	太田の集積からは離脱している?

241

桐生市

事業所名 (所在地)	設立年	従業者数	事業内容	受注	外注	グローバル化	特徴	集積との関係
G社 (群馬県 桐生市)	1965	30人程度	溶接、研磨。	三洋やJXなどの下請け			燃料電池用品など新しい分野にも挑戦。	地域の機械工業の集積から誕生。現在でも産学官連携などで桐生に存在することに意味があるのでは。
H社 (群馬県 桐生市)	1969	数十名程度	園芸用品	パチンコの部品生産			パチンコの部品製作からの転換、つながりのある人、園芸関連へ。	パチンコの部品生産という点では集積との関係はあるが、それはこれから薄れていくのでは。
I社 (群馬県 桐生市)	1963	20人	レース、和紙プリント、宇宙機の断熱材。		M社との強固な関係		買継から織への転身。和紙を使った織を独自開発。産学連携にも熱心。	織物業集積、産学官連携で群馬大とのつながり。
J社 (群馬県 桐生市)	2000	数人程度	ラジコンのピニオンや高級釣り具(アルミを硬く処理する技術)				経営者は桐生の技術コーディネーター的な人物。群馬大との共同研究も。	群馬大のものづくり研究・ネットワーク、桐生市内のものづくりのコーディネート、ネットワーク構築の中心的な存在か?
K社 (群馬県 太田市)	1989	7人	部品加工(農機、建機など)。	建機の部品がメイン			下底や両毛ものづくりネットワークに参加。コラボによる広域的なネットワークの萌芽?	両毛の機械工業企業の1つ
L社 (群馬県 桐生市)	1955	60人	事務機器		外注は近隣で行っていたが内製化傾向		OEMと新流通のバランスを取りながらやっている	あまり集積との関係はみられなかった
M社 (群馬県 桐生市)	1973	15人	染色整理、化粧品		織物の染色・整理		染色整理からスタートし、それで培った技術をもとに化粧品も。	織物業集積の最終工程、ノウタンパクの抽出技術は群馬大との共同
N社 (群馬県 桐生市)	1984	33人	フィルム延伸機・製造機			海外の液晶メーカーとの液晶のフィルムを手がける。	織機関連が原点、それから液晶のフィルムを手がける。	あまり集積との関係はみられなかった

出所) 各企業への聞き取りなどにより岡部作成。

あったが，2014 年には 64 万台に増加し，輸出比率も 45% から 80% まで増加している．

　群馬県太田市とその近辺には A 社の生産拠点がある．従業員約 3,700 人の本工場をはじめ，隣接する大泉町にエンジンやトランスミッションを生産する大泉工場（従業員約 2,100 人）など，群馬県内に 8,000 人ほどの従業員がおり，太田市とその周辺地域は A 社の中心的な生産拠点となっている．加えてアメリカのインディアナ州にも生産拠点がある．近年は設備の増強を行っているが，新工場の計画はなく，増強はライン自体の増強が中心である．また，国内生産は落とさずに米国生産を拡大するとの方向性を示しており，太田地域の重要性は存続するであろう．

　B 社は本社を日野市に置く，自動車生産企業であり，自社のトラックを中心に生産している．近年は海外の売上が伸びてきており，2000 年には国内の売上が 7 割ほどであったのが，2005 年には国内海外比率がほぼ均衡しているような状況である．

　B 社は，本社のある日野市の本社工場をはじめ，羽村工場（東京都羽村市），新田工場（群馬県太田市），古河工場（茨城県古河市）という生産拠点がある．最近は工場ネットワークの再編中であり，本社機能と開発機能を日野の本社に集約し，その他の各工場は生産に特化するという方向に向かっている．なお，海外進出も行っているが，あくまでも国内をベースにすることを宣言しており，日本のマザー工場で人材育成し，その人材が海外で指導するのが目指す姿であるとしている．

　太田市の西部（旧新田郡新田町）に B 社の新田工場はあり，2,400 人ほどの雇用がある．この工場は現在増強中であるが，増築を繰り返した影響で工場間，工場内の物流のロスが発生しており，この解消が課題になっている．また，工場によって生産している部品が異なるため，重たい部品を工場間で移動しなければならないということも，解消すべき課題である．

　太田に隣接した大泉町には C 社の生産拠点があり，大泉町は C 社の企業城下町として栄えていた．この工場は 1959 年に設立され，1986 年に関連会社と合併しさまざまな製品を生産していた．しかし，業績の悪化などにより関西の大手電機企業の傘下に入り，2011 年には完全子会社となった．なお，

親会社と競合する部門は他社に売却されている．

　本工場は現在も存続しているが，工場自体の大規模な再編が行われている．工場内は企業ごとに区切られ，行き来ができなくなっている箇所も多い．本工場にはピーク時には13,000人ほどの人員がいたが，現在は5,200人ほどである．以前生産されていたものは再編時に整理され，現在当工場で生産されている製品はコールドチェーン事業関係である．今後はC社と親会社のコールドチェーン事業，自動販売機事業を大泉に集約し，「冷やす技術」のコアとなることが目指されている．

3.2　太田市のその他の企業

　D社は太田市に位置するA社のTier 1である．生産品目は自動車のインストルメント・パネルやドアトリムなどである．なお，他社とも一部，取引している．1957年にバスの内装部品の生産をしたことから始まり，1967年にはインストルメント・パネルの生産を開始している．現在はA社の好況と併せて，業績が好調である．インストルメント・パネルは最終組立の初期工程にて取り付けるため近接性が重要であり，そのため太田周辺に2つの生産拠点を持っている．従業員数は1,200人ほどであり，そのうち開発が200人，生産が700人ほどである．従業員は近隣地域の人材が中心であるが，人材の確保が困難になってきている．なお，近年では自動車に対する嗜好の高級化に伴い，インストルメント・パネルにおける変化も大きく，開発の強化を行っているほか，樹脂を取り扱える外注が地域ではみつからないことも多く，両毛地域の外への外注が発生している．

　E社もA社のTier 1であり，フレームやピラーといったボディパーツやサスペンションを生産している．太田の本社工場の他に，新田と由良に工場があり，その他，仙台とつくばにも工場がある．従業員は約800人である．またA社に伴いアメリカへ進出した．住宅部門にも進出し，自動車部門が厳しい時に経営を支えていたとされる．

　E社の担当する部品は，車の安全を保障する重要な部品であり，開発が進められている分野である．特に鋼材の進歩が大きく，新たな設備投資なども

重要となってくる．A社の増産によって生産能力の増強と人材の確保が課題となっている．開発を進めながら生産の省力化を図り，コストダウンもしなければならないなど，難しいかじ取りが要求されている．

F 社は群馬県太田市にあるステンレスの切削やガーデニング製品を取り扱う企業である．従業員数は 50 人程度であり，事業所も 1 カ所だけである．1939 年に創業し，1959 年の会社設立当初は C 社の協力工場として，板金や切削を行っていたが，それからステンレスの切削にシフトした．生産のピークは 1990 年代であり，C 社の割合が 8 割以上を占めていた．

そうした中でF社は自社が持っているステンレスを切削する技術を活かして，難加工素材の精密部品の切削を行っている．また一社依存への危機感から自社製品の開発を進めており，インテリア，エクステリアの自社ブランドを展開している．自社ブランドの比率は十数％であるが，利益率が高いので，今後も続けていくとしている．

3.3 桐生市を中心とした企業

G 社は，群馬県桐生市で溶接や研磨を行っている企業である．従業員数は 30 人程度であり，工場は桐生の本工場の他に，足利市に工場がある．設立は 1965 年で，当初は C 社の自販機事業の下請けなどを行っており，その後獲得した溶接や研磨の技術を活かして取引先を多角化し，現在では多くの企業との取引がある．

G 社の技術的な基盤は溶接と研磨であるが，この技術を高め，薄板の溶接や溶接が困難な素材にも挑戦している．またこの技術をもって，燃料電池用品など新たな分野にも進出している．G 社のように多様な事業を持っている企業にとって，桐生は群馬大学をはじめ，連携先がみつけやすい場所であると言える．

H 社は，桐生市で園芸用品の生産などを行っている企業である．従業員数は数十人程度であり，工場は桐生の本工場の他に，みどり市など合わせて 4 工場がある．設立は 1969 年で，初めは織機，続いてパチンコ部品を生産，その後園芸市場に着目し，園芸用品を生産するようになった．

H社では経営者が自ら営業を行い，園芸市場における地位を築いてきた．また，インターネットなどを通じて直販の割合を高めようとしている．加えて，桐生市や群馬大学との産学官連携による園芸キットなども製作しており，地元との関係構築にも熱心である．

　I社は，桐生市内で繊維製品の生産を行っている企業である．設立は1963年で，従業員数は20人程度であり，工場は桐生の本工場のみである．主要な製品はレース製品であるが，経営者が新製品の開発に熱心で，和紙を用いた織物や宇宙機の断熱材など多様な繊維製品を生産している．群馬大学や前橋工科大学との産学連携を活用したり，集積内の企業間関係も重視している．

　J社は，桐生市内の零細企業で，同社の強みは特にアルミを固く処理する技術にあり，この技術を活用してラジコンのピニオンや高級釣り具部品などを生産している．群馬大学との共同研究でアルミ硬化技術を確立するなどし，現在の製品に活かしている．J社の経営者の祖父や父親は，織物生産の下請けを行っていたが，経営者自身は，精密機械の商社での経験を活用し，さまざまな企業を見つけて受発注のつながりを構築している．桐生やその周辺についての企業についての知識も多く，「桐生の技術コーディネーター」としての役割も担っている．また「両毛ものづくりネットワーク」のリーダー的な存在となっている．

　K社は，設立が1989年，従業員7人程の企業で，太田市（旧藪塚本町）で建設機械用部品の下請けの製造を行ってきた．同社は「下請けの底力」や「両毛ものづくりネットワーク」に参加し，こうしたネットワーク構築の過程において，農業機械の部品加工を行うなど，多角化を進めている．

　L社は，桐生市内で事務機器を製造している企業で，設立は1955年，従業者数は60人程度である．創業してから一貫して事務機器を製造しているが，当初のOEMのみから，自社製品の販売の比率を上げ，両者のバランスをとりながら生産している．また，外注に関しても，内製化を進め，コストダウンと利益率の向上を図っている．

　M社は，1973年に設立された染色・整理を行う織物関連企業である．従業者数は15人程度である．染色・整理を主たる事業内容としている点は，操業開始時から現在まで変わらない．その中にはI社の賃加工なども含まれ

ている．染色・整理業の他に，化粧品も手がけている．この化粧品は，主要な成分としてシルクタンパクを用いている．この分野に進出するきっかけとなったのは，群馬県の繊維試験場とのつながりであり，たんぱく質の抽出技術は群馬大学との共同開発によるものである．

N社は，1984年の設立，従業者数は33人，桐生市内で液晶などのフィルムを製造する機械を生産している企業である．当初は織機などの織物関連の機械の修理等を行っていたが，受注がなくなり，仕事を探す過程で，液晶に使われる偏向フィルムを生産する製造機の分野に進出した．現在では国内外の主要液晶メーカーと取引がある．

4. 太田・桐生地域における集積構造の変化

4.1 グローバル化の影響

A社の近年の販売業績はアメリカを中心に好調であり，A社のアメリカ進出に伴ってTier 1もアメリカへ進出している．国内市場が伸びないため，A社の海外比率は上昇傾向にあり，これからも国外生産を拡大する意向である．こうしたことは太田に位置する中小企業の経営者に一社依存に対する危惧，そして依存しているA社が海外へ流出した時の不安を抱かせる要因となっている．しかし，A社は今のところ国内生産を減らす意向はないとしている．よって当面は国内生産が維持される見込みである．またその他の大手も海外での活動を強化する意向はあるが，日本での生産を終了することはないとしている．日本におけるマザー工場化が進む方向に動けば，国内生産も維持されることになる．

グローバル化は，下請け，サプライヤーのネットワークへの影響を引き起こした．不況時においてコストダウンが図られた際に，サプライヤーに海外の下請けを利用することを推奨した時期があったが，これにより，太田市やその近隣に立地するTier 3などの企業は大きな打撃を受けた．その後，海外での賃金上昇などにより仕事が国内に戻ってきた際には，金型などの多く

の中小企業が倒産もしくは操業停止しており，近隣企業では対応できず，より広域的にみつけなければならない状況になった，とのことである．

また，不況時のコストダウンの時点での下請単価が好況時にも上昇することが少なく，サプライヤーはより一層のコストダウンを求められている．加えて，自動車の複雑化や嗜好の高級化により，サプライヤーにコストがかかるようになってきた．このため，省力化などでコストダウンを図っているが，利益率が低下している企業も少なくない．Tier 1 のサプライヤーは，A 社の生産拠点の海外進出に伴い，海外にも生産拠点を進出させたが，資金面で体力のない企業は，進出できていない企業も多い．

なお，業界のグローバルな再編も発生している．著名な金型メーカーである O 社が 2010 年に中国企業に買収されたのは，象徴的な事例であるが，国内でも業界の再編や国内企業の生産拠点の立地再編などが起こっており，サプライヤーの取引構造の再編が発生している．

これに対し，桐生地域においては，近年のグローバル化の影響はさほど大きくないようである．この地域がグローバル化により大きな影響を受けたのは繊維不況の時期であり，淘汰後に残存した企業が，近年の国際競争に対応している．リーマンショックの前から不況にさらされていた経営者たちは，さまざまな努力を行ってきた．たとえば，複数の中小企業の経営者が集まって開始したのが「下請けの底力」である．経営に関する勉強会を行うなど，経営者の能力向上に役立ったほか，事業の多角化の一助にもなったという．このように，桐生の機械工業などの企業は，「地盤沈下」を経験する中で，事業の多角化や「基礎体力の向上」を通じて生き残ってきているのである．

4.2 集積の変容と中核企業の果たしてきた役割

太田地域における取引関係の変化として，第 1 にサプライヤーのヒエラルキーの再編と外注の広域化が挙げられる．太田地域は A 社を中心とした強固なヒエラルキーが成り立っている．このヒエラルキーの構造に変化が生じてきている．不況などを原因として Tier 2 以下の企業にも倒産が発生した．併せて他社メーカーの Tier 1 が A 社の Tier 2 に組み入れられるといったこ

とも起こってきている．加えてA社のTier 1でも，他メーカーとの取引を行っている企業や他業種へ進出している企業もあり，ヒエラルキー構造の再編とサプライヤーの多角化が発生している．また地域の中小企業の中でも，A社への依存を残しながらも複数の企業との取引を開始する企業や，自社製品を開発する企業など，多角化と多様化が起こってきている．

　もう一つの変化は，外注の広域化である．以前は域内でヒエラルキーが完結していたが，自動車の多様化に伴い，域内企業では対応できないことが多くなり，対応できる企業を探して域外に外注が広がった．Tier 1の2社の場合，先進的な地域である中京圏との取引が多くなっている，とのことである．またより下位の下請けに関しては，近隣地域である伊勢崎市や足利市などへも広がっている．

　太田地域において，技術面で中核的な役割を担っている企業もA社である．A社の技術開発は東京都三鷹市と群馬県太田市の二極であり，三鷹ではエンジンとトランスミッションの開発を，群馬では車体に関する開発を行っている．この他，群馬ではサプライヤーへの指導や共同での改善なども行っており，これはTier 1が中心になっている．またA社では自動運転化を目指して，研究開発が進められている．この分野は競争が激しく，今後も開発が強化されていく分野であるが，こうした技術が地域へ波及するかどうかは未知数である．

　A社のサプライヤーでは，自社でも開発を行っている企業が多い．D社やE社では開発人員の増強など，開発機能の強化が行われている．D社では特に自動車の嗜好の高級化に対する対応を，E社では材質の向上にキャッチアップしていくことが重要視されている．両社ではこうした開発の強化がなされており，開発費は増大傾向にあると言えるが，A社への納入価格は下げねばならず，利益率をどのようにあげるかが課題になっている．なお技術の波及に関しては，この2社はA社の主要なTier 1であり，地域への影響は大きいものと思われる．

　この地域にある大企業としてB社が挙げられるが，この企業は地域に取引先やネットワークを持っていない．またC社は好調であった時期には中核企業としての役割は大きかったと思われるが，事業の再編や買収を通じて

技術の流出が起きている．現在，「冷やす技術」を中心に再編が生じており，この再編後に新たな動向が生まれる可能性がある．

　翻って桐生地域では，産地の地盤沈下と産業集積の多様化が発生している．この地域の中心的な存在は織物業とそれに関連した織機生産業であったが，それらは繊維産業自体が「地盤沈下」するに伴い衰退した．織機生産を行っていた企業は，近隣に存在した大手電機企業等の下請けになったものもあるなど，機械産業などに転換していった．こうした企業は桐生で発展したパチンコ機の生産にも関わっていた．しかし，機械産業の成長にも陰りがみえ，中心的な集積自体が「地盤沈下」している中で，集積において涵養された技術を活かして転換した中小企業が生き残っている．衰退したとはいえ，桐生の集積に存在する多くの企業は，織物関連産業集積や織機生産などから発した機械工業集積から生まれてきたのである．

　桐生地域では，企業の転換が顕著であり，さまざまな業種に展開している．たとえば，H社はパチンコの部品生産と併せて自社製品として園芸用品を生産しているし，I社は織物産業で培った技術を人工衛星などの断熱材に応用している．M社は染色整理業の企業であるが，培った技術をもって，化粧品分野にも進出している．このように，桐生で生き残った中小企業は，自社の技術を活かして転換しており，その転換の方向性も一定ではない[2]．

4.3　イノベーションとネットワーク

　太田市には「地域産学官連携ものづくり研究機構」（MRO）があり，ここが中心となって産学官連携を推進している．またMROが入居している「テクノプラザおおた」には，群馬大学大学院工学研究部生産システム工学専攻があり，産学官連携のインフラは存在している．また，MROは賛助会員制度を設けており，産学官連携のネットワークが構築されている（表10-2）．このネットワークでは太田市を中心に，伊勢崎市や高崎市まで参加企業があ

---

[2]　こうした状況を宇山（2011, 2012）は産業集積の複合性と捉え，行政界を越えた取引関係が存在していること，そしてこうした複合性は，既に戦前から構築されていたことを指摘している．

表10-2 MRO賛助会員，WING，両毛ものづくりネットワークの自治体別参加企業数

	MRO	WING	両毛ものづくりネットワーク
群馬県太田市	20	7	6
群馬県桐生市	2	28	7
群馬県伊勢崎市	5	6	
群馬県みどり市	2	6	1
群馬県前橋市	2	1	
群馬県高崎市	11	1	
上記以外の群馬県	7		
栃木県足利市	2		2
埼玉県	2		

出所）MRO資料，WINGと両毛ものづくりネットワークのウェブサイトより岡部作成．

る．逆に製造業が多い近隣の市である桐生市や足利市では参加企業は少ない．

　これに対し，太田地域においては中小企業が技術波及の中心にはなっていない．というのも，域内企業のA社への依存が大きく，中小企業の交流を目的としたネットワークが作られる機運が生まれにくい状況になっている．しかしながら多様な再編を通じて一社依存からの脱却を図っている中小企業も多く，そうした企業を中心として今後，ネットワークが生まれる可能性はあろう．

　逆に，桐生市においてはネットワークの構築が盛んになされている．まず，群馬大学工学部と企業との連携が挙げられる．そうした連携の中で培われた技術も多く（たとえばI社やJ社，M社の製品），イノベーションのコアは群馬大学の工学部にあるといえる．しかしながら，大学と個別企業との結合が多く，ネットワークの一層の拡大が今後の課題になっている．

　また，自発的なネットワークが構築されやすい点も桐生の特徴といえる．たとえば，わたらせ工業青年会（WING）や両毛ものづくりネットワークといった多種多様なネットワークが存在している．このうちWINGは，桐生市の機械金属工業協同組合に所属していた若手の経営者を中心に結成された組織である．この組織では，会員の交流や研修会などを中心に行っている．また両毛ものづくりネットワークは桐生周辺における比較的少数のメンバー

により構成された「ゆるやかな」ネットワーク組織である．

両毛地域におけるものづくりに関するネットワークの分布を示したのが図10-5である．WING は主要なメンバーが桐生の機械金属工業協同組合に所属していたという理由から桐生市，そして隣接するみどり市にメンバーが多い．逆に，太田市や伊勢崎市などの隣接自治体のメンバーは少ない．両毛ものづくりネットワークの中心メンバーは桐生周辺の人物であるが，そのネットワークは太田や隣県の足利にも広がっており，より広域的なネットワークとなっている．

さらには，桐生市役所の職員が地元の特徴のある経営者を集め，交流を促すといったことも行われている．この他にも，自社の技術で付加価値の高い製品を製作する傍ら，桐生自体の技術コーディネーター的な活動を行っている経営者（J 社）など，自発的な同業種・異業種交流ネットワークが構築されてきている．

このように，桐生市を中心としたネットワークは複数存在し，それぞれスタンスが異なっている．こうした動きは比較的新しい現象であり，現時点においてはイノベーションには直接的な影響をおよぼしてはいない．

5. 太田・桐生地域の課題

太田・桐生地域において，産業立地政策によって整備された拠点としては，まず「頭脳立地法」（1988 年策定）に基づき 1991 年に計画が承認された，太田リサーチパークが挙げられる．同年に中核施設として「ぐんま産業高度化センター」が設置されたが，その後「地域産業集積活性化法」（1997 年）により，太田市，桐生市を含めた群馬県の 6 市 6 町が「A 集積地域」に指定されると，先端的な分析機器や設備の整備が進められた．2001 年に群馬県工業試験場の東毛支所準備グループが設置され，2003 年には群馬県立東毛産業技術センターが開設された．同センターでは，機械金属工業の集積地である東毛地域の産業を支援するため，機械，材料，電気・電子，光分野に特化した技術支援，開発研究，人材育成・情報提供といった事業展開がなされ

252

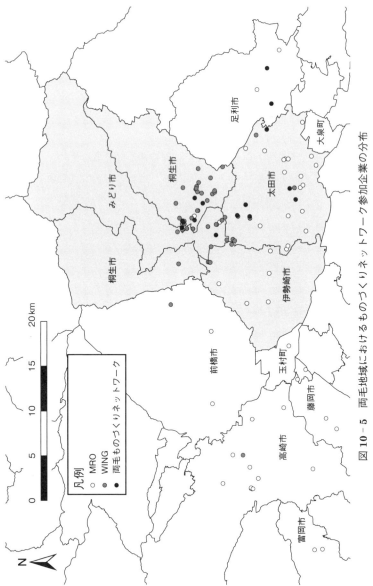

図 10-5 両毛地域におけるものづくりネットワーク参加企業の分布
出所：各ネットワークのウェブサイトより岡部作成.

てきた．ただし，2009年に「ぐんま産業高度化センター」は解散に追い込まれ，2010年には東毛産業技術センターと統合，2014年には産業技術センター北棟は太田市産業支援センターとして生まれ変わり，開放研究室や展示商談室などを活用して，地域の技術的交流拠点を目指すとされている．

また，「産業クラスター」政策において，両毛地域は，「首都圏北部ネットワーク支援活動」の指定を受けている．このプロジェクトでは関東地方北部の「輸送機械等の産業集積のポテンシャルを活かすため，産業支援機関等のネットワークの整備を促進し，それを通じた企業ニーズの把握と，技術力のある意欲的な企業に対する関連施策の総合・効果的な投入を行うことにより，世界に通用する企業群の育成を図る」とされている．

さらに，「企業立地促進法」では，群馬県が「企業立地促進法に基づく基本計画」を市町村とともに策定し，現在では「基盤技術・アナログ技術関連産業」，「医療健康・食品産業」，「環境・エネルギー関連産業」の3つのカテゴリーに分かれて市町村の指定がなされている．両毛地域やその周辺では，桐生，太田，伊勢崎，館林，みどり，玉村，板倉，千代田，大泉，邑楽などの市町が3つのカテゴリーの指定を受けている．

ところで，太田市の経営者の一部はA社一社依存への危機感を抱き，そしてA社の海外進出に対しての警戒を強めているが，A社が太田において存続することは地域経済が崩壊することを防ぐ重要な要素である．また，政策的な支援としてはA社群馬製作所のマザー工場化を促進し，A社の海外進出と太田の拠点の重視を促して，地域の不安を取り除くことが重要になるであろう．また，依存体制から脱却するために既に多角化を行っている企業もあるが，現在の業績が好調なうちに多角化や自社製品の開発を行い，景気の変動に柔軟に対応できるような体制を構築することが重要であると思われる．

加えて産学官連携にしろ，異業種交流にしろ，何らかのネットワークが構築されづらいことも課題である．より効率的なイノベーションの促進のためには，支援機関の適切なマッチングとともに，自発的なネットワーク構築を促し，それを支援していくことが必要となる．また中小企業で技術のコアとなるような中核企業を見出し，成長を促すことが重要であろう．

一方，桐生市の特徴については，以下の3点が挙げられる．第1は，技術を持っている企業が生き残っており，その企業群は多様性が大きいことである．第2は，ネットワークが構築されやすい点にある．桐生では複数のネットワークの存在が許容されており，また同業種や異業種の交流に積極的な人物も多い．こうしたことから多様なネットワークが構築され，またそれぞれがオーバーラップしている．交流が盛んに行われているため，そうした中で新たな連携が生まれうる基盤が既に構築されている．3点目は産学官連携が活発であるという点である．群馬大学工学部が桐生市にあり，中小企業で産学官連携に対して積極的な経営者が多く，連携が企業に対して好影響を与えた事例も多い．

桐生市に関しては2つの課題が考えられる．1つ目は，複数あるネットワークを単なる交流の場だけでなく，新たな産業創生を促進する場にすることである．現在でも，多様な業種があり，ネットワークも複数あるが，異業種間の交流が成果を生んだ事例には乏しい．ネットワークを有効に活用するためにも，ネットワークから生まれた産業を支援する方向性が考えられよう．創業促進に関しては，桐生市と桐生地域地場産業振興センターと共同で「桐生市インキュベーションオフィス」やコワーキングスペースが設置されている．

2つ目は群馬大学工学部をイノベーションのコアとして強化していくことである．現在でも，産学官連携のコア的な存在にはなっているが，企業とのつながりは個別のものが多い．これをより発展させるべきであり，また行政の援助も重要となる．

最後に，より広域的なネットワークの可能性も考えられる．太田・桐生市だけでも政策的な乖離が生じているが，こうした障壁を乗り越えて広域なネットワークが構築されると，地域資源をより効率的に活用できるであろう．また県を挟んだ栃木県とのネットワークも考えられる．両毛地域には太田，桐生以外にも製造業が盛んな都市があり，県を越えての政策を行えるような仕組みづくりも有効であると考えられる．加えて，北関東自動車道が開通し，北関東3県同士の交流の機運が高まってきたといえよう．こうした広域連携は，国の政策では地域の発展の方向性として北関東における地域間連携が一

つの軸とされ，注目されてきた．しかし，両毛地域に存在するさまざまなネットワークに関しては，北関東を念頭に置いたものは乏しかった．基礎自治体や県を超えたネットワークの構築は一部では行われているが，より広域的な連携やネットワークが構築されることも重要であろう．

第11章　機械工業集積：新潟県長岡地域
―― グローバル化の進展と生産連関の「離陸」

古川智史

1. 日本の機械工業における長岡地域の位置づけ

　日本の機械工業の地域的生産体系において，三大都市を中心に集積が形成される一方，地方では先行産業をベースに発展した「地方核心地域」の存在が指摘されてきた（竹内淳彦 1978, 1988）．その一つに本章で取り上げる長岡地域が位置づけられてきた．

　長岡地域の産業集積は，「明治期以来地場の機械工場を中心とする自助努力によって工業生産を拡大し，層の厚い工業集団を形成してきた」（竹内淳彦 1983, 110頁）．特に，戦前に始まった工作機械生産は高度経済成長の中で拡大し，長岡地域は「工作機械のメッカ」（辻田 2000, 157頁）と呼ばれるに至った．1980年代にはテクノポリス指定を背景に電気機械メーカーの立地が進み，次第に電気機械の比重が高まった．バブル経済崩壊後は，大手機械メーカーが海外への生産移管を進める一方で，中堅・中小企業が新たな事業分野に進出するなど，長岡地域における分業構造の再編が進んだ（天野 2005）．

　その後もグローバル化の進展によって，長岡地域の機械工業集積は大きく変化してきたと考えられる．本章では，長岡地域の機械工業集積の構造変化を，域内事業所の機能変化や生産体制における分業構造，また新事業・新製品の創出に向けた取組に着目して明らかにする．研究方法は，「工業統計表」をはじめとする統計資料分析と，2014年9月～10月および2015年2月に実施した聞き取り調査（企業10社，キーパーソン2人，行政・支援機関等2団体）である．

2. 長岡地域における機械工業の展開

2.1 機械工業の成長と再編[1)]

　長岡地域の近代工業の起源は，1888年の東山油田の開坑とされる．多くの石油会社が石油開発に参入する中で，掘削機器や諸器具の製造，修理のために，機械金属工業が発展した．しかし，1908年をピークに産油量が減少したため，石油依存からの脱却が模索され，その一環として1924年に長岡高等工業学校（現：新潟大学工学部[2)]）の開校を実現し，また工作機械の生産が開始された．その後，日本が戦時体制に傾倒していく中で，軍需生産のもと長岡地域の機械工業は発展した．長岡市も「工業立市」を実現するために，市税免除による県外工場の誘致や，蔵王地帯に大規模な工業団地の造成を進めた結果，一大工業地帯が形成された．

　戦時中の長岡空襲により長岡の工業も大きな被害を受けたものの，戦後，繊維工業の発展を背景に機械金属工業は息を吹き返した．高度経済成長期には民間設備投資の活発化を背景として，長岡地域の機械工業も工作機械の製造を中心に成長し，生産の拡大とともに市内の中小工場の系列下が進んだ．

　オイルショック以降，不況による設備投資の減少に伴い，機械メーカーの受注は減少し，長岡地域の大手企業では人員整理や一時帰休が実施された．また，マイクロエレクトロニクス化への対応が京浜や東京城南地域に比べ遅れ（通商産業省関東通商産業局 1996a，206頁），これが長岡地域の工作機械産業の低迷につながったと指摘される（吉田三千雄 1986，134頁）．また，電機や自動車といった産業を欠き，工作機械・産業機械を中心とした偏った産業構成が維持されてきたために，長岡地域の機械工業は停滞したとも指摘される（竹内淳彦 1978，227頁）．

---

1) 本項の内容は長岡商工会議所（1983），長岡市（1996）をはじめとした文献資料などによる．
2) 新潟大学工学部は1979年から1980年にかけて長岡市から新潟市へ移転した．

長岡地域の製造業の一つの転機となったのが，テクノポリス指定である．1984年に長岡市は第1次指定を受けたのち，周辺市町村への圏域拡大を検討していた新潟県の意向を受け，1988年には信濃川テクノポリスに名称が変更され，圏域が15市町村に拡大した．なお，長岡テクノポリスの構想段階から長岡技術科学大学（1976年開学）の果たす役割が大きかったとされる．

　テクノポリス開発構想の策定地域に指定されたことに加え，長岡市も長岡市工場等誘致条例（1987年）を制定し，先端技術産業の立地の受け皿として工業団地の整備を進めたことから，電気機械メーカーを中心に企業が進出した．そのうち，アルプス電気の長岡工場は，小出工場と合わせて，20数社の協力工場を抱えた（辻田 2000, 170頁）．

　1990年代以降，長岡地域の機械工業では再編が進んだ．大手電機メーカーは協力会社の集約化を進めたことから下請関係が変容し（辻田 2000, 167頁），専属的取引関係にあった中小企業では生産，雇用の大幅な減少がみられたが，それまでに蓄積した技術や資本をもとに自立化した中小企業も存在する（天野 2005）．工作機械メーカーは，外注先の選別やコストダウンの認識が徹底されてこなかったことに加え，受注生産が中心で頻繁に外注先と接触する必要性や重量のある外注品が多いことから地理的近接性が優先され，結果としてコスト競争力の乏しい協力企業が残存したことを背景に低迷したとされ，協力企業との関係を見直す動きがみられた（辻田 2000, 174頁）．また，機械メーカーが鋳造物生産工程を鋳造業者に「丸投げ」するようになった結果，それまで弱かった基盤的技術産業間の連関が強化され，また長岡地域に限られていた基盤的技術産業の受注範囲は，関東や他の地方工業地域に広がったとされる（丸山美沙子 2004）．一方で，複数の中堅企業は地元加工業者との分業関係を利用しつつ，技術開発や製品開発に力を入れ，ニッチな市場で競争力の高い製品を生産し，その販路を国内のみならず海外に拡大した結果，従来の工作機械や産業機械の分野のみならず，IT関連製品の製造装置の分野にまで拡大した（天野 2005）．

　こうした企業間関係の再編が進む中で，行政による地域産業の活性化に向けた取組が進められた．「特定産業集積の活性化に関する臨時措置法」（地域産業集積活性化法）に基づき，長岡市を含めた8市2町が中越地域として基盤

的技術産業集積（A集積）に指定され，1997年に第1期計画，2003年に第2期計画が同意された．文部科学省の「都市エリア産学官連携促進事業」では，財団法人にいがた産業創造機構を中核機関とし，2004年度から2006年度にかけて「一般型」，2007年度からは「発展型」として採択された．長岡市も独自に地域産業の活性化に向けた施策に取り組み，1995年度に「フロンティアチャレンジ補助金」を創設し，製品開発等を支援してきた．また2004年には「長岡地域地場産業振興アクションプラン」が策定され，2005年に実施主体として産業界を主体とし，大学，行政，支援機関，団体等から構成される「長岡産業活性化協会」（Nagaoka Activation Zone of Energy，以下NAZE）が設立された[3]．

近年の長岡地域の製造業の動向について，長岡大学地域研究センターが2007年から実施している「長岡地域企業の現状と成長・展開に関する基礎調査」の結果をもとにみると，2008年のリーマンショックは長岡の機械工業にも大きな影響をもたらした．2009年に長岡市内の製造業企業を対象とした調査によれば，売上高が「減少した」という企業は全体の4分の3を占め過去の調査に比べ増加しており，特に金属製品，一般機械，精密機械の業種で売上高が減少した企業が多かった（石川英樹 2009）．また，周辺市町村，非製造業を対象とした2012年の調査によれば，長岡地域の製造業は1990年代以降にアジアを中心に海外展開（取引）が進んだとされ[4]（牧野 2013），海外

---

[3] 2009年にNPO法人化され，2016年11月現在，会員数は76（法人71，個人5）となっている．現在のNAZEの事業は大きく，①産産ネットワーク構築事業（現場改善支援事業／企業視察等連携事業），②産学ネットワーク構築事業（人的ネットワーク構築事業／留学生との交流連携事業），③情報発信事業（各種展示会への出展事業／多様なツールを活用した情報発信事業／子供達への情報発信事業），④技術力向上事業（地域産業の強み強化事業／技術力の向上事業／ナノテク技術の強化），⑤ドリームプロジェクト，に分けられる（NPO法人長岡産業活性化協会NAZEホームページ，http://www.naze.biz/ 最終閲覧日2017年2月20日）．

[4] 有効回答数175のうち，「海外展開（取引）を行っている」企業は31社と検討中の企業を含めても32社に過ぎなかったものの，そのうち約8割にあたる25社が製造業であった．また，海外展開（取引）の開始時期は，1980年代以前が6（18.8％），1990年代が10（31.3％），2000年代が10（31.3％）であり，相手国（複数回答）をみると中国（23社，71.9％），韓国（17社，53.1％），台湾（13社，40.6％），タイ（13社，40.6％）の順に多かった（牧野 2013）．

2.2 機械工業集積の量的縮小と質的転換

「工業統計表（市区町村編）」をもとに，平成の大合併を考慮した長岡市の製造業全体の動向をみると，従業者数は1991年の39,007人をピークに減少傾向にあり，2014年は25,137人と1991年から35.6%減少した．製造品出荷額等はバブル経済崩壊後停滞したものの，2006年には約7356億円を記録した．その後，リーマンショックのあった2008年を境に急速に落ち込み，2014年時点で約6226億円とリーマンショック前の水準まで回復していない．

図11-1は，長岡市（合併前は旧長岡市）の業種別製造業従業者数と製造品出荷額等の推移を示したものである．1980年時点で「一般機械・精密機械」の従業者数，製造品出荷額等のシェアは，それぞれ29.2%，37.4%であった．その後も「一般機械・精密機械」の構成比が大きいことに変化はないものの，次第に「電気機械」の構成比が高まったことがわかる．これは先述したテクノポリス指定の中で電気機械メーカーが進出してきたことを反映しており，1990年代前半には「電気機械」は従業者数，製造品出荷額等の約5分の1を占めるに至った．「平成26年工業統計表（市区町村編）」の製造品出荷額等の数値をもとに特化係数を算出すると，「業務用機械器具製造業」（特化係数8.01），「生産用機械器具製造業」（同3.30），「電子部品・デバイス・電子回路製造業」（同2.31）の順に高い．

先述した統計の動きは，事業所の立地変化にも表れている．図11-2は，1991年および2014年の旧長岡市域における機械工業の分布を表したものである[5]．まず1991年の分布図をみると，北長岡駅周辺，そして長岡工業導入

---

5) 「長岡商工名鑑1991年版」において「第4類　鉄鋼・金属」「第5類　機械器具」に分類され，製造機能を有すると判断できる事業所を抽出した．2014年のデータは，長岡商工会議所HP「会員企業データベース」において「製造業」に分類される事業所のうち，営業内容の記載から1991年の業種分類に該当するものを抽出した．比較のため，旧長岡市域に立地する長岡商工会議所会員のみを抽出している．なお，業種分類は4つに集約した．分布図の作成に際して「CSVアドレスマッチングサービス」を利用し，変換精度が低かった場合にはゼンリンの新旧の「住宅地図」を閲覧するなどして対応した．

262 第III部 地域分析篇

(a) 従業者数

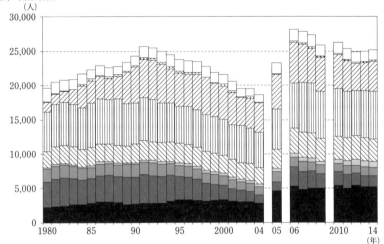

(b) 製造品出荷額等

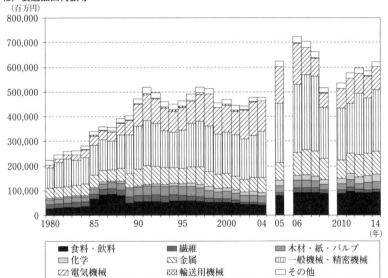

図 11-1　長岡市における業種別従業者数・製造品出荷額等の変化

注）分類変更を踏まえ，業種分類を9つに集約している．2005，2006，2010年のデータは市町村合併のため，前年のデータと連続しない．
出所）「工業統計表（市区町村編）」各年版および「平成24年経済センサス―活動調査　製造業（市区町村編）」により古川作成．

第 11 章　機械工業集積：新潟県長岡地域　263

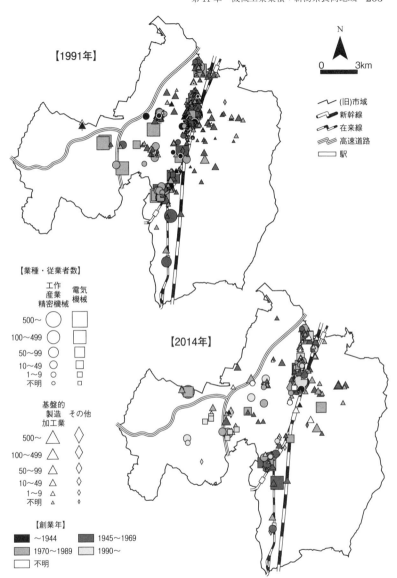

図 11-2　旧長岡市域における機械工業の立地変化

出所）「長岡商工名鑑 1991 年版」，長岡商工会議所ホームページ「会員データベース」および国土交通省「国土
　　数値情報」（(行政区域データ，平成 12 年度)，(鉄道データ，平成 25 年度)，(高速道路時系列データ，平成
　　25 年度)）により古川作成．

団地，長岡市南部工業団地周辺に立地が集中していることが読み取れる．より詳細にみると，「工作・産業・精密機械器具」と「基盤的製造加工業[6]」の業種では，戦前の創業がみられ，特に後者では高度経済成長期に創業した事業所が多いことがわかる．一方，「電気機械」は1970～1980年代の創業が多く，これはテクノポリス指定の中で先端技術産業の企業誘致を進めた結果とみられ，先の統計分析の結果と符合する．また，「電気機械」の事業所の規模は大きいという特徴が読み取れる．

2014年になると，事業所の立地傾向に大きな変化はみられないものの，北部工業地帯の南側で立地数が減少していることが確認できる．特に「基盤的製造加工業」の減少が著しかった．また，「電気機械」の事業所数に大きな変化はみられないが，「100～499人」規模の割合が大幅に減少していた．これは，電気機械産業において，海外への生産移管を背景に国内の生産体制が縮小したためと考えられる．

産業集積の量的縮小がみられる一方で，質的な変化がみられる．空間スケールの違いに留意する必要はあるが，「工業統計表（工業地区編）」によれば，長岡市を含む長岡・北魚沼地区の付加価値生産性は，1985年以降，上昇傾向にあった．主要業種をみると，「一般機械器具製造業」と「精密機械器具製造業」は地区全体の数値を上回る状況が続いた．特に「精密機械器具製造業」の付加価値生産性は2000年代半ばに大幅に伸び，2006年の1785万円は製造業全体の約2倍となっていた．産業分類が改定された2008年以降では，変動が激しいものの，「業務用機械器具製造業」や「生産用機械器具製造業」の付加価値生産性が，製造業全体のそれを大幅に上回る年がみられる．

また，職業別にみた製造業就業者数の推移を示した表11-1によれば，製造業全体の就業者数は2000年から2010年の間に22.2％減少した一方で，専門的・技術的職業従事者は8.7％増加した．結果として，専門的・技術的職業従事者の全体に占める割合も2000年の4.4％から2010年には6.1％へと上昇した．これらを踏まえると，長岡地域の製造業において研究開発機能

---

[6] 「基盤的製造加工業」は，機械工業の中でも熟練技術が求められるもので，具体的には成型加工業，金型製造業，機械加工業，熱処理・表面処理・塗装業，板金・溶接・製缶業などが該当する（小田 2005）．

表 11-1 長岡市における職業別製造業就業者数の推移

	2000 年		2005 年		2010 年	
	人	%	人	%	人	%
専門的・技術的職業	1,663	4.4	1,597	4.7	1,808	6.1
生産工程	29,278	76.7	26,087	76.2	20,084	67.6
その他	7,254	19.0	6,556	19.1	7,826	26.3
合計	38,195	100.0	34,240	100.0	29,718	100.0

注）従業地に基づく．2000年，2005年は合併自治体を含めた数値．表中の「生産工程」は，2000年および2005年では「生産工程・労務作業者」，2010年では「生産工程従事者」の値．
出所）「国勢調査」各年版により古川作成．

の強化が示唆される．

3. 調査対象事業所の事業構造の変化と分業構造の変化

3.1 調査対象事業所の概要と海外連関の強化

　調査対象事業所は，規模と事業内容の観点から，中核企業，中堅・中小企業，基盤的製造加工業者の3つのタイプに分けられる．中核企業は，一層海外展開を進め，海外拠点と国内拠点の分業構造が深化しつつあり，また中堅・中小企業と基盤的製造加工業者の中にも輸出比率が上昇するなど，海外連関が強化されるケースがみられた．本節では，聞き取り調査および各社ホームページの情報などをもとに，調査対象事業所の概要と近年の動向をみていく（表11-2）．

3.1.1 中核企業の動向

　A社は，戦前に創業した精密工作機械メーカーである．工作機械の市場では需要の波が大きく，同社の業績も主要顧客である自動車，IT関連企業の設備投資の動向に左右されてきた．近年では，リーマンショックや東日本大震災の影響が売上高の減少をもたらし，また1990年代以降，ユーザーの海外進出もあり海外売上比率も大幅に高まっている．

表 11-2 対象

No.	企業名	設立年 (創業年)	資本金 (百万円)	従業員数 1991年	従業員数 2014年	事業内容	取引 受注先
1	A社 N工場	1937	—	553	352	精密工作機械の製造・販売	・連結売上高に占める海外比率は約80%にまで増加
2	B社	1946	14,494	1,751	1,754	車載計器・民生機器・ディスプレイ等の製造・販売	・連結売上高に占める海外比率は1990年代前半の約20%から約60%にまで増加
3	C社	1940 (1907)	45	238	150	車輌,環境関連機器の製造販売	・海外に市場を拡大しようとしているが現段階ではわずか
4	D社	1951 (1949)	51	75	70	精密測定機器の製造・販売	・県内:5～8%,東京管内:約45%,西日本地区:約45% ・中京地区の自動車関連の工作機械ユーザーがメインクライアント ・海外との直接取引はないが,2000年代以降,製品の半分以上が海外に「輸出」されている
5	E社	1957 (1931)	50	34	45	研削盤・専用機の製造・販売	・国内外に2,000社以上の取引先
6	F社	1987 (1957)	74	32	18	研磨装置の製造	・リーマンショック前はほぼ国内生産拠点向け→現在輸出が5割(日系企業向けのみ)
7	G社	1989	40	2	125	異物検査機の開発設計・製造・販売	・食品関係は頭打ちのため,医薬関係に取引先を拡大する方針 ・輸出は25～30%程度
8	H社	1998	126	—	18	セラミックス製品の製造・販売	・輸出が売上の7～8割を占めていたが現在は半分程度
9	I社	1951 (1914)	25	39	45	鋳物・機械製造	・従来は市内が6割程度 →バブル崩壊後に徐々に減少,関東圏など域外の受注増 ・市内の受注先は工作機械がほとんど,工作機械関連以外の受注拡大を図った結果,工作機械メーカーの比率は低下
10	J社	1957 (1930)	10	14	18	メッキ加工業	・地理的範囲の比率に大きな変化なし,旧長岡市:35～40%,県内:55～60%,県外:5%

出所) 各社ホームページ,提供資料,「長岡商工名鑑1991年版」,および聞き取り調査などにより古川作成.

第 11 章　機械工業集積：新潟県長岡地域　267

企業の概要

関係 / 外注先	特徴（海外展開、研究開発など）	集積との関係
・N 工場は約 200 の外注先を持ち、そのうち約 55％が新潟県内、その半数が長岡市内 ・県外に新規に外注先を構築した事例あり	・2000 年代以降、中国、インドに生産拠点を設置。そのうち中国では現地生産を強化 ・県外の生産拠点を N 工場に集約	・テクノポリス期に長岡技術科学大学等との連携関係あり ・N 工場は製品開発、試作、ハイエンドモデルの生産に加え、中国から逆輸入した標準機のカスタム化が中心
・金属加工が中心だった時期は地元への外注が 5 割程度→電子化により 2 割 ・子会社 2 社が車載部品の一部工程を担当（子会社から外注の可能性あり）	・2000 年代以降、海外拠点の整備が加速 ・部品の現地調達は進んでいるが、コア部品に関しては製品の安全性に関わるため基本的に国内で生産 ・開発設計の現地化	・R&D センターは長岡技術科学大、長岡造形大と連携有 ・長岡市内の T 工場はマザー工場としての位置づけ
・現在は 50〜100 社程度の外注先 ・2000 年代前半は地域内で完結→コストの問題から域外が増加 ・「選別受注」の結果、内製中心で、特殊な工程、部品は県内外へ外注	・技術部隊は減少していないし、減らしてはいけないという認識 ・バイオガス発電機器を新潟県、長岡技術科学大と開発	・依然として長岡がものづくりの拠点であるが、外注連関は地域から離陸傾向
・メッキ、鋳物、木型などの分野を外注 ・1950〜60 年代は長岡市、小千谷市に 25 社程度 →2008 年ごろから県外への外注が増加、現在は 50 社（県内 15〜25 社、うち半分が市内）	・計測分野をコアとしつつ、別分野への研究開発に取り組む（例：長岡技術科学大とエネルギー分野で共同研究） ・開発設計部門は 8 人（2000 年頃はこの半分）	・長岡をものづくりの基盤としつつも、外注連関は広域化
・木型、鋳物、熱処理といった外注は長岡市内で完結。協力会を含め 50 社以上 ・購入に関しては域外あり	・長岡では特殊な金属以外（ゴム、工業用宝石）の小型研削盤メーカー（←受注先との関係を密にしニーズに対応） ・専用機：汎用機＝7：3	・先代や組合の青年研究会を通じた人的ネットワークがうまく機能しているという認識
・板金、フライス、メッキなどを長岡市内の企業に外注。月約 60 社、ピーク時には約 100 社（若干県外への外注あり）	・行政の補助金を活用した装置開発	・「単品のものづくり」が得意な長岡のものづくりの基盤と自社の事業内容が合致
・（機械部品）県外が半分（富山、石川、群馬など） ・（電気部品）購入部品は県外が主	・1990 年代後半から異物検査機に取り組み、常に新しい要素を取り入れ製品を開発 ・海外に販売代理店と契約し、商社を介さず輸出	・当初は長岡技術科学大、長岡高専、新潟大と関係あり→技術水準が上がったため現在は県外の大学と関係を構築 ・域内の企業と技術連携はない
	・大学発ベンチャー企業 ・長岡技術科学大から採用実績あり	・長岡が「機械のまち」ということを考慮して立地 ・かつては地元のメーカーと関係はあったが現在はない
・木型は 100％外注 ・地域内と中国の現地企業（鋳物関係で常時域外へはない） ・一部の特殊材のみ地域外	・一時海外への進出話→最終的に進出せず、2000 年前後から中国から鋳物の購入・管理 ・機械工場を併設。NC 化により人員が縮小→現在は、単品、小ロットの機械加工中心	・オーバーフロー、不得手などを理由に鋳物関係の仕事の融通し合う関係あり（10 件近く）
	・メッキに関する技術開発	・長岡技術科学大からの技術開発の話には積極的に取り組む姿勢 ・長岡技術科学大の学生にメッキ装置の貸し出しを行う

A社は，価格競争力を高めるために，2000年代以降，中国，インドに生産拠点を設け，国内を含めて3カ所の生産体制を構築した．インドの生産拠点は将来的な市場を見込んだ拠点であり，生産能力はそれほど大きくない．一方で，中国の生産拠点は，当初，性能の限られた工作機械の生産が中心であり，その中核部品も長岡の拠点から供給されていた．その後，中国の生産拠点では，生産能力の増強，従業者数の増加が進められるとともに，生産機種の幅も広がり，さらに中核部品の生産も含めて現地生産が進展した．結果として，中国の生産拠点はグループ最大となっている．

　一方，国内では，新潟県外の生産拠点を休止し，長岡市内のN工場に従業員を異動，集約した．また，海外への生産移管が進む中で，N工場では，製品開発，試作に加え，ハイエンドモデルの製品，中国で生産された標準機を逆輸入し，国内ユーザーのニーズに対応しカスタマイズすることで付加価値をつける生産が中心となっている．N工場の従業者数は全体としては減少傾向であるが，技術関係の人員は100人前後で推移しており，結果としてN工場に占める技術関係の比率は高まっている．

　B社は，戦後に設立され，車載用計器を中心に事業を展開するメーカーである．1990年代以降，海外，とりわけアジアでの売上が伸び，売上に占める海外比率は2000年代半ば以降，急激に増加した．

　B社は，クライアントとなる自動車メーカーの拠点に対応してグローバルな生産拠点を構築してきた．1980年代に貿易摩擦を背景として自動車メーカーが海外進出した時期に，B社もアメリカ，イギリスに子会社を設立し進出した．1990年代半ば以降，B社は中国，タイ，インド，インドネシアに順次生産拠点を設立し，さらに2000年代後半以降はメキシコ，四輪・二輪の需要が拡大しているブラジル，ベトナムにも製造拠点を設けた．

　海外拠点の整備が進む中で，国内外を含めた生産拠点の分業関係も変化している．車載用計器事業を中心に整理すると，日本からの部品供給を現地での一貫生産に切り替えたり，生産品目を特化させたり，生産部品の相互補完体制を構築したりしている．また，海外拠点における部品の現地調達が進み，特に生産拠点を設置してから時間が経っている拠点ほど，その傾向にあるという．さらに，開発設計の現地化も進めており，2014年現在，海外の4つ

の拠点に開発機能を設けている．

　一方，国内の生産拠点をみると，長岡市内のT工場はB社のマザー工場として位置づけられる．2000年代半ばに，T工場にテクニカルセンターが設置され，製品の設計から製品の最終組立までを担う体制が構築された．また，車載用計器の基幹部品については，品質，安全面，企業の信頼性という観点から県外の子会社とともにT工場で生産され，海外の生産拠点に供給されている．

3.1.2　中堅・中小企業の動向

　戦前に創業したC社は，削井機械部品の鋳物の生産からスタートしたものの，早い時期から完成品メーカーとなった．戦後には，雪上車を開発し官需，民需を開拓し，1970年代には汚泥処理脱水機の生産に取り組み始めた．現在ではバイオ発電機に力を入れており，環境関連事業は売上の約60％を，また雪上車を中心とした車輌事業は売上の約40％を占める．一方，かつての主力事業であった掘削機器は5％を下回っている．このように，C社は時代の変化の中で製品領域を変化させてきたものの，2000年代中頃から売上高が減少傾向にあったことから，付加価値の高い生産に受注を絞る「選別受注」に切り替えた．従業者数は定年退職に伴う自然減と間接部門での減少がみられたが，技術関係の従業員は減少しておらず全体の約4分の1を占める．なお，C社は長岡市内に2つの工場，国内に4つの営業所を設置している．海外に進出していないが，これは限られた人的資源の中で大手企業のようにすべてに取り組むことは難しいためだという．

　精密測定機を製造するD社は，戦後に創業し，現在従業員70人を抱える中規模の企業である．同社の製造拠点は長岡市のみで，その他に営業所として東京，名古屋に拠点を構える．受注先は，地域外の工作機械ユーザーが中心であり，海外との直接取引はない．ただ，2000年代以降，とりわけリーマンショック以降に，取引先に納品した製品の半分以上が海外に「輸出」されるようになった．その中で，海外の生産拠点のラインに設置された製品のメンテナンスや買い替え等に際し，質よりも価格が優先される状況になりつつある．また数年前から日本国内でテストラインを組まずに，直接海外の生

産拠点でラインを立ち上げるケースが増えており，D社としても現地に技術スタッフを送り込む必要性が高まっている．

E社は，戦前に創業し，従業員数45人と中規模の精密工作機械メーカーである．創業当初は機械加工を担っていたが，数年後に旋盤の製造・販売を始めている．1950年代後半に研削盤の試作を始め，1960年代中頃から販売を始めた．汎用機の製造から出発したが，取引先のニーズに対応してきた結果，現在，専用機と汎用機の比率は7：3となっている．E社は金属以外の素材を削る機械の製造に特徴があり，その点で長岡地域の工作機械メーカーの中では特殊であったという．また，1980年代に海外進出の話があったものの，結果的に進出していない．

F社は，専用機メーカーからスピンオフして設立された．テープ研磨機械を製造する小規模メーカーである．顧客の要望に対応し，専用機的に製品を開発・製造しており，当初の磁気ヘッドの研磨装置から，CDの研磨装置，さらに近年では自動車関連装置と市場分野をシフトさせてきた．F社の売上は，リーマンショックの影響でほぼ半減したが，その後回復した．その前後で，販売先に大きな変化がみられ，リーマンショック前は商社を通じてほぼ国内拠点向けに製品を販売していたが，その後メーカーの海外進出が活発になる中で，納入先の海外比率が高まり，現在では輸出が5割を占めるという．ただし，輸出先は日系企業向けに限られている．

G社は，異物検査機の製造・販売を行う従業員約130人の企業である．システム開発の企業として創業したが，1990年代中頃に異物検知機の開発を始め，その後，常に新しい要素を取り入れて製品を開発してきた．G社の従業員のうち開発にかかる人員は30人程度であり，全体の約4分の1を占めていた．G社は海外の販売代理店と契約して販路を開拓しており，調査時点の輸出比率は25〜30％程度で，アジアが中心であった．G社の生産拠点は長岡のみで，その他に全国に11の営業所，また中国にメンテナンスのための拠点がある．

H社は，大学発ベンチャーで，従業者数20人弱の企業である．設立当初はダイヤモンド工具の開発をしていたものの，2000年頃からダイヤモンドとセラミックスの技術が近いことから焼結分野に活路を見出し，現在に至っ

ている．海外との関係が強く，主に韓国系メーカーと取引し，輸出は売上の7～8割程度を占めていた．長岡地域で創業した背景には，「機械のまち」という特徴が考慮されており，従来地元機械メーカーと関係があったものの，調査時点ではないという．

3.1.3 基盤的製造加工業者の動向

I社は戦前に鋳物製造業として創業し，調査時点の従業者数は45人であった．ITバブル以降，I社の売上は比較的好調であったが，リーマンショックの影響は大きかったという．I社の受注先は，従来は工作機械の分野が半分以上であったが，工作機械以外の取引先を開拓したことで，現在では工作機械が2～3割程度となっている[7]．I社には機械工場も併設されているが，NC化により人員は縮小している．受注の内容も数十個程度でもロットが多い部類に入るという．

戦前に創業し，メッキ処理を手がけるJ社は，装飾用のメッキ処理が事業の始まりである．戦後，長岡のものづくりが紡績関係から復興する中で，製品の錆びを防止するために，メッキ処理の需要が高まった．同社のメッキ処理のうち，硬質メッキは特徴の一つであるが，従来，メッキが硬いことはクレームの対象であった．次第にメッキ処理において硬さが求められるようになり，同社でも試行錯誤の中で安定的に硬いメッキ処理を行う技術を確立した．こうした技術開発ゆえに現在まで会社を存続させることができたという．

3.2 分業構造における域内連関の弱まり

調査対象事業所は経営環境の変化に伴い，事業領域を変化させてきた．これを踏まえ，調査対象事業所の分業構造の変化をみると，一部の事業所は生産連関の基盤を長岡地域に有しているものの，調査対象事業所の生産連関は，域内にとどまらず，域外に流出している様子がみられた．その要因は，コス

---

7) I社によれば，工作機械メーカーとの取引が中心だった鋳物業者にとって工作機械需要の変動が厳しく，かつて60社近くあった鋳物関連の企業は半分程度に減少したという．

ト高，中核企業の技術領域の変化や技術の高度化，に集約できる．

　外注コストが高いという要因は，C，D，G 社の事例にみられた．C 社の外注連関は，2000 年代前半は地域内で完結していたが，コストの問題から域外への外注が増加したという．D 社は，長岡をものづくりの基盤と考えているものの，2008 年頃から県外への外注が増加した．D 社の生産機種のうち特注品の比率が半数を超える一方，汎用機も一定程度生産しており，その平均的なロット数は 100〜200 程度である．しかし，一定規模のロットを外注しても，長岡の事業所は小ロットの生産が中心であり，量産効果がコストに反映されづらいことから，県外へ外注するようになったという．G 社は金属検査機の生産において，開発費の回収のため，ある程度の生産量を見込んでいるが，長岡のモノづくりは量産に弱く，G 社の要求に応えられないという．量産，精度ともに G 社の要求に応えられるのであれば域内にこだわっておらず，現在，G 社の機械部品の半分程度が県外に外注されている．

　次に，中核企業の技術領域の変化や技術の高度化という要因は，B 社，C 社のケースでみられた．B 社は，従来製品の製造において金属加工が中心であり，地元への外注が 5 割程度を占めた．しかし，製品の電子化という技術領域の変化は外注する工程自体の減少をもたらした．その結果，現在では地元への外注が 2 割程度になったという．また，C 社は「選別受注」の結果，域内に利用できる外注先はなく，内製中心になっているという．外注するものは特殊な部品・工程に限られ，その外注先は新潟市や県内他地域へ外注されていた．

　もちろん，依然として長岡市内を中心に外注連関を形成するケースも存在する．A 社 N 工場の外注先は，協力会を含め 200 社程度であり，そのうち新潟県内は約 55％ となり，その半数が長岡市内となっている．新規に県外の企業に外注するケースはあるものの，簡単に既存の外注先を切り替えることはないという．それは，浮き沈みの激しい工作機械の需要に対応するためである．ただし，下請企業との関係は従来から変化している．工作機械の市場は需要の波が大きいため，下請企業はそのバッファーとしての意味合いが強かったが，生産の海外移管が進み，国内ではハイエンド製品の製造が中心となった結果，下請企業にも工作機械の中核部品の生産を外注するようにな

ったという．

　また，E社は，購入に関しては長岡市外があるが，木型，鋳物，メッキ，熱処理といった加工に関して，協力工場20社を含め，長岡市内に50〜60社程度の外注先を持つ．こうした外注連関において，先代からの結びつき，組合の青年研究会を通じた2代目同士の結びつきが機能しているという．またE社は，長岡はものづくりの地盤として悪くないという印象を持ち，また長岡でものづくりを進めたいという意向を持っている．

　F社は，従来は加工部門を持っていたが，需要の波があり，維持が困難なことから，現在はなく，60〜100社程度に外注している．そのほとんどが長岡市内に立地している．基本的に長岡以外の地域の企業に外注する意向はなく，木型から鋳物まで企業がそろい，一品モノの生産が得意な長岡のものづくりに，F社の事業，生産の在り方が合致している格好だという．

　一方，基盤的製造加工業者の取引連関をみると，I社はかつて受注先の6割が地元であったものの，バブル経済崩壊後，工作機械以外に取引先を開拓したこともあり，域外に新規取引先が増え，地元の割合は減少した．鋳物関係の外注に関しては，2000年頃から，中国からの鋳物の購入，管理に取り組んでいるが，単純な鋳物に限られるという．これを除き，鋳物関係で地域外に外注ということはなく，木型の外注に関しては，長岡地域には技術力のある木型業者が多く助かっているとのことであった．また，受注が自社のキャパシティを超えた場合や，自社では不得手な受注の場合，同業者組合の活動を通じて関係性を深めた同業者に仕事を融通しあう関係もある．J社の取引関係は，市内，県内比率は大きく変動していないという．これは，メッキ処理において，対象となるモノの輸送は顧客負担であるため，遠距離の企業と取引するのは難しいためである．

4. 新事業・新製品の創出に向けた取組

4.1 個別の取組と自治体の役割

　聞き取り調査では，調査対象事業所の多くが開発機能の強化を図っていることがうかがえた．中核企業のA社は中国へ生産移管しつつも，長岡市内のN工場に開発，試作機能を残しているし，B社は1990年代に長岡市内にR&Dセンターを設けるとともに，2000年代にT工場にテクニカルセンターを設けており，域内工場をマザー工場として位置づける動きがある．中堅・中小企業も製品開発に力を入れる動きがみられ，C社は新規事業に関しては現在の製品分野に近いところに拡大する意向を持っている．また，D社は「開発型にならざるを得ない」という発言が示す通り，設計開発に力を入れ，それにかかる人員も2000年頃に比べ約2倍となった．また，F社は行政の補助金を活用して自動車関連装置を開発し，売上が大きく増加したという．

　こうした製品開発に際し，行政の支援が持つ意義は，とりわけ資金や人材面で制約の多い中小企業にとって大きいと考えられる．2節で述べたように，長岡市は1995年度から「フロンティアチャレンジ補助金」を創設し，20年間にわたり延べ約150社，約300件の製品開発を支援してきた．フロンティアチャレンジ補助金で採択された企業，事業に対し行った調査結果によれば，回答数の80％は従業者数100人未満の企業であった．回答数の85.9％が当初の計画を達成し，59.6％が商品化を達成したとしている．また「波及効果があった」という回答は54.8％に上り，具体的な効果として，企業のPR効果や技術力・研究開発能力の向上に加え，域内への外注や雇用の増加といった地域経済への波及効果もみられたとしている[8]．

---

[8]　長岡市商工部工業振興課「長岡市内中小企業新製品開発・技術高度化支援事業活用事例」(http://www.tech-nagaoka.jp/wp-content/uploads/fro20.pdf 最終閲覧日2017年2月17日）による．

4.2 産学・産産連携の展開

　長岡地域の産学連携において，長岡技術科学大学が中核的な役割を果たしている．今回調査対象となった企業の多くが何らかの連携関係を構築していた．B社は，R&Dセンターと長岡技術科学大学，長岡造形大学と連携関係を持っていた．C社は，長岡技術科学大学と，バイオガス発電機の製品化に向けた共同開発を進めた実績があり，今後も長岡技術科学大学との連携の機会を増やす意向を持っていた．D社は，自社の保有技術をベースに新領域の開拓に向けて長岡技術科学大学と共同研究を進めていた．J社は，過去の経験を踏まえ，将来的な市場を見込んで，新しいメッキ技術の確立，具体的にはメッキ処理が難しい材料に対する技術の開発に向けて取り組み，長岡技術科学大学などと共同研究に取り組んでいた．その他，直接的な新製品，新産業の創出の動きではないが，J社は長岡技術科学大学の修士・博士課程の学生にメッキ装置を貸し出しており，学生レベルで付き合いがあるケースもみられた．

　他方，長岡技術科学大学との連携関係をかつて構築していたものの，現在はないというケースもある．A社N工場は，産学連携に関してはテクノポリス期に長岡技術科学大学などと連携関係を構築していたものの，調査時点では解消しているという．また，G社は，先述した通り常に新しい要素を組み込んだ製品の開発を進める中で，従来は長岡技術科学大学，長岡工業高等専門学校，新潟大学と関係を構築していた．しかし，技術の要求水準が高度化した結果，現在では域外の大学と連携関係を構築し，また連携を希望する大学も域外に存在する．G社の事例は，技術水準の高度化の結果，地元大学から「離陸」したといえる．

　産学・産産連携については，NAZEが設立されているが，聞き取り調査では，一定の評価とともに課題も指摘された．まずNAZEの取組に対する評価として，J社からはNAZEは年会費の負担があり，会員企業はその元を取らなければという意識があり，実際に情報が入ってくるという利点が指摘され，D社からは後継者・経営幹部候補者のための経営塾である「NEXT

道場」に関して評価されていた．また，A社N工場は，会員ではないものの，工場見学やセミナーへの従業員の派遣という形で，NAZEの取組に関与している．NAZEのさまざまな取組の中で，市内に立地しつつも他企業のことをよく知らないという状況が改善されたという声も聞かれた．

一方，課題として，D社からは現場改善に関する内容も含めたさらなる技術情報の提供，海外を含めた域外のニーズの吸収の必要性が指摘され，J社からは現在のNAZEの取組を継続していく上で専任の人材確保の必要性が指摘された．また，NAZEの取組よりも，燕・三条地域の産産連携に共感を示す調査対象事業所も存在しており，この点に関して，D社は燕・三条地域に比較して，長岡地域は産産連携という点ではまだ得意ではないという印象を持つと指摘していた．こうした指摘に加え，NAZEの設立から一定期間が経ち，当初高まった機運が下火になっている点や，会員企業から新規事業の提案が積極的に出てこない点も聞かれた．

5. 長岡地域の機械工業集積の変容と地域的課題

本章では，日本の機械工業における地方核心地域として位置づけられてきた長岡地域を取り上げ，1990年代以降のグローバル化の進展の中で，機械工業集積がどのように変化してきたのかを検討してきた．

通商産業省関東通商産業局（1996a）によると，長岡地域の機械工業の特徴として，①数社の大手完成品メーカーとその下請企業から成る垂直分業構造，②広域関東圏内から多く受注し，長岡市内で完結する生産体系，③工作機械などの生産に必要な加工技術の蓄積があるものの，技術開発担当者が少ない，と指摘されていた．また，地方核心地域としての発展に向けた課題として，産学官の一層の交流の推進が指摘されていた．これらの点にひきつけて，統計資料および聞き取り調査の結果を整理すると，長岡地域の企業・事業所は大学との連携等を活用しながら開発機能を強化しつつも，生産連関は地域から一層「離陸」した実態が明らかになった．具体的な長岡地域の工業集積の変化は次の4点に集約できる．

第1に，調査対象事業所の多くが，海外に生産拠点を設けたり，製品の販売先として海外の比率を伸ばしたりしており，海外との連関が強まっていることが明らかになった．地域の中核として位置づけられる企業は，いずれも2000年代以降，海外生産拠点を構築し，グローバルな企業内地域間分業体制を構築してきた．共通点として，海外拠点は量産部門を担い，域内拠点はマザー工場としての位置づけであった．また，中堅・中小企業も，取引先の海外進出に伴い，輸出比率が大幅に増加しているし，また積極的に海外に販路を開拓する意向がみられた．

　第2に，企業間分業における域内連関の弱まりである．この点に関しては，2004年の「長岡地域地場産業振興アクションプラン」や丸山美沙子（2004）で既に指摘されていた点であり，本調査ではその傾向に拍車がかかった様子がうかがえた．その背景には，コストの面から域外へ発注せざるを得ない状況や，外注の内容における技術水準の高度化があった．

　第3に，製造業従業者数は減少しつつも，研究開発にかかる機能の強化が示唆された．調査対象事業所は，生き残り戦略の結果，高付加価値化を追求し，生産工程の人員を減らしつつも，技術開発にかかる人員を維持ないしは強化してきた．この点は，「一般機械・精密機械」の付加価値生産性の上昇，「専門的・技術的職業従事者」の実数および比率の増加といった統計資料分析の結果に合致する．

　第4に，新事業・新製品の創出に向けた動きの中で，長岡技術科学大学を中心とする産学連携が展開される一方で，産産連携は少なからず停滞している状況がうかがえた点である．技術の高度化から域外の大学等と連携関係を構築する事例がみられたものの，長岡地域においては長岡技術科学大学が地元企業，特に中堅・中小企業の新製品開発に向けた動きの中で中核的な役割を果たしていた．また，行政の新製品開発に対する補助は，中小企業にとって人材や資金面でのハードルを下げる役割を果たしていた．一方で，地域産業の活性化を掲げ設立されたNAZEの取組は，一定の評価・効果がみられるとともに課題も浮き彫りになった．

　以上を踏まえると，長岡地域の機械工業集積には，これまでの歴史的経緯の中で蓄積されてきた技術的強みを維持するとともに，域内／外のネットワ

ークの相互作用を強化しながら，集積構造を更新する仕組みづくりが必要であると考えられる．1990年代以降，長岡地域の中核企業は海外展開を進め，国内と海外の拠点間で分業関係を深化させつつある．域外に生産拠点を構築し販路を有する企業が域外を含めて最適な生産連関の構築を求める状況下で，域内の高コスト構造や技術分野・水準の差異などが広がると，域内連関はさらに希薄化していくと考えられる．従って，域内の中小企業には，既に取引関係がある中核企業とともに「進化」する，もしくは自らが新事業に進出し中核企業に「進化」することが求められよう．

 ただし，長岡の機械工業の「技術力は高いが単品生産が中心で量産には不向き」という集積の強み／弱みは，歴史的な経緯の中で形成されてきた特徴であり，容易に変えることは困難であろう．この点を踏まえると，一つのアプローチとして，産業集積地域間での連携を通じて域外企業とのマッチングを模索することが考えられる．他の産業集積地域の支援組織と連携し，ロットが多くコストを抑えたい域内企業とそうした強みを持つ域外企業を，逆にロットは多くはないものの技術力を求める域外企業に域内企業をマッチングすることで，シナジー効果を生み出すことができると考えられる．

 これらの点において，NAZEの果たす役割の重要性は今後も増していくと考えられる．長岡地域は産業の特化度合いが比較的低いため，クラスター形成の方向性が見出しづらい面があり（外枦保2011），本調査ではNAZEの取組に対して一定の評価とともに課題もみられた．設立から一定期間を経た今，NAZEには会員・非会員を含め域内企業のニーズをくみとり，産学・産産連携を含めた域内／外の関係を強化していくことが求められる．

第12章　多核型集積地域：長野県上田・坂城地域
——立地分散と取引連関の広域化

古川智史

1. 上田・坂城地域の位置づけ

　本章では，長野県の上田・坂城地域[1)]の産業集積を取り上げる．千曲川沿岸では戦時中の疎開企業を基礎として工業が発展し，佐久，小諸，上田，坂城，長野，須坂などを核とした複合的な工業地域が形成された（斎藤幸男 1968）．そのうち，旧上田市は「大企業主体の電気機械器具製造業および輸送用機械器具製造業を中心に，小零細性の強い一般機械器具製造業，プラスチック製品製造業，金属製品製造業が混在している地域である点に特徴があ」り，「上田地域には関東および全国から受注し，上田およびその周辺地域に外注している大企業が多く存在する」（粂野 2000a，31, 53頁）と指摘された．旧丸子町は，戦前，上田小県地方（上小地方）における製糸業の中心として栄え，戦後は工業化が進み「系列化されない機械部品産地」（村山 1997，2頁）の特徴を持つに至った．坂城町は「1960年代後半以降に多数の機械工場が群生し，高い技術水準を誇る工場集団を形成し」（竹内淳彦・森 1988，34頁），「山間部の農村地域に自生的に形成された唯一の技術核心地域」（竹内淳彦・森 1988，29頁）と位置づけられた．またフリードマン（1992）がピオリ・セーブルの「柔軟な専門化」（Piore and Sabel 1984）を踏まえながら，フレキシブル生産の事例として取り上げたことから，坂城町は国際的な注目を集めた（栗山 1993）．

---

1)　上田市および坂城町の範囲を指す．なお，2006年に上田市，丸子町，真田町，武石村が新設合併し，現在の上田市域となっている．

このように上田・坂城地域では，地理的に連なった産業集積が形成されているものの，異なった性格を持つ地区から構成されているといえる．本章では，地域的背景に留意しながら，上田・坂城地域の産業集積の構造変化を，統計資料の分析および現地調査をもとに明らかにする．

2. 上田・坂城地域の産業集積の展開

2.1 上田・坂城地域の工業の歴史的展開[2]

2.1.1 旧上田市の工業の概要

江戸時代において上田は信州における蚕糸業の中心であり（龍野 1967），幕末には開国により生糸の輸出が始まると，上田は生糸の集散地の一つに位置づけられた．明治時代以降，器械製糸の取組は他地域に比べ遅れたものの，上田の製糸業は大正期に最盛期を迎えた．その中で 1911 年には上田蚕糸専門学校（現：信州大学繊維学部）が開校した．

1929 年の世界恐慌は日本に大不況をもたらしたが，上田の製糸業では従業者数に大きな変化はなかった．これは，常田館が大企業に成長し経営基盤を強固にしていた点などが指摘される．その後，全国で工場誘致が盛んになる中で，上田でも積極的に工場誘致が進められ，鐘紡上田工場が 1937 年に操業を開始した．1941 年以降は軍需工場の誘致が進められ，上田化工，千曲製作所，山洋電気，アート軽合金などが進出し，1943 年後半以降は軍需工場の地方分散が進められたことで疎開工場の立地をみた．

高度経済成長期には，機械金属工業が発展し，中核工場が下請けを活用した生産体系が構築された．特に，自動車部品メーカーのアート金属工業，城南製作所，日信工業が立地し，そのグループ企業や協力企業とともに成長したことで，上田に自動車部品産業が発展した（遠山 2013, 320 頁）．その過程

---

 2) 各地域の内容は，坂城町誌刊行会（1981），坂城町・坂城町商工会（1988），丸子町誌編纂委員会（1992），通商産業省関東通商産業局（1996a），上田市誌さん委員会（2002, 2004）などの文献資料に基づいている．

で，工場誘致条例の制定，工場団地の造成がなされ，工業化が進んだ．

1970年代以降，旧上田市の企業が海外進出するケースがみられるようになる．1973年のオイルショックの影響は旧上田市の工業にもあったが，1970年代後半以降，生産は拡大した．一方で，工場の敷地は手狭になり，1980年代後半のバブル期の地価高騰もあり，有力工場が周辺市町村に転出するようになった．これに対し，旧上田市は有力工場の誘致，工業の振興のため，工業団地を造成し，また長野県も市内に工業団地を造成し，市内や県外から工場が進出した．1980年代には，旧上田市を含む3市6町1村の浅間テクノポリスが承認され，テクノポリスの拠点として建設された上田リサーチパークには市内から工場が展開した．

バブル経済崩壊後も，旧上田市の製造業では海外シフトが進み，また受注減や人員削減といった産業の空洞化が進み，結果として従業者数，製造品出荷額等は減少した．一方で新技術，新製品の開発への取組が進み，2002年には信州大学繊維学部内に上田市産学官連携支援施設「浅間・リサーチエクステンションセンター（AREC）」が設置された．これは研究交流促進法の認定と，ビジネスインキュベーション施設整備費補助金により設置された施設で，信州大学繊維学部が持つシーズと企業が持つ技術力を結び付け，共同開発を進め市場の活性化を図ることを目的としている（岡田 2004）．また，2004年から，それまでの取組をリニューアルした「上田地域総合産業展」（のちに上田地域産業展に名称変更）が開催されており，2005年には坂城町，2006年には東御市，さらに2008年には長和町，青木村と連携自治体が拡大した[3]．

2.1.2　旧丸子町の工業の概要

戦前，上小地方の製糸業が最盛期を迎える中，その中心は旧丸子町であった．中小の製糸工場が簇生する中で，依田社を中心に製糸業は発展した．ま

---

3)　1981年の「第1回躍進する上田の工業展」の開催にはじまり，名称やコンセプトの変更を伴いながら，現在の「上田地域産業展」に至っている．（「上田地域産業展の背景経過」，http://www.city.ueda.nagano.jp/gyokaku/shise/sesaku/gyozaise/hyoka/documents/20110201143617567.pdf 最終閲覧日 2016年3月12日）．

た，旧丸子町にはさまざまな施設が設置され，その中に信濃絹糸紡績（現シナノケンシ）がある．この製糸業時代に培われた工業技術は，後の機械金属工業へと引き継がれることになる[4]．その後，世界恐慌の影響により，製糸工場の多くが閉鎖された．これを受け，旧丸子町では鐘紡工場の誘致運動が展開され，1936年から鐘淵紡績丸子工場が操業を開始した．戦時中には，企業整備が進められ製糸工場は閉鎖を余儀なくされる一方，東京特殊電線，田中計器工業などの疎開工場が立地した．

戦後，疎開工場の一部は他都市へ引き上げたものの，残留した疎開企業は軍需産業から平和産業へ転換した．朝鮮戦争の特需により，疎開企業の親会社からの受注が増加し，機械金属工業が成長した．これを基盤として，旧丸子町の「工場誘致条例」による固定資産税減免の優遇措置などもあり，高度経済成長期には「空前の工業化ブームにわき立った」（丸子町誌編纂委員会 1992，426頁）．旧丸子町では平地が少ないことから，工場の立地は依田川に沿って展開したが，騒音や汚染などの問題もあり，次第に工場用地の確保に支障をきたすようになった．

1970年代中頃には，それまで町の工業の中心であった繊維工業に代わり，電気機械，一般機械が成長した．信濃絹糸は絹糸紡績の生産を続けながらも，小型モーターの生産，技術開発を進めるなど電気機械へと主力を転換した[5]．また山麓や山間部に工業団地が造成され，主に上田に本拠を持つ企業が進出してきたが，大規模工場と機械部品加工を担う工場との間には下請関係などの有機的な関係がみられなかった（村山 1997）．

バブル経済崩壊後も，旧丸子町では製造品出荷額等の値は増加傾向にあった．この背景には，シナノケンシや長野計器などが積極的な技術革新を通じて独自製品を開発し売上を伸ばしたことがある．一方で，受注減や単価の切り下げを背景に中小機械部品工場は業績回復に悩むところが多く，中小部品

---

[4] 1924年に煮繭機を製造する丸子工業が設立された．これは1937年に解散したが，その機械工業を引き継いだ企業で学んだ技術者が独立し，その多くが旧丸子町に立地したとされる．

[5] なお，シナノケンシは絹糸紡績の国内生産を2003年に終了している（シナノケンシHP，http://www.shinanokenshi.com/japanese/outline/history.php 最終閲覧日2017年2月17日）．

工場と大規模工場の格差が指摘されていた（村山 1997）．

2.1.3　坂城町の工業の展開

戦前，坂城町では養蚕を中心とした農業が営まれ，大正期には製糸場が設立された．しかし，昭和恐慌の影響により行き詰まりをみせると，坂城町では工業による活性化が模索され，製糸業に代わる工業誘致を目指す長野県の取組もあり，1941 年に宮野鑛工場が誘致された．戦時中には，日本発条，大崎製作所，中島オールミシンといった誘致工場，疎開工場が立地した．

戦後，疎開企業の多くが農機具，ミシン部品製造などの民需中心に転換した．工場誘致条例の施行（1957 年），低開発工業地域の指定（1963 年）の頃から坂城町では工業が発展し（竹内淳彦・森 1988），その過程で疎開企業などの中核企業からスピンアウトが活発化し[6]，事業所数は急増した（坂田 1993）．

オイルショック後，NC 機器などの設備が積極的に導入され，多品種少量生産，高精度加工が実践され（堀 1990，坂田 1993），「一般的な下請加工基地としての性格から脱却し，自立的・自律的な生産・加工能力を持った製品開発支援型の地域産業集積へと，抜本的な自己変革を遂げ」（吉田敬一 1996，40 頁）たとされる[7]．1980 年代には，坂城町の事業所数の増加がピークを迎え，独立創業も安定成長期や創業のコスト増を背景に減少した（栗山 1993）．また，工業適地の乏しさ，労働力不足から，1970 年代後半以降，周辺地域への工場移転・増設の動きがみられた（小田 1996）．

バブル経済崩壊後は，経営者の高齢化などを背景に廃業が進み，企業数は減少した[8]．その後，好調な輸出を背景に，坂城町の企業では生産が拡大し，工業団地（坂城インター工業団地）の造成も進められた[9]．

---

[6]　坂田（1993）によれば，高度経済成長期に坂城町でスピンアウトが活発化した背景として，独立精神，競争意欲といった坂城の人々の気質，スピンアウトに対し親企業の理解があったこと，集積の利益を享受することができたこと，などが挙げられる．

[7]　この点に関して，粂野は一連の調査を通じて，坂城町だけで「自立」しているのではなく，上田を中心に佐久から坂城にかけて一体となった工業集積とみなしている（粂野 1997, 1998, 2000a, 2000b）．

[8]　『日本経済新聞』地方経済面 2004 年 2 月 3 日，『日本経済新聞』地方経済面 2007 年 3 月 15 日による．

[9]　『日本経済新聞』地方経済面 2004 年 2 月 3 日による．

2.2 上田・坂城地域の製造業の動向

2.2.1 統計からみた上田・坂城地域の製造業

「工業統計表（市区町村編）」によると，1990年代以降，旧上田市では従業者数，製造品出荷額等ともに縮小傾向にあった．一方，旧丸子町では従業者数に大きな変化はないものの，製造品出荷額等は増加し，合併前の2005年では約1877億円と1990年に比べ約1.7倍となった．坂城町では，バブル経済崩壊後に，従業者数と製造品出荷額等は減少したが，2000年代に入ると製造品出荷額等は増加に転じ，2007年には約1896億円とピークに達した．リーマンショックのあった2008年を境に，上田市，坂城町ともに製造品出荷額等は著しく減少した．その後，回復基調にあり，2014年時点で上田市は約4656億円（対2008年比85.0），坂城町は約1832億円（同106.5）となっている．

業種別の製造業の事業所数，従業者数，製造品出荷額等の推移を表した図12-1をみると，上田市は「電気機械」，「一般機械・精密機械」，「輸送用機械」が中心であることが読み取れる．特に「電気機械」は1970年から2000年にかけてシェアを増加させ，製造品出荷額等の値でみると1970年の9.1%から2000年には40.7%に増加した．旧丸子町は，1970年において「繊維」が従業者数の30.6%，製造品出荷額等の28.5%を占めていたものの，その後シェアは縮小し，代わって「電気機械」，「一般機械・精密機械」の割合が増加した．また，1990年以降は「輸送用機械」の割合が増加したことも確認できる．坂城町では「一般機械・精密機械」のシェアが圧倒的に高く，2010年では製造品出荷額等の74.2%に上る．一方で，1970年で20.4%を占めた「輸送用機械」の割合は低下傾向にあった．

業種をより詳細にみると（表12-1），上田・坂城地域を含む上田・更埴地区では「自動車部分品・附属品製造業」が第1位となっている．先述したように，上田市には自動車の車両組立部門はないものの，大手自動車部品メーカーが立地しており，2010年において「自動車部分品・付属品製造業」の製造品出荷額等は約1345億円（構成比17.1%），特化係数は1.74となってい

第12章 多核型集積地域：長野県上田・坂城地域　285

1. 上田市
(a) 事業所数

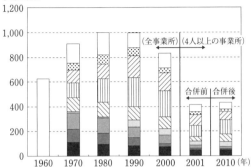

(b) 従業者数

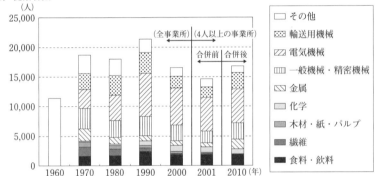

(c) 製造品出荷額等

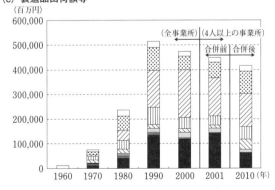

図12-1　上田・坂城地域における製造業の動向

2. 旧丸子町
(a) 事業所数

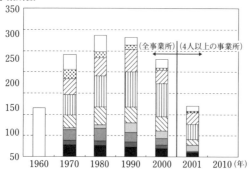

(b) 従業者数

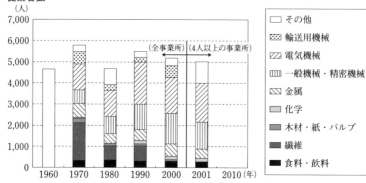

(c) 製造品出荷額等

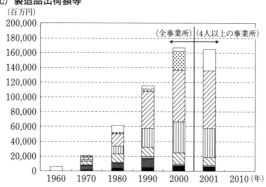

(図12-1)

3. 坂城町
(a) 事業所数

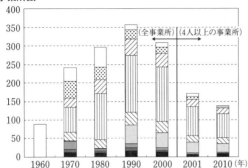

(b) 従業者数

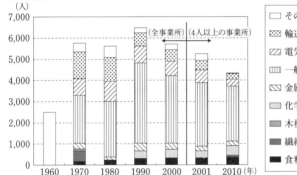

(c) 製造品出荷額等

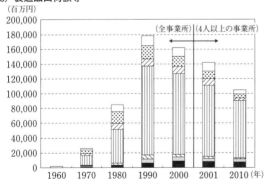

(図 12-1)

(図12-1)
注）上田市の2001年までのデータに旧丸子町，旧真田町，旧武石村の値を含めず，旧塩田町（1970年に合併），旧川西村（1973年に合併）の数値を合算した．旧自治体で秘匿値とされた業種は「その他」に含まれている．1960年では，上田市を除いて産業中分類別のデータが得られなかったため，「その他」として一括して示している．1970年のデータでは，秘匿値となっている業種の値が他の業種に合算されている場合がある．
出所）長野県総務部統計課編『昭和35年工業統計調査結果報告』1961年，長野県総務部統計課編『長野県の工業——昭和45年工業統計調査結果報告』1971年，長野県総務部情報統計課編『長野県の工業——昭和55年工業統計調査結果』1981年，長野県総務部情報統計課編『平成2年工業統計調査結果報告書』1991年，長野県企画局情報政策課編『平成12年工業統計調査結果報告書』2002年，長野県企画部情報政策課編『平成13年（2001年）工業統計調査結果報告書』2003年，長野県企画部情報統計課編『平成22年（2010年）工業統計調査結果報告書』2012年．

表12-1 上田・更埴地区における製造品出荷額等の上位10業種（細分類）

	1980年	1990年	2000年	2010年
1	**自動車部分品・付属品製造業**	**自動車部分品・附属品製造業**	**自動車部分品・附属品製造業**	**自動車部分品・附属品製造業**
2	*プラスチック加工機械・同付属装置製造業*	たばこ製造業（葉たばこ処理業を除く）	無線通信機械器具製造業	その他の産業用電気機械器具製造業（車両用，船舶用を含む）
3	その他の電子機器用および通信機器用部分品製造業	電子計算機・同附属装置製造業	*プラスチック加工機械・同附属装置製造業*	発電機・電動機・その他の回転電気機械製造業
4	電気音響機械器具製造業	*プラスチック加工機械・同附属装置製造業*	たばこ製造業（葉たばこ処理業を除く）	その他の電子部品・デバイス・電子回路製造業
5	民生用電気機械器具製造業	*建設機械・鉱山機械製造業*	電子計算機・同附属装置製造業	*建設機械・鉱山機械製造業*
6	その他の調味料製造業	有線通信機械器具製造業	発電機・電動機・その他の回転電気機械製造業	電線・ケーブル製造業（光ファイバケーブルを除く）
7	アルミニウム第2次製錬・精製業（アルミニウム合金製造業を含む）	発電機・電動機・その他の回転電気機械製造業	その他の調味料製造業	その他の調味料製造業
8	有線通信機械器具製造業	清涼飲料製造業	その他の電子部品製造業	電気計測器製造業（別掲を除く）
9	工業用プラスチック製品製造業	民生用電気機械器具製造業	他に分類されない電気機械器具製造業	*油圧・空圧機器製造業*
10	電線・ケーブル製造業	*事務用機械器具製造業*	半導体製造装置製造業	*医療用機械器具製造業*

注）図12-1の分類に従い，「一般機械・精密機械」は斜体，「電気機械」は網掛け，「輸送用機械」は太字としている．
出所）「工業統計表（工業地区編）」各年版により古川作成．

第12章　多核型集積地域：長野県上田・坂城地域　289

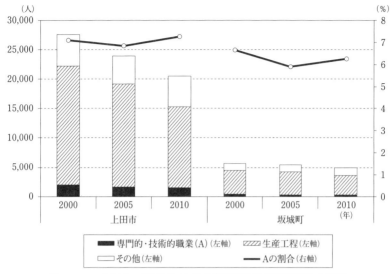

図12-2　上田市，坂城町における職業別製造業就業者数の推移
注）従業地に基づく．合併を考慮して作成．表中の「生産工程」は，2000年および2005年では「生産工程・労務作業者」，2010年では「生産工程従事者」の値．
出所）「国勢調査」各年版により古川作成．

る．一方で，上位10業種には「電気機械」の業種が複数含まれるが，その入れ替わりがみられる．

「工業統計表（工業地区編）」から1985年以降の主な業種の付加価値生産性をみると，上田・更埴地区では「一般機械器具製造業」は一部の年を除いて製造業全体の付加価値生産性を上回っていた．また特化係数は1を下回る年が多いものの，「輸送用機械器具製造業」も1992年以降，基本的には地区全体の付加価値生産性を上回っていた．一方で，特化係数が1.5〜2.5と高い「精密機械器具製造業」は製造業全体の付加価値生産性を下回っていた．「電気機械器具製造業」も同様の傾向がみられるが，2000年代以降は製造業全体の値を上回る年もみられるようになる．2014年では，「情報通信機械器具製造業」の約1571万円，「電気機械器具製造業」の約1358万円，「生産用機械器具製造業」の約1317万円の順に付加価値生産性が高い．

図12-2は「国勢調査」の従業地による職業別製造業就業者数の推移を示したものである．上田市の製造業就業者数は，2000年の27,564人から2010

年には 20,482 人と 25.7％ 減少した．また，「専門的・技術的職業従事者」は，2000 年の 1,957 人から 2010 年には 1,485 人と減少している．結果として，「専門的・技術的職業従事者」の比率は 7％ 前後で大きな変化はみられない．同様に，坂城町でも製造業就業者数は 2000 年の 5,698 人から 2010 年の 4,934 人と 13.4％ 減少し，「専門的・技術的職業従事者」も 378 人から 308 人へと 18.5％ 減少しており，その比率に大きな変化はみられなかった．このことから，上田・坂城地域において研究開発機能が維持されていることが示唆される．

2.2.2　立地構造の変化

図 12-3 は，旧上田市域における 1991 年と 2012 年時点の機械金属工業の分布図である[10]．1991 年の分布図をみると，千曲川に沿って中央部に事業所の立地が集中していることが読み取れる．資料から抽出した 558 事業所の上田駅までの平均距離は約 2.8 km であり，上田駅から 5 km 圏内に抽出事業所の 92.7％ が立地していた．

対して，2012 年の分布図では，全体的に事業所数が減少しており，業種別にみると「一般機械・精密機械」，「電気機械」，「輸送用機械」の事業所が，従業員規模別にみると「1～9 人」の小・零細規模の事業所が大きく減少していた．事業所の立地は，中央部に密な地区がみられるものの，塩田地域や川西地域への立地が増加していることがわかる．実際に上田駅までの平均距離は約 3.8 km と増加しており，上田駅から 5 km 圏内に立地する割合も 75.1％ に低下していた．以上を踏まえると，旧上田市域では，事業所数の減少を伴いながら，中央部からの立地分散が進んだといえる．

---

10)　「商工名簿」において「機械金属化学」（うち「油脂加工製品・石けん・合成洗剤」，「医薬品製造・その他化学」，「生コンクリート製造・石工品製造」を除く）に分類され，製造機能を有すると判断できる事業所を抽出した．なお，業種分類は 6 つに集約した．分布図の作成に際して「CSV アドレスマッチングサービス」を利用した．変換精度が低かった場合，ゼンリンの新旧の「住宅地図」を閲覧するなどして対応した．

第12章　多核型集積地域：長野県上田・坂城地域　291

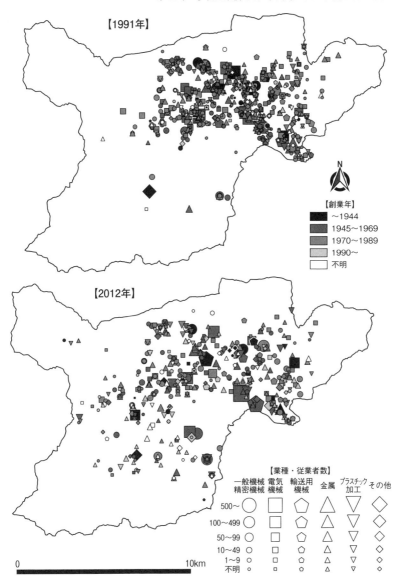

図 12-3　旧上田市域における機械金属工業の立地変化

出所）常田軍三編「商工名簿'91——会員・特定商工業者」上田商工会議所，田口邦勝編「商工名簿 2012——会員・特定商工業者」上田商工会議所，国土交通省「国土数値情報」（行政区域データ，平成 12 年度）により古川作成．

3. 上田・坂城地域の産業集積の構造変化

本節では，2015 年 9～10 月および 2016 年 4 月初旬に，20 の事業所・企業および 4 つの支援機関等に対して実施した聞き取り調査の結果などをもとに，産業集積の構造変化を検討する．なお，表 12-2 は調査対象事業所の概要をまとめたものである．

3.1 海外生産拠点の展開と国内拠点の位置づけ

1990 年代以降，海外への生産拠点の展開が中核企業と位置づけられる調査対象事業所を中心にみられ，また国内拠点と海外拠点の関係にも変化がみられる．

戦時中に坂城町に疎開し，戦後タイプライターの生産で成長した A 社の生産拠点は，1980 年代後半にアメリカに，さらに円高を背景にタイプライターの生産コストを抑えるため，1990 年にインドネシアに設立された．その後，A 社は EMS（電子機器受託製造サービス）への転換を図り，顧客の事業形態の変化に合わせパソコンをはじめとしたさまざまな製品を製造するようになった．これに対応し，インドネシア工場はタブレット端末やプリンターといった製品の量産機能を担い，輸出基地として位置づけられる．一方，国内工場は開発機能を有し，多品種少量生産と試作開発を担っている．インドネシア工場では，日本から特殊な部品が送られるほかは，基本的に部品をインドネシア国内，中国，台湾から調達している．

工作機械用器具メーカーである B 社は，疎開企業から工作機械用器具部門が分離して 1969 年に設立された企業で，2002 年にタイに，2006 年に中国の大連に進出し，2015 年にはタイに工場を新設した．工作機械メーカーに進出を要請されたこともあり，現地の日系工作機械メーカー向けに供給している．

自動車部品，油圧機器メーカーの C 社は，主要顧客である自動車メーカ

一，建設機械メーカーのグローバル化に対応する必要性から，2000年代初頭にインドネシアに，2011年にタイに子会社を設立している．当初，限定的だった生産内容は徐々に多様化している．具体的には，インドネシアでは，二輪車用部品を主にASEAN向けに生産していた．2012年には新たに四輪車用部品の生産も立ち上げられ，足回り関係の部品を生産している．また，タイでは，建設機械メーカー向けに生産をしていたが，2013年にはピストンバルブ，2014年から自動車メーカー向けの部品の生産もするようになった．これに伴い，インドネシアでは2007年の従業員約100人から2014年には約600人に増加し，タイの拠点も2014年で約100人弱の規模を誇る．一方で，国内工場は，高い精度が求められる部品の生産とともに，開発，生産ラインの立ち上げというように，海外拠点との分業関係が構築されている．

戦前東京で創業し，1945年に坂城町に疎開し，戦後に設立された電気計測器メーカーD社は，1990年代以降，アメリカ，中国，シンガポール，インド，韓国に現地法人を設立した．そのうち，韓国の拠点は，現地メーカーへの納期の関係から販売に加えて製造機能を有しているが，その他の現地法人は販売拠点となっている．D社によれば，欧米市場と国内市場とのニーズの違いへの対応が必要で，顧客の要望に応じて製品をカスタマイズすることが求められるという．従って，今後は販売機能のみならず，開発機能を備える意向がある．一方，国内拠点については，近年イノベーションセンターが新たに設置され，技術者の交流を促すことで新製品の開発を図っている．

坂城町に立地する建設機械メーカーのE社は，1970年代後半から自社ブランドとして小型の建設機械の輸出を開始し，輸出比率は1995年の70%弱から，調査時点では95%超にまで上昇し，北米と欧州が二大市場となっている．2005年に中国に製造拠点を設置し，エンジン，油圧機器を日本から供給し，中国国内および新興国向けの製品を生産している．その他，海外の販売子会社（米，英，仏）を有し，また各国の販売代理店などを通じてエンドユーザーのニーズを吸収している．一方で，国内拠点は欧米向け製品を生産しており，輸出に際して，中国の拠点から製缶品などを仕入れ，加工することで価格競争力をつけている．加えて，坂城町の工場は研究開発拠点としても位置づけられており，他社との競争の中で製品の質，差別化が必要とし

表 12-2　調査対象

類型	No.	企業名	所在地	設立年(創業年)	資本金(百万円)	従業員数	事業内容	取引 販売・受注先
中核企業	1	A社	坂城町	1976(1923)	165	170	電気機器の開発・製造	・タイプライターの生産で海外に輸出 ・電子機器受託製造サービス（EMS）への展開 ・現状の輸出比率は50％程度
	2	B社	坂城町	1969(1929)	100	320	工作機械用器具製造	・工作機械メーカーと何らかの形で取引し，工作機械用器具を納入 ・顧客に大きな変化なし
	3	C社	坂城町	(1944)	480	442	自動車部品，油圧機器製造	・自動車メーカー，建設機械メーカーとともに成長→サプライヤー戦略の変更の影響 ・リーマンショックの影響により売上減少 ・自動車部品と建機部品の比率はおおよそ半分ずつ
	4	D社	上田市	1952(1935)	3,299	762	電気計測器の開発・製造・販売	・海外売上比率の増加（1990年代：10～20％→2010年以降40～45％程度） ・現場測定器から自動試験装置，電子測定器に売上がシフト
	5	E社	坂城町	1963	3,632	678	建設機械製造	・小型建設機械のOEM生産→1990年代前半に終了 ・1970年代後半から自社ブランドとして輸出を開始，輸出比率は1995年の70％弱から95％超にまで上昇．北米と欧州が二大市場
	6	F社	上田市	1982(1981)	35	125	精密機械および自動化機器の設計・製作	・電気機械メーカーとの取引が受注の柱 ・電池関連の受注もあり，リーマンショック時には大きな影響なし ・海外企業との取引実績あり

事業所の概要

関係 外注先	特徴 （海外展開，研究開発など）	集積との関係
・電子関係が大幅に増加 ・メカ関係は，地元7～8割，県内2～3割 ・電子関係は地元約3割，県外約7割 ・特殊なケース以外は，県内が多かった	・ダンピングの関係から北米市場で早くから現地生産，その後インドネシアに進出 ・国内は多品種少量生産，試作開発，インドネシア工場は量産，輸出基地という棲み分けに	・東京にて創業，1945年に坂城町に疎開 ・かつては外注先を育てる意識もあり，徐々に安く安定した品質になる（メカ時代の終盤）
・納期順守のため，外注構造を大きく変えない ・域内が約50％，県内約50％，一部県外	・2000年代にタイと中国に進出 ・上田市に開発センター（2012年）	・東京から疎開した企業から工作機械用器具部門が分離して設立
・2000年代半ば，200～250社程度 →外注先の廃業，高齢化などを背景に約100社に減少 ・外注はオーバーフローが中心であり，外注していたものを内製化したケースも →地元への発注はメッキ処理などが中心	・開発グループの立ち上げ →受注先への提案の強化へ ・2000年代以降，インドネシア，タイに進出 →現地の日系企業に納入 ・海外拠点の生産内容の多様化に伴い，国内拠点はマザー工場化 →国内で開発，生産ラインの立ち上げの後，海外拠点で生産	/
・比較的長い付き合いの外注先 ・外注先の廃業などにより，地理的範囲は広域化	・1980年代から高付加価値化を追求 ・海外に販売拠点を設置（韓国の拠点は製造機能あり） ・イノベーションセンターを設け，技術者の交流を促し，新製品の開発に取り組む	・東京で創業，1945年に坂城町に疎開，1990年に現在地に移転
・坂城町をはじめとした近隣に多かった →百数十社の取引数に大きな変化はないが，地理的範囲は拡大 ・北陸，日立地域に有能な取引先が存在 ・坂城町近隣は品質，精度面で劣る一方，輸送コストの節約の面が利点 ・価格競争力のため，2010年頃から海外調達が増加（ただし1割未満）	・2005年に中国に製造拠点を設置し，中国国内および新興国向けの製品を生産，エンジン，油圧機器は日本から供給⇔国内拠点は，欧米向け製品を生産 ・海外の販売子会社，各国の販売代理店などを通じてエンドユーザーのニーズを吸収 ・開発と製造の近接性の重要性を指摘	・地元の自動車部品メーカーから独立，1970年に小型建設機械を開発しメーカーとして自立
・現在，50～60社 ・品質，コスト，納期を重視し，地元に限定しない ・かつては立地地域に多かったものの，現在は県外への外注が増加 ・設計を含めて外注を利用するケースも	・2000年代に中国に進出も，現在は現地企業のニーズに対応 ・従業者数の約半数が設計を担う点が強み	・現在の長野県T市で創業，1990年代半ばに現在地に移転

(表 12-2)

類型	No.	企業名	所在地	設立年(創業年)	資本金(百万円)	従業員数	事業内容	取引 販売・受注先
中堅企業	7	G社	上田市	1950(1902)	100	315	農業用作業機の製造販売	・国内の販売がほとんど、海外は売上の1%程度
中堅企業	8	H社	坂城町	1988(1960)	20	60	電気計測器、福祉・医療機器製造	・現在も計測器メーカーは重要な取引先 ・計測器分野と福祉機器分野の売上が半々
中堅企業	9	I社	上田市	1988	35	26	専用機・省力機の設計、製作	・1990年代は50社以上、3分の1が東信→現在では約170社と取引 ・展示会等への出展で口コミを通じて中京、関西が増加 ・客層の変動あり
中小企業	10	J社	上田市	1924(1908)	n.d.	6	プラスチック成形加工	・1990年代半ばから単価の低下 ・受注構成の中心が電気機械から自動車に変化 ・かつて県外を含めた6社から受注→東信地域の3社に減少
中小企業	11	K社	上田市	1942(1936)	24	58	専用機の組立、機械部品加工	・射出成型機の加工から組み立ての一部、工作機械のOEMが柱 ・取引先からの受注内容の高度化に対応
中小企業	12	L社	坂城町	1961(1923)	19	72	射出成型部品、金型製造	・現在は30社程度に減少(←背景の1つに主要顧客の海外展開) ・県内が7、8割を占めるものの、町内はゼロ
中小企業	13	M社	坂城町	1946	10	59	メッキ加工	・自動車部品、建機部品メーカー等から受注 ・約300社と取引、うち千曲〜佐久が9割 ・入れ替わりはあるものの、1980年代後半から取引数に大きな変化はない

第12章　多核型集積地域：長野県上田・坂城地域　297

関係 外注先	特徴 (海外展開，研究開発など)	集積との関係
・ローテクゆえに，結果的に既存の外注先を維持 ・精度が求められるものに対応できないケースあり ・約200社の外注先	・今後は海外展開の必要性を認識 ・農業の大規模化に対応した製品開発 ・北海道に工場を持つが，開発は上田	・現在の長野県T市で創業，1920年代に現在地に移転
・福祉機器の製造に関しては，吸収した企業の取引先を再編し，坂城町を中心に集約 ・坂城町および長野県内がほとんど，医療機器関連の事業拡大に伴い諏訪地域との取引が増加 ・大型の金型は中国に外注	・2000年に第2の柱として医療・健康・福祉機器に進出，海外展開を図る →信州大学などと製品開発 →他社の吸収など積極的な展開	・計測器メーカーの下請として創業 →アナログテスターの移管によりメーカーとして自立
・オーダーメイドの産業機械の生産のため，部品数が異なる ・表面処理，板金，機械加工 ・約60社の外注先	・ARECを通じた製品開発の経験あり	
・1990年代は仕事量も多く，東信地域の3社に外注 ・現在，外注なし	・1990年代に比べ従業者数はほぼ半減	・明治時代に蚕種業で創業 ・昭和30年代にプラスチック成形へ ・自動車部品の「孫請け」としての位置づけ
・1990年代中ごろは上田・坂城地域中心 →受注内容の高精度化のために，域外の外注先が増加 ・外注先の高齢化への対応を検討 ・外注への依存から内製化への切り替え	・海外展開の必要性を認識 ・医療，環境といった次の産業を目指して若手を中心に模索中	・同社からスピンアウトした企業が存在
・外注先は2008年に比べ半分に減少，背景には外注先の倒産と，受注減を背景とした内製への切り替え ・ただし，事業規模ゆえに近隣の外注先を利用 ・メッキ処理，塗装が外注の主	・大量生産から多品種少量に対応 ・従業員数はピーク時120〜130人 ・金型＋射出成型品（1:9）	・疎開企業 ・金型技術が核 →スピンアウトした企業が坂城町やその周辺に立地
	・かつて金型部門があったが，中国との価格競争のために，2008年ごろから表面処理に特化 ・メッキ加工技術の開発の取り組み	・プラスチック成型の金型のメッキ処理で成長

(表12-2)

類型	No.	企業名	所在地	設立年(創業年)	資本金(百万円)	従業員数	事業内容	取引 販売・受注先
中小企業	14	N社	坂城町	1958	25	70	プレス加工品の開発・製造,金型の設計・製作	・2000年代以降,受注先が生産ラインを海外に移管したこと等に伴い,受注減少
	15	O社	上田市	1970(1968)	50	73	精密部品加工,光関連製品	・1990年代は金型製造関連の顧客が中心→リーマンショック以降,金型関連の受注が減少するも,近年は自動車関係で若干伸び ・金型中心の受注からシステム受注へ
	16	P社	上田市	1976	10	30	精密板金加工	・バブルの頃は,十分な仕事があり,地元のメーカーから受注 ・バブル崩壊後,売上が半分に落ち込み,営業を開始,県内,県外の取引先を開拓
	17	Q社	上田市	1988(1971)	4	50	機械・板金加工,溶接・溶着	・かつては工作機械メーカーからの受注,その後自動車関連,産業機械,半導体関連などのメーカーから受注 ・現在,自動車関連の受注が売上の6割
	18	R社	上田市	1986(1980)	10	35	コイル事業・環境事業	・かつて通信業界の受注であったが,現在は自動車関連が多い ・バブル経済崩壊を機に,仕事が4割程度まで減少 ・現在,20社近くの取引先
	19	S社	上田市	1983	10	24	精密板金開発・設計・製造,電子機器・制御盤設計・組立	・現在,約40社と取引があり,うち中心的な受注先は5社 ・東京圏と上田周辺に分布,ただし後者の受注内容は細々としたもの ・東京都内の板金業者の減少を背景として受注は増加傾向
	20	T社	上田市	2000	10	25	金属部品加工	・展示会,伝手を通じて取引先を開拓し,現在約100社程度 ・県外の受注が約9割

出所) 各社ホームページ,聞き取り調査などにより古川作成.

関係 外注先	特徴 (海外展開，研究開発など)	集積との関係
・取引が少ないところを含めて約20社，坂城町を中心にまとまっている ・表面処理と塗装 ・切削やプレスについては，家内工業的なところが廃業 ・難度が高い加工については社内に取り込む	・量産機能の必要性が薄まる ・タイに工場を設立 →日系企業の現地生産・調達のニーズに応える体制を構築	・東京にて創業，坂城町に疎開
・取引数はあまり変化なし ・2000年代前半は市内約50％，県外約50％ →現在は市内約10％，県外（神奈川，茨城，新潟など）約90％ ・外注先が廃業するケースがあり，研磨やフライス加工などで困っている ・外注しづらい点もあり，内製化が増加	・1990年代末に光関連事業に取り組み始める ・信州大，東北大などとの共同研究	・旧上田市で創業の後，現在地に移転
・1990年代は20社でほとんどが上田→7社に減少	・価格競争に耐えうる機械の必要性から設備投資に踏み切る ・連携関係なし（←利益配分，品質管理の面）	
	・溶接業からスタートし，1990年代に機械加工設備を導入 ・溶接の量産化に対応したものの（ロボット工場），海外に移ったことで，設備を導入し機械加工に特化，溶接は人手で対応	
・約50社の外注先のうち，上田市内は少なく，長野県内が2〜3割 →良い外注との関係があるから事業継続できたとの認識	・従業者の男女比は3：7 ・高付加価値へシフト ・人材・資金面で海外展開はせず，またそれが一番良い選択肢とは認識せず	
	・量産モノは手がけておらず，特注品を生産 ・部会活動の一つとして開発部会を社内に設ける	・既存の取引関係のために，上田地域の企業から受注できなかったが，自社の評判が広まる中で，上田地域の企業からの受注が増加 ・さまざまな外注先の枠組みがあること自体が集積の利点
・材料，メッキ処理 ・加工外注の数は多くはない，納期の問題から内製化へ	・創業当初は「仲介」という形でものづくりに関わった後，機械設備を導入 ・他社との差別化を図るために，特色のある機械設備の導入を心がける	・地元メーカーとの取引関係は希薄

た上で，製造現場との摺り合わせのために開発と製造の近接性の重要性が指摘されていた．

F社は，1980年代前半に創業，設立された企業で，精密機械および自動化機器を設計，製造している．2000年代に進出した中国の製造拠点は，当初，日本への加工部品を供給していた．しかし，技術水準に差があることから品質に難があり，また納期の問題から，現在では中国のローカル企業を対象とした事業となっている．また，かつて中国の拠点に対して行われていた技術支援も，現在では実施されていない．2014年には国内拠点に開発棟を設置するなど，これまでに培ってきた技術を活かしながら開発力の強化に努めている．

一方，中堅・中小企業の中で海外に生産拠点を設けているのはN社のみであった．N社は，取引先の要請はなかったものの，2012年にタイに工場を開設した．その結果，日系企業の現地生産・調達のニーズに応えることで，新たな取引関係が構築されたという．その他，取引先の海外進出に合わせて話が持ちかけられたものの，結果的に進出しなかったL社やR社の事例があり，またG社やK社のように海外展開の必要性を認識している企業も存在する．

3.2 取引連関の変容

3.2.1 中核・中堅企業の取引連関

中核・中堅企業の取引連関は，域内の取引連関が維持されてきたケースを除き，外注先の再編が進み，広域化する傾向にあった．

A社は，従来は外注企業の育成を意識し，コストを抑えながら安定した品質を確保できる体制を構築してきたが，製品の電子化の流れで外注・購入部品において電子関係が増加した．調査時点で，メカ関係の外注は地元が7～8割程度であるのに対し，電子関係の取引先は地元が3割となっていることから，A社の外注に占める域内比率は低下したとみられる．

C社は，2000年代半ばには，200～250社程度の外注先を有していたが，外注先の廃業，経営者の高齢化などを背景に約100社に減少した．外注はオ

ーバーフローが中心であり，地元への発注はメッキ処理などが中心である．一方で，大きい製品や精度が高いものについては域内への外注は難しく，県外企業に外注するケースもある．また，海外工場への生産移管の結果，地域に外注していた工程を内製化したケースもある．

D社の外注先の地理的範囲は，外注先の廃業などにより，広域化した面がある．ただ，D社の製品について協力工場もノウハウを有しており，また短納期であるため積極的に域外の取引先を求めているわけではない．

E社の外注連関は，百数十社程度で大きな変化はない．その地理的範囲は，従来，坂城町を中心とした近隣に多かったものの，域外に拡大傾向にあり，おおよそ宮城県から広島県の範囲におよぶ．特に，北陸地方や日立地域には大手建設機械メーカーが立地していることから有能な外注先が存在する．一方で，品質，精度面で劣るが，輸送コストの面で，坂城町の外注先を利用するケースもある．また，2010年頃から価格競争力のために海外調達を増加させているが，調査時点で全体の1割未満に過ぎない．

F社の場合，当初は工場が立地する近隣への外注が多かったものの，品質，コスト，短納期で外注先を選定するという方針のもと，その後県外の企業への外注が増加した．調査時点で，加工外注は地元を含め，岩手や富山など県外に広がっている．

対して，B社は，納期順守のため外注構造を大きく変えていないという．その地理的な範囲をみると，特殊技術が求められる工程など一部の県外への外注を除き，域内が約50％，県内が約50％で，域内への外注は旋盤，フライスといった工程が中心である．域内の比率が高くなるのは製造工程の「仕上げ」が中心であるためで，また旋盤加工の外注では加工の内容や精度の面で外注先との摺り合わせが必要であることから，外注先の特徴を踏まえ固定している．

また，中堅企業も域内の外注連関を維持する傾向にあった．農業用作業機メーカーであるG社の外注先は約200社で大きく変わっておらず，精密加工については地元で対応できない場合があるものの，ローテクな部分については地元の企業に外注し，それが結果的に維持されてきたという．また，電気計測器メーカーの下請けとして創業したH社は，坂城町および長野県内

にほとんどの外注先を有していた．その後，2000年に事業の第2の柱として医療・福祉機器事業に取り組む中で，吸収した企業の外注連関に関して，坂城町を中心に集約・再編する一方で，当該事業の拡大に伴い諏訪地域との取引も増加した．専用機・省力機メーカーのI社は，表面処理，板金，機械加工など約60社の外注先を有し，廃業したケースを除いて外注先との関係を維持していた．この背景には，オーダーメイドの産業機械の生産のため，製造にあたって部品数が異なる点が影響していると考えられる．

3.2.2 中小企業の取引連関

中小企業の受注先については，一部受注先の維持ないしは増加という事例もあるが[11]，1990年代以降，主要受注先の海外展開に伴い受注が減少する傾向がみられた．その中で，中小企業の多くが新規取引先を開拓した結果，受注の構成は変化してきた．また，部品加工中心から組立を含めたトータルな受注に変化したK社や，受注内容を一式で任せられる方向に変化してきたO社のように受注内容にも変化がみられる．この点については，表面処理を担うM社の取引関係にも表れており，従来，地元の大手メーカーから直接受注するケースが多かったが，現在ではその下請から受注するように変化がみられるという．

受注の地理的範囲の変化をみると，まず受注連関の広域化という傾向がみられた．1990年代中頃は上田・坂城地域の地元メーカーが中心で県外の受注はほとんどなかったが，交通インフラの整備を背景に首都圏との取引が増加したK社と，北関東自動車道の開通によるアクセスの向上を背景に，群馬県の自動車部品メーカーが主要取引先となったO社のケースが該当する．

一方で，従来から地元メーカーとの取引は少なく，長野県内のメーカーをはじめ域外を中心とした受注連関に変化がないケースがみられた（L, R, T社）．なお，既存の取引関係のために域内の受注先を開拓することは難しかったが，精度の高さや納期順守の姿勢といった自社の評判が広がる中で，地元企業からの受注が増加したS社の事例も存在する．また，取引関係の地

---

11) S社は，後継者難，敷地拡張の困難さ，設備の老朽化などのために東京都内の板金業者が減少していることを背景に，受注先が増加傾向にあった．

理的範囲に大きな変化がない，もしくは縮小した事例もみられた[12]．

　受注連関同様に，中小企業の外注連関も大きく変化し，①受注減や受注内容の変化，外注先の廃業等に伴う外注の再編，②外注先の地理的範囲の広域化，という傾向がみられた．

　①について，受注減を背景とした内製化，外注先の廃業などによる外注の減少がみられた．具体的には，分業構造の中で「孫請け」にあたるJ社は，受注量が現在に比べ多かった1990年代には上田市および近隣に家族経営的な外注先を3社有していたが，調査時点では受注減もあり外注は利用していなかった．また，外注先の倒産と受注減による内製への切り替えを背景に，2008年に比べ外注先が半分に減少したL社，1990年代以降，家内工業的なところが廃業し，また難度が高い加工を社内に取り込んだことから外注先が減少したN社の事例がみられた．またO社も外注しづらい点があり内製化が進んでいると指摘するとともに，外注先が廃業するケースがあり，研磨やフライス加工などで苦慮していた．

　②について，K社とO社の事例を取り上げる．K社は主要顧客の意向もあり，外注依存から内製化に切り替えるとともに，受注内容の高精度化への対応が求められた．その際，東京の研磨業者などを組み合わせて対応した結果，従来の上田・坂城地域を中心とした外注連関は広域化した．O社の外注連関については，金型関連の受注が減少するなど受注構成の変化の結果，外注の取引数は大きく変化していないものの，その地理的範囲は県外の割合が大幅に増加していた．

　このように広域化する傾向にある中で，事業規模ゆえにコスト的に近隣の外注先を利用するL社の事例も存在する．またS社は，さまざまな外注先の枠組みがあること自体が集積の利点と指摘していた．

12）　M社の取引関係は千曲から佐久のエリアが約9割を占めるが，これはメッキ処理が最終工程であり，短納期であることが背景にある．J社は，1990年代には県外を含め6社の受注先を持っていたが，現在は3社に受注先は減少し，その地理的範囲も上田市およびその周辺に限られている．

4. 上田・坂城地域における産学・産産連携の展開

　調査対象事業所の中には，産学・産産連携を活用して新事業に取り組む事例がみられた．H社は既存の計測器分野に次ぐ第2の事業の柱として，2000年から医療・健康・福祉機器事業に取り組んでいる．H社は信州大学の研究室が持つシーズに出合い，信州大学などとの産学官連携を通じて，2005年に自動ページめくり器を開発し，販売した．2007年には生体計測機器・発汗計メーカーを吸収し事業領域を拡大し，また自動ページめくり器のユーザーのニーズを蓄積する中で，「文字の拡大」というニーズに対応するため，2009年に拡大読書器事業を他社から取得，2010年に同社を買収した．これによりH社は，海外を含めた販路を確保し，海外展開を視野に入れていた．また，O社の光関連事業はN研究所との取引を契機として始まり，1999年にはN研究所から技術移転を受けて製品の製造を開始している．その後も，域外の大学との共同研究に取組，科学技術振興機構の委託研究にも採択されるなど，産学連携，研究開発に取り組んでいた．

　その他の産学・産産連携の事例として，D社はARECと信州大学などと連携してLEDに関する共同研究に取り組んだ．製品は完成したものの，事業として成り立つところまでは到達しなかったという．しかしD社は，新たなネットワークづくりの機会の重要性を指摘するとともに，ARECをはじめとした産学連携についてはテーマ次第で協力する方針であった．I社は，ARECとのつながりを通じて，食品関係の産業機械を開発した経験があり，ARECを通じてもたらされる情報を好意的に捉えていた．旧丸子町のK社は上田市商工会を通じて，医療，環境といった次の産業を目指して若い世代を中心に模索中であるという．

　一方で，上田・坂城地域内での産学・産産連携がない事例も聞かれた．B社は，顧客である工作機械メーカーの技術に沿って開発する必要があることから，テーマが合致しない限り域内の他企業との間で連携関係を構築することは難しいという．また，域外の大学と共同研究を行っているO社は，

ARECに訪問することは多く，また共同研究を期待したものの，技術的に合致しなかった経験を持つ．ただし，O社は，ARECの取組を否定的に捉えているわけではない．P社は，利益配分や品質管理の面から連携関係を構築していなかった．

　こうした現状の中で，公的機関を中心に新たな動きもみられた．上田市商工会丸子本所によると，丸子・武石地区の3団体（上田市商工会工業部会，丸子工業振興会，丸子テクノネット）が連携し，「上田ドリームワークス」という連携グループが2016年3月に立ち上げられた．これは上田市内の機械金属加工，プラスチック金型・成形・設計および関連企業の連携を強化し，地域産業の活性化を図るものである．金属機械加工グループとプラスチック金型成形加工グループをつくり，前者に63社，後者には21社が集まり，当面はPR活動，グループ内での受発注の活性化，将来的には共同製品の研究開発，地域ブランド化，先端産業進出（航空・医療産業など）に向けた研究会の開催などの取組が計画されていた．聞き取り調査では「上田ドリームワークス」は新しい組織ではあるが，歴史的にみると旧丸子町では「十日会」，「十一会」などの同業者グループが形成されてきた素地が脈々と引き継がれてきているという．その後，上田ドリームワークスの趣旨に上田商工会議所工業部会も同意し，その取組は上田市全域に広がっており，会員企業も金属機械加工グループは80社，プラスチック金型成形加工グループは30社にまで増加している[13]．

　また，坂城町では，「さかきテクノセンター」が開館から20年経つことから，坂城町内の工業関係の団体から選任された委員で構成される「さかきテクノセンター見直し検討委員会」を立ち上げた．その中で，坂城町の企業の技術水準は高いものの，ビジネスのマッチングといったアピールの弱さが指摘されており，これまでの事業の中心である技術支援の内容や時期を含め，さかきテクノセンターの今後の事業の方向性が検討されていた．

13）　上田ドリームワークスHP（https://www.ueda-dreamworks.com/ 最終閲覧日2017年2月20日）による．

5. 上田・坂城地域の産業集積の今後の発展に向けた地域的課題

　本章では，上田・坂城地域の産業集積を取り上げ，1990年代以降の構造変化を，統計資料および聞き取り調査を中心に明らかにしてきた．その結果は次の4点に集約できる．

　第1に，中核企業は海外生産拠点を拡充し，国内拠点と海外拠点の棲み分けを進めていることが明らかになった．2000年代以降，中国や東南アジアに生産拠点が設けられ，安価な部品の国内への供給，進出先地域をはじめとした海外市場の輸出の拠点として位置づけられていた．一方で，国内工場は，開発機能などを有するなどマザー工場としての性格が強まった．

　第2に，企業間分業において上田・坂城地域から生産連関が広域化する傾向が明らかになった．外注内容の変化，外注先の廃業などを背景に取引連関が広域化し，また地元の中核企業が生産の海外シフト，内製化を進めた結果，受注減になる傾向がみられた．1990年代に既に中核企業と加工業群との間で有機的連関が弱いことが指摘されていたが（通商産業省関東通商産業局1996a），その構造がさらに進展したとみられる．

　第3に，基盤技術の地域的厚みが失われつつある可能性である．通商産業省関東通商産業局（1996a）において，上田・坂城地域は基盤技術を備え，また独自技術を有する地域と指摘されていた．しかし，外注先が廃業するケースが少なくなく，外注工程の中には域内の事業所を利用できないというケースがみられた．

　第4に，上田・坂城地域は，製品の生産機能は充実しているものの，研究開発機能の弱さが指摘されていたが（通商産業省関東通商産業局1996a），補助金や産学・産産連携を活用し，技術の高度化や新しい事業・製品の開発に取り組む事例がみられた．ただし，産学・産産連携においては，技術的なマッチングなどの課題もみられ，必ずしも域内の事業所間の連携関係が活発化しているとはいえない状況もみられた．

最後に，本調査結果から得られた知見を踏まえ，上田・坂城地域の産業集積の発展に向けた地域的課題の一つに集積地区間の連携強化を指摘したい．本章でみてきたように，産業集積の複数の核が地理的に連なる上田・坂城地域では，1990年代以降，中核企業がグローバルな生産体制を構築する一方，域内の生産連関は希薄化する傾向にあった．その背景として，技術的な水準のギャップや域内の事業所の廃業などが挙げられる．域内のネットワークが十分に形成されていないために，域内の中核企業がもたらす仕事が地域に十分に波及していないと考えられる．性格は異なるものの，集積の「核」が隣接し，そこに開発力や技術力を持つ企業・事業所が立地する点を十分に活かすことが重要であると考えられる．現在，上田ドリームワークスの取組が上田市全域に広がり，また上田地域産業展が周辺の自治体にも拡大するなど連携の広域化が進んでいるが，こうした取組をより強化していくことが上田・坂城地域の産業集積にとって重要な課題であると考えられる．

第 III 部　地域分析篇　小括

　　　　　　　　　　　　　　　　　　　　　　　　　　松原　　宏

　これまで，大都市圏の内陸工業集積として神奈川県相模原市，近郊工業都市として埼玉県川口市と千葉県柏市，企業城下町型集積として茨城県日立地域，成熟産業都市として静岡県富士市，複合工業地域として静岡県浜松地域，北関東の産業集積として群馬県太田市と桐生市，機械工業集積として新潟県長岡地域，多核型集積地域として長野県上田・坂城地域，以上広域関東圏における8つの地域を取り上げ，産業集積の構造変化の実態と政策的課題をみてきた．

　表補-1は，産業集積地域の実態把握の主な観点を取り上げ，8地域の特徴をまとめたものである．まず，工業統計メッシュデータをもとに作成した各種のメッシュマップを比較したところ，中小零細工場の集積地と思われる工場密度の高いメッシュが，いずれの地域でも特定の地域に集まっていることがわかった．これに対し，従業員1人当たりの工業出荷額が高いメッシュや，出荷額の増加率（2003～2008年）が高いメッシュで捉えられる「成長メッシュ」は，中小・零細企業の集積地域ではなく，分散的で，多くが大規模工場や工業団地の所在地に該当していた点が指摘できる．特化係数の高い業種に関しては，日立が非鉄金属と汎用機械，太田・桐生が輸送用機械と繊維，長岡が業務用機械と生産用機械，浜松が輸送用機械と電気機械，川口が金属製品，上田・坂城が電気機械，汎用機械，富士がパルプ・紙，化学となっており，それぞれ異なっていた．

　次に，工業地区における付加価値生産性（従業者1人当たりの付加価値額）の推移をみると，日立では汎用機械，長岡では精密機械の伸びが顕著で，産業集積の成長を牽引する業種の変化をうかがうことができる．太田と浜松では，輸送用機械の値が高い点では共通しているが，太田では変動がみられた

表補-1　広域関東圏における

比較の観点	相模原市	東葛・川口地域	日立地域	富士市
メッシュマップの特徴	工業団地を中心に工場密度が高い.	川口市から八潮市へ東西方向に高工場密度メッシュが連なる. 東葛地域は工場密度は低いが, 成長メッシュが多い.	工場密度の高いメッシュは日立市南東部に限定され, 成長メッシュは大規模工場の所在地に対応.	工場密度の高いメッシュはごくわずかに点在. 成長メッシュは臨海部に連なるように分布.
特化係数の高い業種 (2010年)	かつては電気機械であったが, 現在は低下.	(川口) 印刷, 金属製品. (柏) 電気機械, 飲料.	非鉄金属, 汎用機械, 電気機械.	パルプ・紙, 化学.
付加価値生産性 (1985～2010年)			汎用機械の伸びが顕著	化学は高い水準, 紙・パルプは平均的な値で推移.
R&D比率 (2010年)	4％台	川口は3％, 柏は7％.	日立市は16％, ひたちなか市が17％で追い抜く.	6％前後
中核的大企業の変化	電気機械の大手企業の事業再編		社内カンパニー制の導入, 発注方式の異なる三菱重工との合併の影響, 技術知識の継承不足.	本州製紙の王子製紙への統合 (1996年), 大昭和製紙と日本製紙の合併 (2001年), 2010年代の生産停止の拡がり.
集積地域での取引関係の変化 (受注関係)	受注先企業数の増加に伴い, 地理的範囲も拡大	全国各地から受注, 自社以外の工程を取りまとめる機能を含めて受注を受ける傾向も.	日立関係が7～10割と高いが, それを脆弱性と捉えていない.	大手メーカーの再編で受注は減少, 機械メーカーでは域外からの受注が増える企業も.
(外注関係)	外注比率は二極化, 外注先の廃業や高難易度の加工の増大, 広域化.	広域化しているが, 依然として川口市内での外注比率が高い企業も多い.	市外が半分, 南東北から中部地方を中心に広域化.	内製化を進める大手からの外注は減少, 中小では域内の外注先を維持.
グローバル化の特徴	アジアへの展開	中国, ベトナムからの外国人研修生.	ベトナムやフィリピンなど東南アジアに拡大	中国・東南アジアへの進出
集積地域内の主体間関係の特徴	分工場が多く, 域内での連携は弱い.	川口, 柏とも商工会議所がネットワーク化を推進. 川口では異業種交流グループ・川口リンクが, 柏では三井不動産のKOILが新しい交流拠点に.	県の中小企業振興公社や日立地区産業支援センターの役割を評価, ひたち立志塾による若手経営者のネットワーク化.	かつては協力会があったが, 現在は解散. 2008年に産業支援センター (F-biz) が設けられ, 起業支援や中小企業のサポートを実施.
地域イノベーションの特徴	大学との関係は強くない. インキュベーション施設が重要な役割を果たしている.	川口では産業技術総合センター, 柏では東葛テクノプラザといった県の公設試験研究機関が中心, 柏では東大柏ベンチャープラザが新しい動きに.	茨城大学工学部を中心としたひたちものづくりサロンが存在.	工業技術支援センターを中心に, 「ふじのくにCNFフォーラム」が2015年から始動.

出所) メッシュマップの特徴については鎌倉・松原 (2014) より, それ以外の項目については, 本書第5章～第12

産業集積8地域の比較

浜松地域	太田市・桐生市	長岡地域	上田・坂城地域
高工場密度メッシュは南北に帯状に分布．成長メッシュは分散的な大規模工場分布に対応．	高工場密度メッシュは桐生から足利にかけて線状に分布．成長メッシュは工業団地所在地に対応．	工場密度の高いメッシュは，北長岡駅の西側に広がる一方で，成長メッシュは北部と南部に点在．	工場密度の高いメッシュはごくわずかに点在．成長メッシュも点在．
輸送用機械，電気機械．	太田市は輸送用機械，桐生市は繊維．	業務用機械，生産用機械．	(上田) 電機，非鉄金属．(坂城) 汎用，業務用機械．
輸送用機械の伸びは長期安定	変動はあるものの，輸送用機械は高い．	精密機械の伸びが顕著	食品の変動が激しく，精密機械や電機は低迷．
9％前後	6％台	6％台	上田は7％，坂城は6％．
海外への生産移管と静岡県内での主力製造拠点の外縁化，研究開発機能の強化．	北米輸出を中心に自動車産業の業績が好調で，設備・従業員の増強とマザー工場化を促進．	海外への生産移管・自立化と，国内拠点の高度化・マザー工場化．	海外生産拠点を拡充，国内拠点はマザー工場として位置づけ．
協力会の再編など中核企業と中小企業間の乖離が進展，愛知県の自動車関連からの受注増．	ヒエラルキー構造の再編，Tier 1 中心にコラボチームの新設，事業の多角化を図る企業も増加．	域内連関の弱まり，工作機械以外に取引先を開拓したため域外が増加．	中核企業と加工群との有機的連携の希薄化が進行，受注の減少．
域内重視と域外重視に二極化	不況時の倒産により域内での外注先が減少，伊勢崎や足利などに広域化．	域内に強みがある一方で，コスト高，技術領域の変化により，域外が増加．	外注内容の高度化と外注先の廃業により，広域化．
タイやインドネシア等の東南アジアに立地	中核企業に随伴してアメリカに立地	一部で積極的だが，全体としては消極的．	中国が多い．北米，タイ，インドネシアも．
イノベーション推進機構が中心，商工会議所の新産業創出会議の部会参加企業の広域化，スピンオフ連鎖の弱まり．	太田では地域産学官連携ものづくり研究機構 (MRO) が中心，グループQといった新たなネットワーク組織も登場．	長岡産業活性化協会 (NAZE) が中心的存在．技術力のある木型業者の存在など，ものづくりの基盤は維持されている．	疎開工場，蚕糸工場，スピンアウト工場など，系譜の異なる企業が立地．旧上田市と旧丸子，坂城で集積地域の主体間関係が異なる．
静岡大学，浜松医科大学等との連携で，輸送機器用次世代技術や健康・医療分野などを開拓．光産業創成大学院大学発ベンチャーの動きも活発．	桐生では群馬大学工学部との産学連携，わたらせ工業青年会 (WING)，両毛ものづくりネットワークなどの活動が活発．	長岡技術科学大学，長岡造形大学などとの産学連携が展開．産産連携は停滞．	信州大学繊維学部内のARECが中心，上田地域総合産業展では広域連携もみられる．

章の記述をもとに，松原作成．

のに対し，浜松では長期安定傾向を示していた．これに対し，上田・坂城や富士では，主導産業の低迷が続いていた．なお，表には示していないが，2000年代の工場数については，太田が増加，長岡が横ばいの他は，いずれの地域も減少傾向にあった．これに対し，従業者数および製造品出荷額等については，日立，太田，長岡，浜松では増加傾向を示したものの，桐生，川口，柏，上田・坂城，富士では減少傾向にあった．

産業集積地域の機能変化をみる指標としては，製造業従事者に占める専門的・技術的職業の割合（R&D比率）が挙げられるが，日立市とひたちなか市の高さが目立つ．これに対して他の地域では，R&D比率が低く，生産機能が依然として強いことがわかった．ただし，比較的多くの地域で，R&D比率の上昇がみられ，単純な生産拠点から研究開発機能をもった拠点へと変わりつつある点は確かである．

それ以降の項目は，現地での聞き取り調査結果に基づくものである．まず中核的大企業の変化については，海外への生産移管が進む一方で，当該地域の拠点のマザー工場化や研究開発機能の強化が進められていた．取引関係については，日立や太田ではそれぞれの中核的大企業からの受注の比率が高いことが指摘できる．1980年代後半からの円高の進展，海外現地生産の本格化により，企業城下町の中核企業への依存度を減らし，中小企業の自立化が指摘されてきた．しかしながら，近年では中核企業に再び「回帰」する動きがみられる．その内実については，より厳密な検討が必要だが，かつてのような下請的・垂直的な依存関係とは異なり，危機的状況を乗り越えて存続してきた企業間での新たな関係構築がなされてきているように思われる．

受注や外注といった取引関係については，購入部品の増加と内製化の進展により，産業集積地域内での企業間取引の割合は低下する傾向にあり，取引空間の広域化がみられる．このこともまた，従来型の産業集積地域が大きく変わってきていることを示唆するものといえる．そして，これにはグローバル化の進展が深く関わっていることも確かである．ただし，1990年代のように，中国一辺倒という事態とは異なり，アジアでの進出先はより多様になり，またアメリカやドイツといった欧米の技術力のある企業との戦略的提携を重視する集積地域企業群も登場してきている．後述する政策的課題とも関

わるが，国内の産業集積地域内工場のマザー工場化や研究開発機能の強化により，国内拠点と海外拠点との「共進化」を目指す中核企業が存在感を強めてきているように思われる．

　産業集積地域の活力を維持・強化する組織に関しては，日立産業支援センターなどの支援機関の役割が評価される一方で，太田や浜松では，既存のサプライヤーの再編や協力会の再編が行われ，また企業間の内生的ネットワーク組織のあり方について，疑問を呈する意見も出されてきている．この点については，集積地域の構造変化に既存の組織が適合できなくなったのか，それとも企業経営者の高齢化や世代交代など，組織内部に問題が生じてきているのか，他の産業集積地域の企業間ネットワーク組織も取り上げながら，より詳しい分析が必要であろう．また，柏市でみられたように，民間デベロッパーが起業家のネットワーク化を促し，新たな交流の空間を創出してきている点も注目されよう．

　地域イノベーションに関しては，いずれの産業集積地域においても，大学と公設試験研究機関，研究開発に熱心な中小企業との連携をいかにうまく進めるかが重要になってきている．これらの地域では，多様な研究会が作られてきたが，商品化・事業化といった点では既存の集積地域を変えるような動きは未だみえず，地域イノベーションの難しさが表れている．

第Ⅳ部　政策篇

第13章　EUにおける産業集積政策

松原　宏・鎌倉夏来

1. 産業集積政策の流れ

　第1章でふれたように古典的産業集積論は,イギリスのマーシャルとドイツのウェーバーに遡ることができ,しかも彼らの議論の中に政策的要素がないわけではない.しかしながら,地域開発政策において産業集積の意義が強調されてくるのは,第2次世界大戦後で,特にフランスのペルー（Perroux 1955/70）による「成長の極」がよく知られている[1].そこでは推進力工業の立地とその誘導効果が強調されるが,ここで推進力工業とは,成長率が高く,影響力の非常に大きい産業部門を指し,そうした推進力工業が規模の内部経済を実現することにより,他産業に対して費用削減効果を発揮し,他産業を牽引し,外部経済を創出していくとしている[2].また,産業複合体の形成を重視している点も特徴的であり,そこでは基軸工業の成長や寡占的な競争による活力の創出,地域的な異業種集積のメリットが指摘されている[3].

　こうしたペルーの「成長の極」理論は,イタリアやフランス南部の臨海部における産業コンプレックス形成,日本の「拠点開発方式」による臨海コン

---

[1]　ペルーの「成長の極」理論とその後のフランスにおける集積理論,フランスにおける工業開発の実態については,石原（1978）が詳しい.
[2]　ホランドは,「成長の極概念の限界」として,「立地過程における外部経済の役割の過大評価」等の問題点を指摘している（Holland 1982,訳書52頁）.
[3]　アイザードは,産業複合体分析について,「重要な技術的（生産）・市場的およびその他の相互関係によって左右される産業活動の集団の生れる範囲と成長の地域的なパターンに関係している」と述べている（Isard 1969,訳書175頁）.

ビナート形成にもつながるとされる一方で，環境保護の観点から批判的に捉えられ，1970年代の不況により，重化学工業地域が衰退問題を深刻化させる中で，後退することになった．

これに対し1980年代になると，イタリア中・北部で中小企業が集積し，国際競争力を発揮していることが，イタリアの研究者により，またアメリカのピオリ・セーブル（Piore and Sable 1984）により指摘され，「第三のイタリア」として注目されるようになる[4]．「新産業地域論」については，第1章で指摘したように，「フレキシブル・スペシャリゼーション」，「ローカル・ミリュー」，「埋め込み」，「ソーシャル・キャピタル」など，新たな概念による解釈が次々になされてきた．政策に関しては，1984年に設立された「革新の風土に関するヨーロッパ研究グループ」（Groupe de Recherche Europeen sur les Milieux Innovateurs）（GREMI）の活動が重要で，ミリューの観点から「産業地域」に関する実態把握や政策提言が行われてきた[5]．

1990年代に入ると，イギリスのクックやモーガン（Cooke and Morgan 1998）による「地域イノベーションシステム論」が，EUの政策担当者に取り上げられ，EUの「地域イノベーション戦略」に発展していく[6]．その後2000年代には，アメリカからポーター（Porter 1998）のクラスター論が流入し，フランスにおける「競争力の極」政策など，各国の政策担当者がクラスター政策を導入するようになる[7]．

---

4) 「第三のイタリア」に関する研究は膨大な量にのぼるが，最近では進化過程に注目したCainelli and Zoboli（2004），4地域を事例に企業家精神の分析を行ったAlberti *et al.*（2008），知識移転の観点から各地域の既存研究を再整理したCamuffo and Grandinetti（2011）などが注目される．

5) GREMIの研究活動については，Ratti *et al.*（1997）や山本健兒（2004b）に詳しい紹介がある．

6) EUにおける地域イノベーション政策の展開については，松原（2013，286-290頁）を参照．またOECDでは，*OECD Reviews of Regional Innovation*と題したシリーズ本を刊行しており，これまでイングランド北部，イタリアのピードモント，スペインのカタルーニャ，バスクにおける実態把握がなされるとともに，OECD（2011）では，地域イノベーション政策に関する総括的な検討がなされている．この他，Cooke *et al.*（2011）による『地域イノベーションハンドブック』でも，地域イノベーション政策の項目が立てられている．

7) 細谷（2010）によると，ヨーロッパのクラスター政策の画期となったのは，European Cluster Observatoryの取組であり，その活動の一環として，2008年にヨー

このように，2005年に「改定リスボン戦略」[8]を発表したEUにおいては，クラスター政策と地域イノベーション政策を中心に，地域産業政策が展開してきている．EU域内の地域クラスターの現状や各国の地域クラスター政策に関するデータベースの構築と発信を行うEuropean Cluster Observatory（欧州クラスター・オブザベイトリー）が2006年に設けられるなど，各クラスターのマネジメント品質を高める努力がなされてきた．もっとも，イノベーションの成果や効率に関しては，アメリカに対する競争劣位が問題とされ，2010年代に入ると新たなEUの地域政策として，「スマート・スペシャリゼーション」が打ち出されている．本章では，クラスターに関わる最近の理論的議論を検討するとともに，EUにおける新しい産業集積政策の特徴や課題をみていくことにしたい．

2. クラスターの規模と範囲の関係

　まずはじめに，クラスター政策の種類について，クラスターに関する近年の理論と戦略に基づいて整理を行った研究成果を中心に紹介する（Njøs and Jakobsen 2016）．そこでは，クラスターの規模（scale）だけでなく，範囲（scope）にも着目する必要があることが強調され，クラスター政策の戦略が3つに分類されている（表13-1）．
　第1の「モノクロッピング」は，一つの業種への特化を進め，クラスター内に立地している企業間の関係を強めていこうとする伝統的なものである．この戦略においては，地域内での非公式な会話によって知識交流が活発に行われるという「ローカルバズ」も重要な要素となる．こうしたクラスターの

　ロッパ31カ国を対象にクラスター政策の調査が実施された結果，国レベルのクラスター政策としては，26カ国69事業が確認されている．なおフランスにおける「競争力の極」政策については，岡部（2014）が詳しい．

8）　2000年にリスボンで提起された「知識経済に基づく雇用，経済改革，社会的団結を強化するための新しい戦略」（リスボン戦略）に対し，2005年に欧州委員会は，成長と雇用に重点を絞り，研究開発投資をGDP比3%とする目標を掲げた「新リスボン戦略」を打ち出した．

表 13-1　政策の戦略・クラスターの進化・地域発展

戦略	クラスターの規模	クラスターの範囲	主な特徴	背景にある理論	クラスター進化の源泉	期待される地域進化の方向性
モノクロッピング	地域	特化	均質性	産業地域／マーシャル地域	ローカルバズ	経路の拡張
ハビング	国／国際	特化	均質性	バリューチェーン，グローバルプロダクションネットワーク	国際化／グローバルパイプライン	経路の拡張／経路の小さな更新
ブレンディング	地域	関連多様性	関連多様性／異質性	地域イノベーションプラットフォーム，地域イノベーションシステム，関連多様性，スマートスペシャリゼーション	産業間の融合	経路の更新

出所）Njøs and Jakobsen（2016）p.153 より鎌倉一部修正．

　規模を地域に限定し，範囲を特定産業への特化に定めた戦略は，立地企業や関係機関との間にネットワークが欠落している新しいクラスターに有効であるといえる．また，成熟したクラスターであっても，当該産業において持続性がみられる場合には，この戦略を継続することが理論上ありうる．ただし，この戦略をとった場合は，知識や産業の範囲が狭くなってしまうことは避けられないため，結果的に地域的なロックイン，つまり，他の方向性への転換が困難な状況に陥ってしまう可能性も高い．

　第 2 の「ハビング」は，地理的な規模の限られた既存のクラスター内の主体を，クラスター外の重要な主体と結びつけることで，ネットワーク上でクラスターの地理的な規模拡大を行おうとするものである．クラスターの規模は地域にとどまらず，国レベルや国際的なものが想定される．ただし，クラスターの範囲については，既存のクラスターにおける産業をより強化していくという「進化の経路」を志向するものであり，同じ産業での広域連携をいかに適切に行うかが焦点となる．近年の日本における地域産業政策は，「地域中核企業」や「コネクターハブ企業」などに注目し，国全体の産業強化を企図した中核企業支援施策に主眼が置かれており，この戦略の色合いが濃い

と言えるだろう．

　これに対し，第3の「ブレンディング」は，成熟したクラスターの進化を促進する方法であり，クラスターの範囲の拡大を試みるものである．より具体的には，異質ではあるが，関連のある産業や主体の知識を融合することで，クラスター内企業のつながりを強めるとともに，イノベーションが生じる可能性を高めようとする戦略である．また，産業の特化を前提とする前述の2つの戦略と比較し，「産業」そのものではなく，器となる「地域」のインフラや制度の魅力が重要となる点も特徴的である．さらに，特定の産業集積というよりも，産業を横串にし，多様な産業の一部の機能が集まり，それによって集積の外部性を得る「機能集積 (functional agglomeration)」(Crescenzi *et al.* 2014) といった側面が強いものを目指す方向性も考えられる．こうした戦略においては，クラスターの進化やライフサイクルの中での「関連多様性」(related variety) が鍵概念となっている．この概念については，次節でより詳しく述べる．

3. 関連多様性と集積の発展

　関連多様性は，クラスターにおけるイノベーションが業種内部または業種間で共有される知識の多様性から生じることを示唆する概念である (Frenken *et al.* 2007, Boschma and Iammarino 2009 など)．前節でも述べたように，経路を大きく更新し，異質な知識の融合によって新たな発展方向へと向かうことが，成熟期にあるクラスターにとっての一つの将来の方向性となる．

　関連多様性の指標は，各業種に分類された主に従業者数を計算し，多様性指標 (diversity index) となるエントロピー[9]として測定される．Frenken *et al.* (2007) では，関連多様性の指標を産業分類 (2桁) 内における産業分類 (5桁) のエントロピーの加重和とし，「非関連多様性」を産業分類 (2桁) の分布のエントロピーと定義している．まず，すべての産業分類 (5桁) i は，

　9）エントロピーは統計力学において乱雑さを表す物理量であり，「相関がなくランダムであること」を示しており，その状態が「多様」であるという解釈に基づいている．

$g=1, \cdots, G$ とすると，いずれかの産業分類（2桁）S_g に含まれる．そのため，産業分類（5桁）の従業者数 p_i を足し合わせると，産業分類（2桁）の従業員数 P_g となる．つまり，

$$P_g = \sum_{i \in S_g} p_i$$

産業分類（2桁）レベルでのエントロピー，つまり非関連多様性（UV）は，

$$\mathrm{UV} = \sum_{g=1}^{G} P_g \log_2 \left(\frac{1}{p_g} \right)$$

さらに，それぞれの産業分類（2桁）内における加重和である関連多様性（RV）は，

$$\mathrm{RV} = \sum_{g=1}^{G} P_g H_g$$

ただし，

$$H_g = \sum_{i \in S_g} \frac{p_i}{P_g} \log_2 \left(\frac{1}{p_i/P_g} \right).$$

彼らはこれらの定義の下で，オランダの NUTS 3[10] 地域別の従業者数データを用いて，1996 年から 2002 年の期間における従業者数の変化を従属変数とし，関連多様性および非関連多様性との関係を分析している．結果として，関連多様性は雇用の成長に寄与する一方で，非関連多様性は失業率の上昇を抑制することが示されている．

日本に当てはめて考えてみると，関連多様性指標は，ある地域における，ある産業中分類の従業者数の中で，産業細分類に分けた際に多様性（散らばり）があるかどうかを示した数値となる．また，非関連多様性は，ある地域において産業中分類レベルにおいて従業者数が散らばっているか（多様性があるかどうか）を示したものといえる．

たとえば，ある地域における産業別従業者の構成を，産業中分類別および

---

10) NUTS は，EU 統計局が EU 加盟国を対象に定めた地域区分で，NUTS 1 は 300〜700 万人，NUTS 2 は 80〜300 万人，NUTS 3 は 15〜80 万人の人口規模を基準としている．NUTS 2 が EU からの政策支援の基本的単位となっており，地域イノベーションやクラスターの地理的単位とされることが多い．

第13章　EUにおける産業集積政策　323

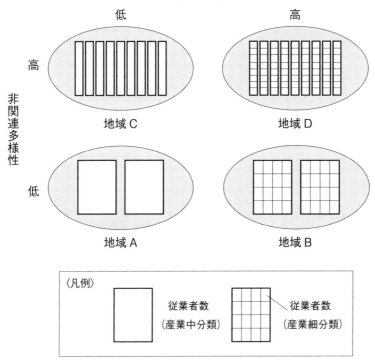

図 13-1　関連多様性・非関連多様性の概念図

出所）鎌倉作成.

細分類別にみて，それぞれの特徴を長方形の形状で示した図 13-1 をみてみよう．地域 A では，産業中分類でみても，またそれぞれの中分類内の細分類でみても，特定業種に偏っており，この場合は関連多様性が低く，非関連多様性も低いということになる．これに対し地域 B では，産業中分類レベルでは地域 A と変わらないものの，細分類レベルでは従業者数の分散がみられるため，地域 A に比べ関連多様性は高いといえる．一方，地域 C については，産業中分類間で従業者数の分散がみられ，非関連多様性は高いが，細分類レベルでは特定業種への偏りがあるために，関連多様性は地域 A と同様に低い．さらに地域 D では，産業中分類でみても，またそれぞれの中分類内の細分類でみても従業者数の分散がみられ，関連多様性も非関連多様

		関連多様性	
		低	高
非関連多様性	高	・イノベーションを制限 ・生産性を制限	・イノベーションを促進 ・生産性を制限
	低	・イノベーションを制限 ・生産性を促進	・イノベーションを促進 ・生産性を促進

図 13-2 関連多様性と非関連多様性：生産性とイノベーションとの関係
出所）Aarstad *et al.* (2016) p.854 より鎌倉一部修正.

性も高い地域であるといえる.

　こうした関連多様性と非関連多様性の概念を適用し，地域経済のパフォーマンスとの関係を検討した研究成果として，ここではノルウェーでの研究をみてみよう (Aarstad *et al.* 2016). そこでは，2010年における企業の生産性とイノベーションに関するデータ[11]を用いて，ノルウェーのNUTS 4地域に対する分析を行っている. 従属変数となる企業の生産性は，従業者1人当たりの売上高を指標としている. また，企業のイノベーションは，2008年から2010年の間における製品イノベーションの有無（アンケートの回答による）というダミー変数が用いられている. この研究では，関連多様性の高い地域では，企業のイノベーションが促進され，非関連多様性の低い地域では，生産性が高いことが示されている (図 13-2). つまり，前掲図 13-1の地域Bのような地域で，企業のイノベーションが促進され，企業の生産性も高くなっていた.

　このように，関連多様性や非関連多様性といった，地域を測る比較的新しい指標を用いた実証分析は，集積の発展や進化を検討するうえで示唆に富むものである. しかしながら，関連多様性や非関連多様性が，雇用や企業のイノベーションや生産性に対して，具体的にはどのようなメカニズムで正や負の影響を与えているのかについては，今後十分に検討していく必要があるだ

---

11) Eurostatとノルウェー統計局の協力による行われているCommunity Innovation Survey (CIS) の "Innovation in the business enterprise sector" のデータを用いている. ノルウェーでは従業者数50名以上の企業と，ランダムに選ばれた従業者数5名以上49名以下の企業について，調査への協力を義務化しており，回答率は95%以上となっている (Aarstad *et al.* 2016, p.849).

ろう.

4. スマート・スペシャリゼーション政策

　以上のように，産業集積のあり方について，特定産業への特化よりもむしろ多様性を重視した方向性が提起される一方で，最近の EU の政策現場では，「スマート・スペシャリゼーション」という用語が飛び交っている．日本でも既に長尾（2017）や八木（2017）などで言及がなされているが，新たな研究成果を含め，日本の産業集積政策との関連を中心に検討を加えておきたい．

　まず，スマート・スペシャリゼーションの定義については，欧州委員会の文書によると，「『効率的で有効な公的研究投資を促進するための新しいイノベーション政策の基本概念』であり，『諸地域が自身の強みに集中することによって，経済的成長と豊かさをもたらすように，地域でのイノベーションを後押しすることを目的としている』」とされている．そのために，「『地域の技術的資産の正確な分析に基づき』，『他地域の潜在的なパートナーとの連携』を考えて，投資の重複を避ける」こと，「企業家などの現場のアクターたちの『発見のプロセス』が重要」であることなどが強調されている（長尾 2017, 71-73 頁より抜粋）.

　また，こうした政策が登場してきた経緯については，八木（2017）が詳しいが，EU の「リスボン戦略」に関わり 2005 年 3 月に設けられた「成長のための知識」（Knowledge for Growth, 略して K4G）という専門家グループの中で，当時ローザンヌ連邦ポリテク経営学科長で，『知識の経済学』の著者であるフォーレイ（D. Foray）らが作成した討議用メモが出発点とされている（八木 2017, 445-446 頁）．彼らの考え方は，徐々に EU の政策に反映されていくが，2011 年 6 月には欧州委員会によって「スマート・スペシャリゼーション・プラットフォーム」が設立され，その後 2013 年 12 月には EU 議会・理事会が，2014 ～ 2020 年の結束政策に，「スマート・スペシャリゼーションのための国家的／地域的イノベーション戦略」（Smart Specialisation Strategy の S3 に Regional Innovation を付けて RIS3 と略される）を導入することを決定

した[12]．これにより，RIS3は資金的裏付けを獲得し，欧州地域開発基金（ERDF）を受給するためには，申請主体はRIS3に沿った計画を立てて承認を受けることが必要となったのである．

このように，スマート・スペシャリゼーションがEUの政策として実際に動き出す中で，「企業家的発見（entrepreneurial discovery）」プロセスの重要性を指摘する研究成果がまとめられている（Kyriakou et al. 2017）．そこでは，そうしたプロセスを促進する方法や制度，主体間関係，ガバナンス構造のあり方が検討されるとともに，スペインのアンダルシア，東マケドニア・トラキア，ノルウェー，フィンランド，ポーランドをはじめとした東欧諸国の事例が紹介されている．ポーランドにおけるスマート・スペシャリゼーション戦略については，南部のクラカウを中心としたマウォポルスカ県の事例紹介が八木（2017）によってなされているが，SWOT分析により絞り込まれたライフサイエンスやエネルギー，ICT，化学などの分野に，国境を越えた大学・研究機関の連携を通じて，優先的に取り組むことが計画されている．

こうした政策を評価することについて，長尾（2017）は時期尚早としながらも，「遅れた地域の計画がRIS3の条件を満たすことは容易ではない可能性もあり，その点で事実上重点地域重視となる危険性も存在している」，「この戦略は構造基金等のEU予算のより効率的な使用を促進しようとしていると見ることができる」と述べている（79頁）[13]．

ところで，スマート・スペシャリゼーションを効果的に進めるためには，EU域内で似たような分野でどのようなクラスター的な取組がなされているかを知る必要がある．こうした要望に応えるためかどうかは定かではないが，

---

12) 政策文書としては，European Commission（2013）があり，そこではクラスター政策とスマート・スペシャリゼーション戦略は，ともにプレイス・ベイスト・アプローチであるが，クラスター政策がより広範なセクターに適用されるのに対し，スマート・スペシャリゼーション戦略は特定のイノベーション集約的セクターに焦点を当てている点で違いがあるとされている．

13) Foray et al.（2011）では，理論よりも政策が先行している点を認めているが，Foray（2016, 2017），McCann and Ortega-Argilés（2015, 2016），Grillitsh（2016）などでは，理論的検討が進められている．またCapello and Kroll（2016）は，後進地域におけるイノベーションの前提条件の欠如など，政策のリスクや限界を指摘するとともに新たなガバナンスや，産業よりも領域を重視した発展戦略に可能性を求めている．

EUでは，2016年より新たなプラットフォームとして，European Cluster Collaboration Platform を始動させている．そこでは，ヨーロッパのクラスタープロジェクトのデータベースを公開，地図化するとともに，産業分野，推進機関の情報が詳しく掲載されている．なお，このプラットフォームに，European Cluster Initiatives や Cluster Excellence，European Cluster Observatory も統合されている．

また，オランダ政府の研究機関 PBL Netherlands Environmental Assessment Agency による4年余の調査研究をまとめた Thissen *et al.* (2013) では，地域の競争力に関する理論的検討を行うとともに，スマート・スペシャリゼーション政策に有効な地域統計情報の計量的分析の成果を提示している．図13-3 は，縦軸に産業の特化もしくは多様化，横軸に地域の開放性もしくは完結性をとって，地域経済の特徴を把握する枠組みを示したもので，実際に NUTS 2 の 256 地域を対象地域として，特化係数や NUTS 2 地域間の交易表をもとに地域の開閉度について計量的分析を行い，各地域の位置づけを行っている．分析結果によると，ヨーロッパ核心部の大規模地域は多様で開放的，同じく核心部の小規模地域も多様で開放的であったのに対し，周辺の大規模地域では地域内での完結度が高く，産業が多様，周辺の小規模地域では地域の完結性と産業の特化度がともに高くなる傾向がみられた．さらに，製品市場の重なり度合いをもとに，全体および分野別に競争関係にある地域をリストアップするとともに，代表的な地域を取り上げ，集積規模や知識の蓄積，交通アクセスなどの指標をもとに，地域の強み・弱みを可視化する試みを提示している．

こうしたスマート・スペシャリゼーションに関する研究とともに，クラスターの進化に対応した産業集積政策のあり方を論じた研究も増えてきている．とりわけ，成熟したクラスターの衰退を避けるために，クラスター内部の主体間関係を重視する内発的な発展戦略のみではなく，多国籍企業の研究開発拠点を通じたグローバル・ローカル知識交換やグローバルバリューチェーンを通じたクラスター内と外との関係強化を重視する方向性が示されている (Belussi and Hervas-Oliver 2017 など)．

以上，スマート・スペシャリゼーションを中心に，EU における新しい産

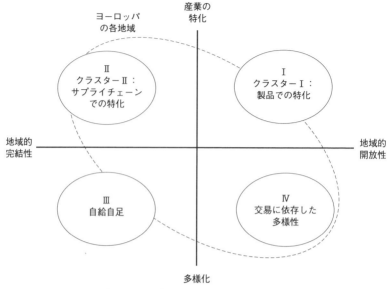

図 13-3　地域の発展経路の分析枠組み

出所) Thissen *et al.* (2013) p.38 をもとに松原作成.

業集積政策をみてきたが，理論的検討が不十分で，また東欧諸国などの初期段階のクラスターを対象とした事例が多く，日本の今後の政策にどの程度活かせるかは疑わしい．ただし，財政制約の下で，類似した政策の乱立を防ぎ，効果的な成果を導こうとしている点，地域間の比較や参照に有効なプラットフォームやデータベースを提供し，地域のステークホルダーによる「発見のプロセス」を重視している点など，学ぶべき点も多い．具体的な施策を展開する上で，検討すべき課題としては，スマート・スペシャリゼーションの空間的スケールをどのように考えるか，という点がある．EU では，NUTS 2 という固定された空間スケールにおける産業の特化と多様化が議論される傾向が強い．これに対し，空間スケールを重層的に考えるとすれば，特化と多様化の両立が可能になるように思われる．すなわち，比較的狭い地域的範囲においては産業の特化を重視し，地域の競争力の向上を目指す．これに対し広域的な地域においては，特化した個々の地域間の連携を強め，全体として産業の多様化を重視し，さらには特定地域の成長を広域的に波及させる一方

で，特定の産業のショックに対するレジリエンスを広域的な地域で高めることができるように思われる．こうした空間的スケールを使い分けたスマート・スペシャリゼーションの可能性も含め，日本における産業集積政策については，次章で詳しく検討することにしよう．

第 14 章　日本における新しい立地政策と産業集積

松原　宏

1. 産業立地政策の転換

　2015年末から2016年3月にかけて，経済産業省内で「新たな産業立地政策に関する研究会」が，5回にわたり開催された．そこでの議論の詳細は公開されていないが，これを受けて2016年3月末には，産業構造審議会地域経済産業分科会が開催され，立地環境整備課長より，議論の要点が説明された[1]．

　そこでは，まず地域経済を取り巻く環境の変化が説明されたが，その中で，IT化の進展や物流網の発達によって，「地理的集積の意義の相対化」が指摘された．なお，従来の産業集積効果としては，①専門人材の確保，②域内分業（価格競争力・取引拡大），③知識の集約・高度化の3点が記載されていた．

　その上で，今後の検討の視点として，第1に，従来の企業誘致や企業立地（創業）の支援に加えて，製造業に限らず，既存の地域の企業の事業高度化（成長・拡大）支援にも重点を置くこと，第2に，イノベーション・新分野進出の加速に向けて，広域での連携・ネットワークによる全国大での知識・情報の集積と融合・活性化（外部からの刺激），および企業支援の鍵となる支援機関・支援人材の機能強化を図ること，第3に，人的資源（人材・人手・後継者）の確保・育成を推進すること，第4に，今後の産業構造と近年の立地動向を踏まえた地域のインフラの整備促進・活用を推進すること，以上の4点

---

[1]　経済産業省のウェブサイト（産業構造審議会地域経済産業分科会）を参照．http://www.meti.go.jp/committee/gizi_1/1.html

が挙げられ，地域企業への支援方法として，「地域経済を牽引する企業への支援」と「地域経済を支える幅広い企業の維持・成長支援」の両面が並記された．さらに，論点例として，事業支援，支援体制（地域），支援体制（広域），環境整備（ソフト：人材），環境整備（ハード）に関わる諸点が列挙され，最後に，従来の産業集積効果を補完・強化するものとして，広域ネットワークが集積に付与する効果が特筆され，その内容として，①域外からの新たな刺激によるイノベーションや新分野進出等を促進する効果，②域内のリソースを補完・強化する効果の2点が挙げられた．

このように，既存の産業集積に対する評価が論点となった背景には，2007年に策定された「企業立地促進法」が10年目を迎えようとしていることがある．その「企業立地促進法」の評価を含め，今後の産業立地政策に関する具体的な議論が，2016年11月から12月にかけて産業構造審議会地域経済産業分科会で行われ，「地域経済牽引企業を軸とした『地域への未来投資』の促進に向けて」というサブタイトルを付けた『地域経済産業分科会報告書』がまとめられた．そこでは，「企業立地促進法」の改正が打ち出され，「地域経済の好循環に向けて，地域経済の自律的基盤の強化を図るためには，地域の将来像をかたちづくる『地域への未来投資』を呼び込むことが，今後はより一層重要となる」と指摘され，これまでの集積業種や集積区域の指定をなくし，製造業のみならずサービス業等の非製造業を含む幅広い事業主体による「地域経済牽引事業」を支援する方向性が示された．その後2017年2月末には，「企業立地促進法の一部を改正する法律案（通称：地域未来投資促進法案）」が閣議決定され，国会での審議を経て，法案が成立し，7月末には「地域未来投資促進法」が施行されることになった．「企業立地促進法」から「地域未来投資促進法」への転換により，これまでの産業集積の捉え方が大きく変わることは確かであろう．

本章では，国の産業立地政策の変遷とその下での関東経済産業局による具体的な施策展開を整理するとともに，これまでの日本立地センター関東地域政策研究センターによる政策研究における実態分析結果からの政策的インプリケーションを踏まえつつ，広域関東圏における集積地域の特徴にあわせた政策的課題を検討し，その上で今後の日本における産業立地政策のあり方を

考えていくことにしたい．

2. これまでの産業立地政策の変遷

2.1 国全体の産業立地政策の変遷

　表 14-1 は，これまでの産業立地政策の流れをまとめたものであるが，2000 年代に入り，政策が大きく転換してきたことがみてとれよう．2001 年には「新産業都市建設促進法」および「工業整備特別地域整備法」が，2002 年には「工業等制限法」が廃止され，2005 年には「中小企業新事業活動促進法」にかつての「テクノポリス法」や「頭脳立地法」を含んだ「新事業創出促進法」が統合され，2006 年には「工業再配置促進法」が廃止になった．このように，21 世紀に入り，これまでの工業等諸機能の地方分散政策から，地域経済の自立と国際競争力のある新産業の創造，産業集積を柱にした政策に重点が移されるようになったのである．

　こうした政策転換は，2001 年の省庁再編で新たに登場した経済産業省の地域経済産業グループ（地域 G）によってなされてきた．地域 G の発足とともに打ち出された政策が，「産業クラスター政策」であったが，新たな政策を推進するとともに，「工業等制限法」や「工業再配置法」など，これまでの地方分散政策が次々と廃止された．また 2007 年には，「地域産業集積活性化法」（1997 年施行）が廃止され，新たに「企業立地促進法」が策定された．その後，リーマンショック，政権交代，東日本大震災と大きな変化が相次ぎ，また 2014 年秋からは地方創生の動きがにわかに現れるなど，「企業立地促進法」を取り巻く外部環境の変化を踏まえ，新たな産業立地政策を検討する機運が高まった．

　このように，20 世紀後半の工場等諸機能の地方分散を中心とした政策から，21 世紀に入り，地域経済の自立と国際競争力のある新産業の創造，産業集積を柱にした政策に重点が移されるようになったが，産業集積政策といっても，必ずしも首尾一貫していたわけではない．

表 14-1 産業立地政策の変遷

産業立地政策	年	国土政策等
	1950	国土総合開発法
工業等制限法（2002 年に廃止）	1959	
	1960	太平洋ベルト地帯構想
新産業都市建設促進法（2001 年に廃止）	1962	全国総合開発計画
工業整備特別地域整備促進法 （2001 年に廃止）	1964	
	1969	新全国総合開発計画
工業再配置促進法（2006 年に廃止）	1972	
工場立地法	1973	
	1977	第 3 次全国総合開発計画
高度技術工業集積地域開発促進法 （テクノポリス法） （1998 年に新事業創出促進法に統合）	1983	
	1987	第 4 次全国総合開発計画
地域産業の高度化に寄与する特定事業の集積の促進に関する法律（頭脳立地法） （1998 年に新事業創出促進法に統合）	1988	多極分散型国土形成促進法
地方拠点都市地域の整備及び産業業務施設の再配置の促進に関する法律 （地方拠点都市法）	1992	
特定産業集積の活性化に関する臨時措置法 （地域産業集積活性化法） （2007 年に廃止）	1997	
新事業創出促進法 （2005 年に中小企業新事業活動促進法に変更）	1998	21 世紀の国土のグランドデザイン
産業クラスター計画 （2010 年度より国の予算なし）	2001	
知的クラスター創成事業 （2011 年度で廃止）	2002	
中小企業新事業活動促進法	2005	国土形成計画法
企業立地の促進等による地域における産業集積の形成及び活性化に関する法律 （企業立地促進法）	2007	

出所）各種資料より松原作成．

表 14-2 産業集積政策の比較

	地域産業集積活性化法	産業クラスター計画	企業立地促進法
期間	1997～2007 年	2001 年～*	2007 年～
「目的」**	中小企業支援による既存産業集積の空洞化防止	産学官連携による新たな産業集積の創出	企業誘致による既存産業集積の高度化
計画数	基盤的技術産業集積（A 集積）25 地域 特定中小企業集積（B 集積）118 地域	第 1 期　9 地方プロジェクト　19 プロジェクト 第 2 期　9 地方プロジェクト　17 プロジェクト	2014 年 4 月時点で 193 計画
計画地域スケール	A 集積：可住地 7 万 ha の隣接市町村内に，「基盤的技術産業」100 社，工業出荷額 1000 億円以上	地方経済産業局の管轄区域（区域内の空間戦略は，一部を除き，不明確）	単独市や広域連携もあるが，全県 1 地域か県内地域分割がほとんど
主な施策内容	試験研究施設・機器の整備，賃貸工場の整備，研究開発・人材育成機能	産学官ネットワーク形成，技術開発支援，企業家育成支援	企業立地計画，事業高度化計画を通じた支援，人材育成支援
「特徴」**	地方だけでなく，大都市圏の集積地域も指定	各地域のクラスター的組織の交流・連携	地域産業活性化協議会での自治体間連携
「問題点」**	衰退傾向に歯止めかからず	実質的な成果が不十分	企業立地の低迷で魅力弱まる

注）　*2010 年度から国の予算はなく，自立化期に．
　　**「　」の事項は，松原の見解．

　表 14-2 は，この間の主な産業集積政策を比較したものである．「地域産業集積活性化法」が基盤的技術産業の集積地域の空洞化防止を，「産業クラスター計画」が新たな産業集積地域の創出をそれぞれ目的としていたのに対し，「企業立地促進法」は既存産業集積の高度化を主たるねらいとしている．また，「地域産業集積活性化法」と「企業立地促進法」が，県や複数市町村を計画区域としていたのに対し，「産業クラスター計画」では地方ブロック圏域へと広域化した点にも留意する必要があろう．あわせて，「地域産業集積活性化法」が地方だけではなく，大都市圏の集積地域をも指定した点，「産業クラスター計画」では，産学官のネットワーク形成によりクラスター的組

織の交流・連携が盛んになった点,「企業立地促進法」では, 地域産業活性化協議会での自治体間連携が進展した点が, それぞれ従来にはない特徴点といえよう[2].

それでは, この間の産業集積政策が, グローバル競争の激化による工場の閉鎖や経営者の高齢化による廃業, 中核企業の取引空間の広域化, 産学官連携による地域イノベーションなど, 産業集積地域の変化や政策的課題に応えてきたかといえば, 十分とはいえないように思われる. 新たな産業立地政策が, 今まさに求められているのである.

2.2 関東経済産業局による産業集積政策の変遷

2.2.1 地域産業集積活性化法から産業クラスター計画へ

1996 年, 当時の通商産業省関東通商産業局によって,『広域関東圏における産業立地の展開に関する調査〈産業集積風土記〉報告書』がまとめられるとともに, 関東通商産業局の監修により『「産業集積」新時代』(日刊工業新聞社) が刊行された. そこでは, 広域関東圏における主な産業集積地域が, 基盤産業集積 (城南, 京浜, 川口, 長岡, 坂城) と量産型集積 (日立, 両毛, 諏訪, 浜松), 日用消費財集積 (城東, 燕・三条) に類型化されるとともに, 1997年の『広域関東圏における産業支援システムの構築に関する調査報告書』とあわせて, 各地域の産業集積の現状と高度化の方向, 産業支援の方向が示されていた. 前述のように, 1997 年に施行された「地域産業集積活性化法」では, グローバル化の下での基盤産業の空洞化防止が中心的な政策課題とされたが, 関東局の一連の実態把握が, いかに国の政策立案をリードしたかは想像に難くない.

「地域産業集積活性化法」では, 基盤的技術産業集積 (A 集積) 地域と特定中小企業集積 (B 集積) 地域が指定されたが, 全国 25 の A 集積地域のうち, 広域関東圏では, 広域京浜, 東葛川口, (茨城) 県北臨海, (栃木) 県南, 群馬, 甲府, 中越, 諏訪, 静岡県西部の 9 地域が選ばれ, 公設試験研究機関の

---

[2]「産業クラスター計画」の下での産学官のネットワーク形成については松原 (2013),「企業立地促進法」による自治体間連携については佐藤正志 (2014) を参照.

設備整備や貸工場，産業支援施設等の設置などを通じて，既存の産業集積地域における基盤産業の維持・高度化が図られた．こうした施策が進められるとともに，2001年から経済産業省では，新たに「産業クラスター計画」が実施されることになった．関東経済産業局のウェブサイトによると，関東経済産業局では，広域関東圏全域をクラスター対象地域としつつ，「首都圏西部地域（TAMA）」，「中央自動車道沿線地域」，「東葛・川口地域」，「三遠南信地域」，「首都圏北部地域」の5地域を5つの「ネットワーク支援活動地域」と位置づけ，重点的な取組を展開してきた．

ただし，5地域が同時に重点化されたのではない．なかでも，「首都圏西部地域（TAMA）」は，「産業クラスター計画」の原型といわれるように，1998年から「TAMAプロジェクト（技術先進首都圏地域プロジェクト）」として取り組んできたものである．その後，このTAMAでの取組を，他の産業集積地域に拡大してきたとされ，1999年には諏訪・甲府を中心とする「中央自動車道沿線地域」，2000年には柏，川口を中心とする「東葛・川口地域」，2001年には浜松，飯田，豊橋にまたがる「三遠南信地域」，2002年には栃木県，群馬県を対象とする「首都圏北部地域」において，プロジェクトを実施し，産学官のネットワークを構築してきている．

国全体の「産業クラスター計画」では，2001〜2005年が第1期，2006年〜2010年が第2期とされ，第1期から第2期にかけて，計画の見直しが行われた．関東経済産業局では，2005年度に「広域関東圏における産業クラスター計画の現状・課題と今後のシナリオ」を策定し，今後のネットワーク支援の考え方等について整理を行っている．その結果，5つの地域については，ネットワーク対象エリアの見直しを行うとともに，新たに「京浜ネットワーク支援活動」プロジェクトを位置づけ，さらに，政策目的をより一層明確にするため，「地域」という名称を「ネットワーク支援活動」に変更した．

2.2.2 産業クラスターから企業立地促進法へ

2001年にスタートした「産業クラスター計画」は，民主党政権の下で，2010年から国の予算がつかなくなり，「自律化期」に入ったとされる．「産業クラスター計画」の下で生まれたネットワーク的な産学官の連携体のなか

には,「TAMA クラスター」のように,経済産業省だけではなく,文部科学省の地域イノベーション関連のプロジェクトなどに積極的に応募し,活動を継続しているものもあるが,活動停止が長くなるにつれて,消滅しかかっているものも少なくない.関東経済産業局のウェブサイトでは,産業クラスター計画の下に,「ネットワーク支援活動」のサイトは置かれているものの,推進機関のホームページへのリンクがなくなっていたり,「本事業は終了しました」としているものも多くなっている.

　このように,「産業クラスター計画」の方向性が見通せない中で,産業集積政策の柱をなしてきたのは,2007 年に廃止された「地域産業集積活性化法」に代わって新たに制定された「企業立地促進法」である.「企業立地促進法」の基本計画同意地域は,日本列島を覆い尽くす勢いで広がり,200 近い地域を数えるまでになった.全国的な動きと比べると,東京などの首都圏地域で集積計画が出されたのは随分後になってからであったが,広域関東圏においてもほぼ全域が埋め尽くされている.なお,同意地域の設定方法については違いがみられ,全県一地域とするタイプは神奈川県と山梨県で,県内分割のタイプは茨城県,千葉県,長野県でみられ,新潟県や栃木県では一市単独,東京や埼玉では県を越えた広域での計画が認められている.ただし,いずれにしても県が主導する側面が強い点は,局を中心としたクラスター政策と大いに異なる.対象業種をみると,食料品,繊維,自動車などの産業,光電子,環境・エネルギー,ロボット,バイオ・サイエンス,医療などの関連産業,超精密ものづくり産業,高度部材産業,健康科学産業など,非常に多岐にわたっている.制度活用状況・体制整備・数値目標に関しては,人材養成等支援事業は多くの地域で活用されているが,その他の事業,体制,数値目標については,過大な地域もあれば,過小な地域もあり,地域差が大きくなっている.数値目標は概して大きめであり,2008 年秋以降のリーマンショック以降の落ち込みを回復できていない地域も多く,現実と計画のギャップは拡がったままといえる.

3. 主要産業集積地域における政策展開と今後の課題

2016年度の日本立地センター関東地域政策研究センターにおける政策研究では，6回にわたる研究会を開催し，産業集積地域の類型を意識しながら，調査対象地域のみならず，類似した地域をも含めた汎用性のある政策的課題を検討してきた．以下では，広域関東圏の産業集積地域をいくつかの類型に分けて，それぞれの集積地域の政策的課題を挙げておこう．

3.1 大都市圏内部の産業集積地域（東京都大田区，川口市など）

中小零細規模の多くの工場が，比較的狭い地域に集積している地域である．大田区などの城南では機械金属加工，墨田区などの城東では雑貨工業，板橋区などの城北では光学や印刷，というように，セクターごとに業種に特徴がみられる．これらの地域では，「都市化圧力」が大きく，経営者の高齢化による廃業も多く，量的な縮小が顕著にみられる．とはいえ，高度な技術力をもつ企業も比較的多く，技術を継承し，日本のものづくりの基盤を維持するとともに，立地特性を活かして，産学連携を積極的に推進する，産業観光を強化するなど，新たな展開も注目される．

東京都大田区では，住工混在を問題視しつつ，住工調和の方向性を強く打ち出してきている．中小零細工場の集団化，工場アパートの建設，工業専用地区による明確な分離などの従来の施策に対して，騒音を抑えた工場空間の創出，ものづくりを観光資源として活用する工房づくりなど，さまざまな取組がなされてきている．

さらには，川口市でみられたように，大都市圏に位置していることを活かして，デザイン性豊かな家事用品を商品化したり，商社的機能を発揮したりしていることも注目すべき点といえよう．このように，「都市化圧力」による工場の変化をどのように受けとめるか，工場の変化を政策的にどのように誘導していくか，こうした議論が必要になってきているように思われる．

第2に，大都市圏内には大学が多く立地していることから，産学連携を強め，地域イノベーションを活発化させることにより，個々の企業・工場だけではなく，産業集積地域全体の「体質改善」を行っていくことも重要であろう．

3.2 大都市圏郊外の産業集積地域（柏市，相模原市など）

1950・60年代に工業団地への工場誘致策によって，あるいはまた大都市圏内部の企業の外延的立地によって，産業集積が形成されてきた地域である．工場・設備の老朽化や労働力の確保が難しくなってきたために，移転・閉鎖される工場が増え，その一方で高速道路の整備により交通アクセスが良くなり，工場跡地に物流施設が建設されてきている．多くの自治体では，こうした変化に対してこれまでは受動的で，工場がマンションや大型商業施設などに変わるにまかせてきた．しかしながら，条例により，一定面積以上の工場の用途変更について事前協議を義務づけるなど，工場跡地を有効な地域資源として位置づけ，積極的な活用策を打ち出していくことが求められている．しかも，個別の工場跡地対応で済まさず，典型的な住宅都市であった藤沢市が初めて「産業振興計画」を立案したように，工場の移転や閉鎖による固定資産税や法人市民税といった税収の落ち込みを防ぎ，工場の機能転換，とりわけ研究開発機能の集約拠点化を促し，既存工場の存続と機能強化を政策的に支援することが求められよう．

3.3 地方都市の産業集積地域（浜松市，長岡市，上田市など）

広域関東圏においては，東京大都市圏の都市化の影響から離れ，地方都市の産業集積が各地で形成されてきた．こうした地方都市の産業集積も，集積を担う産業や企業の特性に応じて，いくつかの類型に分けられる．

一つは，企業城下町型産業集積地域（日立市，太田市など）で，特定の大手企業の中核工場が，地域経済の中心的な役割を担い，下請・関連企業が集積を形成している地域である．中核企業の海外進出により，1980年代後半よ

り空洞化が進み，下請・関連企業の自立化が求められてきた．ただし最近は，危機的な状況から脱しつつあり，中核企業と技術力のある中小企業との関係が，再構築されてきているようにもみえる．また，大学の理工系学部や高等専門学校が置かれているケースが多いので，産学連携を強め，地域イノベーションを活発化させることにより，企業城下町が陥りやすい「ロックイン」を解除していくことも重要である．

　もう一つは，業種はさまざまだが，複数の大手企業の中核工場と技術力のある中小企業が，地方都市を中心とした圏域に集積している地域である．グローバル競争の激化やリーマンショックなどにより，工場の閉鎖や中小企業の廃業が増え，異業種交流グループなどのネットワーク組織や支援機関の求心力に陰りがみられ，これまでの集積の優位性が脆弱になっている地域が少なくない．地域中核企業を重点的に支援しその成果を地域に波及させていくこと，既存組織を刷新し新たなネットワーク組織を強化すること，デザイナーとの協働によるブランド形成や海外を含めた販路開拓を促進すること，広域的な集積間の協力関係を形成することなど，多様な政策的対応が考えられるが，改めて地域の強みと弱みに関する理解を関係主体で共有し，産業集積地域の政策を再構築する必要がある．

　以上，産業集積地域の類型化の試みとあわせて，政策的課題を挙げてきた．本書では，広域関東圏における産業集積地域の全体的な把握と主要な産業集積地域の実態把握に重点を置いてきた．産業集積の内的構造まで踏み込んだ上での類型化と各地域の具体的な政策内容については，今後の作業課題となっている．いずれにせよ，必ずしも解は一つではなく，集積地域の特性にあわせて，政策を組み合わせていくことが重要であろう．

4. 今後の産業立地政策の課題

　これまでみてきたように，産業集積地域が，従来のような近接性に基づく濃密な企業間関係をベースに，集積地域としての優位性を発揮できなくなっている．そうした現状認識の下では，改めて，集積地域内の企業の立地競争

力を問い直すことが必要となろう．しかも，財政制約がある中で，地域中核企業に焦点を当て，そうした企業を重点的に支援することにより，効果的に地域的波及効果を促す施策が求められよう．その際，地域中核企業とはいかなる企業か，またどのようにしてそうした企業を把握するかが問題になる．この点について，筆者は，企業の規模に関係なく，当該企業の地域における機能に着目することが重要で，中小企業のみならず，大手企業，大規模工場の役割も重要だと考える．

　そうした地域中核企業を把握するために，現在，「まち・ひと・しごと創生本部」の「地域経済分析システム（RESAS）」で展開されている取引関係に関するビッグデータが利用されている．取引関係のネットワーク図から「コネクターハブ」企業を摘出しようとするアプローチは，一つの接近法として有効であるが，筆者は，大学や試験研究機関と企業との共同研究などのデータベースをもとに，多様な地域イノベーションのプロジェクトに関わる主体間関係を社会ネットワーク分析により可視化し，そこからネットワークのハブ，地域イノベーションの推進力になっている地域中核企業を見出すアプローチを提起したい．ただし，これらはあくまで地域中核企業候補をリストアップする中間作業であり，企業への詳細な聞き取り調査を踏まえて確定していくことが重要となろう．そうしたなかで，地域中核企業が求めている支援策の内容もみえてくるだろう．

　その上で，こうした地域中核企業への重点的な支援を，地域経済の活性化につなげていくことが求められる．地域中核企業による域外からの需要搬入，設備投資の増大，研究開発機能の強化等を促していくとともに，地域経済への波及効果を高めていく工夫が必要である．設備投資や機器購入にあたって地元調達を重視させることや，地元の大学や高専，高校の卒業生の活躍の場を積極的に提供していくこと，地域外から呼び込んだ人材の地域定着を促すことも重要であろう．

　ところで，冒頭でも述べたように，2015年末から新たな産業立地政策をめぐる議論が盛んに行われた結果，「企業立地促進法」に代わり「地域未来投資」を促進する方向に，産業立地政策が転換していくことがはっきりしてきた．具体的な施策内容は今後つめられていくことになるが，「地域産業集

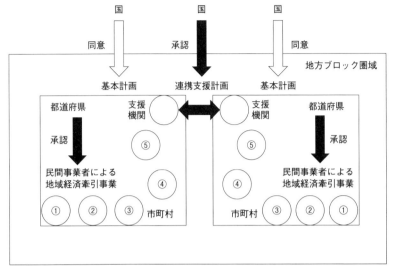

図 14-1 地域経済牽引事業計画の承認スキーム

注）図中の○は各地域経済牽引事業を示し，番号は以下の事業例を示す．①先端ものづくり分野，②農林水産，地域商社，③第 4 次産業革命関連，④観光，スポーツ，文化，まちづくり関連，⑤ヘルスケア，教育サービス等．
出所）「地域未来投資促進法案について」（経済産業省地域経済産業グループ，2017 年 2 月 28 日）をもとに松原作成．

積活性化法」，「産業クラスター計画」，「企業立地促進法」と続いてきた産業集積政策は，大きな転換を迫られることになろう．

図 14-1 は，閣議決定された文書をもとに，「地域未来投資促進法」における「地域経済牽引事業」の概要を示したものである．従来の政策と異なる点としては，まず第 1 に，集積業種・区域の選定がなくなり，製造業だけではなく，IT 産業やコンテンツ産業，農林水産業，観光業やスポーツビジネスなど，幅広い業種の企業による地域経済牽引事業が対象になる点が挙げられる．

第 2 に，市町村および都道府県の基本計画に国が同意するという「企業立地促進法」と同じ手法だけではなく，広域的な連携を含む，地域の公設試験研究機関等が連携する「連携支援事業」を，国承認の事業として新設した点が注目される．法案ではこの支援機関を，「技術に関する研究開発及びその成果の移転の促進，市場に関する調査研究及び情報提供，経営能率の向上の

促進，資金の融通の円滑化，研修その他の地域経済牽引事業に対する支援の事業を行う者」として，広く捉えている点にも留意する必要があるだろう．「国承認事業」の具体的な内容や承認プロセスについては，今後つめられていくものと思われるが，「地域未来投資」にふさわしいフラッグシップとなる事業が期待されよう．

　第3に，減税措置や規制緩和を中心とした支援策のみならず，地方創生交付金などと連動させることで，既存の施設や設備の更新や新設など，ハード整備に対する補助金が投入されることも，インパクトを大きくしている．ただし，従来のように，どこでも同じような「ハコモノ」を作る時代ではない．また，新たな「第3セクター」を設け，不良債権をさらに膨らませることは許されない．この点に関連して，民間事業者を中心に，官民連携など新たな「地域事業体」による地域経済への波及効果やPDCAを重視した「地域経済牽引事業」に関する事業計画が求められる点も，重要な変更点といえよう．地域経済への波及効果をどのように捉えるのか，PDCAを重視した事業計画をいかに動かしていくのか，これらの点についての検討も急ぎ行う必要があるだろう．

　最後に，面的な拡がりとともに，圏域を越えた連携を含めた広域的な事業展開を重視している点も注目に値する．地域経済牽引事業のなかには，国内あるいは海外の地域と連携することで発展するものも少なくない．こうした「点」と「点」を結ぶネットワーク的な事業展開に対して，支援を充実させていくことも重要となろう．

　それでは，本書で取り上げてきた産業集積地域において，新たな政策はどのような意義をもつのであろうか．「地域未来投資」は，工業に限らず，しかも産業集積地域である必要はないので，支援対象としての位置づけの低下は否めない．とはいえ，「産業クラスター計画」で強調された新産業創出に向けた産学官の連携や「企業立地促進法」で重視された個別企業の誘致とは異なり，事業計画次第では，産業集積地域の競争力の強化や高度化に向けた中核的な施設や重要な設備の新設や更新を実現することが可能となる．「地域産業集積活性化法」では，試験研究機関や貸工場の建設がなされたが，地域未来投資にふさわしい施設の整備が可能になるのである．問題は，どのよ

うな施設や設備が，集積地域に求められているかである．本書で明らかにされたように，集積地域の多くでは，これまでの組織，これまでの設備の刷新が求められている．取引関係の広域ネットワークや販路開拓を支える新たな中心的な施設が必要であり，また地域イノベーションを起こしていくためには，公設試験研究機関の設備更新，産学連携施設，共同工場，技術継承のための人材育成施設などが考えられよう．産業集積地域の特性を活かした独創的な事業計画，そこには地域経済をどのように牽引するのかというマップも含めた計画図が求められ，地方分権の時代にふさわしい事業主体の創出，新たな協働も求められよう．

参考文献

藍原豊作 (1970)「富士市の紙・パルプ産業」『法経研究』(静岡大学人文学部) 第 18 巻第 4 号, 91-111 頁.

青木英一 (1970)「四日市市における工業の地域的展開」『地理学評論』第 43 巻第 9 号, 548-566 頁.

青木英一 (1996)「東京近郊地域における工業構造変化——柏市を事例として」『敬愛大学研究論集』第 50 号, 19-59 頁.

青木外志夫 (1960)「工業集積利益について——経済地理理論的研究」『経済学研究』(一橋大学) 第 4 巻, 259-321 頁.

青野壽彦 (2011)『下請機械工業の集積——首都圏周辺における形成と構造』古今書院.

青野壽彦・合田昭二 [編] (2015)『工業の地方分散と地域経済社会——奥能登織布業の展開』古今書院.

青野壽彦・和田明子・内藤博夫・小金澤孝昭 (2008)『地域産業構造の転換と地域経済——首都周辺山梨県郡内地域の織物業・機械工業』古今書院.

阿賀 巧 (2017)「オタク商業空間と中心市街地の活性化」松原 宏 [編]『知識と文化の経済地理学』古今書院, 253-268 頁.

阿久根優子 (2009)『食品産業の産業集積と立地選択に関する実証分析』筑波書房.

浅沼萬里 (1997)『日本の企業組織 革新的適応のメカニズム——長期取引関係の構造と機能』東洋経済新報社.

安積紀雄 (2001)『貨物保管の地域分析』大明堂.

天野倫文 (2005)『東アジアの国際分業と日本企業——新たな企業成長への展望』有斐閣.

伊倉退蔵 [監修] (1996)『新・神奈川県の地理』神奈川県高等学校教科研究会社会科地理部会.

石川利治 (1976)「A. ウェーバー集積論における三問題」『経済地理学年報』第 22 巻第 2 号, 54-60 頁.

石川英樹 (2009)「長岡地域企業の成長・発展に向けて——不況脱出と環境対応を中心に (2009 年アンケート調査結果の報告)」『地域研究』(長岡大学地域研究センター) 第 9 号, 95-107 頁.

石倉三雄 (1989)『地場産業と地域経済』ミネルヴァ書房.

石倉洋子・藤田昌久・前田 昇・金井一頼・山﨑 朗 (2003)『日本の産業クラスタ

―戦略――地域における競争優位の確立』有斐閣.
石塚孔信（2001）「都市集積の理論の地方都市への適用――宮崎県延岡市と鹿児島県国分市を対象として」『経済学論集』（鹿児島大学）第 55 巻, 11-21 頁.
石原照敏（1978）『フランスの地域構造と産業立地』大明堂.
板倉勝高（1959）「諏訪盆地における工業の変化」『人文地理』第 11 巻第 3 号, 240-255, 290-291 頁.
板倉勝高［編］（1978）『地場産業の町（上）（下）』古今書院.
板倉勝高（1981）『地場産業の発達』大明堂.
板倉勝高［編］（1985）『地場産業の町（3）』古今書院.
板倉勝高・北村嘉行［編］（1980）『地場産業の地域』大明堂.
板倉勝高・井出策夫・竹内淳彦（1970）『東京の地場産業』大明堂.
板倉勝高・井出策夫・竹内淳彦・高橋潤二郎（1968）「阪神の工業――京浜との対比において」『人文地理』第 20 巻第 1 号, 1-32 頁.
伊丹敬之・松島　茂・橘川武郎［編］（1998）『産業集積の本質――柔軟な分業・集積の条件』有斐閣.
井出策夫［編］（2002）『産業集積の地域研究』大明堂.
伊東維年（1998）『テクノポリス政策の研究』日本評論社.
伊藤久秋（1970）『ウェーバー工業立地論入門』大明堂.
伊藤喜栄（1960）「わが国における羊毛紡績業の立地について――とくにその東海地域への集積過程を中心として」『人文地理』第 12 巻第 4 号, 326-346, 379 頁.
稲垣京輔（2003）『イタリアの起業家ネットワーク――産業集積プロセスとしてのスピンオフの連鎖』白桃書房.
茨城大学地域総合研究所（2000）『日立地域の現状と未来』茨城大学地域総合研究所年報別冊.
今泉飛鳥（2008）「東京府機械関連工業集積における関東大震災の影響――産業集積と一時的ショック」『社会経済史学』第 74 巻第 4 号, 345-367 頁.
岩間英夫（1993）『産業地域社会の形成・再生論――日立鉱工業地域社会を中心として』古今書院.
岩間英夫（2009）『日本の産業地域社会形成』古今書院.
植田浩史［編］（2000）『産業集積と中小企業――東大阪地域の構造と課題』創風社.
植田浩史［編］（2004）『「縮小」時代の産業集積』創風社.
上田市誌編さん委員会［編］（2002）『上田市誌　近現代編（3）　現代産業へのあゆみ』上田市・上田市誌刊行会.
上田市誌編さん委員会［編］（2004）『上田市誌　別巻（3）　上田市の年表』上田市・上田市誌刊行会.
上野和彦（1987a）『地場産業の展望』大明堂.

上野和彦（1987b）「東京都墨田区における中小工場の立地移動——大都市工業研究ノート」『経済地理学年報』第33巻第2号，130-141頁．

上野和彦（2007）『地場産業産地の革新』古今書院．

上野和彦・西村竜平（1990）「地場産業地域の形成に関する一考察——播州素麺業地域を事例として」『経済地理学年報』第36巻第2号，141-151頁．

牛垣雄矢（2012）「東京都千代田区秋葉原地区における商業集積地の形成と変容」『地理学評論』第85巻第4号，383-396頁．

内波聖弥（2013）「グローバル競争下における造船業の立地調整と産業集積——愛媛県今治市を中心として」『経済地理学年報』第59巻第3号，269-290頁．

梅村　仁（2013）「都市型産業集積と自治体産業政策——総合的な都市産業政策の構築に向けて」『社会科学論集』（高知短期大学研究報告）第103号，77-86頁．

宇山　翠（2011）「両毛地域における産業集積の複合性」『企業研究』第19号，209-228頁．

宇山　翠（2012）「両毛地域の産業集積における複合性の形成過程」『企業研究』第21号，217-239頁．

江澤譲爾（1954）『工業集積論——立地論の中心問題』時潮社．

江波戸昭（1961）「諏訪地方における精密工業の展開」『地理』第6巻第10号，31-36頁．

遠藤貴美子（2012）「東京城東地域におけるカバン・ハンドバッグ産業集積の存立基盤——企業間の受発注連関とコミュニケーションの分析を通じて」『地理学評論』第85巻第4号，342-361頁．

遠藤秀一（2013）「産学官連携の空間的展開——筑波研究学園都市の歩み」松原　宏［編］『日本のクラスター政策と地域イノベーション』東京大学出版会，223-250頁．

大澤勝文（2002）「大田区産業集積に関する研究史」科学研究費補助金研究成果報告書（研究代表者：加藤和暢）『「産業集積」現象への地域構造論的アプローチ』87-154頁．

太田　勇（1961）「工業用水費の地域的考察」『地理学評論』第34巻第4号，187-200頁．

太田　勇（1962）「岳南地方の工業化」『地理学評論』第35巻第9号，427-442頁．

太田　勇（1966）「岳南地方の工業化　続」『地理学評論』第39巻第1号，1-19頁．

太田　勇・肥田　登（1968）「工業用水の価格と利用形態」『東洋大学紀要（教養課程篇）』第8号，19-40頁．

太田　勇・高橋伸夫・山本　茂（1970）「日本の工業化段階と工業都市形成（上）（下）」『経済地理学年報』第16巻第1号，1-29頁，第16巻第2号，1-23頁．

太田耕史郎（2016）『地域産業政策論』勁草書房．

大塚昌利（1986a）『地方都市工業の地域構造――浜松テクノポリスの形成と展望』古今書院．

大塚昌利（1986b）「楽器工業の浜松」井出策夫・竹内淳彦・北村嘉行［編］『地方工業地域の展開』古今書院，155-166頁．

大村いづみ（1998）「転換期を迎えるピアノ製造業――浜松地域の産業集積に関するケーススタディ」『産業学会研究年報』第14号，75-86頁．

岡崎哲二・大久保敏弘・齊藤有希子・中島賢太郎・原田信行（2016）「コンパクトな産業集積へ――柔軟なネットワークで支える」NIRAオピニオンペーパー（NIRA総合研究開発機構），第29号．

岡田基幸（2004）「地方都市発　産学官連携モデルの構築に向けた上田市の挑戦――少人数体制による自助独立のインキュベーション施設運営」『地域開発』第482巻，66-71頁．

岡部遊志（2014）「フランスにおける「競争力の極」政策」『E-journal GEO』第9巻第2号，135-158頁．

奥野博子（1977）「鯖江市における眼鏡枠工業の局地的分布の構成とその存立基盤について」『人文地理』第29巻第2号，115-150頁．

小田宏信（1992）「浜松都市圏における機械金属工業の立地動態」『地理学評論』第65巻第11号，824-846頁．

小田宏信（1996）「坂城町機械工業の地理的環境」関　満博・一言憲之［編］『地方産業振興と企業家精神』新評論，159-184頁．

小田宏信（1998）「岩手県北上地域における機械系工業の集積・連関構造」『経済地理学年報』第44巻第1号，48-57頁．

小田宏信（2001）「岡谷工業の地理的展開」関　満博・辻田素子［編］『飛躍する中小企業都市――「岡谷モデル」の模索』新評論，63-91頁．

小田宏信（2005）『現代日本の機械工業集積――ME技術革新期・グローバル化期における空間動態』古今書院．

小田宏信（2012）「古典的集積論の再考と現代的意義――20世紀中葉の経済地理学的成果を中心に」『地域経済学研究』第23号，36-50頁．

尾高邦雄（1956）『鋳物の町――産業社会学的研究』有斐閣．

小原久治（1996）『地域経済を支える地場産業・産地の振興策』高文堂出版社．

小俣秀雄（2013）「山梨県富士吉田織物産地における機屋の経営革新と企業間ネットワークの形成」『経済地理学年報』第59巻第1号，88-110頁．

鹿嶋　洋（2004）「四日市地域における石油化学コンビナートの再編と地域産業政策」『経済地理学年報』第50巻第4号，310-324頁．

鹿嶋　洋（2016）『産業地域の形成・再編と大企業――日本電気機械工業の立地変動と産業集積』原書房．

柏市史編さん委員会［編］（2000）『柏市史　近代編』柏市教育委員会.
春日茂男（1964）「工業集積の論理と実態」『人文研究』第15巻第9号，854-873頁.
春日茂男（1981）「ウェーバー工業集積論の再検討」『立地の理論（上）』大明堂，121-131頁.
鹿住倫世（2003）「米沢地域における新事業創出メカニズム——中小企業と社会企業家の重層的ネットワーク」『高千穂論叢』第38巻第3号，19-40頁.
勝又悠太朗（2013）「製紙産業における生産と工場立地の地域的特徴」『島根地理学会誌』第47号，9-18頁.
勝又悠太朗（2015）「静岡県富士地域衛生用紙産地における生産流通構造とその変化——企業の存立形態に着目して」『地理科学』第70巻第2号，39-59頁.
加藤厚海（2009）『需要変動と産業集積の力学——仲間型取引ネットワークの研究』白桃書房.
加藤秀雄（2003）『地域中小企業と産業集積——海外生産から国内回帰に向けて』新評論.
鎌倉　健（2002）『産業集積の地域経済論——中小企業ネットワークと都市再生』勁草書房.
鎌倉夏来（2012）「首都圏近郊における大規模工場の機能変化——東海道線沿線の事例」『地理学評論』第85巻第2号，138-156頁.
鎌倉夏来・松原　宏（2014）「広域関東圏における地域産業集積の変化と政策的課題——工業統計メッシュデータの分析を中心に」『E-journal GEO』第9巻第2号，37-64頁.
紙のはなし編集委員会［編］（1985）『紙のはなし（2）』技報堂出版.
嘉屋　実［編］（1952）『日立鉱山史』日本鉱業日立鉱業所.
川口夏希（2008）「更新された商業空間にみるストリート・ファッションの生成——大阪市堀江地区を事例として」『人文地理』第60巻第5号，443-461頁.
川西正鑑（1937）『工業経営全書（7）　工業立地論』千倉書房.
川端基夫（2003）「都市型産業集積の形成に関する一考察——京都市の「高度集積地区」を事例に」『龍谷大学経営学論集』第43巻第2号，44-60頁.
川端基夫（2008）『立地ウォーズ——企業・地域の成長戦略と「場所のチカラ」』新評論.
川端勇樹（2017）『地域新産業の振興に向けた組織間連携——医療機器関連分野における事業化推進への取組み』ナカニシヤ出版.
機械振興協会経済研究所（2013）『日韓産業クラスター比較研究——医療機器産業におけるリンケージメカニズム』機械振興協会経済研究所.
菊田太郎（1933）『生産立地論大要』古今書院.
木地節郎（1975）『小売商業の集積と立地』大明堂.

橘川武郎・連合総合生活開発研究所［編］（2005）『地域からの経済再生——産業集積・イノベーション・雇用創出』有斐閣.

絹川真哉・湯川　抗（2001）「ネット企業集積の条件——なぜ渋谷〜赤坂周辺に集積したのか」『Economic Review』（富士通総研経済研究所）第5巻第2号, 28-47頁.

衣本篁彦（2003）『産業集積と地域産業政策——東大阪工業の史的展開と構造的特質』晃洋書房.

許　伸江（2009）「東京都原宿地域のアパレル産業集積と中小企業の役割」『企業環境研究年報』第14号, 115-132頁.

清成忠男・橋本寿朗［編］（1997）『日本型産業集積の未来像——「城下町型」から「オープン・コミュニティー型」へ』日本経済新聞社.

日下部高明（1972）「足利市における工業の変質」『地理学評論』第45巻第4号, 297-309頁.

粂野博行（1997）「国内産業構造の変化と地方工業集積——長野県埴科郡坂城町の中小零細企業を事例として」日本中小企業学会［編］『日本中小企業学会論集（16）　インターネット時代と中小企業』同友館, 178-185頁.

粂野博行（1998）「長野県埴科郡坂城町の工業集積——中小零細企業を事例として」『三田学会雑誌』第91巻第1号, 110-137頁.

粂野博行（2000a）「長野県上田市および埴科郡坂城町の工業集積——名城大学産業集積研究会1999年度調査を中心に」『名城商学』第49巻第4号, 23-58頁.

粂野博行（2000b）「長野県埴科郡坂城町工業集積の時系列的整理」『中小企業季報』（大阪経済大学中小企業・経営研究所）第114号（2000年第2号）, 1-10頁.

粂野博行（2003）「地方都市型産業集積の変化——長野県諏訪・岡谷地域と上伊那地域」『地域と社会』（大阪商業大学比較地域研究所）第6号, 25-74頁.

粂野博行［編］（2010）『産地の変貌と人的ネットワーク——旭川家具産地の挑戦』御茶の水書房.

粂野博行（2015）「グローバル化時代の地方工業集積——長野県上伊那地域を事例として」『商工金融』第65巻第1号, 8-21頁.

栗原光政（1978）『工業地域の形成と構造』大明堂.

栗山直樹（1993）「製造業における地域中小企業集積の発展に関する一考察——ILOの坂城町への関心と地域労働市場の課題」『創価経営論集』第18巻第1号, 77-94頁.

桑原武志（2000）「自治体産業政策」植田浩史［編］『産業集積と中小企業——東大阪地域の構造と課題』創風社, 203-226頁.

経済産業省（2006）『特定地域産業集積活性化法に基づくA集積（基盤的技術産業集積）についての評価と今後』（平成17年度経済産業省委託事業）三菱総合研究所.

国民金融公庫調査部［編］（1987）『円高で揺れる地場産業』中小企業リサーチセンター.
湖中　齊（2009）『都市型産業集積の新展開——東大阪市の産業集積を事例に』御茶の水書房.
近藤章夫（2014）「分工場経済——山形県米沢地域」松原　宏［編］『地域経済論入門』古今書院，144-157頁.
斎藤　功・呉羽正昭・藤田和史（2005）「下諏訪における工業的土地利用の文化層序」『地域研究年報』（筑波大学人文地理学・地誌学研究会）第27号，1-18頁.
齊藤由香（1999）「大都市インナーエリアにおける小規模工場の集積と地域的生産連関——名古屋市中川区露橋地区を事例に」『経済地理学年報』第45巻第2号，140-155頁.
斎藤幸男（1968）「千曲川沿岸地域の工業形成」『経済地理学年報』第14巻第1号，55-67頁.
坂城町・坂城町商工会［編］（1988）『坂城町工業発達史——テクノハートさかき』坂城町.
坂城町誌刊行会［編］（1981）『坂城町誌（下）　歴史編（2）』坂城町誌刊行会.
坂田和光（1993）「不況下の中小企業集積地の実態と課題——長野県坂城町現地調査報告」『レファレンス』第43巻第4号，72-94頁.
相模原市（2000）『相模原市産業動向調査（2）報告書』.
相模原市環境経済局経済部［編］（2015）『相模原市産業の概要』相模原市.
坂本光司・南保　勝［編］（2005）『地域産業発達史——歴史に学ぶ新産業起こし』同友館.
笹生　仁（1991）『工業の変革と立地』大明堂.
笹野　尚（2014）『産業クラスターと活動体』エネルギーフォーラム.
佐藤正志（2014）「地域産業政策の形成過程と政府間関係——企業立地促進法に着目して」『E-journal GEO』第9巻第2号，65-88頁.
佐藤泰裕・田渕隆俊・山本和博（2011）『空間経済学』有斐閣.
佐藤裕哉（2006）「医薬品産業研究開発機関の研究交流ネットワーク——筑波研究学園都市を事例に」『地理科学』第61巻第2号，63-80頁.
佐藤芳雄［編］（1981）『巨大都市の零細工業——都市型末端産業の構造変化』日本経済評論社.
沢井　実（2013）『近代大阪の産業発展——集積と多様性が育んだもの』有斐閣.
塩川　亮（1977a）「原料転換に伴うパルプ工場の立地変化」『経済地理学年報』第23巻第1号，83-96頁.
塩川　亮（1977b）「紙・パルプ工業」北村嘉行・矢田俊文［編］『日本の地域構造（2）　日本工業の地域構造』大明堂，208-21頁.

塩川　亮（1982）「構造不況業種と地域変化」『地理』第 27 巻第 6 号，37-45 頁．

塩川　亮（1986）「製紙業の富士」井出策夫・竹内淳彦・北村嘉行［編］『地方工業地域の展開』大明堂，121-132 頁．

塩川　亮（1992）「企業進出・移動の要因と問題点」上野信博［編］『先端技術産業と地域開発――地域経済の空洞化と浜松テクノポリス（新装版）』御茶の水書房，109-130 頁．

紙業タイムス社［編］（2009）『知っておきたい紙パの実際 2009』紙業タイムス社．

静岡地理教育研究会［編］（1976）『富士川の変貌と住民』大明堂．

四宮俊之（2004）「戦後日本の紙・パルプ産業での大企業と中小企業の競争と併存に関する経営史的考察（上）」『人文社会論叢　社会科学編』（弘前大学人文学部）第 12 号，1-36 頁．

四宮俊之（2005）「戦後日本の紙・パルプ産業での大企業と中小企業の競争と併存に関する経営史的考察（下）」『人文社会論叢　社会科学編』（弘前大学人文学部）第 13 号，61-88 頁．

下村恭広（2015）「都心製造業集積地域の文化的生産――東京都台東区における「モノづくりのマチづくり」」『日本都市社会学会年報』第 33 号，88-104 頁．

常陽地域研究センター（2010）「日立，ひたちなか地域の製造業の構造変化とこれからの方向性」『Joyo ARC』第 491 号（2010 年 9 月号），20-39 頁．

末松千尋・日置弘一郎・若林直樹（2002）「京都の工業集積の特色と挑戦」『組織科学』第 36 巻第 2 号，54-63 頁．

末吉健治（1999）『企業内地域間分業と農村工業化――電機・衣服工業の地方分散と農村の地域的生産体系』大明堂．

末吉健治（2002）「米沢市における企業間ネットワークの展開」『福島地理論集』第 45 巻，12-29 頁．

末吉健治・松橋公治（2005）「産業支援システムの形成と企業間ネットワークの展開――山形県米沢市における産業支援システムを中心に」『福島大学地域創造』第 16 巻第 2 号，5275-5303 頁．

杉浦勝章（2001）「1990 年代における石油化学工業の産業再編と立地再編」『経済地理学年報』第 47 巻第 1 号，1-18 頁．

杉浦勝章（2017）「日本の製紙産業における産業再編と生産配置」『下関市立大学論集』第 61 巻第 1 号，91-104 頁．

杉山武志・元野雄一・長尾謙吉（2015）「大阪の日本橋地区における「趣味」の場所性」『地理学評論』第 88 巻第 2 号，159-176 頁．

鈴木　茂（1997a）「浜松テクノポリス――内発型テクノポリスの可能性」『熊本学園大学経済論集』第 4 巻第 1・2 号，23-48 頁．

鈴木　茂（1997b）「富山テクノポリス（2）――内発型テクノポリスの可能性」『松山

大学論集』第 9 巻第 3 号,33-59 頁.
鈴木　茂（2013）「紙パルプ産業の地域集積」『松山大学論集』第 25 巻第 1 号,1-29 頁.
鈴木　茂（2017）「地域イノベーションシステムと紙産業クラスター」伊東維年［編］『グローカル時代の地域研究』日本経済評論社,101-128 頁.
隅谷三喜男（1971）「地域と産業——大都市の中小・零細産業をめぐって」大塚久雄・小宮隆太郎・岡野行秀［編］『地域経済と交通』東京大学出版会,63-75 頁.
須山　聡（2004）『在来工業地域論——輪島と井波の存続戦略』古今書院.
関　智宏（2008）「都市における産業集積と中小企業——大阪府八尾地域における中小製造業の関係性構築と経営基盤強化」『企業環境研究年報』第 13 号,123-140 頁.
関　満博（1984）『地域経済と地場産業——青梅機業の発展構造分析』新評論.
関　満博（1985）『伝統的地場産業の研究——八王子機業の発展構造分析』中央大学出版部.
関　満博（1993）『フルセット型産業構造を超えて——東アジア新時代のなかの日本産業』中央公論社.
関　満博（1997）『空洞化を超えて——技術と地域の再構築』日本経済新聞社.
関　満博（2006）『二代目経営塾』日経 BP 企画.
関　満博（2011）「震災復興に向かう日立・ひたちなか地区の中小企業——ひたち立志塾と全国ネットワークの支援」『Joyo ARC』第 500 号（2011 年 6 月号），32-41 頁.
関　満博（2017）『「地方創生」時代の中小都市の挑戦——産業集積の先駆モデル・岩手県北上市の現場から』新評論.
関　満博・福田順子［編］（1998）『変貌する地場産業——複合型金属製品産地に向かう"燕"』新評論.
外枦保大介（2007）「延岡市における企業城下町的体質の変容——地方自治体の産業政策の転機を事例として」『経済地理学年報』第 53 巻第 3 号,265-281 頁.
外枦保大介（2009）「企業城下町における産学官連携と主体間関係の変容——山口県宇部市を事例として」『地理学評論』第 82 巻第 1 号,26-45 頁.
外枦保大介（2011）「中長期的視点からみた産業集積地域の地域イノベーション政策に関する調査研究」文部科学省科学技術政策研究所 Discussion Paper, No.74.
外枦保大介（2012）「企業城下町中核企業の事業再構築と地方自治体・下請企業の対応——神奈川県南足柄市を事例として」『経済地理学年報』第 58 巻第 1 号,1-16 頁.
大昭和製紙株式会社資料室［編］（1991）『大昭和製紙五十年史』大昭和製紙.
高柳長直（1991）「長野県飯田市における製造業企業の情報連関」『早稲田大学教育学

部学術研究　地理学・歴史学・社会科学編』第 40 巻，33-49 頁．

竹内淳彦（1966）「北九州工業地域の停滞とその要因」『地理学評論』第 39 巻第 10 号，665-679 頁．

竹内淳彦（1972）「相模原市の工業化――旧軍都の変容」『日本工業大学研究報告』第 2 巻第 1 号，73-87 頁．

竹内淳彦（1974）「東京内部における住工混在地域の構造――荒川区・大田区の分析」『地理学評論』第 47 巻第 12 号，748-760 頁．

竹内淳彦（1976）「川口市における鋳物業集団の構造」『地理学評論』第 49 巻第 12 号，780-791 頁．

竹内淳彦（1978）『工業地域構造論』大明堂．

竹内淳彦（1983）「長岡市における機械工業コンプレックス」『経済地理学年報』第 29 巻第 2 号，106-119 頁．

竹内淳彦（1988）『技術革新と工業地域』大明堂．

竹内淳彦・森　秀雄（1988）「農村地域における自前の機械工業技術集団――長野県坂城町の事例を中心として」『経済地理学年報』第 34 巻第 1 号，29-41 頁．

竹内　宏［編］（2002）『「浜松企業」強さの秘密』東洋経済新報社．

竹内裕一（1983）「播州綿織物業地域における社会的分業の進展と農業的基盤」『経済地理学年報』第 29 巻第 1 号，13-33 頁．

武知京三（1998）『近代日本と地域産業――東大阪の産業集積と主要企業群像』税務経理協会．

武見芳二（1930）「大東京地域の工場分布――工業位置決定の要因」『地理学評論』第 6 巻第 7 号，921-938 頁．

館　逸雄［編］（1981）『巨大企業の進出と住民生活――君津市における地域開発の展開』東京大学出版会．

龍野八郎（1967）「長野県小県郡丸子町における器械製糸業の育成と推移」『信濃』（信濃史学会）第 19 巻第 11 号，793-809 頁．

立見淳哉（2004）「産業集積の動態と関係性資産――児島アパレル産地の「生産の世界」」『地理学評論』第 77 巻第 4 号，159-182 頁．

立見淳哉・藤川　健・宮川　晃（2012）「地域中小企業の環境適応能力と産業集積――大阪府八尾市における中小企業の聞き取り調査から」『季刊経済研究』第 35 巻第 1・2 号，41-69 頁．

帯刀　治［編］（1993）『企業城下町日立の「リストラ」』東信堂．

田野崎昭夫（1989）「現代都市の現況と動向」田野崎昭夫［編］『現代都市と産業変動――複合型産業都市浜松とテクノポリス』恒星社厚生閣，1-34 頁．

千葉隆之（1997）「市場と信頼――企業間取引を中心に」『社会学評論』第 48 巻第 3 号，317-333 頁．

中央大学経済研究所［編］（1985）『ME 技術革新下の下請工業と農村変貌』中央大学出版部.
中央大学経済研究所［編］（1990）『自動車産業の国際化と生産システム』中央大学出版部.
中小企業金融公庫総合研究所（1999）「地域産業集積シリーズ（8）　地域産業集積の現状と今後の活性化等に関する調査報告（長野県諏訪地域編）――地域活性化に向けて」『調査レポート』第 26 号，1-36 頁.
中小企業金融公庫総合研究所（2008）「地域産業集積の変容――北上川流域地域を事例として」『中小公庫レポート』2007 年第 7 号，1-68 頁.
中小企業研究センター［編］（1998）「地方の工業集積地域における企業間ネットワークの現状と今後の展望――諏訪市・米沢市・花巻市」中小企業研究センター調査研究報告第 96 号.
中小企業総合研究機構（2003）『産業集積の新たな胎動』同友館.
中小企業庁［編］（2000）『中小企業白書　平成 12 年版』大蔵省印刷局.
通商産業省関東通商産業局（1996a）『広域関東圏における産業立地の展開に関する調査〈産業集積風土記〉報告書』.
通商産業省関東通商産業局［監修］（1996b）『「産業集積」新時代――空洞化克服への提言　広域関東圏』日刊工業新聞社.
通商産業省関東通商産業局（1997）『広域関東圏における産業支援システムの構築に関する調査報告書』.
塚本僚平（2013）「地場産業の産地維持とブランド化――愛媛県今治タオル産地を事例として」『経済地理学年報』第 59 巻第 3 号，291-309 頁.
次山信男（1958）「駿河湾頭地域におけるパルプ及び製紙工業の地理学的研究」『学芸地理』第 10 巻，43-49 頁.
辻田素子（2000）「テクノポリス地域の展開――新潟県長岡市」関　満博・小川正博［編］『21 世紀の地域産業振興戦略』新評論，157-188 頁.
辻田素子（2004）「地域経済活性化に果たす中小企業の役割――静岡県西部地域の事例」『商工金融』第 54 巻第 4 号，5-18 頁.
辻本芳郎（1978）『日本の在来工業――その地域的研究』大明堂.
辻本芳郎［編］（1981）『工業化の地域的展開――東京大都市圏』大明堂.
辻本芳郎・板倉勝高・井出策夫・竹内淳彦・北村嘉行（1962）「東京における工業の分布」『地理学評論』第 35 巻第 10 号，477-504 頁.
遠山恭司（1995）「日立周辺地区における 2 次下請企業の取引関係の変化――北茨城地区下請調査報告」『東京都立工業高等専門学校研究報告』第 31 号，129-137 頁.
遠山恭司（2002）「「企業城下町・日立地域」における中小企業の自立化と地域工業集積」『中央大学経済研究所年報』第 33 号，121-144 頁.

遠山恭司（2013）「長野県上田・佐久地区の自動車サプライヤーシステム調査報告」『中央大学経済研究所年報』第44号, 307-339頁.

遠山恭司・山本篤民（2007）「グローバル経済体制下における鯖江の眼鏡産業集積の構造変化」渡辺幸男［編］『日本と東アジアの産業集積研究』同友館, 145-184頁.

徳丸義也（2012）「都市型産業集積の多層性と中堅・中小企業の複数事業所展開──大阪大都市圏・八尾市の事例を通して」『地域経済学研究』第23号, 69-94頁.

都丸泰助・遠藤宏一・窪田暁子［編］（1987）『トヨタと地域社会──現代企業都市生活論』大月書店.

友澤和夫（1999）『工業空間の形成と構造』大明堂.

長尾伸一（2017）「「欧州2020」戦略とその地域政策をめぐって」八木紀一郎・清水耕一・徳丸宜穂［編］『欧州統合と社会経済イノベーション──地域を基礎にした政策の進化』日本経済評論社, 37-88頁.

長岡市［編］（1996）『長岡市史 通史編（下）』長岡市.

長岡商工会議所（1983）『長岡産業経済発達史』長岡商工会議所.

中川 正・季 増民・須山 聡・小田宏信・廣田育男（1992）「筑波研究学園都市における民間研究所の集積」『人文地理』第44巻第6号, 643-662頁.

中島 茂（2001）『綿工業地域の形成──日本の近代化過程と中小企業生産の成立』大明堂.

中野茂夫（2009）『企業城下町の都市計画──野田・倉敷・日立の企業戦略』筑波大学出版会.

中村圭介［編］（2012）「眼鏡と希望──縮小する鯖江のダイナミックス」東京大学社会科学研究所研究シリーズ第49号.

長山宗広（2009）「新しい産業集積の形成メカニズム──浜松地域と札幌地域のソフトウェア集積形成におけるスピンオフ連鎖」『三田学会雑誌』第101巻第4号, 151-178頁.

長山宗広（2012）『日本的スピンオフ・ベンチャー創出論──新しい産業集積と実践コミュニティを事例とする実証研究』同友館.

南保 勝（2008）『地場産業と地域経済──地域産業再生のメカニズム』晃洋書房.

西岡久雄（1963）『立地と地域経済──経済立地政策論』三弥井書店.

西口敏宏［編］（2003）『中小企業ネットワーク──レント分析と国際比較』有斐閣.

西野勝明（2009）「浜松の産業集積と環境変化への適応能力──「産業集積生態論」の視点より」『経営と情報』（静岡県立大学経営情報学部学報）第21巻第2号, 39-49頁.

西村睦男（1951-52）「日本の工業分布（1）（2）」『人文地理』第3巻第4号, 10-20頁, 第4巻第4号, 296-309頁.

似田貝香門・蓮見音彦［編］(1993)『都市政策と市民生活——福山市を対象に』東京大学出版会.
日刊紙業通信社［編］(1990)『静岡の紙・パルプ　平成2年版』日刊紙業通信社.
日刊紙業通信社［編］(2015)『静岡の紙・パルプ　平成27年版』日刊紙業通信社.
日本政策投資銀行地域振興部・地方開発部 (2001)「企業城下町の挑戦——技術集積地域日立地区における変化の胎動」日本政策投資銀行地域レポート第5号.
日本政策投資銀行東北支店 (2003)「米沢電気機械クラスターの現状と有機エレクトロニクスバレーの可能性」地域の技術革新と起業家精神に関する調査報告書.
額田春華・山本　聡［編］(2012)『中小企業の国際化戦略』同友館.
野嵜　直 (1999)「中小資本による古紙を原料とした家庭紙生産に関する研究」『林業経済研究』第45巻第1号, 105-110頁.
野嵜　直 (2001)「1990年代の紙・パルプ産業における生産・資本動態と海外展開」『林業経済研究』第47巻第3号, 9-16頁.
野澤一博 (2012)『イノベーションの地域経済論』ナカニシヤ出版.
野原敏雄 (1986)『現代の地域産業——地域の経済的基礎』新評論.
野村敦子 (2016)「イノベーション・エコシステムの形成に向けて——EUのスマート・スペシャリゼーション戦略から得られる示唆」『JRIレビュー』第6巻第36号, 1-36頁.
橋口勝利 (2017)『近代日本の地域工業化と下請制』京都大学学術出版会.
橋野知子 (2007)『経済発展と産地・市場・制度——明治期絹織物業の進化とダイナミズム』ミネルヴァ書房.
長谷川信 (1992)「浜松産業の技術集積」上野信博［編］『先端技術産業と地域開発——地域経済の空洞化と浜松テクノポリス（新装版）』御茶の水書房, 67-88頁.
初澤敏生 (1987)「新潟県見附絹織物業の構造変化と産地再編成」『経済地理学年報』第33巻第2号, 101-116頁.
初澤敏生 (1988)「低成長下における見附綿織物業の産地構造」『経済地理学年報』第34巻第2号, 97-106頁.
初澤敏生 (1998)「東京ファッションデザイン業の立地特性」『季刊地理学』第50巻第4号, 296-310頁.
初澤敏生 (2013)「地場産業」人文地理学会［編］『人文地理学事典』丸善出版, 478-479頁.
服部銈二郎 (1973)『都市化の地理』古今書院.
浜松市［編］(2012)『浜松市史 (4)』浜松市.
浜松市商工部商工課 (2001)「浜松地域テクノポリス計画を振り返って」『産業立地』第40巻第1号, 19-24頁.
浜松信用金庫・信金中央金庫総合研究所［編］(2004)『産業クラスターと地域活性化

──地域・中小企業・金融のイノベーション』同友館.
早舩真智・立花　敏 (2016)「日本における製紙産業の立地調整と広葉樹材原料選択要因──印刷情報用紙を事例として」『林業経済』第 68 巻第 12 号, 1-15 頁.
原田道宏 (2000)「大都市近郊の工業都市──起き上がる重工業都市相模原」関満博・小川正博 [編]『21 世紀の地域産業振興戦略』新評論, 63-89 頁.
半澤誠司 (2016)『コンテンツ産業とイノベーション──テレビ・アニメ・ゲーム産業の集積』勁草書房.
檜垣松夫 (1958)「北九州工業地帯における工業圏の形態と地域的条件の類型」『地理学評論』第 31 巻第 12 号, 702-717 頁.
土方　透 (1989)「内発型テクノポリスの構造」田野崎昭夫 [編]『現代都市と産業変動──複合型産業都市浜松とテクノポリス』恒星社厚生閣, 85-107 頁.
肥田　登 (1969)「工業用水としての地下水利用について──静岡県岳南地域の場合」『地理学評論』第 42 巻第 4 号, 248-265 頁.
日立市史編さん委員会 [編] (1994/96)『新修日立市史 (上) (下)』日立市.
日立製作所日立工場 75 年史編纂委員会 [編] (1985)『日立工場 75 年史』日立製作所日立工場.
福島久一 (2006)『現代中小企業の存立構造と動態』新評論.
福嶋　路 (1999)「米沢市電機・機械産業における企業間ネットワークのダイナミズム」『組織科学』第 32 巻第 4 号, 13-23 頁.
藤井佳子 (1992)「広島県を中心とする自動車 1 次部品メーカーの立地展開と存立構造」『人文地理』第 44 巻第 5 号, 607-619 頁.
藤川昇悟 (1999)「現代資本主義における空間集積に関する一考察」『経済地理学年報』第 45 巻第 1 号, 21-39 頁.
藤川昇悟 (2001)「地域的集積におけるリンケージと分工場──九州・山口の自動車産業集積を事例として」『経済地理学年報』第 47 巻第 2 号, 83-100 頁.
富士市史編纂委員会 [編] (1966)『富士市史 (下)』富士市.
富士市史編纂委員会 [編] (1968)『吉原市史 (中)』富士市.
藤田和史 (2007)「「知識・学習」からみた試作開発型中小企業の発展とその地域的基盤──長野県諏訪地域を事例として」『地理学評論』第 80 巻第 1 号, 1-19 頁.
藤田泰正 (2009)「工業発展と技術の地下水脈──浜松地域の産業用機械を中心として」『名古屋学院大学論集　社会科学篇』第 45 巻第 4 号, 223-239 頁.
藤田泰正 (2011)「産業集積と技術形成──浜松地域における戦前期の産業用機械を中心として」『名古屋学院大学論集　社会科学篇』第 47 巻第 4 号, 163-187 頁.
藤森　勉 (1960)「造船独占資本の立地と地域構造──岡山県玉野市三井造船の場合」『人文地理』第 12 巻第 4 号, 302-325 頁.
藤原貞雄 (2007)『日本自動車産業の地域集積』東洋経済新報社.

船橋泰彦（1967）「工業の地域集積理論について」『大分大学経済論集』第 18 巻第 4 号，43-65 頁．

船橋泰彦（1969）「工業立地と工業の地域集積」『大分大学経済論集』第 20 巻第 4 号，1-26 頁．

フリードマン，D．，丸山恵也［監訳］（1992）『誤解された日本の奇跡——フレキシブル生産の展開』ミネルヴァ書房．(D. Friedman, *The Misunderstood Miracle: Industrial Development and Political Change in Japan*, Ithaca: Cornell University Press, 1988)

古川智史（2013）「東京における広告産業の組織再編と地理的集積の変容」『地理学評論』第 86 巻第 2 号，135-157 頁．

細谷祐二（2009）「産業立地政策，地域産業政策の歴史的展開——浜松にみるテクノポリスとクラスターの近接性について（1）（2）」『産業立地』第 48 巻第 1 号，41-49 頁，第 48 巻第 2 号，37-45 頁．

細谷祐二（2010）「欧州委員会を中心としたヨーロッパのクラスター政策の動向」『産業立地』第 49 巻第 1 号，52-56 頁．

堀　恒一（1990）「地方機械工業集積地の構造問題——転換期の坂城工業」関　満博・柏木孝之［編］『地域産業の振興戦略』新評論，148-175 頁．

前田啓一（2005）『岐路に立つ地域中小企業——グローバリゼーションの下での地場産業のゆくえ』ナカニシヤ出版．

前田啓一・町田光弘・井田憲計［編］（2012）『大都市型産業集積と生産ネットワーク』世界思想社．

牧野智一（2013）「長岡地域企業の現状と成長・発展のための課題——2012 年アンケート調査結果からの考察」『地域研究』（長岡大学地域研究センター）第 13 号，41-53 頁．

増淵敏之（2010）『欲望の音楽——「趣味」の産業化プロセス』法政大学出版局．

松井一郎（1993）『地域経済と地場産業——川口鋳物工業の研究』公人の友社．

松石泰彦（2004）「企業城下町の産業構造——群馬県太田市を事例に」『岩手県立大学宮古短期大学部研究紀要』第 15 巻第 2 号，23-39 頁．

松石泰彦（2010）『企業城下町の形成と日本的経営』同成社．

松橋公治（1982a）「両毛地区における自動車関連下請小零細工業の存立構造」『地理学評論』第 55 巻第 6 号，403-420 頁．

松橋公治（1982b）「両毛地区自動車関連下請工業の存立構造——日産系二次下請企業層を中心に」『経済地理学年報』第 28 号第 2 号，137-156 頁．

松橋公治（2002）「米沢市における電機・電子工業をめぐる社会的環境ネットワーク——業界ぐるみの地域的「学習」組織の展開」『駿台史學』第 115 号，57-96 頁．

松橋公治（2004）「中小企業集積地域における企業外環境ネットワークの地域間比較

――花巻・北上両市における産業支援システムを中心に」『明治大学人文科学研究所紀要』第54巻, 229-269頁.
松橋公治・佐々木直人 (1998)「北上・花巻両市における機械金属工業の集積および受発注連関構造」『駿台史學』第105号, 51-72頁.
松原　宏 (1995)「フレキシブル生産システムと工業地理学の新展開――A. J. Scott の New Industrial Spaces 論を中心に」『西南学院大学経済学論集』第29巻第4号, 87-105頁.
松原　宏 (1999)「集積論の系譜と「新産業集積」」『東京大学人文地理学研究』第13巻, 83-110頁.
松原　宏 (2001)「多国籍企業の立地と産業集積の理論」『経済学研究』(九州大学経済学部) 第67巻第4・5号, 27-42頁.
松原　宏 (2006)『経済地理学――立地・地域・都市の理論』東京大学出版会.
松原　宏 (2007)「地域経済循環の構造と産業集積地域」『産業立地』第46巻第1号, 12-17頁.
松原　宏［編］(2013a)『日本のクラスター政策と地域イノベーション』東京大学出版会.
松原　宏 (2013b)「経済地理学方法論の軌跡と展望」『経済地理学年報』第59巻第4号, 419-437頁.
松原　宏 (2014)「特集「産業立地政策の経済地理学」によせて」『E-journal GEO』第9巻第2号, 33-36頁.
松原　宏・鎌倉夏来 (2016)『工場の経済地理学』原書房.
丸子町誌編纂委員会［編］(1992)『丸子町誌　歴史編（下）』丸子町.
丸山真央 (2015)『「平成の大合併」の政治社会学――国家のリスケーリングと地域社会』御茶の水書房.
丸山美沙子 (2004)「長岡市における基盤的技術産業の構造変容――鋳造業および木型製造業を中心として」『経済地理学年報』第50巻第4号, 341-356頁.
丸山美沙子 (2007)「大都市機械工業地域における新規取引連関の形成過程――東京都板橋区の中小企業を事例として」『地理学評論』第80巻第3号, 121-137頁.
水野由香里 (2005)「地域の社会的文脈を辿る――浜松地域の「埋め込み」プロセスの解明」『一橋研究』第29巻第4号, 17-35頁.
三原　忠 (2009)「繊維産地の衰退とフレキシブル生産」松原　宏［編］『立地調整の経済地理学』原書房, 127-144頁.
宮川泰夫 (1976)「鯖江眼鏡枠工業の配置」『地理学評論』第49巻第1号, 25-42頁.
宮川泰夫 (1977)「単一企業都市豊田の工業配置――独占資本の地域的運動形態」『経済地理学年報』第23巻第3号, 17-43頁.
宮原俊行 (1956)「目黒川流域, 大崎地区の工場分布とその立地変動」『地理学評論』

第29号第12号, 798-806頁.

村上雅康 (1973)『造船工業地域の研究――相生・因島両地区の場合』大明堂.

村松加代子 (1999)「工業都市浜松における大企業，中企業，小・零細企業の経営実態――イノベーション，グローバリゼーションとの関連において」『日本都市学会年報』第32号, 224-233頁.

村山研一 (1997)『丸子町の小規模機械金属工業――平成8年7月調査』信州大学社会学研究室.

森下　正 (2008)『空洞化する都市型製造業集積の未来――革新的中小企業経営に学ぶ』同友館.

八木紀一郎 (2017)「地域を基礎においた社会的・経済的イノベーション――ソーシャル・イノベーションとスマート・スペシャリゼーション」八木紀一郎・清水耕一・徳丸宜穂［編］『欧州統合と社会経済イノベーション――地域を基礎にした政策の進化』日本経済評論社, 435-462頁.

柳井雅人 (1988)「「空間集積論」再編のための一考察」『経済論究』（九州大学大学院経済学会）第71号, 139-160頁.

柳井雅人 (1990)「集積論と「極」の形成」矢田俊文［編］『地域構造の理論』ミネルヴァ書房, 110-119頁.

柳井雅人［編］(2004)『経済空間論――立地システムと地域経済』原書房.

矢部直人 (2012)「「裏原宿」におけるアパレル小売店集積の形成とその生産体制の特徴」『地理学評論』第85巻第4号, 301-323頁.

山川充夫 (1982/83/85/86)「企業城下町釜石市の地域経済構造と釜鉄七八年合理化の波及 (1) (2) (3) (4)」『東北経済』第72号, 127-170頁, 第74号, 1-35頁, 第77号, 99-124頁, 第79号, 77-95頁.

山口貞男 (1953)「東京地域における工場分布 (1)――鼠銑鉄鋳物工場」『地理学評論』第26巻第10号, 428-439頁.

山口不二雄 (1982)「電気機械工場の地方分散と地域的生産体系――宮城県・熊本県の実態調査事例の分析を中心に」『経済地理学年報』第28巻第1号, 38-59頁.

山﨑　朗 (1988)「工業立地論からみた都市の形成・発展――ウェーバー工業立地論を手がかりとして」『経済地理学年報』第34巻第4号, 249-266頁.

山﨑　朗 (1999)『産業集積と立地分析』大明堂.

山﨑　朗［編］(2002)『クラスター戦略』有斐閣.

山崎　充 (1977)『日本の地場産業』ダイヤモンド社.

山下裕子 (2001)「商業集積のダイナミズム――秋葉原から考える」『一橋ビジネスレビュー』第49巻第2号, 74-94頁.

山田幸三 (2013)『伝統産地の経営学――陶磁器産地の協働の仕組みと企業家活動』有斐閣.

山名伸作（1972）『経済地理学』同文館出版．

山本健兒（2002）「学習する地域としての長野県諏訪・岡谷地域——機械金属工業技術の学習と革新」『経済志林』第69巻第4号，271-302頁．

山本健兒（2004a）「産業クラスター計画の論理に関する批判的考察」『経済志林』第72巻第1・2号，311-336頁．

山本健兒（2004b）「「イノヴェーティヴ・ミリュー」概念の再検討」『経済志林』第72巻第1・2号，1-32頁．

山本健兒（2005）『産業集積の経済地理学』法政大学出版局．

山本健兒・松橋公治（1999）「中小企業集積地域におけるネットワーク形成——諏訪・岡谷地域の事例」『経済志林』第66巻第3・4号，85-182頁．

山本健太（2011）「静岡におけるプラモデル産業の分業構造と集積メカニズム」『経済地理学年報』第57巻第3号，203-220頁．

山本耕三（1998）「わが国における紙・パルプ工業の生産体制とその変化——王子製紙を事例として」『人文地理』第50巻第5号，490-506頁．

山本　聡（2013）「茨城県日立地域における中小サプライヤー企業の国際化と地域公的機関——事例の提示と探索的検討」『東京経大学会誌　経営学』第280号，103-114頁．

山本　茂（1968）「清水地区における造船業の下請利用——造船独占企業からみた場合」『地理学評論』第41巻第5号，310-321頁．

山本俊一郎（2006）「水沢鋳物産地における製品転換と企業の存立形態」『季刊地理学』第58巻第1号，1-18頁．

山本俊一郎（2008）『大都市産地の地域優位性』ナカニシヤ出版．

山本義彦（1988）「浜松テクノポリスと工業立地動向——1956～1986」『法経研究』（静岡大学人文学部）第36巻第4号，1-28頁．

湯澤規子（2009）『在来産業と家族の地域史——ライフヒストリーからみた小規模家族経営と結城紬生産』古今書院．

與倉　豊（2009）「日本工業の地域構造の再編」松原　宏［編］『立地調整の経済地理学』原書房，28-37頁．

與倉　豊（2011）「地方開催型見本市における主体間の関係性構築——諏訪圏工業メッセを事例として」『経済地理学年報』第57巻第3号，221-238頁．

與倉　豊（2012）「産業集積地域におけるインフォーマルネットワークの構築と役割——静岡県浜松地域を事例として」『E-journal GEO』第7巻第2号，158-177頁．

與倉　豊（2017）『産業集積のネットワークとイノベーション』古今書院．

吉川智教（2005）「新産業創出のための地域産業クラスター——燕・三条にみる400年の産業集積の持続性と産業転換のダイナミズム」『経済と貿易』第189号，61-75頁．

吉田敬一（1996）「坂城町における機械工業化の特質」関　満博・一言憲之［編］『地方産業振興と企業家精神』新評論，27-54 頁.

吉田隆彦（1984）「金沢の機械工業の空間的構成とその変遷について」『地理学評論』第 57 巻第 11 号，761-780 頁.

吉田三千雄（1986）『戦後日本工作機械工業の構造分析』未来社.

吉見隆一（2006）「平成 17 年度調査研究事業　北上・花巻地域における機械工業集積と地域経済活性化への課題（上）（下）」『商工金融』第 56 巻第 4 号，41-64 頁．第 56 巻第 5 号，45-81 頁.

吉見隆一（2008）「平成 19 年度調査研究事業　諏訪地域の工業集積と地域経済活性化への取り組み」『商工金融』第 58 巻第 6 号，29-64 頁.

吉見隆一（2009）「平成 21 年度調査研究事業　地場産業の現状と課題──燕三条地域」『商工金融』第 59 巻第 11 号，21-64 頁.

若林直樹（2006）『日本企業のネットワークと信頼──企業間関係の新しい経済社会学的分析』有斐閣.

和田明子（1963）「紡績業地域の形成──産業資本の確立期まで」『人文地理』第 15 巻第 1 号，29-49 頁.

和田　崇（2014）「オタク文化の集積とオタクの参画を得たまちづくり──大阪・日本橋の事例」『経済地理学年報』第 60 巻第 1 号，23-36 頁.

渡辺利得（1970）『産業立地の基礎──空間経営と経済地理政策論』ミネルヴァ書房.

渡辺幸男（1997）『日本機械工業の社会的分業構造──階層構造・産業集積からの下請制把握』有斐閣.

渡辺幸男（1998）『大都市圏工業集積の実態』慶應義塾大学出版会.

渡辺幸男（2011）『現代日本の産業集積研究──実態調査研究と論理的含意』慶應義塾大学出版会.

Aarstad, J., O. A. Kvitastein, and S.-E. Jakobsen (2016), "Related and Unrelated Variety as Regional Drivers of Enterprise Productivity and Innovation: A multilevel study," *Research Policy*, Vol. 45(4), pp. 844-856.

Alberti, F. G., S. Sciascia, C. Tripodi, and F. Visconti (2008), *Entrepreneurial Growth in Industrial Districts: Four Italian cases*, Cheltenham: Edward Elgar.

Balassa, B. (1961), *The Theory of Economic Integration*, Homewood, Illinois: Richard D. Irwin. (B. バラッサ，中島正信［訳］『経済統合の理論』ダイヤモンド社，1963 年)

Becattini, G., M. Bellandi, and L. Propis (eds.) (2009), *A Handbook of Industrial Districts*, Cheltenham: Edward Elgar.

Becattini, G., M. Bellandi, G. D. Ottati, and F. Sforzi (2003), *From Industrial Districts to Local Development*, Cheltenham: Edward Elgar.

Belussi, F. and J. L. Hervás-Oliver (eds.) (2017), *Unfolding Cluster Evolution*, London: Routledge.

Belussi, F. and A. Sammarra (eds.) (2010), *Business Networks in Clusters and Industrial Districts: The governance of the global value chain*, London: Routledge.

Belussi, F., G. Gottardi, and E. Rullani (2003), *The Technological Evolution of Industrial Districts*, Boston, Mass.: Kluwer Academic Publishers.

Boschma, R. (2005), "Proximity and Innovation: A critical assessment," *Regional Studies*, Vol. 39(1), pp. 61-74.

Boschma, R. and S. Iammarino (2009), "Related Variety, Trade Linkages, and Regional Growth in Italy," *Economic Geography*, Vol. 85(3), pp. 289-311.

Bramanti, A. and R. Ratti (1997), "The Multi-Faced Dimensions of Local Development," in: R. Ratti, A. Bramaniti, and R. Gordon (eds.), *The Dynamics of Innovative Regions: The GREMI approach*, Aldershot: Ashgate, pp. 3-45.

Brenner, T. (2004), *Local Industrial Cluster: Existence, Emergence and Evolution*, London: Routledge.

Cainelli, G. and R. Zoboli (eds.) (2004), *The Evolution of Industrial Districts: Changing governance, innovation and internationalisation of local capitalism in Italy*, Heidelberg: Physica-Verlag.

Camagni, R. (ed.) (1991), *Innovation Networks: Spatial perspectives*, London: Belhaven Press.

Camuffo, A. and R. Grandinetti (2011), "Italian Industrial Districts as Cognitive Systems: Are they still reproducible?" *Entrepreneurship and Regional Development*, Vol. 23(9-10), pp. 815-852.

Capello, R. and H. Kroll (2016), "From Theory to Practice in Smart Specialization Strategy: Emerging limits and possible future trajectories," *European Planning Studies*, Vol. 24(8), pp. 1393-1406.

Coleman, J. (1988), "Social Capital in the Creation of Human Capital," *American Journal of Sociology*, Vol. 94, pp. 95-120.（ジェームズ・S. コールマン，金光 淳［訳］「人的資本の形成における社会関係資本」野沢慎司［編・監訳］『リーディングスネットワーク論——家族・コミュニティ・社会関係資本』勁草書房，205-238 頁，2006 年）

Cooke, P. (2010), "Jacobian Cluster Emergence: Wider insights from 'green innovation' convergence on a Schumpeterrian 'failure'," in: D. Fornahl, S. Henn, and M.-P. Menzel (eds.), *Emerging Clusters: Theoretical, empirical and political perspectives on the initial stage of cluster evolution*, Cheltenham: Edward Elgar, pp.

17-42.
Cooke, P. and K. Morgan (1998), *The Associational Economy: Firms, regions, and innovation*, Oxford: Oxford University Press.
Cooke, P., B. Asheim, R. Boschma, R. Martin, and D. Schwartz (eds.) (2011), *Handbook of Regional Innovation and Growth*, Cheltenham: Edward Elgar.
Crescenzi, R., C. Pietrobelli, and R. Rabellotti (2014), "Innovation Drivers, Value Chains and the Geography of Multinational Corporations in Europe", *Journal of Economic Geography*, Vol. 14(6), pp. 1053-1086.
Dicken, P. and P. E. Lloyd (1972/79), *Location in Space*, 3rd ed. (1st ed. 1972), London: Harper & Row. (ピーター・ディッケン，ピーター・E. ロイド，伊藤喜栄［監訳］『立地と空間——経済地理学の基礎理論（上）（下）』古今書院，1997年)
Estall, R.C. and R.O. Buchanan (1961), *Industrial Activity and Economic Geography: A study of the forces behind the geographical location of productive activity in manufacturing industry*, London: Hutchinson. (エストール，ブキャナン，小杉毅・辻 悟一［訳］『工業立地論——工業活動と経済地理学』ミネルヴァ書房，1975年)
European Commission (2013), *The Role of Clusters in Smart Specialisation Strategies*, Directorate-General for Research and Innovation, Brussels.
Florida, R. L. (2008), *Who's Your City?: How the creative economy is making where to live the most important decision of your life*, New York: Basic Books. (リチャード・フロリダ，井口典夫［訳］『クリエイティブ都市論——創造性は居心地のよい場所を求める』ダイヤモンド社，2009年)
Foray, D. (2016), "On the Policy Space of Smart Specialization Strategies," *European Planning Studies*, Vol. 24(8), pp. 1428-1437.
Foray, D. (2017), "The Concept of the 'Entrepreneurial Discovery Process'," in: D. Kyriakou, M. P. Martínez, I. Periáñez-Forte, and A. Rainoldi (eds.), *Governing Smart Specialization*, London: Routledge, pp. 5-19.
Foray, D., P. A. David, and B. H. Hall (2011), "Smart Specialisation, from Academic Idea to Political Instrument, the Surprising Career of a Concept and the Difficulties involved in its Implementation," MTEI Working Paper (Management of Technology and Entrepreneurship Institute), No. 2011-001.
Frenken, K., F. Van Oort, and T. Verburg (2007), "Related Variety, Unrelated Variety and Regional Economic Growth," *Regional Studies*, Vol. 41(5), pp. 685-697.
Fujita, M. and J.-F. Thisse (2002), *Economics of Agglomeration: Cities, industrial location, and regional growth*, Cambridge: Cambridge University Press.
Fujita, M., P. Krugman, and A. J. Venables (1999), *The Spatial Economy: Cities, re-

gions, and international trade, Cambridge, Mass.; London: MIT Press.(藤田昌久，ポール・クルーグマン，アンソニー・J. ベナブルズ，小出博之［訳］『空間経済学──都市・地域・国際貿易の新しい分析』東洋経済新報社，2000 年）

Granovetter, M.（1985），"Economic Action and Social Structure: The problem of embeddedness," *American Journal of Sociology*, Vol. 91(3), pp. 481-510.

Grillitsch, M.（2016），"Institutions, Smart Specialisation Dynamics and Policy," *Environment and Planning C: Government and Policy*, Vol. 34(1), pp. 22-37.

Haig, R. M.（1926），"Toward an Understanding of the Metropolis," *Quarterly Journal of Economics*, Vol. 40(3), pp. 402-434.

Harrison, B.（1992），"Industrial Districts: Old wine in new bottles?" *Regional Studies*, Vol. 26(5), pp. 469-483.

Holland, S.（1976），*Capital Versus the Regions*, London: Macmillan.（スチュアート・ホランド，仁連孝昭・佐々木雅幸ほか［訳］『現代資本主義と地域』法律文化社，1982 年）

Hoover, E. M.（1937），*Location Theory and the Shoe and Leather Industries*, Cambridge, Mass.: Harvard University Press.（エドガー・M. フーヴァー，西岡久雄［訳］『経済立地論』大明堂，1968 年）

Isard, W.（1956），*Location and Space-Economy: A general theory relating to industrial location, market areas, land use, trade, and urban structure*, Cambridge Mass.: MIT Press.（アイザード，木内信蔵［監訳］『立地と空間経済』朝倉書店，1964 年）

Isard, W.（1960），*Methods of Regional Analysis: An introduction to regional science*, Cambridge Mass.: MIT Press.（アイザード，笹田友三郎［訳］『地域分析の方法──地域科学入門』朝倉書店，1969 年）

Jacobs, J.（1969），*The Economy of Cities*, New York: Vintage.（ジェーン・ジェイコブズ，中村達也・谷口文子［訳］『都市の経済学──発展と衰退のダイナミクス』ティビーエス・ブリタニカ，1986 年）

Karlsson, C.（ed.）（2008a），*Handbook of Research on Cluster Theory*, Cheltenham: Edward Elgar.

Karlsson, C.（ed.）（2008b），*Handbook of Research on Innovation and Clusters: Cases and policies*, Cheltenham: Edward Elgar.

Karlsson, C., B. Johansson, and R. R. Stough（2005），*Industrial Clusters and Interfirm Networks*, Cheltenham: Edward Elgar.

Krugman, P.（1991a），*Geography and Trade*, Cambridge, Mass.: MIT Press.（P. クルーグマン，北村行伸・高橋 亘・妹尾美起［訳］『脱「国境」の経済学──産業立地と貿易の新理論』東洋経済新報社，1994 年）

Krugman, P. (1991b), "Increasing Returns and Economic Geography," *Journal of Political Economy*, Vol. 99(3), pp. 483-499.
Kyriakou, D., M. P. Martinez, I. Periáñez-Forte, and A. Rainoldi (eds.) (2017), *Governing Smart Specialization*, London: Routledge.
Lagendijk, A. and P. Oinas (2005), *Proximity, Distance, and Diversity: Issues on economic interaction and local development*, Aldershot: Ashgate.
Lazzeretti, L. and F. Capone (2017), "Ethnic Entrepreneurship in the Prato Industrial District: An analysis of foundings and failures of Italian and Chinese firms," in: F. Belussi and J. L. Hervás-Oliver (eds.), *Unfolding Cluster Evolution*, London: Routledge, pp. 86-105.
Lorenz, E. H. (1992), "Trust, Community, and Cooperation: Toward a theory of industrial districts," in: M. Storper and A. J. Scott (eds.), *Pathways to Industrialization and Regional Development*, London: Routledge, pp. 195-204.
Lösch, A. (1940), *Die Räumliche Ordnung der Wirtschaft*, Jena: G. Fischer.（アウグスト・レッシュ，篠原泰三［訳］『経済立地論（新訳版）』大明堂，1991 年）
Malmberg, A. (1996), "Industrial Geography: Agglomeration and local milieu," *Progress in Human Geography*, Vol. 20(3), pp. 392-403.
Markusen, A. R. (1996), "Sticky Places in Slippery Space: A typology of industrial districts," *Economic Geography*, Vol. 72(3), pp. 293-313.
Marshall, A. (1890), *Principles of Economics*, London: Macmillan.（マーシャル，馬場啓之助［訳］『経済学原理（1）～（4）』東洋経済新報社，1965～67 年）
Marshall, A.(1919/23), *Industry and Trade: A study of industrial technique and business organization, and of their influences on the conditions of various classes and nations, 4th ed.*, (1st ed. 1919), London: Macmillan.（マーシャル，永澤越郎［訳］『産業と商業 第2版(1)～(3)』岩波ブックサービスセンター，1991 年）
Martin, R. L. (2005), "A Study on the Factors of Regional Competitiveness," draft final report for The European Commission, Directorate-General Regional Policy, Cambridge: University of Cambridge.
Martin, R. and P. Sunley (2003), "Deconstruction Clusters: Chaotic concept of policy panacea?" *Journal of Economic Geography*, Vol. 3(1), pp. 5-35.
Martin, R. and P. Sunley (2011), "Conceptualizing Cluster Evolution: Beyond the Life Cycle Model?" *Journal Regional Studies*, Vol. 45(10), pp. 1299-1318.
McCann, P. (2001), *Urban and Regional Economics*, Oxford: Oxford University Press.（フィリップ・マッカン，黒田達朗・徳永澄憲・中村良平［訳］『都市・地域の経済学』日本評論社，2008 年）
McCann, P. and R. Ortega-Argilés (2015), "Smart Specialization, Regional Growth

and Applications to European Union Cohesion Policy," *Regional Studies*, Vol. 49 (8), pp. 1291-1302.
McCann, P. and R. Ortega-Argilés (2016), "The Early Experience of Smart Specialization Implementation in EU Cohesion Policy," *European Planning Studies*, Vol. 24(8), pp. 1407-1427.
Menzel, M.-P. and D. Fornahl (2009), "Cluster Life Cycles: Dimensions and rationales of cluster evolution," *Industrial and Corporate Change*, Vol. 19(1), pp. 205-238.
Njøs, R. and S.-E. Jakobsen (2016), "Cluster Policy and Regional Development: Scale, scope and renewal," *Regional Studies, Regional Science*, Vol. 3(1), pp. 146-169.
Nourse, H. O. (1968), *Regional Economics: A study in the economic structure, stability, and growth of regions*, New York: McGraw-Hill. (ナース, 笹田友三郎［訳］『地域経済学──地域の経済構造・安定および成長の研究』好学社, 1971年)
OECD (1996), *Networks of Enterprises and Local Development Competing and Cooperating in Local Production Systems*, Paris: OECD.
OECD (2007), *Competitive Regional Clusters: National policy approaches*, Paris: OECD.
OECD (2011), *Regions and Innovation Policy*, Paris: OECD.
Ottati, G. (1994), "Trust, Interlinking Transactions and Credit in the Industrial District," *Cambridge Journal of Economics*, Vol. 18(6), pp. 529-546.
Palander, T. (1935), *Beiträge zur Standortstheorie*, Uppsala: Akademisk Avhandling. (トルド・パランダー, 篠原泰三［訳］『立地論研究（上）（下）』大明堂, 1984年)
Paniccia, I. (2002), *Industrial Districts: Evolution and competitiveness in Italian firms*, Cheltenham: Edward Elgar.
Park, S. O. (1996), "Networks and Embeddedness in the Dynamic Types of New Industrial Districts," *Progress in Human Geography*, Vol. 20(4), pp. 476-493.
Parr, J. B. (2002), "Agglomeration Economies: Ambiguities and confusions," *Environment and Planning A: Economy and Space*, Vol. 34(4), pp. 717-731.
Perroux, F. (1955/70), "Note on the Concept of Growth Poles," (English translation by L. Gates and A. McDermott of Perroux "Note sur la notion de 'pôle de croissance'," *Economie Appliquée*, No. 1-2 (Janvier-Juin), pp. 307-320, 1955), in: D. L. McKee, R. D. Dean, and W. H. Leahy (eds.), *Regional Economics: Theory and practice*, New York: Free Press, pp. 93-104.
Phelps, N. A. (1992), "External Economies, Agglomeration and Flexible Accumulation," *Transactions of the Institute of British Geographers*, Vol. 17(1), pp. 35-46.

Piore, M. J. and C. F. Sabel (1984), *The Second Industrial Divide: Possibilities for prosperity*, New York: Basic Books Inc.（マイケル・J. ピオリ，チャールズ・F. セーブル，山之内靖・石田あつみ・永易浩一［訳］『第二の産業分水嶺』筑摩書房，1993 年）

Porter, M. E. (1985), *Competitive Advantage: Creating and sustaining superior performance: with a new introduction*, New York: Free Press.（M. E. ポーター，土岐　坤・中辻萬治・小野寺武夫［訳］『競争優位の戦略——いかに高業績を持続させるか』ダイヤモンド社，1985 年）

Porter, M. E. (1990), *The Competitive Advantage of Nations*, New York: The Free Press.（M. E. ポーター，土岐　坤・中辻萬治・小野寺武夫・戸成富美子［訳］『国の競争優位（上）（下）』ダイヤモンド社，1992 年）

Porter, M. E. (1998), *On Competition*, Boston: Harvard Business School Publishing.（マイケル・E. ポーター，竹内弘高［訳］『競争戦略論（1）（2）』ダイヤモンド社，1999 年）

Putnam, R. D., R. Leonardi, and R. Nanetti (1993), *Making Democracy Work: Civic traditions in modern Italy*, Princeton: Princeton University Press.（ロバート・D. パットナム，河田潤一［訳］『哲学する民主主義——伝統と改革の市民的構造』NTT 出版，2001 年）

Pyke, F. and W. Sengenberger (1992), *Industrial Districts and Local Economic Regeneration*, Geneva: ILO Publications.

Ratti, R., A. Bramaniti, and R. Gordon (eds.) (1997), *The Dynamics of Innovative Regions: The GREMI approach*, Aldershot: Ashgate.

Robinson, E. A. G. (1931), *The Structure of Competitive Industry*, London: Nisbet.

Saxenian, A. (1994), *Regional Advantage: Culture and competition in silicon valley and route 128*, Cambridge, Mass.: Harvard Univ. Press.（アナリー・サクセニアン，大前研一［訳］『現代の二都物語——なぜシリコンバレーは復活し，ボストン・ルート 128 は沈んだか』講談社，1995 年）

Scott, A. J. (1988a), *Metropolis: From the division of labor to urban form*, Berkeley: University of California Press.（A. J. スコット，水岡不二雄［監訳］『メトロポリス——分業から都市形態へ』古今書院，1996 年）

Scott, A. J. (1988b), *New Industrial Spaces: Flexible production organization and regional development in North America and Western Europe*, London: Pion.

Scott, A. J. (ed.) (2001), *Global City-Regions: Trends, theory, policy*, Oxford: Oxford University Press.（A. J. スコット［編］，坂本秀和［訳］『グローバル・シティー・リージョンズ——グローバル都市地域への理論と政策』ダイヤモンド社，2004 年）

Smith, D. M. (1971), *Industrial Location: An economic geographical analysis*, London: John Wiley. (デーヴィッド・M. スミス,〈上巻〉西岡久雄・山口守人・黒田彰三 [訳],〈下巻〉宮坂正治・黒田彰三 [訳]『工業立地論（上）（下）』大明堂, 1982/84 年)

Stigler, G. J. (1949), "A Theory of Delivered Price Systems," *American Economic Review*, Vol. 39(6), pp. 1144–1159.

Storper, M. (1997), *The Regional World: Territorial development in a global economy*, New York: Guilford Press.

Thissen, M., F. van Oort, D. Diodato, and A. Ruijs (2013), *Regional Competitiveness and Smart Specialization in Europe: Place-based development in international economic networks*, Cheltenham: Edward Elgar.

Vernon, R. (1960), *Metropolis 1985: An interpretation of the findings of the New York metropolitan region study*, Cambridge, Mass.: Harvard University Press. (R. バーノン, 蠟山政道 [監訳]『大都市の将来』東京大学出版会, 1968 年)

Weber, A. (1909), *Über den Standort der Industrien, 1. Teil*, Tübingen: Verlag von J. C. B. Mohr. (アルフレッド・ウェーバー, 篠原泰三 [訳]『工業立地論』大明堂, 1986 年)

Williamson, O. E. (1975), *Markets and Hierarchies: Analysis and antitrust implications: A study in the economics of international organization*, New York: Free Press. (O. E. ウィリアムソン, 浅沼萬里・岩崎　晃 [訳]『市場と企業組織』日本評論社, 1980 年)

索　引

ア　行

R&D センター　274
R&D 比率　312
浅間・リサーチエクステンションセンター（AREC）　281, 304
暗黙知　5
EMS（電子機器受託製造サービス）　292
i-mono, i-waza 認定企業　128
異業種交流
　　――会　222
　　――グループ　341
　　――組織　124
異業種集積　317
移出ベース理論　22
一貫生産体制　123, 140
イノベーション推進機構　226, 228, 231
インキュベーションオフィス　145, 254
インキュベーション施設　108, 143, 281
インベスト神奈川　107
上田ドリームワークス　305, 307
埋め込み　15, 16, 318
AREC →浅間・リサーチエクステンションセンター
f-Biz　198, 199
ME 化　39
ME 革命　156
OEM　106
　　――生産　97, 126
太田リサーチパーク　251
オンリーワン企業　127

カ　行

外注方式　159
外注連関　272, 273, 301-303
外部経済　6, 7, 10, 12, 317
学習地域　42
加工係数　8
川口 i-mono ブランド認定制度　127, 130
川口 i-waza ブランド認定制度　130
川口鋳物工業協同組合　118, 119
川口産業振興公社　119
関係性資産　18, 19, 36
関係的技能　19
カンパニー制　170, 184
関連多様性　321-324
企業家的発見　326
企業間ネットワーク組織　313
機業圏　35, 233
企業城下町　38, 83, 159, 168, 234, 312
　　――型産業集積地域　340
　　――型集積　34, 37, 66-68, 149, 309
企業内空間分業　104
企業文化　38
企業立地促進法　47, 71, 146, 253, 332, 333, 335, 338, 342, 343
技術核心地域　279
技術軌道　24
機能集積　321
基盤的技術産業　335
　　――集積（A 集積）　65, 71, 76, 260, 336
共集積　12
「競争力の極」政策　318
協力会　38, 95, 191, 216, 217, 272

374 索　引

協力企業　156, 157
協力工場　301
拠点開発方式　317
偶然的集積　8, 11
クラスター政策　319
クラスター理論　21, 22
グローバル・シティ・リージョンズ　5
軍都建設計画　88
ぐんま産業高度化センター　251, 253
経路依存　22
研究会ネットワーク　222
研究開発型企業　133
研究開発機能の集約拠点化　340
研究学園都市　46
広域ネットワーク　332, 345
工業技術支援センター　200
工業整備特別地域　46, 333
工業地区　58
　　——の類型化　60
工業等制限法　333
工場誘致条例　88
高次の段階　8
工場跡地　340
工場間の経済　10
工場ドットマップ　53
工場内の経済　10
工場密度　73-78, 80-82, 149
公設試験研究機関　147
コーディネーター　166, 170
護送船団方式　156, 157
古典的集積論　29
コネクターハブ企業　320, 342
コワーキングスペース　145, 254

サ　行

埼玉県産業技術総合センター（SAITEC）
　　129, 147
さかきテクノセンター　305
さがみはら産業振興ビジョン2025
　　107

さがみはら産業創造センター　108
サプライヤー　19, 97, 219, 231, 246-248
　　——システム　42
三遠南信バイタライゼーション協議会
　　225
産学官連携　49, 139, 141, 219, 220, 223, 229, 249, 253
産学連携　245, 304
産業クラスター　20, 32, 253
　　——計画　47, 72, 145-147, 225, 335, 337, 338, 343, 344
　　——政策　333
産業集積
　　古典的——論　317
　　——政策　333, 335
　　——促進条例　107
　　新——論　29, 31, 33, 43
　　産地型——　36
　　文化——　44
産業地域　13-16, 19, 22, 26
　　——社会　39
　　新——　14, 16
　　新——論　318
産業文化　49
産地型集積　33
GIS（地理情報システム）　53
ジェイコブズ型クラスター　22
実践コミュニティ　42, 232
シナジー効果　278
地場産業　34, 35
社会関係資本　16
社会的集積　9
社会的ネットワーク　48
社会ネットワーク分析　342
社内カンパニー制　158
ジャパンブランド　121
収穫逓増　12, 19, 22
住工混在問題　40, 131
集積因子　7-9
集積間ネットワーク　27

索　引　375

柔軟な専門化　14, 26, 27, 32, 279
受注連関　302, 303
首都圏広域地方計画　110
首都圏整備法　88, 234
首都圏西部地域（TAMA）　337
　　TAMA クラスター　338
需要搬入企業　31, 39
純粋（技術的）集積　8
進化経済学　12, 24
人口急増都市　87
新産業空間論　16, 17, 32
新産業都市　46, 333
頭脳立地法　251, 333
スピンアウト　283
スピンオフ　42, 203, 205, 207, 214, 218, 231, 232, 270
　　――連鎖　49
スマートシティ　144
スマート・スペシャリゼーション　22, 319, 325-328
摺り合わせ　300
生産連関　276, 306, 307
製紙業界の再編　178
成長の極　317
　　――理論　12
製品のライフサイクル　187
接触の利益　31
セルロースナノファイバー（CNF）　181, 185
ふじのくに CNF フォーラム　200
選別受注　269
創造都市　43
ソーシャル・キャピタル　318
疎開企業　279, 283
疎開工場　280, 282
SOLAE　→はままつ航空機産業プロジェクト

タ　行

大学発ベンチャー　143, 270

大規模の経済　5, 10
第三のイタリア　14, 318
大都市型　67-69
　　――複合集積　66
ダイヤモンドシステム　21
多品種少量生産　97, 98, 100, 101, 124, 283, 292
TAMA クラスター　→首都圏西部地域
多様性指標　321
地域イノベーション　42, 45, 49, 128, 147, 313, 336, 340-342, 345
　　――システム論　318
　　――政策　319
　　――戦略　318
地域経済牽引事業　332, 343
地域経済分析システム（RESAS）　342
地域産学官連携ものづくり研究機構（MRO）　249
地域産業集積活性化法　47, 71, 76, 113, 127, 145-147, 333, 335, 336, 338, 342, 344
地域産業発展型　67, 68
　　――集積　66
地域中核企業　320, 342
地域的産業集団　117
地域的集中の経済　5, 10
地域的特化の経済　5
地域ブランド　36
地域未来投資　342
　　――促進法　332, 343
地域労働市場　43, 45
知識のスピルオーバー　12
知識フロー　42
知的クラスター創成事業　225
地方核心地域　257
昼夜間人口比率　116
地理的近接性　5, 6, 68, 259
地理的集中モデル　19, 20, 31
低次の段階　8
テクニカルセンター　269, 274
テクノポリス　45, 46, 204, 207, 214,

226, 257, 259, 275, 281
——推進機構　207, 220
——法　44, 333
東葛テクノプラザ　133, 146, 147
同業種集積　5-7, 11
東大柏ベンチャープラザ　133
特定中小企業集積（B 集積）　71, 336
都市エリア産学官連携促進事業　260
都市化圧力　339
都市型産業　43
都市型集積　34, 39
都市化の経済　10, 22
都市集積　5, 10, 44
特化係数　309
取引関係
　固定的な——　192
取引費用論　17, 18
取引連関　300

ナ　行

内生的成長モデル　12
内部経済　5, 7, 10
長岡技術科学大学　275
長岡産業活性化協会（NAZE）　260, 275-278
長岡地域地場産業振興アクションプラン　277
中島飛行機　233, 234
仲間取引　39
農地改革　88

ハ　行

畑地灌漑事業　88
浜松医療先進グループ（HAMING）　219, 220
はままつ航空機産業プロジェクト（SOLAE）　219, 220
はままつ産業イノベーション構想　226

浜松・東三河ライフフォトニクスイノベーション　225
HAMING　→浜松医療先進グループ
バリューチェーン　21
PDCA　344
日立地区産業支援センター（HITS）　163-166, 170
ひたち立志塾　166, 167, 171
ファブレス　39
——化　189
ファルマバレープロジェクト　198
複数中核企業型　67
——複合集積　66
富士工業技術支援センター　190
富士市工業振興ビジョン　198
ふじのくにCNFフォーラム　→セルロースナノファイバー
ブランド形成　341
フレキシビリティ　36
フレキシブル・スペシャリゼーション　318
フレキシブル生産　17, 279
プロダクトサイクル論　12
フロンティアチャレンジ補助金　260, 274
雰囲気　7
分工場誘致型　67-69
——集積　66
分散因子　8
ベンチャー企業　135, 219, 232

マ　行

マザー工場　96, 100, 102, 104-106, 157, 242, 246, 253, 269, 274, 277, 306, 312, 313
ミリュー　15
メガリージョン　5
メッシュマップ　54

ヤ 行

輸送費　193, 195, 196
用水コスト　194, 196

ラ・ワ行

ライフヒストリー　36
リードタイム　196
リサーチパーク　281
リスボン戦略　319, 325
立地因子　8, 9
立地調整　173
立地分散　290
立地ポテンシャル　83
立地論　3, 30
領域化　18, 19
両毛山麓機業地域　233
両毛ものづくりネットワーク　245, 250
臨海コンビナート　76, 317
レジリエンス　329
ローカルバズ　319
ローカル・ミリュー　15, 318
ロックイン　12, 197, 320, 341

ワンストップ　229

編者・執筆者紹介

[編　者]
松原　宏（まつばら・ひろし）　第1章〜第6章，第III部小括，第13章，第14章
東京大学大学院総合文化研究科教授．
1956年生まれ．東京大学大学院理学系研究科博士課程修了．理学博士．西南学院大学経済学部教授を経て，現職．
〈主要業績〉
『知識と文化の経済地理学』編著，古今書院，2017年．
『工場の経済地理学』鎌倉夏来と共著，原書房，2016年．
『地域経済論入門』編著，古今書院，2014年．
『日本のクラスター政策と地域イノベーション』編著，東京大学出版会，2013年．
『現代の立地論』編著，古今書院，2013年．
『産業立地と地域経済』放送大学教育振興会，2012年．
『立地調整の経済地理学』編著，原書房，2009年．
『経済地理学――立地・地域・都市の理論』東京大学出版会，2006年．
『先進国経済の地域構造』編著，東京大学出版会，2003年．
『不動産資本と都市開発』ミネルヴァ書房，1988年．

[執筆者]（掲載順）
鎌倉夏来（かまくら・なつき）　第4章〜第6章，第13章
東京大学大学院総合文化研究科助教．
1987年生まれ．東京大学大学院総合文化研究科博士課程修了．博士（学術）．日本学術振興会特別研究員を経て，現職．
〈主要業績〉
『研究開発機能の空間的分業――日系化学企業の組織・立地再編とグローバル化』東京大学出版会，2018年．
『知識と文化の経済地理学』共著，古今書院，2017年．
『工場の経済地理学』松原宏と共著，原書房，2016年．

森嶋俊行（もりしま・としゆき）　第7章
四天王寺大学人文社会学部日本学科講師．
1983年生まれ．東京大学大学院総合文化研究科博士課程修了．博士（学術）．東京大学大学院総合文化研究科学術研究員を経て，現職．

〈主要業績〉
『知識と文化の経済地理学』共著,古今書院,2017年.
「近代化産業遺産の保存と活用に関する政策的対応の比較」『E-journal GEO』第9巻第2号,2014年.
「旧鉱工業都市における近代化産業遺産の保存活用過程――大牟田・荒尾地域を事例として」『地理学評論』第84巻第4号,2011年.

佐藤正志(さとう・まさし)　第8章,第9章
静岡大学学術院教育学領域准教授.
1982年生まれ.東京大学大学院総合文化研究科博士課程修了.博士(学術).東京大学大学院総合文化研究科学術研究員,日本大学文理学部ポスト・ドクトラル・フェロー等を経て,現職.
〈主要業績〉
「製紙業における産業再編・企業合併に伴う立地変動と要因」共著,『経済地理学年報』第64巻第1号,2018年.
『ローカル・ガバナンスと地域』編著,ナカニシヤ出版,2017年.
『知識と文化の経済地理学』共著,古今書院,2017年.

岡部遊志(おかべ・ゆうし)　第10章
帝京大学経済学部経営学科助教.
1985年生まれ.東京大学大学院総合文化研究科博士課程修了.博士(学術).東京大学大学院総合文化研究科学術研究員を経て,現職.
〈主要業績〉
『知識と文化の経済地理学』共著,古今書院,2017年.
『地域政策』共著,中央経済社,2016年.

古川智史(ふるかわ・さとし)　第11章,第12章
東京大学大学院総合文化研究科学術研究員.
1986年生まれ.東京大学大学院総合文化研究科博士課程修了.博士(学術).
〈主要業績〉
『知識と文化の経済地理学』共著,古今書院,2017年.
「東京における広告産業の組織再編と地理的集積の変容」『地理学評論』第86巻第2号,2013年.
「クリエイターの集積におけるネットワーク構造――大阪市北区扇町周辺を事例に」『経済地理学年報』第56巻第2号,2010年.

産業集積地域の構造変化と立地政策

2018 年 3 月 23 日　初　版

[検印廃止]

編　者　松原　宏

発行所　一般財団法人　東京大学出版会

代表者　吉見俊哉

153-0041　東京都目黒区駒場 4-5-29
http://www.utp.or.jp/
電話 03-6407-1069　Fax 03-6407-1991
振替 00160-6-59964

印刷所　株式会社三秀舎
製本所　誠製本株式会社

© 2018 Hiroshi Matsubara *et al.*
ISBN 978-4-13-046122-1　Printed in Japan

[JCOPY] 〈(社)出版者著作権管理機構 委託出版物〉

本書の無断複写は著作権法上での例外を除き禁じられています．複写される場合は，そのつど事前に，(社)出版者著作権管理機構(電話 03-3513-6969，FAX 03-3513-6979，e-mail: info@jcopy.or.jp)の許諾を得てください．

著編者	書名	判型	価格
松原　宏 編	日本のクラスター政策と地域イノベーション	A5	6800円
松原　宏 著	経済地理学 立地・地域・都市の理論	A5	4800円
鎌倉　夏来 著	研究開発機能の空間的分業 日系化学企業の組織・立地再編とグローバル化	A5	6600円
野上・岡部 貞広・隈元 著 西川	地理情報学入門	B5	3800円
村松　伸 編 山下　裕子	新興国の経済発展とメガシティ ［メガシティ4］	A5	3400円
元橋　一之 著	グローバル経営戦略	A5	3200円
月尾　嘉男 著	転換日本 地域創成の展望	四六	2600円
山口　栄一 編	イノベーション政策の科学 SBIRの評価と未来産業の創造	A5	3200円
佐藤　仁 著	「持たざる国」の資源論 持続可能な国土をめぐるもう一つの知	四六	2800円
丹羽　美之 編 吉見　俊哉	戦後復興から高度成長へ 民主教育・東京オリンピック・原子力発電	A5	8800円

ここに表示された価格は本体価格です．ご購入の際には消費税が加算されますのでご了承ください．